Nicholas D. Kristof / Sheryl WuDunn
Die Hälfte des Himmels

Nicholas D. Kristof/Sheryl WuDunn

Die Hälfte
des Himmels

Wie Frauen weltweit
für eine bessere
Zukunft kämpfen

Mit einem Vorwort
von Margot Käßmann

Aus dem Englischen
von Karl Heinz Siber

VERLAG C. H. BECK

Mit 43 Abbildungen
Alle Abbildungen von Nicholas D. Kristof mit folgenden Ausnahmen:
Seite 38: Sraboni Sircar; S. *73*, S. *144*: Naka Nathaniel; S. *139*: Tanya Braganti;
S. *206*: Afghan Institute of Learning

Die Seiten 11 bis 86 wurden von Grete Osterwald übersetzt.

1. Auflage. 2010

Die Originalausgabe erschien 2009 unter dem Titel «Half the Sky. Turning
Oppression into Opportunity for Women Worldwide» bei Alfred A. Knopf,
einem Imprint der Knopf Doubleday Group/Random House Inc., New York.

Copyright © 2009 by Nicholas D. Kristof und Sheryl WuDunn

2. Auflage. 2010
Für die deutsche Ausgabe:
© Verlag C. H. Beck oHG, München 2010
Satz: Fotosatz Amann, Aichstetten
Druck und Bindung: CPI – Ebner & Spiegel, Ulm
Printed in Germany
ISBN 978 3 406 60638 0

www.beck.de

Frauen stützen die Hälfte des Himmels.
Chinesisches Sprichwort

Für unsere Kinder Gregory, Geoffrey und Caroline

Wir danken euch für eure Liebe und Geduld während der Recherchen zu diesem Buch, die euch oft muffige oder abwesende Eltern beschert haben, mit wenig Begeisterung für euer Fußballspiel. Ihr habt unsere Reisen durch schwierige, bedrückende Länder wunderbar bereichert, und ihr seid große Klasse, wenn man mit euch zusammen festgenommen wird!

Und für all jene, die an den Frontlinien rund um den Globus etwas tun, um die Welt zu retten, eine Frau nach der anderen.

INHALT

VORWORT zur deutschen Ausgabe von *Margot Käßmann*

Bei einem Besuch in Äthiopien erzählten mir Frauen, es gebe ein Sprichwort: «Wenn du an Wiedergeburt glaubst, dann bitte darum, bloß nicht als Esel oder Frau in Äthiopien wiedergeboren zu werden. Sie haben beide ein schreckliches Leben.» Nun glaube ich als Christin nicht an Wiedergeburt, aber nach meinen Besuchen in Krankenhäusern dort und Gesprächen mit Frauen, die gegen Genitalverstümmelung kämpften, wußte ich, wovon sie sprachen. Was für ein Elend, welch eine Ohnmacht, was für unvorstellbare Hoffnungslosigkeit, ein Ausgeliefertsein an Gewalt.

Ich bin mir bewusst, dass in Deutschland viele abwinken, wenn Frauenrechte thematisiert werden. Haben wir nicht alles erreicht? Mehr junge Frauen als Männer machen Abitur, glänzend sind ihre Leistungen an den Universitäten. Frauen können Kanzlerin werden und Konzernchefin, Bischöfin und Lehrerin. Aber halt! Auch in Deutschland sind Frauen weiterhin diskriminiert. Nur ein Beispiel: 22 Prozent betragen die Unterschiede der Bruttoeinkommen zwischen Männern und Frauen in Deutschland durchschnittlich. Und auch Gewalt gegen Frauen gibt es. Eine Bevölkerungsbefragung in Deutschland zeigte, dass 14,5 Prozent aller Frauen mindestens einmal im Leben Opfer eines sexuellen Übergriffes werden.

All das aber ist kaum vergleichbar mit der erschütternden, skandalösen Rechtlosigkeit von Frauen in Afrika, Asien und Lateinamerika. Das Buch von Nicholas D. Kristof und Sheryl WuDunn ist eine bedrückende Lektüre. Ich denke, das liegt vor allem daran, dass die Opfer der Gewalt, Mädchen und Frauen, einen Namen erhalten, ein Gesicht, eine Geschichte. Viele der Berichte rühren zu Tränen.

Gerade in den patriarchal geprägten Gesellschaften Afrikas und Asiens haben es die Frauen besonders schwer. Die Welthungerhilfe hat errechnet, dass in Afrika Frauen für 80 % der Nahrung sorgen, aber weniger als 10 % der Felder besitzen. Das liegt vor allem an der Frauenarbeit im informellen Sektor, dem großen Anteil unbezahlter häuslicher Arbeiten und an patriarchalischen Besitz- und Erbrechtssystemen. Frauen stehen in großer Abhängigkeit und doch muss mehr als jede dritte Frau ohne männliche Hilfe für die Ernährung und Erziehung der Kinder aufkommen.

Frauen erbringen weltweit 52 % der Arbeitsleistungen, erhalten aber nur 10 % des Welteinkommens und besitzen nur 1 % des Eigentums. Die

Welthungerhilfe fasst plastisch zusammen: Ein Schuljahr mehr bedeutet für ein Mädchen 15 % mehr Einkommen und 10 % weniger Kinder. Das alles wirkt sich selbstverständlich auf die Stellung von Frauen in der Gesellschaft, aber auch in der Familie aus. Zuallererst sehe ich das als christliche Herausforderung, hat doch schon Martin Luther sich energisch für Bildung von Jungen wie von Mädchen eingesetzt. Gerade die Kirchen mit ihren Entwicklungshilfeorganisationen sehe ich daher in einer besonderen Pflicht, die Rechte von Frauen zu fördern. Das hat übrigens gute biblische Tradition. Im 4. Buch Mose kämpfen die Schwestern Machla, Noa, Hogla, Milka und Tirza darum, dass sie ein eigenes Erbrecht haben, auch als Frauen. Das «gelobte Land» wird soeben unter den Männern verteilt. Aber Gott weist Mose an, den Töchtern Zelophads den Landbesitz des Vaters als Erbe zu übertragen. Ein gutes Beispiel für den frühen Kampf um die Rechte der Frauen. Aber die Kirchen sind nur ein Faktor der vielen in Zivilgesellschaft und Politik, in Wirtschaft und Kultur, die aufgerüttelt werden sollten durch solche Berichte, endlich entschieden weltweit für die Rechte von Mädchen und Frauen einzutreten.

Sie halten ein erschütterndes Buch in den Händen. Eines, das aufrüttelt. Und ich wünsche mir, dass bei uns – wie nach der Veröffentlichung in den USA – eine Bewegung entsteht, die sexuelle Sklaverei, Zwangsprostitution, Gewalt, Vergewaltigung, so genannte «Ehrenmorde» und eine Müttersterblichkeit anprangert und für die Rechte von Frauen, für das Recht auf sexuelle Selbstbestimmung, Bildung, freie Entfaltung und einen Zugang zu Verhütungsmitteln eintritt.

Nein, die so genannte Frauenfrage können wir längst noch nicht zu den Akten legen. Nicht solange Frauen wie Srey Rath, Meena Hasina, Naina und Woineshet derart entsetzliches Unrecht erleiden müssen. Es ist wichtig, dass dieses Buch ihre und andere Namen nennt stellvertretend für unzählige Unbekannte.

Ich empfinde es als Verpflichtung, dass Frauen, die in der Freiheit westlicher Industrienationen Macht in Politik, Wirtschaft, Kultur, Zivilgesellschaft und Kirche gewonnen haben, diese Macht gezielt einsetzen, um Frauen zu fördern in anderen Ländern dieser Erde: durch Ermutigung und Geld, durch Ermächtigung und Fortbildung, durch Öffentlichmachen ihrer Situation und Forderungen nach Gerechtigkeit, nach der Hälfte des Himmels. Und ich hoffe darauf, dass viele Männer sich daran beteiligen, denn der Himmel lässt sich nicht teilen, es ist eine gemeinsame Vision von der Zukunft, in der «Gerechtigkeit und Friede sich küssen ...» (Psalm 85, 11). *Dr. Margot Käßmann, Juni 2010*

Die Lösung? Mädchen!

«Was wären Männer ohne Frauen?
Rar, Sir, sehr rar.»
Mark Twain

Srey Rath ist Kambodschanerin, ein selbstbewusster Teenager mit schwarzem Haar, das über ein rundes, hellbraunes Gesicht fällt. Sie steht mitten im Getümmel einer Marktstraße, neben einem Schubkarren, und erzählt ruhig ihre Geschichte, distanziert. Das Einzige, was auf Angst oder Trauma deuten könnte, ist eine Handbewegung, mit der sie sich oft über die schwarzen Augen fährt, um das Haar zurückzuwerfen, vielleicht ein nervöser Tick. Dann lässt sie die Hand sinken, und ihre langen Finger gestikulieren und flattern anmutig in der Luft, während sie ihre bedrückende Odyssee rekapituliert.

Rath ist klein, zierlich gebaut, hübsch, sprühend und quirlig, ein Strich in der Landschaft, und ihre dünne Gestalt kontrastiert stark mit ihrer starken, aus sich herausgehenden Persönlichkeit. Als der Himmel plötzlich einen tropischen Wolkenbruch heruntergießt, der uns durchnässt, lacht sie nur, scheucht uns unter ein Blechdach ins Trockene und fährt fröhlich mit ihrer Geschichte fort, während der Regen über uns trommelt. Aber ihre Attraktivität, ihre gewinnende Ausstrahlung sind gefährliche Gaben für ein kambodschanisches Mädchen vom Land, und ihr zutrauliches, von optimistischer Selbstsicherheit erfülltes Wesen erhöht das Risiko noch mehr.

Als Rath fünfzehn war, wurde in ihrer Familie das Geld knapp, und sie beschloss, für zwei Monate als Tellerwäscherin nach Thailand zu gehen, um zu helfen, die Rechnungen zu bezahlen. Ihre Eltern machten sich Sorgen um ihre Sicherheit, aber als Rath sich für die Reise mit vier Freundinnen zusammentat, denen im selben Thai-Restaurant Arbeit versprochen wurde, waren sie beruhigt. Der Jobvermittler fuhr mit den Mädchen tief ins thailändische Landesinnere und übergab sie dort an Gangster, die sie nach Kuala Lumpur, der Hauptstadt Malaysias, brachten. Rath war geblendet von den ersten Eindrücken der Stadt, den sauberen Straßen und schimmernden Hochhäusern, zu denen damals die höchsten Zwillingstürme der Welt gehörten; alles schien sicher und freundlich. Aber dann isolierten die Schlägertypen Rath und zwei ihrer Freundinnen in einer Karaoke-Bar, die nichts anderes war als ein Bordell. Ein Mann Ende dreißig, bekannt als «der Boss», kümmerte sich um die Mädchen und erklärte, er habe Geld für sie bezahlt, das sie ihm jetzt zurückbezahlen müssten. «Ihr müsst Geld anschaffen, um die Schulden abzutragen, dann schicke ich euch nach Hause zurück», sagte er, indem er ihnen wiederholt versicherte, wenn sie guten Willen zeigten, würden sie am Ende freigelassen.

Rath war schockiert, als ihr dämmerte, was da vor sich ging. Der Boss sperrte sie mit einem Kunden ein, der versuchte, sie zum Geschlechtsverkehr zu zwingen. Sie wehrte sich, bis der Kunde wütend wurde. «Das ärgerte den Boss, und er schlug mir ins Gesicht, erst mit einer Hand, dann mit der anderen», erinnert sie sich in einem Tonfall schlichter Resignation. «Man sah die Abdrücke noch zwei Wochen lang.» Anschließend wurde sie vom Boss, dann von den anderen Gangstern vergewaltigt und mit Fäusten traktiert.

«Du musst den Kunden dienen», sagte der Boss, indem er auf sie einschlug. «Wenn nicht, prügeln wir dich zu Tode. Willst du das?» Rath hörte auf zu protestieren, aber sie schluchzte und weigerte sich, aktiv mitzumachen. Der Boss zwang sie, eine Pille zu schlucken, die von den Gangstern «Glücksdroge» oder «Zittermix» genannt wurde. Sie weiß nicht genau, was es war, aber ihr Kopf begann zu zittern, und es versetzte sie für etwa eine Stunde in einen teilnahmslosen, willfährigen Glückszustand. Wenn sie nicht unter Drogen stand, war Rath weinerlich und nicht willig genug – man erwartete, dass sie den Freiern beglückt entgegenstrahlte. Darum sagte der Boss, er werde keine Zeit mehr auf sie verschwenden: Sie solle tun, was er befiehlt, oder er würde sie töten. Daraufhin fügte sie sich. Die Bordellmädchen mussten sieben Tage in der Woche arbeiten, fünfzehn Stunden täglich. Sie wurden nackt gehalten, damit sie nicht so leicht weglaufen, Trinkgelder für sich behalten oder sonstiges Geld verstecken konnten, und sie durften die Kunden nicht bitten, Kondome zu benutzen. Sie wurden geprügelt, bis sie das Dauerlächeln gelernt hatten und beim Anblick der Kunden Freude vortäuschten, weil Männer beim Sex keine abgezehrten Mädchen mit verweinten Augen haben wollten: Dafür würden sie nicht so viel bezahlen. Den Mädchen war es verboten, nach draußen auf die Straße zu gehen, und sie bekamen keinen Cent für ihre Arbeit.

«Sie gaben uns gerade mal zu essen, aber nicht viel, weil die Kunden keine Dicken mochten», sagt Rath. Die Mädchen wurden unter Bewachung mit einem Bus hin- und hergefahren zwischen dem Bordell und einem Apartment im 10. Stock, wo ein Dutzend von ihnen untergebracht war. Die Tür des Apartments wurde von außen abgeschlossen. Doch eines Nachts gingen einige von ihnen auf den Balkon und lösten von einem Ständer, der zum Wäschetrocknen diente, ein langes, fünfzehn Zentimeter breites Brett. Sie balancierten es vorsichtig zwischen ihrem und einem anderen Balkon aus, der dreieinhalb Meter entfernt zum Nachbargebäude gehörte. Es schwankte fürchterlich, aber Rath war verzweifelt, also setzte sie sich mit gespreizten Beinen auf das Brett und schaffte sich, Stückchen für Stückchen, langsam hinüber.

«Vier von uns haben das gemacht», sagt sie. «Die anderen hatten zu viel Angst, weil es so wackelte. Angst hatte ich auch, ich konnte gar nicht nach unten schauen, aber ich hatte noch mehr Angst zu bleiben. Wir dachten, sterben wäre immer noch besser als bleiben. Und wenn wir blieben, stürben wir genauso.»

Einmal auf dem anderen Balkon, pochten die Mädchen ans Fenster und weckten den überraschten Mieter. Sie konnten sich kaum verständlich machen, weil keine von ihnen Malaysisch sprach, aber der Mann ließ sie in seine Wohnung und zur Tür wieder heraus. Sie fuhren mit dem Aufzug abwärts und liefen durch die stillen Straßen, bis sie einen Polizeiposten fanden. Dort gingen sie hinein. Zuerst versuchten die Wachleute, sie zu verscheuchen, dann wurden sie als illegale Einwanderer verhaftet. Unter Malaysias unerbittlich strikten Einwanderungsgesetzen saß Rath ein ganzes Jahr Gefängnis ab, dann sollte sie in ihre Heimat zurückgeführt werden. Sie glaubte, ein malaysischer Polizist eskortiere sie nach Hause, als er sie an die thailändische Grenze fuhr – aber er verkaufte sie an einen Schmuggler aus dem Sexgeschäft, der sie an ein Thai-Bordell verhökerte.

Raths Saga wirft ein kleines Licht auf die Brutalität, der Frauen und Mädchen in weiten Teilen der Welt gewohnheitsmäßig ausgesetzt sind, eine Gewalt, die erst langsam als das anerkannt wird, was sie ist: eines der größten Menschenrechtsprobleme unseres Jahrhunderts.

Allzu lange haben die Dinge, um die es hier geht, auf der globalen Agenda kaum eine Rolle gespielt. Als wir in den 1980er-Jahren unsere Berichterstattung über internationale Themen aufnahmen, wären wir beim besten Willen nicht auf die Idee gekommen, dieses Buch zu schreiben. Wir gingen davon aus, die außenpolitischen Fragen, die richtig Kopfzerbrechen machten, seien hochfliegend und komplex, wie die Nichtverbreitung von Atomwaffen. Man konnte sich damals schwer vorstellen, dass ein Gremium wie der Rat für auswärtige Beziehungen sich mit Müttersterblichkeit oder weiblicher Genitalverstümmelung befassen würde. Damals war die Unterdrückung der Frau ein Randthema, der Kampf dagegen eine gute Sache, für die Pfadfinderinnen Geld sammeln mochten. Wir zogen es vor, den tiefen, den «ernsten Dingen» nachzugehen.

So ist dieses Buch eine Frucht unserer eigenen Reise des Erwachens, die uns aufgerüttelt hat, während wir zusammen als Journalisten der *New York Times* unterwegs waren. Der erste Meilenstein dabei wurde durch unseren Aufenthalt in China gesetzt. Sheryl, eine Amerikanerin chinesischer Abstammung, ist in New York City aufgewachsen, Nicholas stammt aus Oregon und ist dort auf einer Schaf- und Kirschenfarm bei Yamhill groß geworden. Nachdem wir geheiratet hatten, gingen wir nach China, und sieben Monate später standen wir am Platz des Himmlischen Friedens und mussten mitansehen, wie die Armee mit Automatikwaffen auf Demonstranten schoss, die sich für mehr Demokratie einsetzten. Das Massaker forderte vierhundert bis achthundert Menschenleben und ließ die Welt erstarren. Es war die Menschenrechtsgeschichte des Jahres und schien so ziemlich der schockierendste Verstoß zu sein, den man sich nur vorstellen konnte.

Dann, im folgenden Jahr, stießen wir auf eine unbekannte, aber sorgfältig belegte demographische Untersuchung über eine Menschenrechtsverletzung, die Zehntausende Leben gekostet hatte. Diese Studie kam zu dem Ergebnis, dass in China jährlich neununddreißigtausend neugeborene Mädchen sterben, weil die Eltern ihnen nicht die gleiche Fürsorge und medizinische Betreuung zukommen lassen wie den Jungen – und das bezog sich nur auf das erste Lebensjahr. Eine offizielle Vertreterin der chinesischen Familienplanung, Li Honggui, erklärte die Sache so: «Wenn ein Junge krank wird, schicken die Eltern ihn meistens sofort ins

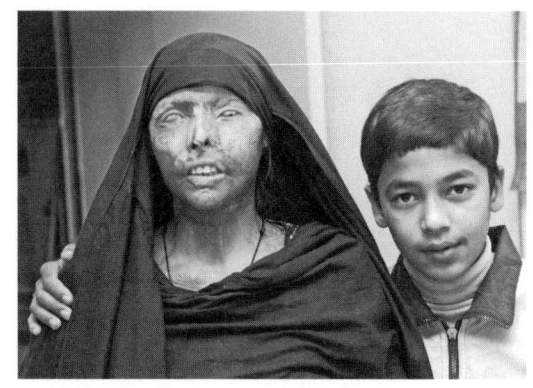

Naema Azar, eine Immobilienmaklerin, wurde im pakistanischen Rawalpindi Opfer einer Säureattacke; der Täter war vermutlich ihr Exehemann. Da die Säure ihr das Augenlicht nahm, lässt sie sich seither von ihrem 12-jährigen Sohn Ahmend Shah überall hinführen.

Krankenhaus. Wenn es aber ein Mädchen ist, sagen sie sich eher: ‹Na ja, warten wir mal ab, wie es ihr morgen geht.›» Mit der Folge, dass in China *jede Woche* ebenso viele kleine Mädchen unnötigerweise sterben, wie Menschen bei dem einzigartigen Massaker auf dem Platz des Himmlischen Friedens umgekommen waren. Diese chinesischen Mädchen kamen nie auch nur mit einer Zeile in der Berichterstattung vor, und wir begannen uns zu fragen, ob unsere journalistischen Prioritäten nicht reichlich verzerrt waren.

Ein ähnliches Muster zeigte sich in anderen Ländern, besonders in Südasien und in der muslimischen Welt. In Indien findet etwa alle zwei Stunden eine «Brautverbrennung» statt – um die Braut für eine unzulängliche Mitgift zu bestrafen oder um sie aus dem Weg zu räumen, damit der Mann neu heiraten kann –, aber das ist selten eine Nachricht wert. In den pakistanischen Schwesterstädten Islamabad und Rawalpindi sind allein in den letzten neun Jahren fünftausend Frauen und Mädchen wegen Ungehorsams von Familiengliedern oder angeheirateten Verwandten mit Kerosin übergossen und angezündet – oder, vielleicht schlimmer noch, mit Säure verätzt – worden. Man stelle sich den Aufschrei vor, wenn es die pakistanische oder die indische *Regierung* wäre, die Frauen in so großem Stil lebendig verbrennen ließe! Doch solange die Regierungen nicht direkt beteiligt sind, zucken die Leute mit den Schultern.

Wenn in China ein prominenter Dissident festgenommen wurde, schrieben wir eine Titelgeschichte; wenn hunderttausend Mädchen routinemäßig gekidnappt und in Bordelle verschleppt wurden, hielten wir das nicht einmal für eine Nachricht. Der Grund liegt zumindest teilweise darin, dass wir Journalisten meistens darauf bedacht sind, gut über Ereignisse des Tages zu berichten, aber Dinge übergehen, die jeden Tag passie-

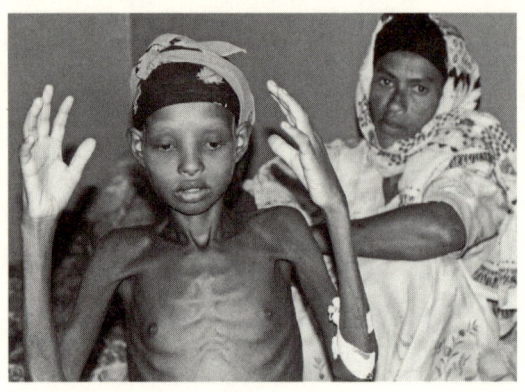

Ummi Ababiya, ein 13-jähriges äthiopisches Mädchen, in einer ‹Ernährungsnothilfestation› im südlichen Äthiopien. Ihre Mutter Zahra, rechts, sagt, alle männlichen Mitglieder der Familie seien gut genährt gewesen. Unter den Dutzenden Kindern, die in der ‹Nothilfestation› aufgepäppelt werden, sind nur ganz wenige Jungen; das ist Ausdruck der Tatsache, dass die Eltern typischerweise ihre Söhne bevorzugen, wenn das Essen knapp wird. Bis zu zwei Millionen Mädchen sterben jedes Jahr weltweit an den Folgen solcher Benachteiligung.

ren – wie die alltäglichen Grausamkeiten gegenüber Frauen und Mädchen. Wir sind jedoch nicht die Einzigen, die bei diesem Thema versagt haben: Nur ein winziger Teil der US-Auslandshilfe steht für die gezielte Unterstützung von Frauen und Mädchen zur Verfügung.

Amartya Sen, der übersprudelnde Nobelpreisträger für Wirtschaftswissenschaften, hat ein Maß für die Ungleichheit zwischen den Geschlechtern entwickelt, das eindrucksvoll verdeutlicht, was hier auf dem Spiel steht. «Es fehlen über 100 Millionen Frauen», schrieb er 1990 in einem wegweisenden Artikel der *New York Review of Books* und spornte damit weitere Untersuchungen in diesem Bereich an. Sen wies darauf hin, dass Frauen unter normalen Umständen länger leben als Männer und das weibliche Geschlecht darum fast überall auf der Welt in der Überzahl ist. Sogar in armen Gegenden, wie fast überall in Lateinamerika und Afrika, gibt es mehr Frauen als Männer. Doch dort, wo Mädchen einen zutiefst ungleichen Status haben, *verschwinden* sie. In der Volksrepublik China kommen, gemessen an der Gesamtbevölkerung, 100 Frauen auf 107 Männer (wobei das Missverhältnis unter Neugeborenen noch eklatanter ist), in Indien sind es 108, in Pakistan 111 Männer. Das hat nichts mit Biologie zu tun, und tatsächlich verzeichnet der im Südwesten Indiens gelegene Bundesstaat Kerala, der sich die Bildung und Gleichberechtigung der Frau auf die Fahnen geschrieben hat, den gleichen Frauenüberschuss, den wir in den USA finden.

Wie Sen herausfand, ergeben die Geschlechtsraten, dass der heutigen Welt insgesamt ungefähr 107 Millionen Frauen fehlen. Folgeuntersuchungen haben die Zahl etwas anders berechnet und sind zu Ergebnissen gekommen, die zwischen 60 Millionen und 101 Millionen liegen. Weltweit verschwinden jedes Jahr mindestens weitere 2 Millionen Mädchen aufgrund der Diskriminierung des weiblichen Geschlechts.

In den reichen Ländern des Westens ist Diskriminierung gewöhnlich eine Sache ungleicher Löhne, unterfinanzierter Sportvereine oder unerwünschter Tätscheleien eines Chefs. In anderen Teilen der Welt hingegen ist Diskriminierung tödlich. In Indien beispielsweise bringen Mütter wohl ihre Söhne, aber kaum ihre Töchter zum Impfen – allein auf dieses Konto geht ein Fünftel der fehlenden indischen Frauen –, anderen Studien zufolge werden Mädchen im Vergleich zu Jungen nur bei schwereren Erkrankungen ins Hospital geschickt. Alles in allem liegt die Wahrscheinlichkeit, dass Mädchen zwischen dem ersten und dem fünften Lebensjahr sterben, in Indien 50 Prozent höher als bei gleichaltrigen Jungen. Der günstigsten Schätzung nach stirbt alle vier Minuten ein kleines indisches Mädchen an Diskriminierung.

Ein hünenhafter, bärtiger Afghane namens Sedanshah erzählte uns einmal, seine Frau und sein Sohn seien krank. Er wünsche sich, dass beide überleben, sagte er, aber seine Prioritäten waren klar: Ein Sohn ist ein unverzichtbarer Schatz, während eine Frau ersetzbar ist. Medikamente hatte er nur für den Jungen besorgt. «Sie ist doch immer krank», sagte er unwirsch von seiner Frau, «da lohnt es sich nicht, Medizin für sie zu kaufen.»

Modernisierung und Technologie können die Diskriminierung verschärfen. Seit den 1990er-Jahren ermöglicht die Verbreitung von Ultraschallgeräten es schwangeren Frauen, das Geschlecht ihres Fötus zu erfahren – und das Kind, wenn es weiblich ist, abtreiben zu lassen. In der chinesischen Provinz Fujian schwärmte uns ein Bauer vom Ultraschall vor: «Wir brauchen keine Töchter mehr zu kriegen!»

Um geschlechtsselektive Abtreibungen zu verhindern, haben China und Indien den Medizinern und Ultraschalltechnikern jetzt verboten, Schwangeren das Geschlecht ihres Fötus zu verraten. Aber diese Lösung hat einen Bumerangeffekt. Forschungen belegen, dass dort, wo Eltern von der Möglichkeit zur selektiven Abtreibung weiblicher Föten ausgeschlossen sind, noch mehr Töchter im Säuglingsalter sterben. Die Mütter töten sie nicht absichtlich, versorgen sie aber nur nachlässig. Eine Entwicklungsökonomin von der Brown University, Nancy Qian, hat das herzzerreißende Geschacher quantifiziert: Im Durchschnitt bleibt fünfzehn weiblichen Babys der Tod erspart, wenn hundert weibliche Föten selektiv abgetrieben werden dürfen.

Die globalen Statistiken über den Missbrauch von Mädchen sind monströs. Es zeigt sich, dass in den letzten fünfzig Jahren mehr Mädchen getötet wurden, nur weil sie Mädchen waren, als die Gesamtzahl aller Männer, die in den Schlachten des zwanzigsten Jahrhunderts zu Tode gekommen sind. In jedem einzelnen Jahrzehnt wurden bei diesem alltäglichen «Genderzid» mehr Mädchen getötet als die Gesamtzahl aller Menschen, die den Genoziden des zwanzigsten Jahrhunderts zum Opfer gefallen sind.

Im 19. Jahrhundert galt die Sklaverei als die größte moralische Herausforderung. Im 20. Jahrhundert war es der Kampf gegen den Totalitarismus. Wir glauben, in unserem jetzigen Jahrhundert wird es der Kampf für die Gleichheit der Geschlechter in den Entwicklungsländern sein.

Die Besitzer des Thai-Bordells, an das Rath verkauft worden war, schlugen sie nicht und bewachten sich nicht ständig. So gelang es ihr zwei Monate später, zu fliehen und sich nach Hause, nach Kambodscha, durchzuschlagen.

Bei ihrer Rückkehr brachte ein Sozialarbeiter sie mit einer Gruppe in Verbindung, die verschleppten und im Sexgeschäft missbrauchten Mädchen hilft, ein neues Leben zu beginnen. Diese Gruppe von der Hilfsorganisation American Assistance for Cambodia (AAFC) setzte 400 Dollar Spendengelder ein, um einen kleinen Karren und ein Anfangssortiment an Waren zu kaufen, damit Rath es als Straßenhändlerin versuchen konnte. Sie fand einen guten Platz: einen kleinen Streifen Niemandsland zwischen dem thailändischen und dem kambodschanischen Zoll in der Grenzstadt Poipet. Reisende, die hier die Grenze zwischen Thailand und Kambodscha passieren, gehen zu Fuß über diesen Streifen, groß wie ein Fußballfeld und gesäumt von fliegenden Händlern, die Getränke, Essen oder Souvenirs anbieten.

Rath stattete ihren Karren mit T-Shirts und Hüten, Modeschmuck, Notizbüchern, Kugelschreibern und kleinen Spielzeugsachen aus. Endlich brachten ihr gutes Aussehen, ihre sprühende Persönlichkeit ihr einen Vorteil ein und machten es ihr leicht, eine geschäftstüchtige Verkäuferin zu werden. Sie sparte und investierte in neue Waren, ihr Geschäft blühte, ja sie war sogar in der Lage, ihre Eltern und zwei jüngere Schwestern zu unterstützen. Sie heiratete, bekam einen Sohn und begann für seine Ausbildung zu sparen.

2008 tauschte Rath ihren Karren gegen einen Stand und übernahm auch noch den Nachbarstand. Außerdem richtete sie ein «öffentliches

Srey Rath und ihr
Sohn vor ihrem
Ladengeschäft in
Kambodscha

Telefon» ein, indem sie Fremde gegen Gebühr ihr Handy benutzen ließ. Also schauen Sie sich um, wenn Sie je in Poipet die Grenze von Thailand nach Kambodscha überqueren und den Streifen Niemandsland entlanggehen: Sie werden sehen, aus einem Laden zu Ihrer Linken, ungefähr auf halbem Weg, ruft ein Teenager Ihnen etwas zu, lächelt und versucht, Ihnen eine Souvenirkappe zu verkaufen. Sie wird lachen und behaupten, sie mache Ihnen einen Sonderpreis, und sie ist so lebendig und so nett, dass Sie ihr die Kappe ganz bestimmt abkaufen werden.

Der Triumph, den Rath schließlich erlebte, ist ein leuchtendes Beispiel dafür, dass Mädchen, wenn sie eine Chance in Form einer Ausbildung oder eines Mikrokredits bekommen, mehr sein können als Spielzeuge oder Sklavinnen; oft können sie ein Geschäft betreiben. Sprechen Sie heute mit Rath – nachdem Sie die Kappe gekauft haben –, und Sie werden sehen, welche Zuversicht sie ausstrahlt, gestützt auf ein solides Einkommen, das ihren Schwestern und ihrem kleinen Sohn eine bessere Zukunft verspricht. Viele Geschichten in diesem Buch sind erschütternd, aber jeder, der sie liest, sollte eine Wahrheit im Hinterkopf behalten: *Frauen sind nicht das Problem, sondern die Lösung. Die Notlage der Mädchen ist nicht nur eine Tragödie, sie kann ebenso gut eine Chance werden.*

Diese Lehre haben wir aus unseren Besuchen in der Heimat von Sheryls Vorfahren gezogen, einem Dorf am Ende einer unbefestigten Straße mitten zwischen den südchinesischen Reisfeldern. Viele Jahre lang sind wir regelmäßig über die schlammigen Pfade der Taishan-Region nach Shunshui gestapft, dem Ort, wo Sheryls Großvater väterlicherseits aufgewachsen ist. Für Mädchen war China seit jeher ein besonders repressives und erstickendes Land, und Hinweise darauf fanden sich auch in Sheryls eigener Familie. Zufällig deckten wir schon bei unserem ersten Besuch ein Familiengeheimnis auf: eine verschollen geglaubte Stiefgroßmutter. Sheryls Großvater war mit seiner ersten Frau nach Amerika gegangen, aber sie brachte nur Töchter zur Welt. Darum gab er es mit ihr auf und schickte sie nach Shunshui zurück, wo er als Zweitfrau eine Jüngere heiratete, die er endgültig nach Amerika mitnahm. Dies war Sheryls Großmutter, die – wie sie sollte – einem Sohn das Leben schenkte: Sheryls Vater. Danach wurde die erste Frau mitsamt den Töchtern aus dem Familiengedächtnis gestrichen.

Eine Frage beschäftigte uns jedes Mal, wenn wir Shunshui und die umgebenden Dörfer erkundeten: Wo waren die jungen Frauen? Junge Männer schufteten emsig auf den Reisfeldern oder befächerten sich träge im Schatten, aber junge Frauen und Mädchen waren rar. Wir entdeckten sie schließlich, als wir die Fabriken betraten, die damals in der gesamten Provinz Guangdong – dem Epizentrum des ökonomischen Booms, dessen Ausbruch sich in China anbahnte – überall aus dem Boden schossen. In diesen Fabriken wurden die Schuhe, Spielzeuge und T-Shirts produziert, die Amerikas Einkaufszentren füllten: Sie generierten wirtschaftliche Wachstumsraten, die in der Weltgeschichte kaum ihresgleichen hatten – und schufen das wirksamste Programm zur Armutsbekämpfung, das je beschrieben worden ist. Innen wirkten die Fabriken wie kakofone Bienenstöcke mit weiblicher Besetzung. An den Fließbändern der chinesischen Küstenregion sind zu 80 Prozent Frauen beschäftigt, und quer über den ostasiatischen Manufakturgürtel sind es mindestens 70 Prozent. Die ökonomische Explosion in Asien beruht zu einem großen Teil auf der verstärkten Teilnahme von Frauen am ökonomischen Prozess. «Sie haben feinere Finger, damit können sie besser absteppen», erklärte uns der Manager einer Handtaschenfabrik. «Sie sind gefügig und arbeiten härter als Männer», sagte der Chef einer Spielzeugfabrik. «Außerdem können wir sie niedriger bezahlen.»

Mit den Frauen steht und fällt tatsächlich die Entwicklungsstrategie der gesamten Region. Wirtschaftswissenschaftler, die den Erfolgen in Ostasien auf den Grund gegangen sind, konnten ein gemeinsames Muster beobachten. Diese Länder haben gezielt junge Frauen, die vorher kaum etwas zum Bruttonationaleinkommen (BNE) beigetragen hatten, in Arbeit gebracht und so das Potenzial der Arbeitskraft enorm gesteigert. Das Grundrezept war überall das gleiche: Sie haben die Repression gelockert, Mädchen die gleiche Bildung verschafft wie Jungen, es den Mädchen erleichtert, in die Städte zu gehen und Fabrikarbeiten anzunehmen, und dann von einer demographischen Dividende profitiert, da Heiratspläne verschoben und weniger Kinder geboren wurden. Unterdessen finanzierten die arbeitenden Frauen die Ausbildung jüngerer Verwandter und sparten genug von ihrem Lohn, um die nationalen Sparraten in die Höhe zu treiben. Dieses Muster wurde der *girl effect* genannt. In Anspielung auf die weiblichen Chromosomen könnte man auch «die doppelte X-Lösung» sagen.

Immer mehr Beispiele zeigen, dass gezielte Hilfe für Frauen überall auf der Welt eine erfolgreiche Strategie zur Armutsbekämpfung sein kann, nicht nur dort, wo die Wirtschaft boomt wie in Ostasien. Die 1972 in Indien gegründete Self Employed Women's Association (SEWA, dt. Vereinigung selbstständig arbeitender Frauen) setzt sich seit dieser Zeit für die ärmsten Frauen ein, indem sie ihnen hilft, sich eigene Geschäftstätigkeiten aufzubauen, und hat damit Anhebungen des Lebensstandards ausgelöst, über die Experten und Stiftungen nur staunen konnten. In Bangladesch hat Muhammad Yunus das Mikrokreditwesen der Grameen Bank initiiert und gezielt auf Frauen ausgerichtet – am Ende wurde er mit einem Friedensnobelpreis für die Förderung wirtschaftlicher und sozialer Entwicklung ausgezeichnet. Eine andere Gruppe aus Bangladesch, BRAC, die größte Entwicklungsorganisation im Kampf gegen die Armut, hat mit den ärmsten Frauen an Programmen gearbeitet, um Leben zu retten und Einkommen zu steigern. Beide, sowohl die Grameen Bank als auch die BRAC, haben viel dazu beigetragen, dass die Welt der Hilfsorganisationen Frauen in zunehmendem Maße nicht mehr nur als potenzielle Hilfsempfänger sieht, sondern als wirksame Vermittler.

Anfang der 1990er-Jahre begannen die Vereinten Nationen und die Weltbank, dem Potenzial an Ressourcen, das Frauen und Mädchen bieten, eine größere Bedeutung beizumessen. «Investitionen in die Bildung von Mädchen dürften wohl die ertragreichsten sein, die in Entwicklungsgebieten überhaupt machbar sind», schrieb Lawrence Summers in seiner Eigenschaft als Chefökonom der Weltbank. «Die Frage ist nicht, ob Länder sich diese Investition leisten können, sondern ob sie es sich leisten können, nicht mehr Mädchen auszubilden.» In einer einflussreichen Studie, die 2001 unter dem Titel *Engendering Development Through Gender Equality in Rights, Resources and Voice* von der Weltbank vorgelegt wurde, heißt es, die Förderung der Geschlechtergleichheit sei entscheidend für die globale Armutsbekämpfung, und das UN-Kinderhilfswerk UNICEF betonte, die Gleichstellung der Geschlechter werfe eine «doppelte Dividende» ab, da jede Bildung für Frauen zugleich Bildung für deren Kinder und Gemeinschaften bedeute. Das Entwicklungsprogramm der Vereinten Nationen (UNDP) zog aus den sich mehrenden Forschungsergebnissen die Quintessenz: «Durch eine gestärkte Stellung der Frauen können die Wirtschaftsproduktivität gesteigert und die Kindersterblichkeit verringert werden. Sie trägt zu besserer Gesundheit und Ernährung bei. Und sie erhöht die Bildungschancen für die nächste Generation.»

Mehr und mehr fordern die einflussreichsten Experten für Entwicklung und Gesundheitswesen – einschließlich Sen, Summers, Joseph Stiglitz, Jeffrey Sachs und Paul Farmer –, den Frauen der Entwicklungsländer viel mehr Beachtung zu schenken. Auch die privaten Hilfsgruppen und Stiftungen haben umgeschaltet. «Frauen sind der Schlüssel für die Überwindung des Hungers in Afrika», erklärte das Hunger-Projekt. Der französische Außenminister Bernard Kouchner, Mitbegründer der Hilfsorganisation Ärzte ohne Grenzen und Gründer von Ärzte der Welt, verkündete in Hinblick auf Entwicklungsfragen rundheraus: «Fortschritt wird durch Frauen erzielt.» Das Center for Global Development legt in einem umfassenden Bericht dar, «wie und warum Mädchen in den Mittelpunkt der Entwicklung gerückt werden müssen». Für CARE sind Frauen und Mädchen die wichtigsten Kräfte im Kampf gegen die Armut. Sowohl die Nike Foundation als auch die NoVo Foundation konzentrieren sich darauf, Mädchen in Entwicklungsländern neue Möglichkeiten zu eröffnen. «Ungleichheit der Geschlechter schadet dem ökonomischen Wachstum», lautete 2008 die Schlussfolgerung einer Studie der Goldman Sachs Group, in der aufgezeigt wurde, wie sehr Entwicklungsländer ihre Wirtschaftsleistung steigern könnten, wenn Mädchen besser ausgebildet würden. Teilweise aufgrund dieser Studie stellte Goldman Sachs 100 Millionen US-Dollar für eine «10 000 Women»-Kampagne zur Verfügung, in deren Rahmen ebenso viele Frauen eine betriebswirtschaftliche Ausbildung erhalten sollen.

Nach den Anschlägen vom 11. September 2001 löste die Besorgnis um den Terrorismus bei unerwarteten Kandidaten Interesse an diesen Themen aus: bei den Militärbehörden und Anti-Terror-Spezialeinheiten. Einige Sicherheitsexperten wiesen darauf hin, dass die Länder, die den Nährboden für Terroristen abgeben, fast immer solche seien, in denen Frauen marginalisiert werden. Dass es so viele muslimische Terroristen gibt, habe wenig mit dem Koran, aber eine ganze Menge mit der mangelnden Präsenz von Frauen in der Wirtschaft und Gesellschaft vieler islamischer Länder zu tun, argumentierten sie. Je tiefer das Verständnis, das im Pentagon von Terrorismusbekämpfung gewonnen wurde, je mehr man begriff, dass Bomben oft keine große Hilfe dabei waren, umso mehr wuchs das Interesse an Graswurzelprojekten wie Schulunterricht für Mädchen. Was die Mädchen stark macht, schwächt die Terroristen, behaupteten manche im Militär. Wenn die Joint Chiefs of Staff Diskussionen über die Mädchenbildung in Pakistan und Afghanistan führen, wie es 2008 geschah, weiß man, dass dies ein wichtiger Punkt ist, der in Sachen internationale Angelegenheiten aktuell auf der Tagesordnung steht. Das trifft offensichtlich auch auf den Rat für auswärtige Beziehungen zu. Die holzgetäfelten Räume, in denen Diskussionen über MIRV-Sprengköpfe und NATO-Strategien stattgefunden haben, werden jetzt ebenso für gut besuchte Sitzungen über Müttersterblichkeit benutzt.

Wir wollen versuchen, eine Agenda für die Frauen der Welt vorzulegen, und dabei drei Schwerpunkte des Missbrauchs setzen: Sexhandel und Zwangsprostitution; Gewalt gegen das weibliche Geschlecht, einschließlich Ehrenmord und Massenvergewaltigung; sowie Müttersterblichkeit, die immer noch massenhaft sinnlose Opfer fordert, eine Frau pro Minute. Und wir wollen Lösungen aufzeigen, wie zum Beispiel Mädchenbildung oder Mikrokredite, mit denen heute erfolgreich gearbeitet wird.

Es ist wahr, es gibt viele Ungerechtigkeiten auf der Welt, viele gute Zwecke, die Aufmerksamkeit und Unterstützung verlangen, und jeder ist hin und her gerissen zwischen vielerlei Dingen, denen er sich verpflichtet fühlt. Wir konzentrieren uns auf dieses Thema, weil es hier um eine Art von Unterdrückung geht, die uns bewältigbar erscheint – chancenreich. Wir haben gesehen, dass Außenstehende wirklich einiges bewirken können.

Wenden wir uns noch einmal Rath zu. Wir waren so erschüttert über ihre Geschichte, dass wir dieses Bordell in Malaysia finden, seine Besitzer zur Rede stellen und die Mädchen, die weiterhin dort eingesperrt waren, befreien wollten. Leider war es unmöglich, den Namen oder die Adresse festzustellen. Rath konnte kein Englisch, ja nicht einmal das römische Alphabet, sodass sie, als sie dort war, keine Schilder hatte lesen können. Als wir sie fragten, ob sie bereit wäre, nach Kuala Lumpur zurückzukehren und uns bei der Suche nach dem Bordell zu helfen, wurde sie aschfahl. «Ich weiß nicht», sagte sie, «ich will das nicht wiedersehen.» Sie schwankte, besprach es mit ihrer Familie und willigte schließlich ein, es doch zu tun, in der Hoffnung, ihre Freundinnen zu retten.

Rath fuhr in schützender Begleitung eines Dolmetschers und eines örtlichen Mädchenhandels-Aktivisten nach Kuala Lumpur zurück. Dennoch zitterte sie in den Rotlichtvierteln beim Anblick der fröhlichen Leuchtzeichen, die sie an so viel Pein erinnerten. Aber seit ihrer Flucht war Malaysia durch öffentliche Kritik am Sexhandel unter Druck geraten, sodass die Polizei gegen die schlimmsten Bordelle, in denen Mädchen gegen ihren Willen gefangen gehalten wurden, hart durchgegriffen hatte. Eines davon war das, in dem Rath gewesen war. Ein kleines bisschen internationale Schelte hatte die Regierung zum Handeln veranlasst und eine sichtbare Verbesserung ins Leben von Mädchen aus der untersten Schicht der Machtpyramide gebracht. Das Ergebnis unterstreicht, wie hoffnungsvoll und nicht gänzlich trostlos die Sache ist.

Ehrenmorde, sexuelle Sklaverei und Genitalbeschneidung mögen westlichen Lesern als tragische, aber unvermeidliche Ereignisse in einer weit, sehr weit entfernten Welt erscheinen. Ganz ähnlich galt die Sklaverei einmal, weit verbreitet, vielen anständigen Europäern und Amerikanern als ein bedauerlicher, aber unvermeidlicher Bestandteil menschlichen Lebens. Sie war nur ein Gräuel mehr unter all denen, die es seit Tausenden von Jahren gab. Aber dann, um 1780, beschlossen ein paar empörte Briten, angeführt von William Wilberforce, Sklaverei sei so anrüchig, dass sie abgeschafft gehöre. Und sie schafften es. Heute sehen wir etwas Ähnliches herankeimen: eine globale Bewegung zur Emanzipation von Frauen und Mädchen.

Eines wollen wir von vornherein klar sagen: Wir hoffen, auch Sie für diese Sache zu gewinnen – als Mitstreiter einer aufkommenden Bewegung zur Frauenemanzipation und des weltweiten Kampfes gegen die Armut durch die Freisetzung der Macht, die Frauen als ökonomische Katalysatoren in sich tragen. Das ist der Prozess, der langsam ins Rollen kommt – kein Drama der Diskriminierung, sondern kleine Anschübe zu einem großen Zugewinn, wie jene Dinge, die lebhafte Teenager von Bordellsklavinnen in erfolgreiche Geschäftsfrauen verwandeln.

Dies ist die Geschichte eines Wandels: einer Veränderung, die schon begonnen hat und beschleunigt werden kann, wenn Sie einfach nur Ihr Herz öffnen und mitmachen.

Wege zur Emanzipation:
Die Sklavinnen des 21. Jahrhunderts

*«Vielleicht haben Frauen der Gesellschaft ja noch
etwas anderes zu bieten als nur ihre Vagina.»*
Christopher Buckley

Im Rotlichtviertel von Forbesgunge schimmern keine roten Lichter. Es gibt gar keinen Strom. Die Bordelle bestehen einfach aus den von Lehmmauern umgebenen Familienbehausungen, nebenan mit strohgedeckten Baracken für die Kunden, am Rand einer Schlammstraße. Draußen spielen Kinder, rennen durch die Gassen, und ein winziger Laden an der Ecke verkauft Speiseöl, Reis und eine Restemischung Süßwaren. Hier, im bitterarmen nordindischen Bundesstaat Bihar, nahe der Grenze zu Nepal, gibt es sonst nicht viel zu kaufen – außer Sex.

Als Meena Hasina des Weges kommt, halten die Kinder inne und starren sie an. Auch die Erwachsenen bleiben stehen, manche finster, und die Spannung steigt. Meena ist eine hübsche, dunkelhäutige indische Frau Anfang dreißig mit warmem Blick, tiefen Falten um die Augen und einem Stecker im linken Nasenflügel. Sie trägt einen Sari, ihr schwarzes Haar nach hinten gebunden und wirkt vollkommen entspannt bei diesem Spießrutenlaufen zwischen Menschen, die sie verachten.

Meena ist eine indische Muslimin, die jahrelang als Prostituierte in einem Bordell war, das von den Nutts betrieben wurde, muslimischen «Unberührbaren», die den lokalen Sexhandel kontrollieren. Bei den Nutts haben Zuhälterei und Kleinkriminalität eine lange Tradition: Ihre Welt ist die der generationsübergreifenden Prostitution, bei der Mütter Sex verkaufen und ihre Töchter dazu erziehen, das Gleiche zu tun.

Meena Hasina mit ihrem
Sohn Vivek im indischen
Bihar

Meena schlendert an den Bordellen vorbei zu einer größeren Hütte, die als Teilzeitschule dient, setzt sich und macht es sich bequem. Hinter ihr nehmen die Dorfbewohner langsam ihre Tätigkeiten wieder auf.

«Ich war acht oder neun Jahre alt, als ich gekidnappt und in den Handel gebracht wurde», beginnt Meena. Sie stammt aus einer armen Familie an der nepalesischen Grenze und wurde an einen Nutt-Clan verkauft, dann in ein Landhaus gebracht, wo der Bordellbesitzer vorpubertäre Mädchen aufbewahrte, bis sie reif genug waren, um Kunden anzuziehen. Als sie zwölf war – sie erinnert sich, es war fünf Monate vor ihrer ersten Periode –, kam sie ins Bordell.

«Sie brachten den ersten Kunden herein, und sie hatten ihm massenhaft Geld abgenommen», erzählt sie nüchtern und ohne Emotion. Die Einführung war ähnlich, wie Rath sie in Malaysia durchgemacht hatte, denn der Sexhandel arbeitet weltweit nach demselben Geschäftsmodell, und überall werden dieselben Methoden angewandt, um Mädchen zu brechen. «Ich fing an, zu kämpfen und zu schreien, damit er es nicht machen konnte», sagt Meena. «Ich habe mich so gewehrt, dass sie ihm das Geld zurückgeben mussten. Dafür haben sie mich gnadenlos geschlagen, mit einem Gürtel, mit Stöcken, mit Eisenstangen. Fürchterlich geschlagen.» Sie schüttelt den Kopf, um den Gedanken wieder loszuwerden. «Aber auch dann habe ich mich noch gewehrt. Sie zeigten mir Schwerter und sagten, sie würden mich töten, wenn ich mich nicht fügte. Vier- oder fünfmal brachten sie Kunden herein, und ich wehrte mich immer noch, und sie schlugen mich weiter. Am Ende haben sie mich berauscht: Sie taten Wein in meinen Drink und machten mich vollständig betrunken.» Dann wurde sie von einem der Bordellbesitzer vergewaltigt. Sie wachte auf, elend vor Übelkeit, voller Schmerzen, und ihr wurde klar, was ge-

Im indischen Bihar wollte eine Gangsterbande diesen Mann zwingen, seine Tochter als Prostituierte zu verkaufen. Als er sich weigerte und das Mädchen sich versteckte, zerstörten sie seine Wohnung. Die Hilfsorganisation Apne Aap Women Worldwide unterstützt die Familie.

schehen war. «Jetzt bin ich sowieso nichts mehr wert», dachte sie, gab auf und sträubte sich nicht länger.

In Meenas Fall war der Tyrann die Matriarchin der Familien, Ainul Bibi. Manchmal schlug Ainul die Mädchen selbst, manchmal überließ sie es ihrer Schwiegertochter oder ihren Söhnen, die beim Bestrafen besonders brutal waren.

«Ich durfte nicht einmal weinen», erinnert sich Meena. «Wenn nur eine Träne fiel, schlugen sie mich. Ich dachte immer, es wäre besser, tot zu sein, als so zu leben. Einmal bin ich vom Balkon gesprungen, aber es ist nichts passiert. Nicht einmal ein Bein habe ich mir gebrochen.»

Meena und die anderen Mädchen durften das Haus nie verlassen und wurden nie bezahlt. Sie hatten zehn Kunden oder mehr am Tag, sieben Tage in der Woche. Wenn ein Mädchen einschlief oder über Bauchweh klagte, wurde das Problem mit Schlägen gelöst. Und wenn eines den geringsten Widerstand erkennen ließ, wurden alle versammelt und mussten mitansehen, wie die Widerspenstige festgebunden und geschlagen wurde.

«Sie drehten die Stereoanlage voll auf, um die Schreie zu übertönen», sagt Meena trocken.

Indien hat mit ziemlicher Sicherheit mehr moderne Sklavinnen, die unter solchen Bedingungen leben, als irgendein anderes Land der Welt. Insgesamt gibt es in Indien zwei bis drei Millionen Prostituierte, doch obwohl heute viele von ihnen freiwillig Sex anbieten und bezahlt werden, ist ein erheblicher Teil unfreiwillig ins Sexgeschäft gelangt. Eine Untersuchung von 2008 hat ergeben, dass ungefähr die Hälfte der indischen und nepalesischen Prostituierten, die als Teenager in indischen Bordellen angefangen haben, nach eigenen Aussagen gezwungen worden ist, während es bei Frauen, die mit über zwanzig eingestiegen sind, eher ihre eigene Entscheidung war, oft um ihre Kinder zu ernähren. Diejenigen, die versklavt beginnen, akzeptieren ihr Schicksal oft irgendwann und prostituieren sich freiwillig, weil sie nichts anderes kennen und für andere Arbeiten zu stigmatisiert sind.

In China gibt es mehr Prostituierte als in Indien – manche Schätzungen reichen bis zu zehn Millionen oder mehr –, aber sie werden seltener gegen ihren Willen ins Bordell gezwungen. Überhaupt gibt es in China nur wenige Bordelle. Viele Prostituierte arbeiten frei, als sogenannte *ding-dong xiaojie* (weil sie auf Kundensuche an Hotelzimmern klingeln), und sogar diejenigen, die man in Massagesalons oder Saunas trifft, arbeiten meistens auf Provisionsbasis und können gehen, wann sie wollen.

Paradoxerweise sind es die Länder mit der prüdesten, konservativsten Sexualmoral – wie Indien, Pakistan oder Iran – , in denen die Zahl der Zwangsprostituierten unverhältnismäßig hoch ausfällt. Da junge Männer in diesen Gesellschaften selten mit ihren Freundinnen schlafen, finden sie es ganz in Ordnung, ihre sexuellen Frustrationen an Prostituierten auszulassen.

Der stillschweigende Gesellschaftsvertrag besteht darin, dass Mädchen aus der Oberschicht ihre Unschuld bewahren und die Jungen ins Bordell gehen, um sich Befriedigung zu verschaffen. Die Bordelle wiederum werden von Mädchenschmugglern mit Sklavinnen aus Nepal, Bangladesch oder armen indischen Dörfern ausstaffiert. Solange es sich dabei, wie in Meenas Fall, um ungebildete, bäuerliche Mädchen der unteren Kasten handelt, schaut die Gesellschaft weg – genau wie sich viele Amerikaner vor dem Sezessionskrieg von den Gräueln der Sklaverei abgewendet haben, weil die Menschen, die da gepeitscht wurden, anders aussahen als sie.

In Meenas Bordell benutzte niemand Kondome. Im Augenblick ist sie gesund, aber sie hat nie einen Aids-Test gemacht. Obwohl die Verbreitungsrate von HIV in Indien niedrig ist, sind Prostituierte wegen ihrer großen Kundenzahl doch einem besonderen Risiko ausgesetzt. Ohne Kondome völlig ungeschützt, wurde Meena schwanger, und das erfüllte sie mit Verzweiflung.

«Ich habe mir immer geschworen, nie Mutter zu werden, weil mein Leben verschwendet war und ich nicht noch ein Leben verschwenden wollte», sagt Meena. Aber in Ainuls Bordell war die Schwangerschaft willkommen. Sie galt – wie oft in indischen Bordellen – als Gelegenheit, sich eine neue Generation von Opfern heranzuziehen. Mädchen werden zu Prostituierten gemacht, Jungen zu nützlichen Dienern beim Wäsche-waschen oder in der Küche. Im Bordell, ohne medizinische Hilfe, gebar Meena ein kleines Mäd-chen, das sie Naina nannte. Doch schon nach kurzer Zeit nahm Ainul ihr das Baby weg, teils, um das Stillen zu beenden – die Kunden mögen keine laktierenden Mädchen –, und anderenteils, um das Baby als Geisel zu be-halten, damit Meena nicht auf die Idee käme zu fliehen.

«Wir werden Naina nicht bei dir lassen», erklärte ihr Ainul. «Du bist eine Prostituierte, und du hast kein Ehrgefühl. Da könntest du ja weglau-fen.» Später folgte ein Sohn, Vivek, und auch ihn durfte Meena nicht be-halten. So wurden ihre beiden Kinder im selben Bordell von anderen großgezogen, meistens in Bereichen innerhalb der Mauern, die sie nicht betreten durfte.

«Sie hielten meine Kinder gefangen, weil sie glaubten, dann würde ich keine Fluchtversuche machen», sagt sie. Bis zu einem gewissen Grad funktionierte die Strategie. Einmal half Meena dreizehn Mädchen bei der Flucht, ohne selbst zu fliehen, weil sie es nicht ertragen konnte, ihre Kinder allein zu lassen. Die Strafe für ihr Bleiben waren brutale Schläge wegen Beihilfe zur Flucht.

Ainul war selbst sehr früh Prostituierte gewesen, darum hatte sie kein Mitgefühl für die Mädchen. «Wenn meine eigenen Töchter prostituiert werden können, könnt ihr das auch», pflegte sie zu sagen. Und es stimmte, Ainul hatte ihre beiden Töchter tatsächlich prostituiert. «Sie mussten da reingeprügelt werden, bis sie willig waren», erkärt Meena. «Niemand will damit anfangen.»

Ihrer Schätzung nach wurde Meena während all der Jahre, die sie dort im Bordell verbrachte, durchschnittlich an fünf Tagen in der Wo-che geschlagen. Die meisten Mädchen waren schnell gebrochen und eingeschüchtert, aber Meena hat nie ganz aufgegeben. Ihr herausragen-der Charakterzug ist Hartnäckigkeit. Sie kann stur und störrisch sein, das ist einer der Gründe, warum sie bei den Leuten im Dorf so verpönt ist. Sie durchbricht das Verhaltensmuster, das im ländlichen Indien von einer Frau erwartet wird, indem sie Widerworte gibt – und zurück-schlägt.

Von der Polizei hatten die Bordellmädchen kaum Rettung zu erwar-ten, weil die Polizisten selbst regelmäßige Kunden waren und umsonst bedient wurden. Aber Meena war so verzweifelt, dass sie sich einmal aus dem Haus schlich und zur Polizeistation ging, um Hilfe zu suchen.

«Ein Bordell in der Stadt hat mich zur Prostitution gezwungen», erklärte sie dem erstaunten Beamten, der hinter dem Tisch saß. «Die Zuhälter prügeln mich und halten meine Kinder als Geiseln fest.»

«Du bist aber ganz schön dreist hierherzukommen!», schalt sie ein Polizist. Am Ende wurde sie zurückgeschickt, nachdem den Bordellbetreibern das Versprechen abgenommen worden war, sie nicht mehr zu schlagen. Die Besitzer bestraften sie nicht gleich. Aber ein freundlicher Nachbar warnte Meena, es sei beschlossen worden, sie zu ermorden. Das passiert im Rotlichtmilieu selten, ebenso selten wie Bauern ihre eigenen Produktionsmittel vernichten, indem sie etwa gute Milchkühe schlachten, aber gelegentlich macht eine Prostituierte so viel Ärger, dass die Besitzer sie töten – als warnendes Beispiel für die anderen.

Meena fürchtete um ihr Leben, ließ daraufhin ihre Kinder im Stich und floh aus dem Bordell. Sie fuhr mehrere Stunden mit dem Zug nach Forbesgunge. Irgendjemand dort erzählte einem von Ainuls Söhnen, Manooj, wo sie sich aufhielt, und es dauerte nicht lange, bis er kam und sie verprügelte. Manooj wollte sie jedoch nicht wieder als Störenfried in seinem Bordell haben, darum sagte er ihr, sie könne in Forbesgunge ihr eigenes Leben führen und sich prostituieren, müsse ihm aber Geld geben. Nicht wissend, wie sie anders überleben sollte, willigte Meena ein.

Jedes Mal, wenn Manooj nach Forbesgunge kam, um Geld einzutreiben, war er unzufrieden mit der Summe, die Meena ihm gab, und verprügelte sie. Einmal warf er sie auf den Boden und schlug wütend mit einem Gürtel auf sie ein, als ein angesehener Mann aus dem Dorf einschritt.

«Du schickst sie schon anschaffen, du nimmst ihr schon das Lebensblut», schimpfte ihr Retter, ein Apotheker namens Kuduz. «Warum sie auch noch totschlagen?»

Es war nicht so, dass er sich auf Manooj gestürzt und ihn von ihr weggezogen hätte, aber für eine Frau wie Meena, die gesellschaftlich Geächtete, war es unfassbar, dass jemand den Mund für sie auftat. Manooj wich zurück, und Kuduz half ihr auf. Meena und Kuduz wohnten in Forbesgunge nicht weit voneinander entfernt, und der Zwischenfall verband sie. Bald schwatzten sie regelmäßig miteinander, und dann fragte er, ob sie ihn heiraten wolle. Begeistert sagte sie Ja.

Manooj war wütend, als er von den Heiratsplänen hörte, und bot Kuduz 100 000 Rupien (2500 US$) an, wenn er Meena aufgebe – eine Summe, die möglicherweise seine Sorge widerspiegelte, Meena könnte ihre neue Achtbarkeit als verheiratete Frau benutzen, um das Bordell in Schwierigkeiten zu bringen. Aber Kuduz war an einem Geschäft nicht interessiert.

«Du kannst mir zweihundertfünfzigtausend bieten, und ich gebe sie nicht auf. Liebe hat keinen Preis», sagte er.

Nachdem sie geheiratet hatten, brachte Meena mit Kuduz noch einmal zwei Töchter zur Welt, und sie ging in ihr Heimatdorf zurück, um nach ihren Eltern zu schauen. Ihre Mutter war gestorben – Nachbarn erzählten, als Meena verschwand, habe sie dauernd geschrien, dann sei sie verrückt geworden –, aber ihr Vater konnte es nicht fassen und freute sich unbändig, seine Tochter wiederauferstanden zu sehen.

Meena führte jetzt ein weitaus besseres Leben, doch ihre beiden ersten Kinder gingen ihr nicht aus dem Sinn. So begann sie, zu Ainul Bibis Bordell zurückzufahren – jedes Mal fünf Stunden mit dem Bus. Sie stellte sich draußen hin und bettelte um Naina und Vivek.

«Sooft ich konnte, fuhr ich hin und kämpfte um meine Kinder», erinnert sie sich. «Ich wusste, sie würden mir die beiden nicht herausgeben. Ich wusste, sie würden mich verprügeln. Aber ich dachte, ich müsse es weiter versuchen.»

Es half nichts. Ainul und Manooj ließen Meena nicht ins Haus. Sie peitschten und vertrieben sie. Die Polizei wollte nichts davon wissen. Die Bordellbesitzer drohten nicht nur, sie umzubringen, sondern auch, ihre beiden kleinen Töchter, die sie mit Kuduz hatte, zu kidnappen und an ein Bordell zu verkaufen. Einmal tauchten ein paar Gangster bei ihr in Forbesgunge auf, um die Mädchen zu entführen, aber Kuduz packte ein Messer und warnte sie: «Ein einziger Versuch, und ich schneide euch in Stücke.»

Meena hatte panische Angst um ihre Kleinsten, aber sie konnte Naina nicht vergessen. Sie wusste, Naina würde bald in die Pubertät kommen und dann auf den Markt gebracht. Aber was sollte sie tun?

Durch all die Gespräche, die wir im Lauf der Jahre mit Frauen wie Meena geführt haben, hat sich unsere eigene Einstellung zum Sexhandel verändert. In den USA aufgewachsen, mit Lebenserfahrungen in China und Japan, hielten wir Prostitution für ein Geschäft, dem Frauen sich als Gelegenheitsjob oder aus finanzieller Verzweiflung zuwandten. In Hongkong kannten wir eine australische Prostituierte, die Sheryl in die Umkleidekabine ihres «Männerclubs» einschleuste, um sich einen Eindruck von den einheimischen Mädchen zu verschaffen, die dort waren, weil sie es als eine Chance sahen, gutes Geld zu verdienen. Jedenfalls stellten wir uns Prostituierte nicht als Sklavinnen vor, die zu dem, was sie taten, gezwungen würden, weil die meisten Prostituierten in Amerika, China und Japan nicht wirklich versklavt sind.

Trotzdem kann man ohne Übertreibung sagen, dass Millionen von Frauen und Mädchen heute *tatsächlich* in Sklaverei leben. Der größte Unterschied zur Sklaverei des 19. Jahrhunderts besteht darin, dass so viele gegen Ende zwanzig an Aids sterben. Der Ausdruck «Sexschmuggel», englisch *sex trafficking*, der gewöhnlich für dieses Phänomen gebraucht wird, ist irreführend. Das Problem sind weder Sex noch Prostitution als solche. Es gibt viele Länder – China, Brasilien und fast die ganze Palette der subsaharischen Staaten Afrikas –, in denen Prostitution weit verbreitet ist, aber meistens freiwillig, das heißt unter ökonomischem Druck, aber ohne physischen Zwang ausgeübt wird. Dort werden die Frauen nicht eingesperrt, und viele arbeiten auf eigene Rechnung, ohne Zuhälter oder Bordell. Das Problem ist auch nicht unbedingt der «Schmuggel», da Zwangsprostitution nicht immer bedeutet, dass Mädchen über Mittelsmänner aus weiter Entfernung herbeigeschafft werden. Der ganze Horror sollte besser als Sklaverei bezeichnet werden.

Die Gesamtzahl moderner Sklaven ist schwer zu schätzen. Nach Angaben der Internationalen Arbeitsorganisation (ILO), einer Sonderorganisation der UNO, gibt es weltweit 12,3 Millionen Menschen, die als Zwangsarbeiter dienen, nicht nur im Sexgeschäft. Ein Bericht schätzt allein die in Asien wie Sklaven gehaltenen Kinder auf eine Million. Und der *Lancet*, eine berühmte britische Fachzeitschrift für Medizin, kommt zu dem Schluss, dass «jedes Jahr eine Million Kinder zur Prostitution gezwungen werden und die Gesamtzahl prostituierter Kinder bei 10 Millionen liegen könnte».

Von denen, die zu Kampagnen gegen den Menschenhandel aufrufen, werden die modernen Sklaven oft noch höher, etwa mit 27 Millionen beziffert. Diese Zahl stützt sich auf Forschungsergebnisse von Kevin Bales, der die großartige Organisation *Free the Slaves* leitet. Die Berechnungen sind teilweise so schwierig, weil Sexarbeiter sich kaum in klare Kategorien von Freiwilligen und Unfreiwilligen einteilen lassen. Manche Kommentatoren betrachten Prostituierte als reine Sexsklaven, andere als reine Geschäftsfrauen. Aber in Wirklichkeit gibt es einige von jeder Kategorie und viele andere, die sich in einer Grauzone zwischen Freiheit und Sklaverei befinden.

Ein wesentliches Standardinstrument des Bordellgeschäfts besteht darin, durch Erniedrigung, Vergewaltigung, Drohungen und körperliche Gewalt den Willen der Mädchen zu brechen. Eine fünfzehnjährige Thailänderin erzählte uns von ihrer Initiation, als wirksames Mittel gegen ihre Selbstachtung habe sie Hundekacke essen müssen. Ist ein Mädchen erst einmal gebrochen und verängstigt, jede Hoffnung auf Entrinnen aus ihm herausgepresst, mag kein Zwang mehr nötig sein, um es zu kontrollieren. Es wird lächeln, die Männer auf der Straße anmachen und versuchen, sie ins Bordell zu locken. Jeder Fremde würde glauben, es sei freiwillig dort. Aber den Willen des Bordellbesitzers zu erfüllen bedeutet in dieser Lage noch lange kein Einverständnis.

Unserer eigenen Schätzung nach können 3 Millionen Frauen und Mädchen (sowie eine sehr geringe Zahl an Jungen) auf der Welt zu Recht als im Sexgeschäft versklavt bezeichnet werden. Dies ist eine vorsichtige Schätzung, die zahllose andere, die durch Manipulation oder Einschüchterung zur Prostitution gebracht werden, ebenso wenig einschließt wie jene weiteren Millionen, die unter achtzehn sind und nicht wissen, was sie tun, wenn sie sich auf eine Arbeit im Bordell einlassen. Wir sprechen von 3 Millionen Menschen, die effektiv im Besitz von Leuten sind und von denen viele straflos von ihren Besitzer getötet werden könnten.

Technisch wird Menschenschmuggel häufig in dem Sinne definiert, dass Personen – mit Gewalt oder durch Täuschung – über eine internationale Grenze gebracht werden. Das US-Außenministerium veranschlagt die Zahl derer, die jährlich dieser Art von *trafficking* zum Opfer fallen, zwischen 600 und 800 Tausend, zu 80 Prozent Mädchen oder Frauen, meistens zum Zweck der sexuellen Ausbeutung. Da Meena keine Grenze überquert hat, fällt sie nicht unter diese Kategorie. Das gilt auch für die meisten anderen Bordellsklavinnen. Wie das US-Außenministerium anmerkt, sind «Millionen von Opfern, die rund um die Welt innerhalb ihrer eigenen nationalen Grenzen als Schmuggelware gehandelt werden», bei seinen Schätzungen nicht inbegriffen.

Im Gegensatz dazu wurden in den 1780er-Jahren, auf dem Höhepunkt des transatlantischen Sklavenhandels, durchschnittlich etwas weniger als 80 Tausend Sklaven pro Jahr von Afrika über den Atlantik in die Neue Welt verschifft. Danach sank der Durchschnitt und pegelte sich zwischen 1811 und 1850 auf etwas über 50 Tausend ein. Anders gesagt, im beginnenden 21. Jahrhundert werden jährlich weitaus mehr Frauen und Mädchen in Bordelle verschifft, als im 18. oder 19. Jahrhundert je binnen eines Jahres Afrikaner übers Meer auf Sklavenplantagen kamen – wobei die Gesamtpopulation damals natürlich viel geringer war. Dennoch, wie die Zeitschrift *Foreign Affairs* schreibt: «Unabhängig von der genauen Zahl scheint es keinen Zweifel zu geben, dass der moderne globale Sklavenhandel rechnerisch größere Ausmaße hat als der atlantische Sklavenhandel im achtzehnten und neunzehnten Jahrhundert.»

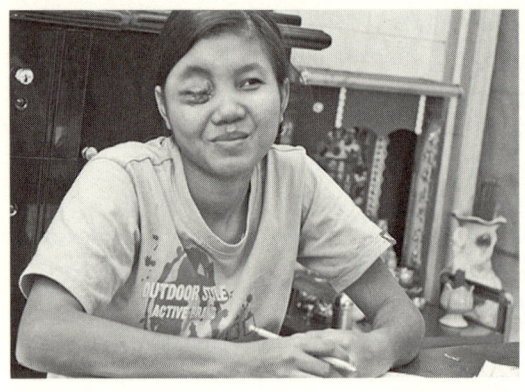

Long Pross war dreizehn, als sie entführt und an ein Bordell in Kambodscha verkauft wurde. Als sie aufbegehrte, bestrafte die Besitzerin des Bordells sie, indem sie ihr mit einem Metallstift ein Auge ausstach.

Wie auf den Sklavenplantagen vor zweihundert Jahren sind die Sklavenbesitzer praktisch kaum Einschränkungen unterworfen. In North Carolina hatte ein Erlass von 1791 die Tötung eines Sklaven für «Mord» erklärt, und in Georgia wurde Sklaventötung oder -verstümmelung etwas später gesetzlich mit der Tötung oder Verstümmelung von Weißen gleichgestellt. Aber diese Vorschriften existierten mehr auf dem Papier als auf den Plantagen, genau wie die pakistanischen Gesetze wohl in Gesetzbüchern existieren, Bordellbesitzer aber nicht daran hindern, aufsässige Mädchen zu beseitigen.

Während in den letzten Jahrzehnten bei vielen humanitären Problemen Fortschritte erzielt wurden, hat sich die Sexversklavung noch verschärft. Ein Grund dafür ist der Zusammenbruch des Kommunismus in Osteuropa und Indochina. In manchen Ländern wie Rumänien war wirtschaftliches Elend die unmittelbare Folge, und überall bildeten sich kriminelle Banden, die das Machtvakuum füllten. Der Kapitalismus schuf neue Märkte für Reis und Kartoffeln, aber auch für weibliches Fleisch.

Ein zweiter Grund für den zunehmenden Mädchenhandel ist die Globalisierung. Ein nigerianisches Mädchen, dessen Mutter ihr Stammesgebiet nie verlassen hat, landet jetzt womöglich in einem Bordell in Italien. Im ländlichen Moldawien kann es einem passieren, dass man von Dorf zu Dorf fährt und kein weibliches Wesen zwischen sechzehn und dreißig entdeckt.

Ein dritter Grund für die Verschlechterung der Situation ist Aids. An ein Bordell verkauft zu werden war immer ein grässliches Schicksal, normalerweise aber kein Todesurteil. Jetzt ist es das oft. Und weil die Kunden Aids fürchten, ziehen sie junge Mädchen vor, bei denen sie eine Infektion für weniger wahrscheinlich halten. Außerdem geht sowohl in Asien als auch in Afrika die Legende um, Aids könne durch Geschlechtsverkehr mit einer Jungfrau geheilt werden. All das hat die Nachfrage nach jungen Mädchen, die aus ihren Dörfern entführt werden, weiter angeheizt. Diese Faktoren erklären den besonderen Stellenwert, den wir den Sexsklaven im Unterschied zu anderen Sorten von Zwangsarbeit beimessen. Wer indische Bordelle von innen kennt und, sagen wir, auch die Verhältnisse in Ziegelbrennereien, weiß, dass es besser ist, in einer Brennerei versklavt zu sein. Zumindest leben die Arbeiter dort meistens mit ihren Familien zusammen und sind als Sklaven keinem Aids-Risiko ausgesetzt, sodass immer eine Hoffnung bleibt, irgendwann zu entkommen.

Im Bordell gefangen, wurden Naina und Vivek geschlagen, ausgehungert und missbraucht. Sie wurden auch im Unklaren über ihre Herkunft gelassen. Naina wuchs damit auf, dass sie Ainul «Großmama» und Ainuls Sohn Vinod «Vater» nannte. Mal wurde ihr gesagt, Vinods Frau, Pinky, sei ihre Mutter, und mal erzählte man ihr, ihre Mutter sei gestorben und Pinky sei ihre Stiefmutter. Aber als Naina in die Schule gehen wollte, lehnte Vinod ab und beschrieb die Beziehung in deutlicheren Worten.

«Du musst mir gehorchen, weil ich dein Besitzer bin», erklärte er Naina.

Die Nachbarn versuchten, die Kinder zu warnen. «Die Leute sagten immer, das könnten nicht meine wirklichen Eltern sein, sonst würden sie mich nicht so quälen», erinnert sich Naina. Gelegentlich hörten oder sahen die Kinder sogar Meena an die Tür kommen und nach ihnen rufen. Einmal erblickte Meena ihre Tochter und sagte ihr: «Ich bin deine Mutter.»

«Nein», erwiderte Naina. «Pinky ist meine Mutter.»

Auch Vivek erinnert sich an Meenas Besuche. «Ich sah immer, wie sie verprügelt und fortgejagt wurde», sagt er. «Sie erzählten mir, meine Mutter sei tot, aber die Nachbarn sagten, dass sie doch meine Mutter ist, und ich sah, wie sie wiederkam und versuchte, um mich zu kämpfen.»

Naina und Vivek sind nie einen Tag zur Schule gegangen, sie haben nie einen Arzt zu Gesicht bekommen und durften nur selten nach draußen. Sie mussten Fußböden fegen, Wäsche waschen und gingen in Lumpen – ohne Schuhe, denn mit Schuhe wären sie vielleicht eher weggelaufen. Dann, als Naina zwölf war, wurde sie einem älteren Mann vorgeführt, in einer Weise, die unbehagliche Gefühle bei ihr hinterließ. «Als ich ‹Mutter› nach dem Mann fragte, bekam ich Prügel und wurde ohne Abendessen ins Bett geschickt», erinnert sich Naina.

Ein paar Tage später sagte «Mutter» ihr, sie solle ein Bad nehmen, und ging mit ihr auf den Markt, wo sie ihr hübsche Kleider kaufte und einen Nasenring. «Als ich sie fragte, warum sie mir all diese Sachen kaufe, schimpfte sie mich aus. Sie erklärte mir, ich müsse gut auf den Mann hören, es ihm in allem recht machen. Und dann sagte sie: ‹Dein Vater hat von dem Mann Geld für dich bekommen.› Ich habe laut losgeheult.»

Pinky sagte, Naina solle die Kleider anziehen, aber das Mädchen schleuderte sie in die Ecke und weinte untröstlich. Vivek war erst elf, ein sanftmütiger kleiner Junge. Aber er hatte von seiner Mutter die Unfähigkeit geerbt, sich geschlagen zu geben. Und so flehte er seine «Eltern» und seine «Großmama» an, seine Schwester gehen zu lassen oder ihr einen Ehemann zu suchen. Jedes Bitten brachte ihm nur neue Schläge ein – unter höhnischen Bemerkungen. «Du verdienst doch nichts», spottete sein «Vater», «was glaubst du eigentlich, wie du dich um deine Schwester kümmern willst?»

Trotzdem brachte Vivek den Mut auf, seine Schinder wieder und wieder zur Rede zu stellen, für seine Schwester um Freiheit zu bitten. In einer Stadt, wo Polizeibeamte, Regierungsvertreter, Hindupriester und respektable Mittelklassebürger alle die Augen von der Zwangsprostitution abkehrten, gehörte die einzige vernehmbare Stimme des Gewissens einem elfjährigen Jungen, der jedes Mal geprügelt wurde, wenn er den Mund auftat. Doch seine Offenheit führte zu nichts. Vinod und Pinky sperrten ihn ein, zwangen Naina in die neuen Kleider, und ihre Karriere als Prostituierte begann.

«Meine ‹Mutter› sagte mir, ich müsse mich nicht fürchten, er sei ein netter Mann», erzählt Naina. «Dann sperrten sie mich mit dem Mann ins Zimmer. Der Mann sagte, ich solle von innen abschließen. Ich gab ihm eine Ohrfeige … Dann hat er mich gezwungen. Er vergewaltigte mich.»

Einmal steckte ein Kunde ihr ein Trinkgeld zu, und sie gab es heimlich an Vivek weiter. Sie dachten, vielleicht könnte Vivek ein Telefon benutzen, eine Technik, mit der sie keine Erfahrung hatten, und irgendwie die geheimnisvolle Frau aufspüren, die angeblich ihre Mutter war, und sie um Hilfe bitten. Aber als Vivek zu telefonieren versuchte, wurde er erwischt, und beide Kinder wurden ausgepeitscht.

Ainul glaubte, für Vivek wären Mädchen vielleicht eine gute Ablenkung, und so wurde er gedrängt, Sex mit den Prostituierten zu versuchen. Er war völlig überfordert, die Vorstellung schüchterte ihn ein, und als er versagte, schlug Pinky wieder zu. Wütend und voller Angst um seine

Schwester, was aus ihr werden würde, sah Vivek ihre letzte Hoffnung darin, dass er weglief und jene Frau suchte, die behauptete, ihre Mutter zu sein. Irgendwo hatte er gehört, ihr Name sei Meena und sie lebe in Forbesgunge, also floh er eines Morgens zum Bahnhof und kaufte von Nainas Trinkgeld eine Fahrkarte.

«Ich zitterte, weil ich dachte, sie würden hinterherkommen und mich in Stücke hacken», sagt er. In Forbesgunge angekommen, fragte er nach dem Weg zu den Bordellen. Er stapfte die Straße entlang, bis er das Rotlichtviertel erreichte, und fragte dann jeden, der ihm begegnete: *Wo ist Meena? Wo wohnt sie?*

Schließlich, nach einem langen Marsch und vielen Verirrungen, wusste er, dass er in ihrer Nähe war, und er rief: *Meena! Meena!* Aus einem kleinen Haus tauchte eine Frau auf – seine Lippe bebt, als er diesen Teil der Geschichte erzählt – und musterte ihn verwundert von oben bis unten. Der Junge und die Frau starrten einander lange an, dann endlich sagte die Frau erstaunt: «Bist du Vivek?»

Die Vereinigung war überwältigend. Ein paar gesegnete Wochen schwindelerregender, ungetrübter Freude, das erste Glück, das Vivek in seinem Leben erfuhr. Meena ist eine warmherzige, emotionale Frau, und er war selig, endlich einmal Mutterliebe zu empfangen. Doch dann, als Meena das Neueste von Naina wusste, kam ihre Verbissenheit wieder an die Oberfläche: Sie war entschlossen, ihre Tochter zu retten.

«Ich habe sie geboren, darum werde ich sie nie vergessen», sagte sie. «Ich muss um sie kämpfen, bis zu meinem letzten Atemzug. Jeder Tag ohne Naina kommt mir vor wie ein ganzes Jahr.»

Meena hatte gehört, dass Apne Aap Women Worldwide – eine Frauenorganisation, die sich gegen die sexuelle Sklaverei in Indien einsetzt – in Forbesgunge ein Büro eröffnet hatte. Apne Aap hat ihren Sitz in Kolkata, dem früheren Kalkutta, aber die Gründerin, eine engagierte ehemalige Journalistin namens Ruchira Gupta, ist teilweise in Forbesgunge aufgewachsen. Wegen der verbreiteten Kriminalität scheuen andere Hilfsgruppen die Arbeit im ländlichen Bihar, aber Ruchira kannte sich in der Gegend aus und nahm das Risiko in Kauf, hier eine Anlaufstelle einzurichten. Eine der Ersten, die hereinkamen, war Meena. «Bitte, bitte», flehte sie Ruchira an. «Helfen Sie mir, dass ich meine Tochter zurückbekomme.»

Soweit man wusste, hatte es im Bundesstaat Bihar noch nie einen Polizeieinsatz gegen ein Bordell gegeben, aber Ruchira beschloss, den ersten vorzubereiten. Während Ainul Bibis Bordell warme Beziehungen zur

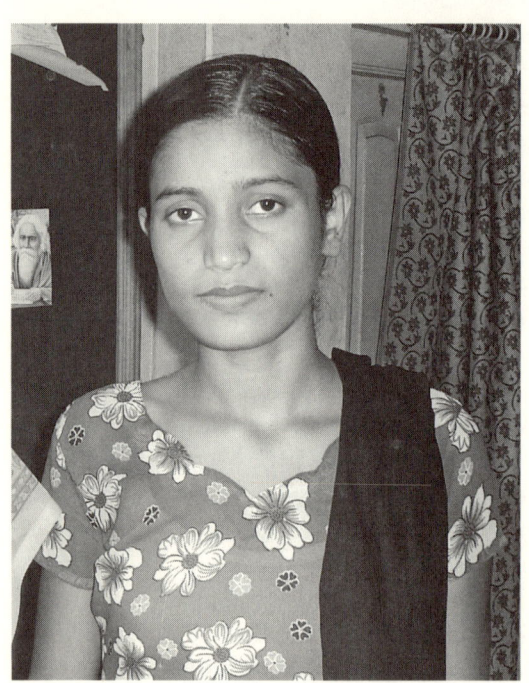

Naina kurz nach ihrer
Befreiung aus dem
Bordell

örtlichen Polizei unterhielt, hatte Ruchira starke Verbindungen zu den höchsten Vertretern der nationalen Polizei. Und Ruchira versteht es, sich Respekt zu verschaffen – mindestens so gut wie irgendein Bordellbesitzer.

Tatsächlich rang Apne Aap der örtlichen Polizei eine Razzia ab, um Naina zu retten. Das Bordell wurde gestürmt, das Mädchen gefunden und auf die Polizeiwache gebracht. Aber Naina war so gebrochen, so vollgepumpt mit Drogen, dass sie Meena nur ansah und benommen erklärte: «Ich bin nicht deine Tochter.» Meena war am Boden zerstört.

Später erklärte Naina, sie habe sich so allein gefühlt, mit furchtbaren Ängsten, unter anderem, weil Ainul Bibi ihr gesagt hatte, Vivek sei tot. Doch nach einer Stunde auf der Polizeiwache wurde ihr allmählich klar, dass es eine Chance gab, dem Bordell zu entkommen, und am Ende flüsterte sie: «Doch, du bist meine Mutter.»

Apne Aap schickte Naina in einer Blitzaktion nach Kolkata ins Krankenhaus, wo sie wegen schwerer Verletzungen und Morphinsucht behandelt wurde. Das Bordell hatte sie ständig unter Drogen gesetzt, um sie gefügig zu machen, und es war schrecklich, den Morphiumentzug zu beobachten.

Für Meena und ihre Familie wurde das Leben in Forbesgunge schwieriger und gefährlicher. Einige der dortigen Bordellbesitzer waren mit Ainul und Manooj verwandt und kochten vor Wut. Sogar diejenigen, die innerhalb der Gemeinschaft der Nutts nichts von Prostitution hielten, missbilligten die Razzia, sodass die Einwohner von Apne Aaps Schutz und Schule nichts mehr wissen wollten. Meena und ihre Kinder waren stigmatisiert, ein junger Mann, der mit Apne Aap zusammenarbeitete, wurde erstochen. Es kam zu Drohungen gegen Meenas jüngste Töchter, die sie mit Kuduz hatte. Doch Meena ging immer noch heiter durch die Straßen. Sie lachte bei dem Gedanken, dass sie sich eingeschüchtert fühlen sollte.

«Die verwechseln Gut mit Böse», spottete sie über die Dörfler. «Von mir aus sprechen sie nicht mit mir, aber ich weiß, was richtig ist, und ich bleibe dabei. Ich werde Prostitution nie akzeptieren, nicht für mich und nicht für meine Kinder, bis zum letzten Atemzug.» Meena arbeitet jetzt als Gemeindehelferin in Forbesgunge, versucht Eltern davon abzubringen, ihre Töchter zu prostituieren, und sie zu überzeugen, dass Mädchen und Jungen gleich erzogen werden. Mit der Zeit haben die Ressentiments gegen sie etwas nachgelassen, aber sie gilt immer noch als aufdringlich und unweiblich.

Später hat Apne Aap – teilweise mit den Spenden amerikanischer Unterstützer – in Bihar ein Internat gegründet, wo auch Meenas Kinder untergebracht wurden. Die Schule hat einen Wächter, dort sind sie gut geschützt. Naina möchte gern Lehrerin werden, vor allem um benachteiligten Kindern zu helfen.

Eines Nachmittags sang Meena ihren beiden kleinen Töchtern ein Lied vor, das sie lernen sollten:

Ein freies Land wird Indien erst,
wenn auch die Frauen frei sind.
Wie geht's den Mädchen in diesem Land?
Sie werden geschmäht, missbraucht, versklavt?
Dann Hand aufs Herz und frage:
Wie frei, wie unabhängig ist denn dieses Land?

Die Sklaverei aus der Ferne bekämpfen –
zum Beispiel Seattle

Die Leute fragen immer, wie sie helfen können. Wie kann man angesichts all der Besorgnisse um Korruption, Verschwendung und Missmanagement Frauen wie Meena tatsächlich helfen und die moderne Sklaverei bekämpfen? Gibt es irgendetwas, was jeder von uns tun könnte?

Der Anfang besteht darin, der Komplexität möglicher Veränderungen absolut realistisch ins Auge zu sehen. Offen gestanden, neigen die Vertreter humanitärer Aktionen manchmal zur Übertreibung und Idealisierung, ohne die Schwierigkeiten zu erwähnen. Manchmal werden schwache Daten so lange auf Erfolg getrimmt, bis sie den geforderten «Beweis» liefern. Zum Teil geschieht das, weil es um gute und inspirierende Sachen geht. Wer sich beispielsweise im Studium auf Mädchenbildung spezialisiert, glaubt natürlich daran. Wie wir sehen werden, kommt manchmal dabei heraus, dass Forschungen nicht mit der gleichen Strenge durchgeführt werden wie etwa Tests auf die Wirksamkeit von Zahnpasta. Hilfsgruppen geben oft nur widerstrebend Fehler zu, sicher auch deshalb, weil offene Diskussionen über Dinge, die schiefgelaufen sind, Spendensammlungen im Weg stehen.

Es stimmt, dass einige frühere Versuche, Mädchen zu unterstützen, heftig nach hinten losgegangen sind. Im Jahr 1993 etwa wollte Senator Tom Harkin den Mädchen, die in Bangladesch in Ausbeutungsbetrieben schufteten, etwas Gutes tun und führte ein Gesetz ein, das alle von Arbeiterinnen unter vierzehn Jahren hergestellten Waren vom Markt verbannen sollte. Prompt haben die Fabriken in Bangladesch Zehntausende dieser jungen Mädchen entlassen, viele endeten in Bordellen und sind inzwischen vermutlich an Aids gestorben.

Dennoch können viele Formen von Unterstützung – besonders in den Bereichen Gesundheit und Erziehung – eine hervorragende Bilanz aufweisen. Nehmen wir nur einmal die Arbeit von Frank Grijalva, dem Direktor der Overlake School in Redmond, Washington, einer vornehmen Privatschule mit 450 Schülern der Jahrgangsstufen fünf bis zwölf. Das Schulgeld liegt bei 22 000 US$ pro Jahr, und die meisten Kinder wachsen in einer behüteten Oberschichtumgebung auf. Grijalva suchte eine Möglichkeit, seinen Schülern beizubringen, wie die andere Hälfte der Menschheit lebt.

«Es wurde klar, dass wir als eine äußerst privilegierte Gemeinschaft auch eine größere, positivere Kraft in der Welt entfalten mussten», beschreibt Grijalva die Situation. Er hörte von Bernard Krisher, einem ehemaligen *Newsweek*-Korrespondenten, der über die Armut in Kambodscha so erschüttert war, dass er eine Hilfsgruppe gegründet hatte, die American Assistance for Cambodia. Krisher hält es für sehr wichtig, Mädchen aus Bordellen zu befreien, aber der beste Weg zu ihrer Rettung besteht seiner Meinung nach darin, sie von vornherein vor dem Mädchenhandel zu bewahren – was bedeutet, sie in die Schule zu bringen. Die American Assistance for Cambodia konzentriert sich daher auf die Erziehung der Kinder vom Lande, insbesondere Mädchen. Das Programm namens Rural School Project trägt Bernie Krishers Handschrift. Für 13 000 US$ kann ein Spender eine Schule in einem kambodschanischen Dorf errichten. Die Spende wird durch Fonds der Weltbank verdoppelt und dann noch einmal durch die Asiatische Entwicklungsbank.

Grijalva brachte die Ideen zusammen: Seine Schüler könnten Geld für eine Schule in Kambodscha sammeln und damit unterstreichen, wie wichtig der Dienst an der Allgemeinheit ist. Zunächst war die Reaktion bei Schülern und Eltern ebenso höflich wie zurückhaltend, aber dann kamen die Anschläge vom 11. September, und plötzlich war die Gemeinschaft leidenschaftlich um die weitere Welt besorgt und engagierte sich für das Projekt. Die Schüler organisierten Spendenaktionen – Kuchenstände, Autowäschen oder Talentshows –, und zugleich beschäftigten sie sich mit den Kriegen und Genoziden in der kambodschanischen Geschichte. Die Schule wurde in Pailin gebaut, einem kambodschanischen Städtchen an der Grenze zu Thailand, das berühmt ist für billige Bordelle, die vor allem Thai-Männer bedienen.

Im Februar 2003 war der Schulbau fertig, und Grijalva fuhr mit einer Delegation von neunzehn Schülern der Overlake School zur Eröffnung nach Kambodscha. Ein Zyniker würde vielleicht sagen, von dem Reisegeld hätte man besser eine zweite kambodschanische Schule gebaut, aber für die amerikanischen Schüler war dieser Besuch eine grundlegende Erfahrung, bei der sie unendlich viel gelernt haben. Sie schleppten eine ganze Schulausrüstung mit, aber schon im Auto unterwegs nach Pailin wurde ihnen klar, dass Kambodscha mehr brauchte, als sie sich je hatten vorstellen können. Die Erd- und Schotterstraße war so zerfurcht, dass sie kaum durchkamen, und neben einem Krater lag ein umgekippter Bulldozer – von einer Landmine zerfetzt.

Als sie die Schule erreichten, sahen sie ein Schild: OVERLAKE SCHOOL, auf Englisch und in Khmer-Schrift. Im Rahmen der feierlichen Eröffnung und dem Zerschneiden des Bandes wurden die Amerikaner von einer Menge aufgeregter Kambodschaner empfangen, allen voran der Direktor, dem ein Bein fehlte – auch er Opfer einer Landmine. In Kambodscha erstreckte sich die durchschnittliche Schulbildung der Männer damals über 2,6 Jahre, die der Frauen gerade einmal über 1,7 Jahre, sodass eine neue Schule auf eine Weise geschätzt wurde, die den Amerikanern unbegreiflich war.

Die Schuleinweihung – und die ganze Woche in Kambodscha – hinterließen bei den Teilnehmern einen unauslöschlichen Eindruck. In der Folge beschlossen die Overlake-Schüler und -Eltern, die Beziehungen zu ihrem Namensvetter in Kambodscha weiter auszubauen. Sie finanzierten einen Englischlehrer für die dortige Schule und besorgten die Einrichtung einer Internetverbindung für den E-Mail-Kontakt. Sie legten einen Schulhof an und schickten Bücher. Dann, 2006, beschloss die amerikanische Schule alljährliche Delegationen, bestehend aus Schülern und Lehrern, die den Kambodschanern während der Frühjahrsferien Englisch- und Kunstunterricht erteilten. Und 2007 engagierte sich die Gruppe auch für eine Schule in Ghana und entsandte eine Delegation dorthin.

«Dieses Projekt ist einfach die sinnvollste und fruchtbarste Initiative meiner ganzen sechsunddreißig Jahre Schullaufbahn», sagt Frank Grijalva. Die Overlake School in Kambodscha ist in der Tat ein ungewöhnlicher Ort. Wegen einer unterspülten Brücke muss man einen Fluss zu Fuß überqueren, um sie zu erreichen, aber sie selbst hat nichts von den zerfallenen Gebäuden, die man in den Entwicklungsländern so oft sieht. Es gibt 270 Schüler im Alter zwischen sechs und fünfzehn Jahren. Der Englischlehrer hat an der Universität studiert und spricht gutes Englisch. Aber das Verblüffendste: Als wir reinschauten, waren die Sechstklässler gerade fleißig dabei, von ihren Yahoo-Adressen E-Mails an die Kinder der Overlake School in Amerika zu schicken.

Eine der E-Mail-Schreiberinnen war Kun Sokkea, eine Dreizehnjährige, die bald als Erste in ihrer Familie einen Grundschulabschluss machen sollte. Ihr Vater war an Aids gestorben, ihre Mutter litt an derselben Krankheit und war dauerhaft pflegebedürftig. Kun Sokkea ist spindeldürr, etwas schlaksig, mit langem, strähnigem schwarzen Haar. Sie ist scheu, und ihre Schultern sind von der Last der Armut heruntergedrückt.

«Meine Mom redet mir zu, damit ich auf der Schule bleibe, aber manchmal denke ich, ich sollte lieber rausgehen und Geld verdienen», erklärt Kun Sokkea. «Ich habe keinen Dad, der Mom unterstützt, also sollte ich vielleicht besser für sie sorgen. Mit Heuschneiden oder Mais-

pflanzen könnte ich an einem Tag siebzig Baht (etwas weniger als zwei Dollar) verdienen.»

Für diese Art finanziellen Druck hat die American Assistance for Cambodia ein Programm ins Leben gerufen, das unter dem Namen «Girls Be Ambitious» läuft und Familien praktisch dafür bezahlt, Mädchen in der Schule zu lassen: Wenn es einen Monat lang regelmäßig am Unterricht teilgenommen hat, bekommt die Familie 10 US$. Ein ähnliches Verfahren hat sich in Mexiko und anderen Ländern als ein sehr wirksames und billiges Mittel erwiesen, die Schulbildung der Mädchen zu steigern. Jetzt bezieht auch Kun Sokkeas Familie dieses Geld. Für Spender, die es sich nicht leisten können, eine ganze Schule zu stiften, ist es eine Möglichkeit, die sexuelle Sklaverei mit 120 US$ pro Jahr zu bekämpfen. Die Sache hilft, denn meistens sind es Mädchen wie Kun Sokkea, die am Ende im Bordell landen. Ihre Familien sind finanziell am Boden, die Mädchen haben kaum etwas gelernt, und ein Mädchenhändler verspricht ihnen einen großartigen Job beim Obstverkauf in einer fremden Stadt.

Kun Sokkea zeigte uns ihr Zuhause, eine wackelige Bruchbude auf Stelzen – zum Schutz gegen Überschwemmungen und Ungeziefer – auf einem Feld nahe der Schule. Das Hütte hat keine Elektrizität, und alle ihre Besitztümer befanden sich in einer kleinen Tasche. Sie braucht sich nie den Kopf darüber zu zerbrechen, was sie anziehen soll: Sie besitzt nur ein Hemd und keine Schuhe, außer einem Paar Flip-Flops. Kun Sokkea war noch nie beim Zahnarzt, nur ein einziges Mal bei einem Arzt, und sie holt das Trinkwasser für die Familie von einem nahe gelegenen Bach. Im selben Bach wäscht sie die Kleidungsstücke der Familie (wenn sie ihr Hemd waschen muss, leiht sie sich so lange eines aus). Sie teilt eine Matratze auf dem Fußboden mit ihrem Bruder, während drei andere Familienmitglieder ein paar Meter entfernt schlafen. Kun Sokkea hat noch nie ein Telefon berührt, nie in einem Auto gesessen und nie Limonade probiert. Auf die Frage, ob sie schon einmal Milch getrunken habe, stutzt sie etwas verwirrt und sagt, ja, als Baby habe sie Muttermilch getrunken.

Aber eines hat Kun Sokkea neben ihrem Bett liegen: ein Foto der amerikanischen Overlake-Schüler auf ihrem Campus. Abends, bevor sie schlafen geht, nimmt sie das Foto manchmal auf und betrachtet die lächelnden Gesichter und geschorenen Rasen und modernen Gebäude. In ihrer eigenen Hütte, mit ihrer kranken, oft weinenden Mutter und ihren hungrigen Geschwistern, ist es ein Fenster zu einem Wunderland, wo die Menschen ausreichend zu essen haben und geheilt werden, wenn sie krank sind. An einem solchen Ort, denkt sie, muss jeder die ganze Zeit glücklich sein.

Kun Sokkea und ihre Familie sind nicht die einzigen Nutznießer. Die Amerikaner selbst haben sich ebenso verändert wie die Kambodschaner. Und dieses Phänomen erlebt man immer wieder: Hilfsprojekte haben gemischte Ergebnisse bei Hilfeleistungen für Menschen in Übersee, aber eine glänzende Bilanz, was die Inspiration und Lerneffekte bei den Geldgebern betrifft. Manchmal sind die Lektionen verwirrend, wie die Overlake-Initiative erfuhr, als sie versuchte, Kun Sokkea nach ihrem Grundschulabschluss zum Besuch der Mittelschule zu verhelfen. Sie brauchte ein Transportmittel, weil die Mittelschule weit entfernt war und junge Mädchen in dieser Gegend auf dem Schulweg oft von jungen Männern belästigt werden.

Auf Vorschlag des Lehrers kauften die Amerikaner Kun Sukkea ein Fahrrad, und einige Monate funktionierte die Sache wunderbar. Dann bat eine ältere Frau, eine Nachbarin, darum, ihr das Fahrrad auszuleihen; das Mädchen hatte das Gefühl, es dürfe einer älteren Person einen Wunsch nicht verweigern. Aber die Frau verkaufte das Fahrrad und behielt das Geld für sich. Frank Grijalva und die amerikanischen Schüler waren außer sich, aber sie hatten eine wichtige Lektion darüber gelernt, wie viel schwieriger es ist, Armut zu bekämpfen, als es auf den ersten Blick erscheint. Die Amerikaner kamen zu dem Schluss, sie könnten Kun Sokkea nicht einfach ein neues Fahrrad kaufen, und so musste sie den weiten Weg wieder zu Fuß laufen, eine Stunde hin, eine zurück. Vielleicht war es wegen der Entfernung und der Gefahren, die der Schulweg mit sich brachte, jedenfalls begann Kun Sokkea ziemlich häufig zu fehlen. Ihre Noten wurden schlechter. Anfang 2009 ließ sie die Schule fallen.

Amerikas Schulen vermitteln selten ein Verständnis für die 2,7 Milliarden Menschen – 40 Prozent der Weltbevölkerung –, die von weniger als zwei Dollar am Tag leben. Darum muss betont werden: Auch wenn das erste Anliegen einer neuen Bewegung zugunsten der Frauen darin besteht, Sklaverei und Ehrenmorden ein Ende zu setzen, geht jenes andere Hand in Hand, junge Amerikaner dem Leben in der Ferne auszusetzen, damit auch sie lernen, wachsen und gedeihen – und die Probleme weiter anpacken, wenn sie erwachsen sind.

«Nachdem ich in Kambodscha war, haben sich meine Zukunftspläne geändert», sagt Natalie Hammerquist, eine siebzehnjährige Overlake-Schülerin, die mit zwei kambodschanischen Schülerinnen in regelmäßigem E-Mail-Austausch steht. «Dieses Jahr nehme ich drei Fremdsprachen und im College, hoffe ich, noch eine dazu.»

Natalies kambodschanische Freundin möchte am liebsten Ärztin werden, kann sich aber einen Universitätsbesuch nicht leisten. Das empört allmählich Natalie: «Ein junges Mädchen wie ich muss seine Träume aufgeben, weil es sich die nicht leisten kann.» Jetzt plant Natalie eine Karriere im Zusammenhang mit der Förderung junger Leute rund um die Welt – *empowerment*, wie das englische Schlagwort lautet. «Jeder sollte einfach nur seine Fähigkeiten nutzen, wie er kann, und so kann ich meine nutzen. Das ist der Stellenwert, und so wertvoll war es für mich, Kambodscha zu erleben.»

Prohibition und Prostitution

*«Es werden Bücher über Bücher geschrieben,
die beweisen sollen, dass Sklaverei eine sehr gute Sache ist,
aber wir haben nie von jemandem gehört, der das Gute daran
haben und selbst ein Sklave sein wollte.»*
Abraham Lincoln

Nach dem Besuch bei Meena Hasina und Ruchira Gupta in Bihar fuhr Nick durch ein Grenzdorf – voll von Verkaufsständen mit Kleidung, Essen und weniger vertrauenerweckenden Waren – zwischen Indien und Nepal. Dies ist die Grenzstation, über die Tausende nepalesischer Mädchen nach Indien geschmuggelt werden, um die Bordelle von Kolkata zu bestücken. Dort sind sie hoch geschätzt wegen ihrer hellen Haut, ihrer Schönheit, Fügsamkeit und Unfähigkeit, die einheimische Sprache zu sprechen, was sie an Fluchtversuchen hindert. Während Nick am Grenzposten einige Schriftsachen erledigte, die von ihm verlangt wurden, strömten Nepalesen nach Indien hinein, ohne Formulare auszufüllen.

In der Baracke sitzend, begann Nick eine Unterhaltung mit dem indischen Beamten, der hervorragend Englisch sprach. Der Mann sagte, er sei vom Geheimdienst zur Grenzüberwachung dorthin beordert worden.

«Und was überwachen Sie genau?», fragte Nick.

«Wir suchen nach Terroristen oder Material für Terrorismus», sagte der Mann, der es mit der Überwachung nicht so genau zu nehmen schien, da ein Lastwagen nach dem anderen vorbeifuhr. «Nach dem 11. September haben wir die Kontrollen hier verschärft. Außerdem achten wir auf Schmuggelwaren oder Raubkopien. Alles, was wir finden, wird beschlagnahmt.»

«Und was ist mit Mädchen, die hier rübergeschmuggelt werden?», fragte Nick. «Haben Sie da auch ein Auge darauf? Es muss eine Menge geben.»

«Oh, eine Menge. Aber um die machen wir uns keine Sorgen. Denen ist sowieso nicht zu helfen.»

«Na ja, Sie könnten die Schmuggler verhaften. Ist Mädchenhandel nicht genauso wichtig wie raubkopierte DVDs?»

Der Geheimdienstbeamte lachte von Herzen und warf die Hände in die Luft.

«Prostitution ist unvermeidlich.» Er gluckste. «Das hat es immer gegeben, überall. Und was soll ein junger Mann auch machen in der ganzen Zeit, wenn er achtzehn geworden ist, bis er mit dreißig vielleicht heiratet?»

«Aber ist es wirklich die beste Lösung, nepalesische Mädchen zu kidnappen und in indische Bordelle zu sperren?»

Der Beamte zuckte gelassen mit den Schulten. «Das ist bedauerlich», stimmte er zu. «Diese Mädchen werden geopfert, damit wir in der Gesellschaft unseren Frieden haben. Damit brave Mädchen sicher sind.»

«Aber viele von denen, die aus Nepal verschleppt werden, sind auch brave Mädchen.»

«O ja, aber das sind Bauernmädchen. Die können nicht einmal lesen. Die sind vom Lande. Und die braven indischen Mädchen aus der Mittelschicht sind sicher.»

Nick, der sich das zähneknirschend anhörte, versuchte es mit einer Provokation: «Ich hab's! Wissen Sie, in den USA haben wir eine Menge Probleme mit dem Frieden in der Gesellschaft. Wir sollten dazu übergehen, indische Mittelschichtmädchen zu kidnappen, und sie zwingen, bei uns in Bordellen zu arbeiten! Dann hätten die jungen Amerikaner auch ihren Spaß, glauben Sie nicht? Das würde unseren Frieden in der Gesellschaft wesentlich verbessern.»

Es folgte ein Unheil verkündendes Schweigen, aber schließlich brüllte der Mann vor Lachen.

«Sie machen vielleicht Witze!», sagte er strahlend. «Zu komisch!»

Nick gab auf.

Die Versklavung naiver Dorfmädchen wird schulterzuckend hingenommen, genauso und aus demselben Grund, wie die Versklavung von Schwarzen vor zweihundert Jahren: weil die Opfer als minderwertige Menschen gelten. Indien hatte einen Geheimdienstbeamten zum Aufspüren von Raubkopien eingesetzt, weil es wusste, welches Interesse die USA an ihrem geistigen Eigentum haben. Wenn Indien merkt, dass der

Westen sich ebenso für Sklaverei interessiert wie für raubkopierte DVDs, wird es Beamte an die Grenzen schicken, um die Schmuggler abzufangen.

Das Werkzeug für die Zerschlagung der modernen Sklaverei ist vorhanden, aber es fehlt der politische Wille. Das muss der Ausgangspunkt jeder Bewegung für die Abschaffung der modernen Sklaverei sein. Wir sagen nicht, der Westen müsse diese Sache aufgreifen, weil er schuld daran wäre; westliche Männer spielen keine entscheidende Rolle bei der Prostitution in den meisten armen Ländern. Gewiss, in Thailand, auf den Philippinen, in Sri Lanka und Belize sind amerikanische und europäische Sextouristen Bestandteil des Problems, stellen aber dennoch nur einen geringen Prozentsatz der Freier dar. Die überwiegende Mehrheit besteht aus lokaler Kundschaft. Überdies ziehen westliche Männer gewöhnlich Prostituierte vor, die sich mehr oder weniger freiwillig anbieten, weil sie die Mädchen mit auf ihre Hotelzimmer nehmen wollen und Zwangsprostituierte das Bordell normalerweise nicht verlassen dürfen. Dies ist also keine Sache, für deren Führung wir im Westen die Verantwortung übernehmen müssten, weil wir das Problem geschaffen hätten. Vielmehr heben wir den Westen so heraus, weil unsere Aktion – auch wenn wir nur am Rand mit der Sklaverei zu tun haben – notwendig ist, um ein erschreckendes Übel zu überwinden.

Die moderne Abolitionsbewegung hat durch den politischen Streit über den Umgang mit dem Problem der Prostitution viel von ihrer Wirksamkeit verloren. In den 1990er-Jahren hatten in den USA Linke und Rechte gemeinsame Sache gemacht und im Jahr 2000 den Trafficking Victims Protection Act durchgesetzt – ein Meilenstein bezüglich der erhöhten Aufmerksamkeit, die dem internationalen Menschenhandel auf der globalen Agenda zuteilwurde. Die Bewegung gegen illegalen Handel war damals parteiübergreifend, mit Nachdruck unterstützt von einigen liberalen Demokraten, wie dem verstorbenen Senator Paul Wellstone, und einigen konservativen Republikanern, wie Senator Sam Brownback. Auch Hillary Rodham Clinton spielte bei dieser Frage eine führende Rolle, und niemand war leidenschaftlicher engagiert als Carolyn Maloney, eine demokratische Kongressabgeordnete aus New York. Dementsprechend zählt ein kräftiger Vorstoß gegen den Menschenhandel zu den wenigen positiven internationalen Hinterlassenschaften der Regierung von George W. Bush. Wenn es um Sexhandel ging, waren Vital Voices und andere liberale Gruppen ebenso standfest wie die International Justice Mission und andere konservative evangelikale Gruppen. Obwohl

Ein kambodschanisches Mädchen im Teen-Alter, das entführt und an ein Bordell verkauft wurde, in seinem «Arbeitszimmer»

die Linke und die Rechte weiterhin wichtige Arbeit im Kampf gegen den Mädchenhandel leisten, tun sie es jetzt meistens getrennt. Die Abolitionsbewegung könnte weitaus effektiver sein, wenn sie in ihren eigenen Reihen einmütig zusammenstünde.

Ein Grund für Streitigkeiten ist die Einschätzung der Prostitution selbst. Die Linke bezieht sich oft summarisch auf «Sexarbeiter» und neigt zur Duldung einvernehmlicher Geschäfte unter Erwachsenen. Die Rechte, deren Position auch manche Feministinnen vertreten, bezieht sich auf «Prostituierte» oder «prostituierte Frauen» und argumentiert, Prostitution sei an sich erniedrigend und beleidigend. Die Folge dieses Hickhacks ist mangelnde Kooperation im Kampf gegen das, was *jeder* unerträglich findet: Zwangsprostitution und Kinderprostitution.

«Die Debatte wird in einem theoretischen Rahmen an Universitäten ausgetragen», sagte Ruchira Gupta von Apne Aap mit rollenden Augen, als sie uns nach einem Tag im Rotlichtviertel im alten Haus ihrer Familie in Bihar empfing. «Sehr wenige dieser Theoretiker waren je an der Basis, um zu sehen, was da abläuft. Die ganze Diskussion darüber, wie wir das Problem benennen, ist unwichtig. Wichtig ist nur, dass Kinder versklavt werden.»

Welche Politik sollen wir verfolgen, wenn wir versuchen wollen, diese Sklaverei zu beenden? Ursprünglich waren wir der Meinung, ein Verbot würde gegen die Prostitution heute ebenso wenig ausrichten wie die Prohibition gegen Alkohol im Amerika der 1920er-Jahre. Statt die Prostitution erfolglos zu verbieten, hielten wir es für sinnvoller, sie zu legalisieren und zu regulieren. Viele Hilfsgruppen befürworten eine solche pragmatische «Schadensbegrenzung», weil es den Mitarbeitern im Gesundheitsdienst erlaubt, Kondome zu verteilen, damit die Ausbreitung von Aids zu drosseln, und ihnen gleichzeitig Zutritt zu den Bordellen verschafft, sodass diese leichter auf die Anwesenheit minderjähriger Mädchen überprüft werden können.

Mit der Zeit haben wir unsere Meinung geändert. In Ländern mit verbreiteter Zwangsprostitution hat das Prinzip Legalisieren-und-Regulieren schlicht und einfach nicht gut funktioniert. Zum einen, weil die Regierungsgewalt allzu oft versagt, sodass alle Kontrollmaßnahmen unwirksam bleiben, und zum anderen, weil legale Bordelle die Entstehung einer ganzen Unterwelt illegaler Parallelgeschäfte mit jungen Mädchen und Zwangsprostitution anregen. Im Gegensatz dazu ist empirisch nachgewiesen, dass Großrazzien erfolgreich sein können, wenn sie im Zusammenspiel mit Sozialdiensten wie Umschulung und Drogenrehabilitation erfolgen. Überall, wo der Mädchenhandel blüht, plädieren wir für eine Strategie der Gesetzesvollstreckung, die der Polizei eine ganz andere Haltung abverlangt und zu regelmäßigen Inspektionen zwingt, um minderjährige Mädchen oder wen auch immer aufzuspüren, der gegen seinen Willen festgehalten wird. Das bedeutet, die Regierungen der betreffenden Länder müssen zur Rechenschaft gezogen werden, damit sie Gesetze nicht nur erlassen, sondern auch durchsetzen und kontrollieren, wie viele Bordelle durchsucht und wie viele Zuhälter festgenommen werden. Gefängnisähnliche Bordelle müssen geschlossen, wirksame Aktionen gegen Käufer jungfräulicher Mädchen durchgeführt und die nationalen Polizeichefs unter Druck gesetzt werden, mit der Korruption in Sachen Mädchenhandel aufzuräumen. Dahinter steht die Idee, den Bordellbesitzern das Geschäft zu verderben.

Wir werden die Prostitution nicht ausrotten. In Iran sind Bordelle strikt verboten, und der Polizeichef von Teheran galt als Law-and-Order-Hardliner, bis in den iranischen Nachrichten die Meldung kam, er sei bei einer Razzia in einem Bordell verhaftet worden, wo er sich in Gesellschaft von sechs nackten Prostituierten befand. Auch wenn Durchsuchungen kein sicheres Ergebnis bringen, veranlassen sie doch eine nervöse Polizei, höhere Bestechungsgelder zu fordern, was die Sache für die Zuhälter weniger lukrativ macht. Oder die Polizei wird zumindest diejenigen Bordelle schließen, die nicht von anderen Polizisten gemanagt werden. Mit solchen Methoden können wir so gut wie sicher die Zahl der Vierzehnjährigen verringern, die in Käfigen gehalten werden, bis sie an Aids sterben.

«Das ist absolut machbar», sagt Gary Haugen, Gründer der Menschenrechtsorganisation International Justice Mission (IJM). «Man braucht gar nicht alle zu verhaften. Es müssen nur genug sein, damit es Wellen schlägt und klar wird, dass die Rechnung nicht mehr aufgeht. Das verändert die Einstellung der Zuhälter. Man kann Schmuggler von jungfräulichen Dorfmädchen dazu bringen, eher mit gestohlenen Radios zu handeln.»

Viele Liberale und Feministen erschrecken über die Knüppelmethode des harten Durchgreifens, für die wir plädieren, weil dadurch – so ihr Argument – die Sex-Etablissements nur in den Untergrund getrieben würden. Stattdessen setzen sie sich für ein Legalisierungs- und Regulierungsmodell auf der Basis einer Stärkung der Sexarbeiterinnen ein und führen ein Erfolgsbeispiel ins Feld: das Sonagachi-Projekt.

Sonagachi, seiner Bedeutung nach «goldener Baum», ist ein wucherndes Rotlichtviertel in Kolkata. Früher, im 17. und 18. Jahrhundert, war es ein sagenumwobener Ort für Konkubinen. Heute befinden sich dort, am Rand der schmalen Gassen, Hunderte mehrgeschossige Bordelle, in denen über sechstausend Prostituierte zusammengepfercht sind. In den frühen 1990er-Jahren herrschte unter Gesundheitsexperten tiefe Besorgnis über die Aids-Ausbreitung in Indien, und 1992 riefen sie mit Unterstützung der Weltgesundheitsorganisation (WHO) das Sonagachi-Projekt ins Leben. Ein Schlüsselelement war die Bildung einer gewerkschaftsähnlichen Vereinigung der Sexarbeiterinnen, des Durbar Mahila Samanwaya Committee (DMSC), das die Benutzung von Kondomen fördern und so die Verbreitung des HI-Virus durch Prostitution eindämmen sollte.

Das DMSC schien den Kondomgebrauch erfolgreich zu fördern. Es pries seine Rolle an als pragmatische Lösung für die Probleme, die der öffentlichen Gesundheit durch Prostitution entstehen. Eine Studie fand heraus, dass die Benutzung von Kondomen seit Beginn des Sonagachi-Projekts um 25 Prozent gestiegen war. Eine Untersuchung von 2005 kam zu dem Ergebnis, in Sonagachi seien nur 9,6 Prozent der Prostituierten mit HIV infiziert, gegenüber 50 Prozent in Mumbai (dem ehemaligen Bombay), wo es keine Vereinigung der Sexarbeiter gab. Das DMSC übte sich im Umgang mit den Medien und bot Führungen durch Sonagachi an, wobei immer betont wurde, dass seine Mitglieder den Zustrom minderjähriger oder verschleppter Mädchen verhindern und das Sexgewerbe für ungelernte weibliche Arbeitskräfte wenigstens eine Möglichkeit sei, ein anständiges Einkommen zu verdienen. Das Sonagachi-Modell wurde indirekt auch von CARE und der Bill & Melinda Gates Foundation unterstützt, zwei Organisationen, die unsere ganze Hochachtung genießen. Und viele Entwicklungsexperten haben dem Modell applaudiert.

Doch bei näherer Betrachtung sahen wir, dass die Zahlen schwächer waren, als sie auf den ersten Blick erschienen. Die Neuankömmlinge in Sonagachi wiesen eine unerklärlich hohe HIV-Rate auf – 27,7 Prozent bei Sexarbeiterinnen im Alter von zwanzig Jahren oder jünger. Die Nachforschungen zeigten auch, dass alle in Sonagachi befragten Prostituierten ursprünglich behauptet hatten, fast ständig Kondome zu benutzen. Aber auf Drängen gaben sie einen weniger zuverlässigen Gebrauch zu: Nur 56 Prozent sagten, sie hätten sich bei ihren letzten drei Kunden durchweg mit Kondomen geschützt. Darüber hinaus war der Kontrast zu Mumbai irreführend, weil Süd- und Westindien immer eine weit höhere HIV-Prävalenz gehabt hatten als Nord- und Ostindien. Tatsächlich hatte die Ansteckungsrate unter Prostituierten nach einer Studie der Harvard School of Public Health schon zu Beginn des Sonagachi-Projekts in Mumbai bei 51 Prozent und in Kolkata bei 1 Prozent gelegen. Das DMSC mag viel zur Benutzung von Kondomen beigetragen haben, aber die Wohltaten für die Volksgesundheit scheinen geringer auszufallen, als seine Vertreter behaupten.

Nick hat das DMSC auf seinem Blog kritisiert, und ein Inder schrieb zurück:

«Ich bin immer wieder erstaunt, dass angeblich feministische, progressive Denker wie Sie bei der Aussicht, Frauen könnten selbstbestimmt über Sex und Arbeit entscheiden, so leicht weiche Knie bekommen … Es ist höchst geschmacklos von Ihnen, die schwierigen Geschichten vieler Sexarbeiterinnen als Argument gegen die Etablierung gewerblicher Sexarbeit auszuschlachten, und das gerade jetzt, wo diese Frauen endlich im Begriff sind, mehr Sicherheit für sich selbst zu schaffen. Ihre Einstellung … riecht nach den westlichen Missionaren, die sich berufen fühlen, braunhäutige Wilde vor ihrem Schicksal zu retten.»

Viele indische Liberale stimmen mit dieser Sichtweise überein. Aber wir haben gegenteilige Standpunkte von Frauen gehört, die lange Erfahrungen im Kampf gegen Mädchenschmuggel in den Rotlichtmilieus von Kolkata gesammelt haben. Eine ist Ruchira Gupta. Eine andere ist Urmi Basu, die eine Stiftung namens New Light leitet und sich für praktizierende oder ehemalige Prostituierte einsetzt. Beide, sowohl Ruchira als auch Urmi, sagen, das DMSC sei ein Schutzschild für die Bordellbesitzer geworden, und dass gut gemeinte westliche Unterstützung für das DMSC den Mädchenhändlern Deckung biete.

Urmi machte uns mit Geeta Ghosh bekannt, die ein vollkommen anderes Bild von Sonagachi zeichnete, als wir es bei DMSC-Führungen erlebt hatten. Geeta war in einem armen Dorf in Bangladesch aufgewachsen und mit elf Jahren vor misshandelnden Eltern geflohen. Die «Tante» einer Freundin bot Geeta Hilfe an und nahm das Mädchen mit nach Sonagachi, wo sich herausstellte, dass die Tante ein Bordell betrieb. Geeta hat nie irgendein Anzeichen bemerkt, dass die DMSC-Leute etwas gegen die Einschleusung von Mädchen wie ihr unternommen hätten.

Zuerst war die Tante nett und hat Geeta gut behandelt. Aber als sie zwölf wurde, putzte die Tante sie mit einer neuen Frisur auf, gab ihr ein Fähnchen von Kleid und sperrte sie mit einem arabischen Kunden in ein Zimmer.

«Ich war entsetzt, diesen großen Mann vor mir zu sehen», sagte sie. «Ich weinte und warf mich ihm zu Füßen, flehend. Aber ich konnte es ihm nicht verständlich machen. Er zog mir das Kleid aus, und so gingen die Vergewaltigungen einen ganzen Monat weiter. Er ließ mich nackt neben sich schlafen, und er trank viel ... Es war eine sehr schmerzhafte Erfahrung. Ich habe Unmengen an Blut verloren.»

Während ihrer ersten drei Jahre als Prostituierte in Sonagachi durfte Geeta nicht nach draußen und hatte keine jener Freiheiten, deren Existenz das DMSC behauptet. Sie wurde regelmäßig mit Stöcken geschlagen und mit einem Schlachtermesser bedroht.

«Im Haus gab es einen großen Ausguss für Abwässer», erinnerte sich Geeta. «Die Puffmutter sagte: ‹Wenn du auch nur ein einziges Mal versuchst wegzulaufen, machen wir Hackfleisch aus dir und werfen die Stücke da in den Ausguss.›» Soweit Geeta es beurteilen konnte, war die angebliche DMSC-Kampagne gegen Mädchenhandel eine schlichte Illusion, die Außenstehenden verkauft wurde. Selbst als sie vor dem Bordell auf der Straße stehen und Freiern winken durfte, wurde sie streng bewacht. Im Gegensatz zu der Vorstellung, die Mädchen hätten ein anständiges Einkommen, hat Geeta nie eine einzige Rupie für ihre Arbeit bekommen. Es war Sklavenarbeit, verrichtet unter Androhung des Todes. Andere Frauen, die in Sonagachi gearbeitet haben, nachdem das DMSC die Kontrolle übernommen hatte, gaben ähnliche Geschichten zum Besten.

Jeder kann abends durch Sonagachi spazieren und die minderjährigen Mädchen sehen. Nick hat mehrere Rundgänge gemacht, Bordelle betreten und sich als potenzieller Kunde ausgegeben. Er sah viele junge Mädchen, durfte sie aber nicht mit aus den Räumlichkeiten nehmen, wahrscheinlich aus Angst, sie würden fliehen. Und da sie nur Bengalisch, Nepalesisch oder Hindi sprachen, er jedoch keine dieser Sprachen versteht, konnte er sie nicht befragen. Aber Anup Patel, ein Hindi sprechender Medizinstudent von der Yale University, hat 2005 eine Untersuchung über die Kondombenutzung in Kolkata durchgeführt. Er fand heraus, dass in Sonagachi nicht nur die Preise für Sex mit Prostituierten zwischen den Kunden und den Bordellbesitzern – statt mit dem Mädchen selbst – ausgehandelt werden, sondern dass der Kunde dem Bordellbesitzer auch ein paar Rupien Aufschlag für den Verzicht auf ein Kondom bezahlen kann. Das Mädchen hat da nichts zu sagen.

Anup schloss sich einer DMSC-Führung an und hörte, wie eine Puffmutter sich brüstete, fast alle Prostituierten kämen aus eigenem Entschluss nach Sonagachi, um «das edle Gewerbe der Sexarbeit» auszuüben. In einem Bordell saßen Anup und zwei andere hinten auf einem Bett, nahe einer Prostituierten, die stumm lauschte, wie ihre eigene «Madam» erklärte, die Mädchen kämen aus freien Stücken, um schnelles Geld zu verdienen und die Menschenrechte zu genießen, die das DMSC ihnen garantiere. Er erklärte:

«Während sich die Madam mit anderen im Raum unterhielt, ihnen von den Erfolgen der Gruppe vorschwärmte, fragten wir drei hinten auf dem Bett die Prostituierte auf Hindi, ob das denn wirklich alles wahr sei. Ängstlich und schüchtern, blieb sie stumm, bis wir ihr versicherten, wir würden sie nicht in Schwierigkeiten bringen. Dann flüsterte sie kaum hörbar, fast niemand von den Prostituierten in Sonagachi komme mit der Absicht, im Sexgeschäft zu arbeiten. Die meisten, wie sie selbst, seien Schmugglern in die Hände gefallen … Als ich sie fragte, ob sie rauswolle aus Sonagachi, leuchteten ihre Augen auf; doch bevor sie etwas sagen konnte, legte mir die Offizielle vom DMSC die Hand auf den Rücken und sagte, wir müssten los …

Die Führung ging weiter, unterwegs zum nächsten Bordell vorbei an Hunderten von Prostituierten. Jemand aus unserer Gruppe fragte, ob wir das Neel Kamal besichtigen könnten, ein Bordell, das im Verruf stand, noch Minderjährige zu prostituieren. Die DMSC-Vertreterin wies die Idee schnell zurück: Man habe keine Voraberlaubnis eingeholt, meinte sie, und sie wolle nicht unangekündigt in die Rechte der Prostituierten eingreifen. Mit großspurigen Reden kommt man weit in Indien – eine strenge Ermahnung, man werde ‹die geeigneten Anrufe tätigen›, wenn die vor Schreck erstarrte DMSC-Vertreterin nicht kooperationswillig sei, genügte, um unsere Schritte in Richtung des berüchtigten Neel Kemal zu lenken. Fünf Zuhälter bewachten das verschlossene Tor vor dem Eingang des mehrstöckigen Bordells. Während einer das Tor aufschloss, rannten die anderen mit einem lauten Ruf nach innen: ‹Wir haben Besuch!› Unsere Gruppe stürmte hinein, die Treppe zum ersten Stock hinauf, hielt aber jäh inne: Dutzende von Mädchen, nicht älter als sechzehn, mit leuchtend rotem Lippenstift, rannten wie aufgescheucht über die düsteren Flure und verschwanden in verborgenen Räumen. Die Zuhälter schrien immer noch, während die DMSC-Frau uns ermahnte, wir sollten stehen bleiben. Wo ich hinschaute, sah ich fliehende Mädchen. In der Zwischenzeit war es mir gelungen, einen Türeingang zu blockieren, hinter dem zwei Teenager, nicht über vierzehn Jahre alt, mit weit gespreizten Beinen auf dem Bett lagen und ihre Geschlechtsteile unter kurzen Jeansröcken zur Schau stellten.»

Der Erfolg, den das Sonagachi-Projekt hinsichtlich einer sinkenden Aids-Rate erzielte, steht in verblüffendem Kontrast zu den Ergebnissen des harten Durchgreifens, mit dem man der Sache in Mumbai zu Leibe rückte. Die Bordelle in Mumbai sind historisch von der übelsten Sorte, noch schlimmer als die in Kolkata und berühmt für ihre «Käfigmädchen», die dort hinter Gittern gehalten werden. Dennoch, infolge groß angelegter Razzien, teilweise unter amerikanischem Druck, fiel die Zahl der Prostituierten im Zentrum von Mumbai über mehrere Jahre steil ab. Im Rotlichtmilieu der Innenstadt gibt es heute vielleicht gerade noch sechstausend Prostituierte, der Rest von fünfunddreißigtausend vor zehn Jahren. Die Zahl in Sonagachi ist unverändert geblieben.

Gewiss haben die Razzien in Mumbai manche Bordelle in den Untergrund getrieben. Dadurch lässt sich schwer feststellen, wie erfolgreich die Aktionen tatsächlich waren, und es erschwert auch den Zugang, um die Prostituierten mit Kondomen und medizinischer Hilfe zu versorgen. Es mag sein, dass die HIV-Ansteckungen zugenommen haben, doch man kann nicht sicher sein, da keine Möglichkeit besteht, die Mädchen in illegalen Bordellen zu testen. Jedenfalls haben die Razzien auch bewirkt, dass die Prostitution für Bordellbesitzer nicht mehr so lukrativ ist, und so sind die Preise für den An- und Verkauf von Mädchen in Mumbais Bordellen gesunken. Die Schmuggler haben die Konsequenz gezogen, junges Fleisch lieber nach Kolkata zu verschiffen, wo sie einen höheren Preis erzielen können. Daran lässt sich ablesen, dass weniger Mädchen nach Mumbai geschmuggelt werden. Auch das bedeutet immerhin einen kleinen Erfolg.

Die Niederlande und Schweden werfen ein Schlaglicht auf den Unterschied zwischen dem harten Durchgreifen und dem Legalisierungs- und Regulierungsmodell. In den Niederlanden wurde die – schon immer geduldete – Prostitution im Jahr 2000 formal legalisiert, um die medizinische Versorgung der Prostituierten zu erleichtern, ihre Arbeitsbedingungen besser überprüfen zu können und Minderjährige oder Opfer von Mädchenhändlern vor dem Rotlichtmilieu zu bewahren. Schweden hat 1999 das umgekehrte Vorgehen beschlossen, indem der Kauf sexueller Dienste kriminalisiert wurde, nicht jedoch deren Verkauf durch die Prostituierten selbst: Ein Mann, der bei bezahltem Sex erwischt wird, bekommt ein Bußgeld auferlegt (theoretisch drohen ihm bis zu sechs Monate Gefängnis), während die Prostituierte straffrei bleibt. Darin spiegelte sich die Überzeugung, Prostituierte seien eher als Opfer denn als Kriminelle zu betrachten.

Zehn Jahre später scheinen sich die schwedischen Razzien als das bessere Mittel gegen Mädchenschmuggel und Zwangsprostitution zu erweisen. Die Zahl der Prostituierten ist, so die Angaben einer Untersuchung, in den ersten fünf Jahren um 41 Prozent geschrumpft, und die Preise im Sexgeschäft sind ebenfalls gesunken – ein ziemlich guter Indikator dafür, dass die Nachfrage am Boden war. Die schwedischen Prostituierten beklagen diese Entwicklung wegen der fallenden Preise, aber der Abschwung hat Schweden zu einem weniger attraktiven Ziel für den Handel gemacht. Manche Schmuggler sind überzeugt, es lohne sich nicht mehr, Mädchen nach Schweden zu bringen, sie sollten besser nach Holland geliefert werden. Die Schweden selbst halten die Maßnahmen für einen Erfolg, obwohl sie zur Zeit der Beschlussfassung durchaus umstritten waren; bei einer Meinungsumfrage stimmten 81 Prozent der Bevölkerung für das Gesetz.

In den Niederlanden hat die Legalisierung die Durchführung von Gesundheitskontrollen bei Frauen in den legalen Bordellen erleichtert, aber es ist nicht erwiesen, dass sexuell übertragbare Krankheiten oder Aids zurückgegangen wären. Zuhälter bieten immer noch Minderjährige an, der Mädchenhandel und die Zwangsprostitution gehen weiter. Zumindest am Anfang ist die Zahl illegaler Prostituierter sogar gestiegen, anscheinend weil Amsterdam ein Drehpunkt des Sextourismus wurde. Der Amsterdamer Stadtrat fand das und die damit einhergehende Kriminalität so unerträglich, dass er 2003 sein Experiment mit «Toleranzzonen» für Straßenprostitution beendete, wovon legale Bordelle aber unberührt blieben. Das Fazit? In Amsterdam finden Interessenten leicht ein minderjähriges osteuropäisches Mädchen, das als Prostituierte arbeitet, nicht aber in Stockholm.

Andere europäische Länder sind zu dem Schluss gekommen, das schwedische Experiment habe besser funktioniert, und nähern sich diesem Modell jetzt an. Wir würden uns freuen, wenn einige amerikanische Staaten die Probe aufs Exempel machten, ob es auch in den USA praktikabel ist.

In der Entwicklungswelt dagegen ist diese schwierige, polarisierende Debatte meistens nur eine Ablenkung. In Indien beispielsweise sind Bordelle von Gesetzes wegen illegal, aber – wie wir gesehen haben – allgegenwärtig; das Gleiche gilt für Kambodscha. In armen Ländern zählt das Gesetz oft wenig, besonders außerhalb der Hauptstadt. Unser Augenmerk muss darauf gerichtet sein, die Wirklichkeit zu ändern, nicht die Gesetze.

Der US-Kongress hat 2000 einen wichtigen Schritt in diese Richtung getan, indem er das Außenministerium verpflichtete, einen jährlichen Bericht über Menschenhandel zu erstellen, den Trafficking in Persons Report, kurz TIP Report genannt. Der Bericht bewertet in drei Stufen verschiedene Länder nach den Anstrengungen, die zur Bekämpfung des Übels unternommen werden: Die auf der untersten Stufe werden sanktioniert. Das bedeutet, US-Botschaften in Übersee waren zum ersten Mal gehalten, Informationen über Menschenschmuggel zu sammeln. Amerikanische Diplomaten begannen Diskussionen mit ihren Partnern in den Außenministerien, die Menschenhandel nun mit auf die Liste der Hauptanliegen wie Atomwaffenverbreitung oder Terrorismus setzen mussten. Als Ergebnis holten die Außenministerien Erkundigungen über die nationalen Polizeibehörden ein.

Allein die Tatsache, dass Fragen gestellt wurden, brachte das Thema auf die Tagesordnung. Länder begannen, Gesetze zu erlassen, es wurden Razzien organisiert und Datenblätter gesammelt. Die Zuhälter sahen ihre Gewinnspannen im gleichen Maße schrumpfen, in dem sie die Polizei mit höheren Schmiergeldern bestechen mussten.

Dieser Ansatz kann weitergeführt werden. Innerhalb des Außenministeriums ist die Dienststelle für Menschenhandel an den Rand gedrängt worden, sie wurde sogar in ein anderes Gebäude verlegt. Würde sich der Außenminister dieser Dienststelle öffentlich und aktiv zuwenden, den mit Menschenhandelsfragen Beauftragten beispielsweise auf wichtige Reisen mitnehmen, wäre für die Bewusstmachung des Problems schon viel gewonnen. Der Präsident könnte einen Staatsbesuch in Indien nutzen, um sich eine Hilfseinrichtung wie die von Apne Aap anzusehen. Die Europäische Union hätte den Menschenhandel zu einem Thema der Beitrittsverhandlungen mit ihren osteuropäischen Kandidaten machen sollen und hat hinsichtlich der Türkei immer noch die Möglichkeit dazu.

Durchschlagende Maßnahmen sind insbesondere gegen den Verkauf von Jungfrauen erforderlich. Solche Transaktionen stehen, vor allem in Asien, für einen unverhältnismäßig hohen Anteil der Schmugglerprofite und Entführungen junger Teenager. Und sind diese Mädchen einmal vergewaltigt, ergeben sie sich leicht ins Prostituiertendasein, bis sie sterben. Oft sind die Käufer reiche Asiaten, an erster Stelle Überseechinesen – man stecke einige von ihnen in den Knast, und es werden kleine Wunder geschehen: Der Markt für Jungfrauen wird rapide schrumpfen, ihre Preise werden fallen, so manche Bande wird sich auf weniger riskante oder gewinnträchtigere Geschäftszweige verlegen, das Durchschnittsalter von Prostituierten ein wenig steigen und der Grad an Zwangsprostitution ein wenig nachlassen.

Eine derartige Verschiebung haben wir in Svay Pak erlebt, einem kambodschanischen Dorf, das lange zu den berüchtigtsten Orten für Sexsklaverei auf der ganzen Welt gehörte. Bei Nicks erstem Besuch hatten die dortigen Bordelle sieben- und achtjährige Mädchen im Angebot. Nick wurde für einen kauflustigen Kunden gehalten und durfte mit einem dreizehnjährigen Mädchen sprechen, das an das Bordell verkauft worden war und in panischer Angst den Weiterverkauf seiner Jungfernschaft erwartete. Aber dann gab das US-Außenministerium den TIP Report heraus, und Kambodscha wurde scharf kritisiert, Medienberichte rückten die kambodschanische Mädchenversklavung ins Rampenlicht, und die International Justice Mission eröffnete ein Büro im Land. Svay Pak wurde zum Symbol für Sexsklaverei, und die kambodschanische Regierung gelangte zu der Überzeugung, die von den Bordellbesitzern gezahlten Schmiergelder seien das Theater und die Peinlichkeit nicht wert. Also griff die Polizei durch.

Bei Nicks letzten Aufenthalten in Svay Pak gab es keine Mädchen mehr, die offen zur Schau gestellt wurden, und die Tore vor den Bordellen waren mit Ketten verriegelt. Bordellbesitzer, die einen Kunden in ihm vermuteten, scheuchten ihn nervös durch die Hintereingänge ins Innere und holten ein paar Prostituierte herbei, aber es schien höchstens noch ein Zehntel so viele zu sein, wie vorher da gewesen waren.

Und wenn Nick sich jüngere Mädchen oder Jungfrauen anschauen wollte, sagten ihm die Besitzer, die seien gerade nicht vorrätig, aber für eine Verabredung in ein oder zwei Tagen könnten sie eine besorgen. Daran sieht man, dass bedeutende Fortschritte möglich sind. Ein gewisses Maß an Prostitution wird uns wohl immer erhalten bleiben, aber mit weitverbreiteter sexueller Sklaverei müssen wir uns nicht abfinden.

Mädchen retten ist das Einfachste

Wir wurden im 21. Jahrhundert Sklavenbesitzer auf die altmodische Art: Wir kauften zwei Sklavenmädchen, bar auf die Hand und gegen zwei schriftlich ausgefertigte Quittungen. Dann gehörten die Mädchen uns, wir konnten mit ihnen machen, was wir wollten.

Mädchen aus Bordellen zu retten ist einfach. Die große Schwierigkeit besteht darin, sie vor der Rückkehr zu bewahren. Das Stigma, das die Mädchen empfinden, wenn sie nach der Befreiung wieder in ihrer alten Gemeinschaft sind, gepaart mit Drogenabhängigkeit oder Drohungen von Zuhältern, treibt sie oft ins Rotlichtmilieu zurück. Für wohlmeinende Mitarbeiter von Hilfsorganisationen kann es äußerst entmutigend sein, eine Bordellrazzia zu überwachen, die Mädchen in den geschützten Raum ihrer Einrichtung zu bringen, für Essen und medizinische Betreuung zu sorgen und sie, kaum zur Tür hereingekommen, über die Mauer klettern zu sehen.

Unser ungewöhnlicher Kauf kam zustande, als Nick mit Naka Nathaniel, damals Videoreporter für die *New York Times*, in einer wegen hoher Kriminalität berüchtigten Gegend im Nordwesten Kambodschas unterwegs war. In der Grenzstadt Poipet quartierten sich die beiden in einem 8-Dollar-Gästehaus ein, das zugleich als Bordell diente. Sie konzentrierten ihre Interviews auf zwei halbwüchsige Mädchen, Srey Neth und Srey Momm, jedes aus einem anderen Bordell.

Neth war besonders hübsch, klein und hellhäutig. Sie sah aus wie fünfzehn, glaubte aber, dass sie älter war – ohne eine Ahnung von ihrem tatsächlichen Geburtsdatum. Eine Frau, die Zuhälterin, brachte sie auf Nicks Zimmer, und sie setzte sich aufs Bett, zitternd vor Angst. Nick hatte auch noch seinen Dolmetscher dabei, was die Zuhälterin etwas stutzig machte, doch immerhin ließ sie es zu.

Schwarzes Haar fiel Neth über die Schultern und auf ihr enges pink-farbenes T-Shirt. Dazu trug sie gleichermaßen enge Bluejeans und Sandalen. Sie hatte rundliche Wangen, aber alles andere an ihr war dünn und zerbrechlich; das dick aufgetragene Make-up wirkte irgendwie unpassend, als hätte ein Kind mit der Schminke seiner Mutter gespielt.

Nach einer Weile unbeholfener Versuche, sich über den Dolmetscher mit ihr zu unterhalten, als Nick sie nach ihrer Familie fragte und wie sie aufgewachsen sei, beruhigte Neth sich langsam. Sie hörte auf zu zittern und blickte die meiste Zeit in Richtung des Fernsehers in der Ecke, den Nick eingeschaltet hatte, um die Stimmen zu überdecken. Neth beantwortete seine Fragen knapp und ohne Interesse.

In den ersten fünf Minuten behauptete sie, ihren Körper aus eigenem Willen zu verkaufen. Sie beharrte darauf, sie sei frei, zu kommen und zu gehen, wann sie Lust habe. Aber als ihr klar wurde, dass dies nicht irgendein Test ihrer Zuhälterin war, dass sie nicht geschlagen würde, wenn sie die Wahrheit sagte, erzählte sie ihre Geschichte mit dumpfer Monotonie.

Eine Cousine hatte sie aus ihrem Dorf geholt und der Familie erzählt, Neth werde in Poipet Obst verkaufen. Einmal in Poipet, wurde sie stattdessen an das Bordell verkauft und streng bewacht. Nachdem ein Arzt bescheinigt hatte, dass ihr Jungfernhäutchen unversehrt war, versteigerte das Bordell ihre Unschuld an einen thailändischen Casinomanager, der sie mehrere Tage in einem Hotelzimmer einschloss und dreimal mit ihr schlief. Von da an war sie auf das Gästehaus beschränkt, jung und hell-häutig genug, um Spitzenpreise für ihren Einsatz zu verlangen.

«Ich darf in Poipet herumlaufen, aber nur mit engen Verwandten der Besitzerin», erklärte Neth. «Sie behalten mich immer fest im Auge. Sie lassen mich nicht allein nach draußen. Sie fürchten, ich würde weglaufen.»

«Und könntest du nicht nachts fliehen?», fragte Nick.

«Sie würden mich zurückholen, und dann würde etwas Schlimmes passieren. Vielleicht Schläge. Ich habe das gehört, als eine Gruppe von Mädchen die Flucht versuchte, sie haben sie auf den Zimmern eingesperrt und verprügelt.»

Und die Polizei? Könnten die Mädchen zur Polizei gehen, um Hilfe zu bekommen?

Srey Neth vor ihrem Hauseingang, unmittelbar nachdem wir sie aus dem Bordell geholt und zu ihrer Familie zurückgebracht hatten

Neth zuckte gleichgültig mit den Schultern. «Die Polizei würde mir nicht helfen, sie wird von den Bordellbesitzern mit Bestechungsgeld geschmiert», sagte sie in ihrer roboterhaften Art, immer noch auf den Bildschirm starrend.

«Würdest du gern hier weg? Was würdest du tun, wenn du freigelassen würdest?»

Sie wandte den Blick plötzlich vom Fernseher ab, einen Funken Interesse in den Augen.

«Ich würde wieder nach Hause gehen», sagte sie und schien abzuwägen, wie ernst die Frage wohl gemeint war. «Zurück zu meiner Familie. Am liebsten würde ich versuchen, einen kleinen Laden aufzumachen, um Geld zu verdienen.»

«Willst du wirklich weg von hier?», fragte Nick. «Wenn wir dich dem Bordell abkauften und dich wieder in dein Dorf brächten – bist du ganz sicher, würdest du nicht hierher zurückkommen?»

Ihre Teilnahmslosigkeit war mit einem Schlag verschwunden. Sie wandte sich vollständig von dem Fernseher ab, der Schleier wich von ihren Augen.

«Das hier ist die Hölle», schnaubte sie, zum ersten Mal in leidenschaftlichem Ton. «Glauben Sie, ich wollte das hier machen?»

So schmiedete Nick, sorgfältig und in aller Ruhe, gemeinsam mit Neth einen Plan, sie dem Bordell abzukaufen und zu ihrer Familie zurückzubringen. Nach einigem Feilschen verkaufte Neths Besitzerin sie für 150 US$ und gab Nick eine Quittung.

In einem anderen Bordell stießen wir auf Momm, ein zerbrechliches Mädchen mit übergroßen Augen, das fünf Jahre lang von Zuhältern geschunden worden war und an der Grenze der Belastbarkeit, kurz vor dem

Zusammenbrechen schien. Momm fiel von einem Extrem ins andere, mal lachte sie und erzählte Witze, dann wieder brach sie in Schluchzen oder Wutanfälle aus, aber sie flehte darum, freigekauft und und nach Hause gebracht zu werden. Wir verhandelten mit ihrem Besitzer, der sie schließlich für 203 US$ verkaufte und die Bestätigung ausstellte.

Wir fuhren mit den Mädchen aus der Stadt und brachten sie zu ihren Familien zurück. Der Ort, aus dem Neth kam, war näher, und wir hinterließen ihr Geld, damit sie einen kleinen Lebensmittelladen in ihrem Dorf eröffnen konnte. Die Leute von American Assistance for Cambodia erklärten sich bereit, nach ihr zu sehen und ihr zu helfen. Neth war nur sechs Wochen fort gewesen, und ihre Familie nahm ihr die Geschichte, sie habe Gemüse verkauft, ohne Argwohn ab: Sie war willkommen.

Momm lebte weit entfernt, quer durch ganz Kambodscha, und mit jedem Kilometer unserer langen Fahrt wurde sie unruhiger, ob ihre Familie sie aufnehmen oder zurückweisen würde. Fünf Jahre waren vergangen, seit sie von zu Hause weggelaufen und dann an ein Bordell verkauft worden war – fünf Jahre ohne irgendeinen Kontakt zu ihrer Familie. Momm hüpfte nervös auf und ab, als wir endlich in die Nähe ihres Dorfs kamen. Plötzlich gab sie einen Schrei von sich, riss die Tür auf und sprang aus dem Auto, noch ehe wir ganz anhalten konnten. Sie stürzte in Richtung einer Frau mittleren Alters, die verwundert auf das Fahrzeug starrte, dann schrie auch die Frau, Momms Tante, und sie fielen sich weinend in die Arme.

Einen Augenblick später schien das ganze Dorf zu kreischen, alles rannte zu Momm hin. Ihre Mutter war an ihrem Marktstand, ein paar hundert Meter entfernt, als ein Kind zu ihr stürmte und ihr sagte, Momm sei wieder da. Tränenüberströmt lief sie, so schnell sie konnte, ins Dorf zurück. Sie umarmte ihre Tochter, die versuchte, auf Knien um Verzeihung zu bitten, und beide taumelten zu Boden. Es dauerte neunzig Minuten, ehe das Geschrei nachließ, die Augen trocken wurden und ein spontanes Fest begann. Die Familienmitglieder mögen sich gedacht haben, dass Momm Mädchenschmugglern in die Hände gefallen war, aber niemand bedrängte sie, als sie vage sagte, sie habe im Westen Kambodschas gearbeitet. Die Familie beschloss, Momm solle an einem Marktstand direkt neben ihrer Mutter Fleisch verkaufen, und Nick ließ etwas Geld da, um das Vorhaben zu finanzieren. Helfer von American Assistance for Cambodia übernahmen eine Übergangsbetreuung, und in den nächsten Tagen rief Momm uns immer wieder mit den neuesten Neuigkeiten an.

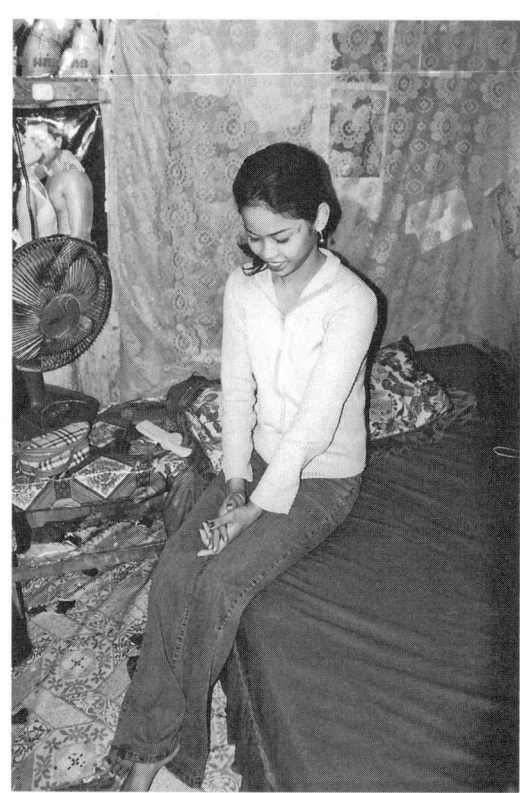

Momm in ihrem Zimmer
in dem Bordell in Poipet

«Wir haben den Stand gleich neben dem von meiner Mutter gemietet, morgen fange ich dort an zu arbeiten», sagte sie. «Alles läuft bestens. Ich gehe nie nach Poipet zurück.»

Eine Woche später kam eine niederschmetternde E-Mail von Lor Chandara, unserem Dolmetscher:

«Sehr, sehr schlechte Nachrichten. Srey Momm ist freiwillig ins Bordell nach Poipet zurückgekehrt, wie ihr Vater sagt. Ich habe ihn gefragt, ob irgendjemand sie geschlagen oder ihr Vorwürfe gemacht habe, aber ihm zufolge ist ihr nichts Unangenehmes passiert. Sie hat das Dorf am Montag, um 8 Uhr morgens, ohne Wissen ihrer Familie verlassen. Srey Momm hat ihr Telefon zu Hause gelassen und gestern Abend dort angerufen, um Bescheid zu geben, sie sei in Poipet.»

Momm war – wie viele Bordellmädchen – süchtig nach Methamphetamin geworden. Oft geben die Bordellbesitzer ihren Mädchen «Meth», um sie gefügig und abhängig zu halten. In ihrem Dorf hatte das Verlangen Momm überwältigt, und ein unwiderstehliches Bedürfnis hatte sie ins Bordell zurückgetrieben, um sich Meth zu holen.

Kaum hatte sie ihren Schuss bekommen, wollte sie das Bordell wieder verlassen. Bernie Krisher von der American Assistance for Cambodia hat sie noch zweimal in Phnom Penh aufgenommen, aber jedes Mal lief sie nach ein paar Tagen wieder weg, verzweifelt entschlossen, sich ihr Meth zu besorgen. Momm ist alles andere als eine «harte Frau» – sie ist nett, sogar etwas süßlich, kauft kleine Geschenke für ihre Freundinnen und betet vor dem buddhistischen Altar um göttlichen Beistand für sie. Es war ihre große Sehnsucht, das Bordell hinter sich zu lassen, aber sie kam von ihrer Sucht nicht los.

Bei unserem nächsten Besuch in Poipet war ein ganzes Jahr verstrichen. Als Nick Momms Bordell betrat, sah sie ihn und verschwand unter Tränen irgendwo im Zimmer. Nachdem sie ihre Beherrschung wiedergefunden hatte, kam sie heraus, kniete auf dem Boden nieder und bat um Verzeihung.

«Ich belüge nie jemanden, aber Sie habe ich belogen», sagte sie trostlos. «Ich habe gesagt, ich ginge nicht zurück, und bin zurückgegangen. Ich wollte es nicht, aber ich habe es getan.»

An den Beispielen von Neth und Momm wird besonders deutlich, dass viele Prostituierte weder aus freiem Willen noch vollständig versklavt handeln, sondern in einer ätzend doppelbödigen Welt irgendwo zwischen den beiden Extremen leben. Nach ihrer Rückkehr war Momm durch Drogen und Schulden an das Bordell gebunden, sodass die Besitzerin sie frei mit Kunden aus dem Haus gehen lassen konnte. Momm wäre leicht entkommen, wenn sie es gewollt hätte.

Im Lauf der Jahre, als sie älter wurde, fiel ihr Preis auf gerade einmal einen Dollar fünfzig pro Kunde. Sie bekam eine Mitbewohnerin zugewiesen, mit der sie ihre Zelle im Bordell teilen musste, außer wenn eine von beiden einen Mann bei sich hatte. Die Neue, Wen Lok, war eine Sechzehnjährige, die von zu Hause weggelaufen war, nachdem man ihr das Motorrad der Familie gestohlen hatte; sie konnte es nicht ertragen, sich der Wut und dem Zorn ihres Vaters auszusetzen. Ein Schmuggler versprach ihr Arbeit als Zimmermädchen in einem Hotel in Poipet, und dann verkaufte er sie an Momms Bordell, wo sie geschlagen wurde, bis sie bereit war, Kunden zu bedienen. Momm wurde die Aufpasserin des neuen Mädchens, sorgte dafür, dass es nicht entfloh.

Momm war im Bordellgeschäft jahrelang mit rohester Gewalt misshandelt worden, aber jetzt schien sie in eine führende Rolle zu schlüpfen; wenn es so weiterging, würde sie selbst junge Mädchen bis zur Gefügigkeit brechen – oder sie schlagen, wie sie selbst geschlagen worden war. Die Sklavin war im Begriff, Aufseherin zu werden. Doch so weit sollte es nicht kommen – eine Großrazzia beendete ihren Aufstieg in die Führungsschicht. Momms Bordell gehörte Sok Khorn, einer Frau mittleren Alters, die ewig über das Geschäft klagte. «Es bringt kaum was ein, dabei ist es so ein gewaltiger Berg Arbeit», jammerte sie, im Vorraum des Bordells sitzend (wo auch ihre Familie zu Hause war). «Dann diese betrunkenen Männer – die sind oft schrecklich unangenehm –, und die Bullen halten immer nur die Hand auf.» Ihre Ernüchterung hatte teilweise auch damit zu tun, dass ihr Ehemann sich in dem Bordell um jede Arbeit drückte und nur Sex mit den Mädchen im Sinn hatte, was Sok Khorn empörte; am Ende ließen sie sich scheiden. Hinzu kam, dass ihre eigene Tochter inzwischen dreizehn war, und Sok Khorn sorgte sich um sie, wenn sie im Vorraum Schularbeiten machte, während betrunkene Männer hereinstürzten und alles Weibliche angrapschten. Die Ereignisse des Jahres 2008, als die kambodschanischen Behörden mit hartem Durchgreifen im Sexhandel auf den wachsenden Druck des Westens reagierten, brachten das Fass zum Überlaufen. Die Kosten für neue Mädchens stiegen, und die Polizei begann, höhere Schmiergelder von den Bordellbesitzern zu fordern. Jeder kleine Polizist aus der Nachbarschaft kam vorbei und verlangte fünf Dollar. An diesem Punkt knickte in Poipet ungefähr die Hälfte aller Bordelle ein. Sok Khorn verkündete angewidert, auch sie werde jetzt etwas anderes versuchen. «Das hat kein Geld gebracht, also gab ich auf und wollte lieber einen kleinen Lebensmittelladen aufmachen.»

Keines der anderen Bordelle war interessiert, Mädchen zu kaufen, und so war Momm plötzlich frei: ein schwindelerregendes, aber beängstigendes Gefühl. Sie heiratete hastig einen ihrer Kunden, einen Polizisten, und sie zogen gemeinsam in sein Haus. Über Weihnachten 2008 fuhren wir mit unserer Familie – einschließlich unserer drei Kinder – nach Kambodscha, und es gab ein freudiges Wiedersehen mit Momm in Poipet. «Ich bin jetzt Hausfrau», sagte sie strahlend vor Stolz. «Ich habe keine Kunden mehr. Aus diesem Leben bin ich für immer ausgestiegen.»

Was Neth betrifft, so war ihr neuer Lebensmittelladen anfangs ein blühendes Geschäft, weil es im Dorf sonst keinen Laden gab. Sie und ihre Familie waren begeistert. Aber als die anderen im Dorf sahen, wie gut es bei Neth lief, machten sie ihre eigenen Geschäfte auf. Bald gab es im Dorf ein halbes Dutzend Läden. Neths Umsätze gerieten ins Stocken. Schlimmer noch, ihre Familie betrachtete Neth immer noch als ein rechtloses dummes kleines Mädchen. Jeder Mann aus der Verwandtschaft, der irgendetwas brauchte, holte es sich aus ihrem Laden – manchmal gegen Bezahlung, manchmal nicht. Dann stand ein großes kambodschanisches Fest bevor, und die Männer in Neths Familie hatten nicht genug Geld, um für ein Festessen einzukaufen, also plünderten sie ihren Laden. Neth protestierte.

Ihre Mutter erinnerte sich später. «Neth wurde fuchsteufelswild. Sie sagte, wir [die Familie] müssten unsere Finger weglassen, sonst wäre alles aus. Sie brauche Geld, um neue Sachen einzukaufen.» Aber in einem kambodschanischen Dorf hört niemand auf einen ungebildeten Teenager. Die Festlichkeiten gingen weiter, im Laden wurde abgeräumt. Danach hatte Neth kein Geld, die Regale wieder zu füllen. Der Laden war kaum vier Monate auf, da war er auch schon ruiniert.

Beschämt, dass ihr Kapital dahin war, begann Neth mit einigen Freundinnen an der Idee zu spinnen, sich Jobs in der Stadt zu suchen. Ein Schmuggler bot ihnen an, sie als Tellerwäscherinnen in Thailand unterzubringen. Aber die Mädchen müssten ihm 100 US$ bezahlen, damit er sie über die Grenze schaffte – und da sie dieses Geld nicht hatten, würden sie Schulden bei ihm machen. Das ist ein klassisches Mittel, um Mädchen in die Hand zu bekommen: Die Schulden steigen, mit maßlosen Zinsen belegt, und wenn die Mädchen nicht zurückzahlen können, werden sie an ein Bordell verkauft.

Neth quälte sich wegen der Risiken, suchte aber verzweifelt eine Möglichkeit, etwas zu verdienen. Ihr Vater hatte Tuberkulose, er spuckte Blut, und für eine Behandlung war kein Geld da. Also beschloss sie, die Sache mit Thailand zu wagen. Neth und ihre Freundinnen waren schon fertig für die Abreise, als ein Mitarbeiter der American Assistance for Cambodia vorbeikam, um nach ihr zu sehen. Er warnte vor dem Angebot des Schmugglers und überzeugte Neth, das Risiko nicht einzugehen. Aber was nun?

Bernie Krisher von der American Assistance for Cambodia fädelte einen neuen Versuch ein. Er sorgte dafür, dass Neth nach Phnom Penh kommen und bei Sapor's, dem besten Schönheitssalon der Stadt, eine

Friseurlehre machen konnte. Neth wohnte in den Unterkünften von American Assistance und lernte nebenbei Englisch, während sie als Vollzeitkraft in dem Schönheitssalon arbeitete, wo sie im Haareschneiden ausgebildet wurde und Maniküre machte. Bei einem Schminkwettbewerb erreichte sie den dritten Platz und führte insgesamt ein ruhiges Leben, mit aller Energie aufs Lernen konzentriert.

«Ich bin sehr zufrieden mit Srey Neth», sagte die Inhaberin, Sapor Rendall, damals. «Sie gibt sich große Mühe.» Nur ein Problem habe sie mit Neth, sagte Sapor: «Sie will keine Massagen geben. Ich habe oft mit ihr darüber gesprochen, aber sie sträubt sich sehr.» Neth hat sich nie getraut, Sapor die Gründe ihrer Scheu vor Massagen zu erklären. In einem seriösen Schönheitssalon wie Sapor's ist das keine sexuelle Handlung, doch bei einem Mädchen mit Neths Vergangenheit beschwört Massieren jeglicher Art die schrecklichsten Erinnerungen herauf.

Mit der Zeit wurde Neth weicher. Sie war immer sehr dünn und etwas düster gewesen, jetzt legte sie ein bisschen Gewicht zu, wurde entspannter, manchmal richtig munter und albern. Sie benahm sich, wie man es nicht anders von einem Teenager erwartet, und die Jungen merkten es. Sie flirteten mit ihr. Neth ignorierte sie.

«Ich halte mich da fern», erklärte sie trocken. «Ich will nicht mit Jungen herumspielen. Ich will einfach nur Frisieren lernen, damit ich meinen eigenen Salon aufmachen kann.»

Sie nahm sich vor, nach Abschluss ihrer Lehre zunächst als Kosmetikerin in einem kleinen Schönheitsstudio zu arbeiten, um Erfahrungen mit der Geschäftsführung zu sammeln. Dann, nach einem Jahr oder so, wollte sie in der Provinzhauptstadt Battambang, nahe ihrem Heimatdorf, ihren eigenen Salon eröffnen. Auf diese Weise würde sie sich um ihren Vater kümmern können und zugleich genügend Geld verdienen, um ihm eine medizinische Behandlung zu bezahlen.

Doch dann bekam Neth selbst gesundheitliche Probleme. Sie litt unter unerklärlichem Fieber und Kopfschmerzen, die Monate dauerten, und verlor wieder an Gewicht. Sie ging in eine Klinik in Battambang, wo sie einem routinemäßigen Aids-Test unterzogen wurde. Eine halbe Stunde später bekam sie einen Zettel überreicht: Das Testergebnis war HIV-positiv.

Neth war am Boden zerstört. Sie verließ die Klinik, das zerknüllte Papier in der Hand. Im ländlichen Kambodscha wurde eine HIV-Diagnose wie ein Todesurteil empfunden. Neth glaubte nicht, dass sie noch lange zu leben hätte. Sie weinte tagelang, und nachts konnte sie nicht schlafen. Sie war kein Mensch, der sich anderen leicht anvertraut oder

Gefühle zeigt, aber in ihr baute sich ein solcher Druck auf, dass sie die schlechte Nachricht schließlich mit uns teilte. Die American Assistance versuchte ihr eine medizinische Behandlung zu verschaffen, aber Neth glaubte, es sei hoffnungslos. Zerrissen zwischen Leugnen und Wut, wollte sie in ihr Dorf zurück, damit sie nahe ihrer Familie sterben konnte. Ein junger Mann namens Sothea begann sie zu umwerben – ein guter Fang für ein Bauernmädchen wie sie: einer, der das College besucht hatte und etwas Englisch sprach. Groß, akademisch, älter und reifer als sie, war er dennoch außer sich vor Glück, so eine schöne Frau gefunden zu haben. Sie wies ihn kurzerhand zurück, aber er hörte nicht.

«Als ich mich in Srey Neth verliebt habe, wollte sie mich davon abbringen», erzählte Sothea. «Sie sagte mir: ‹Ich bin arm. Ich lebe in der Gegend von Battambang [er kommt aus Phnom Penh]. Lieb mich nicht.› Aber ich sagte ihr, ich liebte sie trotzdem und würde sie immer lieben.»

Neth gab ihren Gefühlen für ihn nach. Bald bat er sie, ihn zu heiraten. Sie willigte ein. Sie erzählte ihm, sie habe in Poipet gearbeitet und sei mit einem amerikanischen Journalisten befreundet, aber sie scheute sich zuzugeben, dass sie Prostituierte gewesen und HIV-positiv getestet worden war. Ihr Geheimnis nagte ständig an ihr, aber sie wagte nicht, es ihm zu beichten.

Kurz nach der Hochzeit wurde Neth schwanger. Wenn Schwangere vor der Niederkunft ein Mittel namens Nevirapin einnehmen, kann das Risiko, ihre Babys mit HIV anzustecken, drastisch gesenkt werden. Um diesen Weg zu gehen, hätte Neth jedoch Sothea eingestehen müssen, dass sie HIV-positiv war und sich die Krankheit als Prostituierte zugezogen hatte. Es war herzzerreißend, die beiden während der Schwangerschaft zu beobachten – mitanzusehen, wie Sothea überströmte vor Liebe zu einer Frau, die insgeheim sein Leben und das ihres Kindes in Gefahr brachte.

Eines Nachmittags, als wir draußen vor ihrem Haus saßen, erzählte Sothea von seinen Eltern, wie geringschätzig sie auf Neth herabgeblickt hatten, weil sie eine Zeit lang in einem Restaurant gearbeitet hatte. Sie fanden, das sei typisch Unterklasse, es schicke sich nicht für eine junge Frau. «Meine Eltern nehmen es mir übel, aber ich habe Srey Neth geschworen, dass ich sie immer lieben werde», sagte Sothea. «Meine Eltern drohten mir, ich dürfe nie mehr nach Hause kommen. Sie sagten: ‹Wenn du dich für Srey Neth entscheidest, kümmern wir uns nicht mehr um dich.› Sie versuchten uns zu trennen, indem sie mich nach Malaysia schickten, doch obwohl ich dort gutes Essen bekam und an einem schönen Ort lebte, vermisste ich Srey Neth so sehr, dass ich zu ihr zurück musste. Auch wenn ich Probleme bekomme, ich werde sie nie verlassen – selbst wenn ich hungern muss, will ich mit ihr zusammen sein.»

Neth wirkte unbehaglich bei dieser öffentlichen Liebeserklärung, dann aber begegneten sich ihre Blicke, und sie prusteten vor Lachen. Für Neth hätte dies ein Höhepunkt in ihrem Leben sein müssen, doch sie war abgemagert und sah kränklich aus. Allem Anschein nach war Aids bei ihr schon voll ausgebrochen.

«Sie wird jeden Tag schwächer», sagte Sothea besorgt. «Normalerweise haben schwangere Frauen Essgelüste, aber sie hat nicht so viel Hunger.»

Als Sothea sich für ein paar Minuten entfernte, wandte Neth sich uns mit gequälter Miene zu.

«Ich weiß, ich weiß», flüsterte sie in schmerzlichem Ton. «Ich will es ihm sagen. Ich versuche es ihm zu sagen. Aber er liebt mich doch so sehr, wie wird er das aufnehmen?» Sie schüttelte den Kopf, ihre Stimme klang gebrochen. «Zum ersten Mal gibt es jemanden, der mich wirklich liebt. Es ist so schwer, ihm zu sagen, was mit mir passiert ist.»

Wir sagten ihr, wenn sie Sothea liebte, müsse sie es ihm erzählen. Als er wiederkam, versuchten wir das Gespräch auf Neths Gesundheit zu lenken. «Vor der Geburt solltet ihr beide euren HIV-Wert klären», schlug Nick in einem, wie er hoffte, beiläufigen Ton vor. «Man kann sich das wer weiß wie holen, und jetzt wäre eine gute Zeit für einen Test.»

Sothea lächelte nachsichtig und spottete. «Ich bin mir sicher, meine Frau hat kein Aids», sagte er herablassend. «Ich gehe nie mit anderen Mädchen oder ins Bordell. Wie sollte sie das kriegen?»

Wir besuchten Neth bei mehreren Gelegenheiten, brachten ihr Lebensmittel und Milchpulver für ihre Schwangerschaft, und jedes Mal ging es uns unter die Haut. Ihre kurze Zeit in dem Bordell schien ihr eine Krankheit eingebracht zu haben, an der alle sterben würden: sie, ihr Mann und ihr ungeborenes Kind. In dem Moment, in dem ihr Leben endlich einen Zusammenhalt bekam, wurde es zerrissen.

Kurz vor der Geburt war Neth schließlich bereit, sich noch einmal testen zu lassen. Und dieses Mal, unglaublich, hieß das Ergebnis: HIV-negativ. Der neue Test war moderner und zuverlässiger als der erste. Kein Zweifel, dass Neth die ganze Zeit gekränkelt und abgenommen hatte, aber das konnte viele Gründe haben, vielleicht Tuberkulose, Parasiten oder einfach nur Erschöpfung. Jedenfalls hatte sie kein Aids.

Dies wissend, ging es Neth bald besser. Sie nahm wieder zu und sah gesünder aus. Die Aussicht auf ein Enkelkind veranlasste Sotheas Eltern, dem Paar zu verzeihen, die Familie söhnte sich aus.

2007 brachte Neth einen Sohn zur Welt, ein kräftiges, gesundes, pummeliges Baby. Neth strahlte vor Freude, als sie es zu Hause schmusend in den Armen hielt. Bei unserem Familienbesuch Ende 2008 zeigte sie unseren Kindern den Kleinen, kichernd über seine torkelnden Laufversuche. Sie ging wieder zur Schule, die letzten Kurse, um ihren Abschluss als Friseuse zu machen, und ihre Schwiegermutter hatte Pläne, einen kleinen Laden zu kaufen, damit Neth einen eigenen Kosmetik- und Frisiersalon aufbauen konnte. «Ich weiß, wie der Laden heißen soll», sagte sie: «Nick & Bernie's.» Nach so vielen Rückschlägen, so vielen Drehungen und Wendungen hatte sie ihr Leben wieder in den Griff bekommen. Das junge Mädchen, das im Bordell vor Angst gezittert hatte, war für immer Vergangenheit.

Wir haben drei Lehren aus dieser Geschichte gezogen. Die erste: Es ist eine komplizierte und ungewisse Sache, Mädchen aus dem Bordell zu retten. Und da es sich oft sogar als ein Ding der Unmöglichkeit erweist, besteht der produktivste Ansatz darin, die Anstrengungen auf Prävention zu konzentrieren und Bordelle außer Betrieb zu setzen. Die zweite Lektion ist: Man darf nie aufgeben. Menschen zu helfen ist schwierig, und was dabei herauskommt, unvorhersehbar. Unsere Interventionen funktionieren nicht immer, aber sie können erfolgreich sein, und diese Siege sind unglaublich wichtig.

Die dritte Lektion besteht darin, dass ein soziales Problem noch so übermächtig und als Ganzes unlösbar sein mag – es lohnt sich trotzdem, es zu mildern. Es wird uns kaum gelingen, *allen* Mädchen in armen Ländern eine Ausbildung zu verschaffen, *alle* gebärenden Mütter vor dem Tod zu bewahren oder *alle* Mädchen zu retten, die in Bordellen gefangen sind. Aber wir denken an Neth und erinnern uns an eine hawaiische Parabel, die Naka Nathaniel, der Videofilmer von der *Times* und selbst Hawaiianer, uns gelehrt hat:

Ein Mann geht an den Strand und findet ihn mit angespülten Seesternen bedeckt. Ein kleiner Junge kommt vorbei, hebt einen nach dem anderen auf und wirft sie ins Wasser zurück.

«Was machst du da, mein Sohn?», fragt der Mann. «Siehst du, wie viele Seesterne da sind? Da kannst du dich noch so anstrengen, das macht keinen Unterschied.»

Der Junge hält nachdenklich inne, hebt den nächsten Seestern auf und wirft ihn ins Meer zurück.

«Ich bin sicher, für den hat es einen Unterschied gemacht», sagt er.

Aufstehen und den Mund aufmachen

«Der vernünftige Mensch passt sich der Welt an; der unvernünftige
besteht auf dem Versuch, die Welt sich anzupassen.
Deshalb hängt aller Fortschritt von unvernünftigen Menschen ab.»

George Bernard Shaw

Einer der Gründe, warum so viele Frauen und Mädchen verschleppt, verkauft, vergewaltigt und missbraucht werden, liegt darin, dass sie allzu oft gute Miene zum bösen Spiel machen. Stoische Fügsamkeit – besonders die Bereitschaft, jedes Machtwort eines Mannes ohne Widerspruch zu akzeptieren – wird Mädchen in weiten Teilen der Welt von frühester Kindheit an eingedrillt, und so tun sie denn, wie ihnen geheißen, lächeln gegebenenfalls sogar, während sie zwanzigmal am Tag vergewaltigt werden.

Das heißt nicht, die Opfer wären selber schuld. Es gibt gute, sowohl praktische als auch kulturelle Gründe dafür, dass Frauen ihren Missbrauch eher akzeptieren, als sich zu wehren und dabei den Tod zu riskieren. Aber die Wirklichkeit sieht so aus, dass dieser Missbrauch weitergehen wird, solange die Betroffenen es zulassen, prostituiert und geschlagen zu werden. Wenn mehr Mädchen schreien und protestieren, wenn sie aus den Bordellen weglaufen, können sie das Geschäftsmodell des Mädchenhandels untergraben. Die Schmuggler wissen das und machen genau deswegen am liebsten Jagd auf ungebildete Mädchen vom Lande: weil es bei ihnen am wahrscheinlichsten ist, dass sie Befehlen gehorchen und sich in ihr Schicksal ergeben. Wie Martin Luther King jr. während der amerikanischen Bürgerrechtsbewegung verkündet hat: «Wir müssen uns aufrichten und für unsere Freiheit arbeiten. Niemand kann auf deinem Rücken reiten, wenn er nicht gebeugt ist.»

Natürlich ist das eine heikle Angelegenheit, und es kann gefährlich werden, wenn einheimische Mädchen von Ausländern gedrängt werden, unzumutbare Risiken auf sich zu nehmen. Bildung und Erziehung zu persönlicher Stärke können Mädchen bewusst machen, dass Weiblichkeit nicht Fügsamkeit bedeutet, und ihre Durchsetzungsfähigkeit fördern, damit Frauen für sich selbst eintreten. Ebendas hat sich im Slum Kasturba Nagar, außerhalb der zentralindischen Stadt Nagpur, zugetragen.

Aus den Gräben von Kasturba Nagar stinkt es nach Jauche, Ekel und Hoffnungslosigkeit. Die Bewohner sind Dalits – Unberührbare. Die meisten haben eine dunkle Hautfarbe und signalisieren durch Kleidung und Benehmen, dass sie arm sind. Sie leben in Baracken an Stampfwegen, die sich, sobald es regnet, in einen Morast aus Abwasser und Matsch verwandeln. Die Männer von Kasturba Nagar fahren Rikschas oder verrichten Knecht- und Schmutzarbeiten, die Frauen sind Haushaltshilfen oder bleiben zu Hause und ziehen die Kinder auf.

In diesem hoffnungslosen Umfeld gelang es einer jungen Frau namens Usha Narayane, die Verzweiflung abzuschütteln, und sie gedieh trotz aller Chancenlosigkeit. Usha ist eine selbstsichere Person von achtundzwanzig Jahren: klein, mit langem schwarzen Haar, einem runden Gesicht und dicken Augenbrauen. In einem Land wie Indien, in dem Unterernährung notorisch ist, können ein paar Pfunde prestigeträchtig sein, und Usha hat genau das richtige Gewicht, um ihren eigenen Erfolg anzudeuten. Sie redet ununterbrochen.

Ihr Vater, Madhukar Narayane, ist zwar ein Dalit, aber er hat einen Highschool-Abschluss und eine gute Stellung bei der Telefongesellschaft. Auch Ushas Mutter, Alka, ist ungewöhnlich gebildet: Obwohl schon mit fünfzehn verheiratet, hat sie die Schule bis zum Ende der neunten Klasse besucht und kann lesen und schreiben. Beide Eltern waren fest entschlossen, ihren Kindern durch eine solide Ausbildung einen Fluchtweg aus Kasturba Nagar zu verschaffen. Also lebten sie genügsam, sparten jede Rupie für diesen Zweck und vollbrachten eine wahre Großtat. In einem Slum, wo niemand je das College besucht hatte, absolvierten alle fünf Narayane-Kinder ein Hochschulstudium.

Ushas Mutter ist entzückt und zugleich ein wenig entsetzt darüber, was diese Erziehung in ihre Tochter eingepflanzt hat. «Sie ist furchtlos», sagte Alka. «Sie hat keine Angst vor niemandem.» Usha hatte ihren Abschluss in Hotelmanagement gemacht und schien dazu bestimmt, irgendwo in Indien ein vornehmes Hotel zu leiten. Sie war Kasturba Nagar

Usha Narayane in ihrem
Slumviertel in Indien

schon entronnen und im Begriff, eine Stellung anzunehmen, als sie besuchsweise zurückkam – und mit den Ambitionen des selbstherrlichen Akku Yadav in diesem Slum in Konflikt geriet.

Akku Yadav war in gewissem Sinne der andere «Erfolg» von Kasturba Nagar. Einer höheren Kaste angehörig, hatte er nach einer Lehre als Kleinkrimineller die Rolle eines großen Bosses und Slumkönigs übernommen. Er führte eine Bande von Gangstern an, die Kasturba Nagar beherrschte und straflos raubte, mordete und folterte. Die indischen Obrigkeiten hätten jedem, der in einem Mittelschichtviertel so skrupellos gewütet hätte, das Handwerk gelegt. Aber in den von niedrigen Kasten oder Unberührbaren bewohnten Slums interveniert die Polizei selten, außer um Bestechungsgeld zu kassieren, sodass Gangster an diesen Orten manchmal die absolute Herrschaft innehaben.

Fünfzehn Jahre lang hatte Akku Yadav Kasturba Nagar terrorisiert und geschickt ein kleines Geschäftsimperium aufgebaut. Eine seiner Spezialitäten bestand darin, dass er jedem, der sich gegen ihn behaupten wollte, mit Vergewaltigung drohte. Beim Morden blieben lästige Leichenhaufen zurück, man musste sich die Polizei mit Schmiergeldern vom Leib halten, während Vergewaltigung die Opfer dermaßen stigmatisierte, dass man gewöhnlich mit ihrem Schweigen rechnen konnte. Sexuelle Demütigung war deshalb eine ebenso effektive wie risikoarme Strategie, um Aufmuckende einzuschüchtern und die Gemeinschaft unter Kontrolle zu halten.

Nach Berichten aus der Nachbarschaft im Slum hat Akku Yadav einmal eine Frau direkt nach ihrer Hochzeit vergewaltigt. Ein anderes Mal zog er einen Mann nackt aus, verbrannte ihn mit Zigaretten und zwang ihn dann, vor seiner sechzehnjährigen Tochter zu tanzen. Anwohner sagen, er habe eine Frau, Asho Bhagat, überwältigt und ihr vor den Augen ihrer Tochter und mehrerer Nachbarn die Brüste abgeschnitten. Anschließend hackte er sie auf der Straße zu Tode. Einer der Nachbarn, Avinash Tiwari, war so entsetzt über dieses Abschlachten, dass er zur Polizei gehen wollte, darum schlachtete Akku Yadav ihn ebenfalls ab.

Die Angriffe gingen weiter. Akku Yadav und seine Gang missbrauchten eine Frau namens Kalma, nur zehn Tage nachdem sie ein Kind zur Welt gebracht hatte, bei einer Gruppenvergewaltigung, und sie war so gedemütigt, dass sie sich mit Petroleum übergoss, sich anzündete und als lebende Fackel starb. Die Männer der Bande zerrten eine im siebten Monat schwangere Frau aus ihrem Haus, zogen sie nackt aus und vergewaltigten sie, einer nach dem anderen, auf der Straße, in aller Öffentlichkeit. Je barbarischer das Verhalten, umso verängstigter nahm die Bevölkerung es stillschweigend hin.

Fünfundzwanzig Familien zogen von Kasturba Nagar fort, aber die meisten Dalits hatten keine Wahl. Sie passten sich den Umständen an, indem sie ihre Töchter aus der Schule nahmen und sie daheim, wo niemand sie sah, unter Verschluss hielten. Die Gemüsehändler mieden Kasturba Nagar, sodass die Hausfrauen zu weit entfernten Märkten marschieren mussten, um Essen einzukaufen. Und solange Akku Yadav nur Dalits nachstellte, griff die Polizei nicht ein.

«Die Polizei war sehr klassenbewusst», erklärte Usha. «Wenn du hellere Haut hattest, dachten sie, du gehörtest einer höheren Kaste an, und waren hilfsbereit. Aber sie stürzten sich auf jeden, der ihnen dunkelhäutiger oder unrasiert erschien. Oft gingen Leute zur Polizei, um sich zu beschweren, und wurden selber festgenommen», sagte Usha. Eine Frau berichtete der Polizei, sie sei von der Akku-Yadav-Bande vergewaltigt worden, die Reaktion bestand in einer Gruppenvergewaltigung durch die Polizei.

Ushas Familie war die einzige, die Akku Yadav nicht drangsalierte. Er machte einen großen Bogen um die Narayanes, auf der Hut, ihre Bildung könnte ihnen die Macht verleihen, sich wirksam zu wehren. In Entwicklungsländern können Analphabeten meistens ohne Risiko schikaniert werden; bei denen, die eine Schule besucht haben, wird die Sache schon gefährlicher. Aber als Usha zu Besuch kam, brach schließlich doch ein offener Konflikt zwischen den beiden Familien aus.

Akku Yadav hatte gerade ein dreizehnjähriges Mädchen vergewaltigt. Er spielte sich auf, zog mit seinen Männern zu der Nachbarin der Narayanes, Ratna Dungiri, und verlangte Geld. Die Gangster zerschlugen ihr Mobiliar, drohten, ihre Familie umzubringen. Als Usha kam, riet sie Ratna, sie solle zur Polizei gehen. Ratna wollte nicht, also ging Usha selbst zur Polizei und erstattete Anzeige. Die Polizei informierte Akku Yadav über Ushas Schritt, worauf er, außer sich vor Wut, mit vierzig Schlägertypen vor dem Narayane-Haus auftauchte und es umstellen ließ. Er selbst hielt eine Flasche Säure in der Hand und schrie durch die Tür, Usha solle aufgeben: *Zieh die Anzeige zurück, dann tue ich dir nichts!*

Usha verbarrikadierte sich und schrie zurück, nie und nimmer würde sie aufgeben. Dann telefonierte sie fieberhaft mit der Polizei. Die sagte, sie würde kommen, aber sie kam nicht. Unterdessen schlug Akku Yadav gegen die Tür.

Ich schütte dir Säure ins Gesicht, da wird dir die Lust vergehen, je wieder eine Anzeige zu erstatten, brüllte er. *Wenn wir dich kriegen, du ahnst ja nicht, was wir mit dir machen. Gang-Vergewaltigung ist nichts dagegen. Du kannst dir nicht vorstellen, was wir mit dir machen.*

Usha rief Beschimpfungen zurück, und Akku Yadav antwortete mit lebhaften Beschreibungen, wie er sie vergewaltigen, mit Säure verätzen, abschlachten würde. Er und seine Männer versuchten die Tür einzuschlagen. Da drehte Usha die Gasflasche unter der Kochstelle auf und nahm ein Streichholz in die Hand.

Wenn ihr ins Haus einbrecht, zünde ich das Streichholz an und sprenge uns alle in die Luft, schrie sie wild entschlossen. Die Gangster rochen das Gas und zögerten. *Haut ab, oder ihr fliegt in die Luft*, rief Usha wieder. Die Angreifer wichen zurück.

In der Zwischenzeit hatte sich die Konfrontation wie ein Lauffeuer herumgesprochen. Die Dalits waren zutiefst stolz auf Ushas Schulbildung und ihren Erfolg, und der Gedanke, Akku Yadav könne sie vernichten, war ihnen unerträglich. Die Nachbarn versammelten sich in einiger Entfernung, ohne so recht zu wissen, was sie tun sollten. Aber als sie Ushas

Gegenwehr sahen, wie sie Akku Yadav mit Schmähungen überzog und seine Gang schließlich zum Rückzug zwang, fassten sie Mut. Bald war eine Hundertschaft wütender Dalits auf der Straße, die begannen, Stöcke und Steine aufzulesen.

«Den Leuten wurde klar, wenn er Usha das antun konnte, gab es einfach keine Hoffnung mehr», erklärte ein Nachbar. Steine flogen in Richtung von Akku Yadavs Männern, die angesichts der bedrohlichen Stimmung der Menge flohen. Die Stimmung im Slum schlug in Fröhlichkeit um. Zum ersten Mal hatten die Bewohner einen Sieg errungen. Die Dalits marschierten im Triumphzug durch den Slum. Dann zogen sie zu Akku Yadavs Haus und brannten es bis auf den Grund nieder.

Akku Yadav ging zur Polizei, die ihn zu seinem eigenen Schutz in Verwahrung nahm. Anscheinend sollte er dort festgehalten werden, bis die Stimmung sich abgekühlt hatte, um ihn dann wieder auf freien Fuß zu setzen. Eine Kautionsverhandlung wurde anberaumt, und im Slum gingen Gerüchte um, die Polizei plane einen Kuhhandel für seine Freilassung. Die Anhörung sollte kilometerweit entfernt im Zentrum von Nagpur erfolgen. Hunderte von Frauen aus Kasturba Nagar machten sich auf den Marsch dorthin und strömten in den hohen, großräumigen Gerichtssaal mit seinem Marmorboden und verblichener britischer Eleganz. Die Dalit-Frauen in ihren Sandalen und abgetragenen Saris fühlten sich nicht besonders wohl, aber sie setzten sich ganz vorne hin. Akku Yadav stolzierte herein, selbstbewusst, ohne Reue, mit einem Riecher für das unbehagliche Gefühl dieser Frauen in der herrschaftlichen Atmosphäre des Gerichts. Als sein Blick auf eine fiel, die er vergewaltigt hatte, verspottete er sie als Prostituierte und rief, das nächste Mal sei sie wieder dran. Sie stürzte nach vorn und schlug ihm mit einem Schlappen auf den Kopf.

«Das nächste Mal bringe ich dich um oder du mich», kreischte sie. Damit war der Damm gebrochen, offenbar auf Absprache. Sämtliche Frauen aus Kasturba Nagar drängten nach vorn, umringten Akku Yadav unter lautem Geschrei. Einige zogen Chilipulver aus den Kleidern und warfen es Akku Yadav und seinen beiden Wächtern ins Gesicht. Die Polizisten, geblendet, überrumpelt von der Menge, ergriffen sofort die Flucht. Dann zogen die Frauen Messer aus ihrer Kleidung und begannen Akku Yadav zu erstechen.

«Vergebung», flehte er, jetzt in Angst und Schrecken. «Vergebt mir! Ich tue es nicht wieder.» Die Frauen reichten ihre Messer herum und stachen weiter auf ihn ein. Dann, als makabre Vergeltung für die abgeschnittenen Brüste Asho Bhagats, hackten die Frauen ihm den Penis ab.

Am Ende der Lynchaktion war er Hackfleisch. Als wir uns den Gerichtssaal ansahen, klebte sein Blut noch an den Wänden. Es gab keinen Zweifel, dass der Angriff auf Akku Yadav sorgfältig geplant worden und Usha offenbar die Anführerin war. Also wurde Usha von der Polizei verhaftet, obwohl sie in aller Form beweisen konnte, dass sie an dem fraglichen Tag nicht im Gerichtssaal gewesen war. Doch die Erstechungsaktion hatte die Misere von Kasturba Nagar in den Mittelpunkt der öffentlichen Aufmerksamkeit gerückt und einen Aufschrei ausgelöst. Ein im Ruhestand lebender Richter des Obersten Gerichtshofs, Bhau Vahane, ergriff öffentlich Partei für die Frauen: «Unter den Bedingungen, denen sie ausgesetzt waren, blieb ihnen gar nichts anderes übrig, als mit Akku Schluss zu machen. Die Frauen haben die Polizei wiederholt gebeten, für ihre Sicherheit zu sorgen. Aber die Polizei hat sie nicht geschützt.»

Dann verabredeten sich Hunderte von Frauen in dem Slum, dass sie alle die Verantwortung übernehmen wollten, damit niemand des Mordes schuldig sein konnte. Wenn jede Einzelne von mehreren Hundert einmal zugestochen hatte, argumentierten sie, könne kein einzelner Stich der tödliche gewesen sein. In ganz Kasturba Narga sangen die Frauen das gleiche Lied: *Wir alle haben ihn getötet. Nehmt uns alle fest!*

«Für diese Sache sind wir alle verantwortlich», sagte Rajashri Rangdale, eine schüchterne junge Mutter. Und Jija More, eine ordentliche Hausfrau von fünfundvierzig Jahren, fügte hinzu: «Ich bin stolz darauf, was wir getan haben ... Wenn irgendjemand bestraft werden muss, sind wir es alle.» Mit einiger Genugtuung schloss sie: «Wir Frauen haben keine Angst mehr. Wir haben die Männer beschützt.»

Grimmig und frustriert, ließ die Polizei Usha nach zwei Wochen frei, allerdings mit der Auflage, dass sie in der Gegend blieb. Mit ihrer Karriere als Hotelmanagerin ist es wohl vorbei, und sie ist sich sicher, dass die Mitglieder von Akku Yadavs Bande auf Rache sinnen und versuchen werden, sie zu vergewaltigen oder ihr Säure ins Gesicht zu schütten. «Ich kümmere mich nicht darum», sagt sie verächtlich und wirft selbstbewusst den Kopf zurück. «Um die mache ich mir keine Sorgen.» Sie begann ein neues Leben als Organisatorin und Betreuerin von Gemeinschaftsprojekten, benutzte ihre Managementfähigkeiten, indem sie die Dalits zusammenbrachte, sie anregte, eingelegtes Gemüse, Kleidung und andere Produkte herzustellen, die sich auf dem Markt verkaufen ließen. Sie will, dass die Dalits am Geschäftsleben teilnehmen, damit sie mehr verdienen und sich mehr Bildung leisten können.

Auch Usha hat es jetzt nicht leicht, über die Runden zu kommen, aber sie ist ein Energiebündel, der elektrisierende neue Boss von Kasturba Nagar, die Heldin des Slums. Als wir sie besuchen wollten, hatte unser Taxifahrer Schwierigkeiten herauszufinden, wo sie wohnte. In Kasturba Nagar hielt er an jeder zweiten Ecke an, um nach dem Weg zu fragen, aber alle Angesprochenen beteuerten, diese Person gebe es hier nicht – oder man schickte uns in eine andere Richtung, außerhalb des Viertels. Schließlich riefen wir Usha an, um ihr unser Problem zu schildern. Sie kam beide Arme schwenkend auf die Hauptstraße hinaus, zeigte uns den Weg und erklärte, jeder, der uns irregeführt hatte, habe ein Kind losgeschickt, zu ihr zu rennen und sie zu warnen, dass ein Fremder sie sucht. «Sie wollen mich beschützen», sagte Usha lachend. «Die ganze Gemeinschaft passt auf mich auf.»

Die Saga von Kasturba Nagar ist beunruhigend, die Moral keine einfache. Wenn man jahrelang mitangesehen hat, wie Frauen den gröbsten Missbrauch still akzeptieren, ist es eine Erlösung, jemanden wie Usha beim Gegenangriff zu erleben – wiewohl wir den Mord verurteilen.

Empowerment – stark machen durch alles, was das Selbstbewusstsein stärkt und die Ausbildung eigener Fähigkeiten fördert – ist ein Klischee der Hilfsinitiativen, aber es ist wirklich das, was gebraucht wird. Der erste Schritt zu größerer Gerechtigkeit besteht darin, jene Kultur weiblicher Fügsamkeit und Unterwürfigkeit zu transformieren, damit die Frauen selbstbestimmter und anspruchsvoller werden. Natürlich haben wir Außenstehenden leichtes Spiel, so etwas zu sagen: Wir sind schließlich nicht diejenigen, denen für den Fall, dass sie den Mund aufmachen, Grauenhaftes droht. Aber wenn eine dieser Frauen aufsteht und es tut, gebietet es die Notwendigkeit, dass Außenstehende sich für sie einsetzen. Wir müssen auch Institutionen entwickeln, um solche Personen zu schützen, und denen, deren Leben in Gefahr ist, manchmal sogar Asyl bieten. Im weiteren Sinne ist Erziehung der einzige und wichtigste Weg, Frauen und Mädchen zu ermutigen, dass sie für ihre Rechte einstehen, und wir können weit mehr für die allgemeine Bildung in armen Ländern tun.

Letzten Endes müssen sich Frauen wie in Kasturba Nagar aus eigenem Antrieb der Menschenrechtsrevolution anschließen. Sie sind Teil der Lösung des Problems: Je mehr Frauen aufhören, die andere Wange hinzuhalten, und es wagen, sich zu wehren, umso weniger Mädchenhandel und Vergewaltigungen wird es geben.

Zach Hunter war zwölf Jahre alt und lebte mit seiner Familie in Atlanta, als er in der Schule hörte, dass es auf dieser Welt auch heute noch Formen von Sklaverei gibt. Er konnte es nicht fassen und begann, über das Thema zu lesen. Je mehr er las, umso größer wurde sein Entsetzen, und obwohl erst Siebtklässler, dachte er, er könnte Spenden für den Kampf gegen Zwangsarbeit sammeln. So gründete er eine Gruppe namens *Loose Change to Loosen Chains*, kurz LC2LC genannt – der Beginn einer Schülerkampagne gegen die moderne Sklaverei. Im ersten Jahr kamen 8500 US-$ zusammen. Seither schießt die Kampagne in die Höhe. Zach, mittlerweile auf der Highschool, reist ständig durchs Land, hält vor Schul- oder Kirchengruppen Reden über Menschenhandel. Auf seiner MySpace-Seite stellt er sich als «Abolitionist/Schüler» vor, sein Held ist William Wilberforce. Im Jahr 2007 überreichte Zach dem Weißen Haus eine Petition mit 100 000 Unterschriften, die aktivere Maßnahmen zur Bekämpfung des Menschenhandels forderte. Unter dem Titel *Be the Change: Your Guide to Ending Slavery and Changing the World* veröffentlichte er auch ein Buch für Teenager und regt unermüdlich, wo immer er auftaucht, andere LC2LC-Gruppen an.

Zach Hunter ist Teil einer rasch wachsenden Bewegung von sozial orientierten Unternehmern, die neue Ansätze zur Unterstützung der Frauen in der Entwicklungswelt bieten. Humanitäre Helfer arbeiten im Kontext einer Hilfsbürokratie, während sich Sozialunternehmer ihren eigenen Kontext schaffen, indem sie eine neue Organisation, Gesellschaft oder Bewegung zur kreativen Bewältigung eines sozialen Problems ins Leben rufen. Viele stellen Dienstleistungen in Rechnung und benutzen ein Geschäftsmodell, um Nachhaltigkeit zu erzielen.

«*Social Entrepreneurs* begnügen sich nicht damit, den Leuten einen Fisch zu geben oder ihnen das Fischen beizubringen», sagt Bill Drayton, ein ehemaliger Managementberater und Mitarbeiter der Regierung, der die Idee des Sozialunternehmertums lanciert hat. «Sie werden nicht ruhen, bis sie die Fischindustrie umgekrempelt haben.» Drayton ist der Gründer von Ashoka, einer Organisation, die Sozialunternehmer in aller Welt fördert und mit Trainingsprogrammen ausbildet. Mittlerweile gibt es über zweitausend dieser sogenannten Ashoka Fellows – darunter viele, die an Kampagnen für Frauenrechte mitwirken. Drayton fasst die kurze Geschichte des Aufstiegs von *Social Entrepreneurs* wie folgt zusammen:

«Die landwirtschaftliche Entwicklung hat nur einen geringen Überschuss hervorgebracht, sodass nur eine kleine Elite in Städte ziehen, Kultur und Geschichte gestalten konnte. Seither ist es bei diesem Grundmuster geblieben: Nur wenige hielten das Monopol auf Initiativen, weil nur sie allein das soziale Werkzeug zur Verfügung hatten. Das ist ein Grund dafür, warum sich das Pro-Kopf-Einkommen im Westen vom Untergang des Römischen Reichs bis ins 16. Jahrhundert in etwa auf dem gleichen Niveau gehalten hat. In der Neuzeit jedoch zeichnete sich in Europa eine neue, offenere Gestalt von Unternehmertum und Wettbewerb im Geschäftsleben ab. Ein Ergebnis: Der Westen durchbrach 1200 Jahre Stagnation und schoss bald über alles hinaus, was die Welt je erlebt hatte. Das durchschnittliche Pro-Kopf-Einkommen stieg im achtzehnten Jahrhundert um 20 Prozent, im neunzehnten um 200 und im zwanzigsten um 740 Prozent … Doch bis um 1980 gingen diese Veränderungen weltweit an der Hälfte der Menschheit vorbei. Erst in den 1980er-Jahren wurde das Eis brüchig, und die soziale Arena als Ganzes machte einen strukturellen Sprung in Richtung dieser neuen unternehmerischen Wettbewerbsarchitektur. Nachdem das Eis einmal gebrochen war, begann eine Aufholjagd, die für den sozialen Sektor raschen Wandel brachte. Und das überall auf der Welt, wobei die wichtigsten Ausnahmen Regionen waren, deren Regierungen Angst hatten. Da die Pionierarbeit bereits geleistet war, konnte sich diese zweite große Veränderung der ersten, im Geschäftsbereich, einfach anschließen und das Produktivitätswachstum kontinuierlich steigern. Das ist auch in erfolgreichen Entwicklungsländern wie Thailand zu beobachten. Nach Einschätzung von Ashoka kann der soziale Sektor die Kluft zwischen seinem und dem betriebswirtschaftlichen Produktivitätsniveau im günstigsten Fall alle zehn bis zwölf Jahre halbieren.»

Man stelle sich vor, wie viel effektiver eine Frauenrechtsbewegung sein könnte, wenn sie ein Heer von Sozialunternehmern im Rücken hätte. Die Vereinten Nationen und die Hilfsbürokratien haben unermüdlich an technischen Lösungen gearbeitet – einschließlich der Entwicklung besserer Impfstoffe und neuer Verfahren zum Brunnenbohren –, die von großer Bedeutung sind. Aber Fortschritt braucht auch ein Netz politischer und kultureller Maßnahmen, und, ganz einfach gesagt, er verlangt Charisma. Oft spielen Personen mit besonderen Führungsqualitäten eine Schlüsselrolle: wie Martin Luther King jr. in den USA, Mahatma Gandhi in Indien oder William Wilberforce in Großbritannien. Die Hilfsorganisationen haben das Boot, das Drayton mit Ashoka vom Stapel gelassen hat, weitgehend verpasst.

«Das scheint ein großer blinder Fleck in den Entwicklungs- und Regierungsanstrengungen zu sein», schreibt David Bornstein, der unter dem Titel *How to Change the World* ein hervorragendes Buch über *Social Entrepreneurs* veröffentlicht hat. Die großen Geldgeber, ob in Gestalt von Regierungsorganisationen oder mächtigen philanthropischen Hilfseinrichtungen, wollen kontrollierte, messbare, systematische Interventionen, und dafür gibt es gute Gründe. Doch im Endeffekt versäumen sie Gelegenheiten, weil ihnen die Netzwerke fehlen, um individuelle Führer, die vor Ort eine entscheidende Wirkung entfalten können, zu erkennen und zu unterstützen. Spender sind gewöhnlich nicht auf kleine Beihilfen für gezielte Aktionen im kommunalen Rahmen eingerichtet – aber oft sind solche Beihilfen ein wesentliches Instrument, um Veränderungen durchzusetzen. Einige wenige Gruppen stellen Risikokapital für die Unterstützung von Kleinstprojekten in Entwicklungsländern zur Verfügung – im Grunde ist es genau das, was Ashoka mit der Förderung von Ashoka Fellows tut. Ähnlich hat der Global Fund for Women, gegründet von Sheryls ehemaliger Kommilitonin Kavita Ramdas, seit 1987 über 3800 Frauenorganisationen in 167 Ländern unterstützt. Die International Women's Health Coalition mit Sitz in New York ist berühmt für ihr Engagement im Überbau, aber sie fördert rund um den Globus auch kleine Organisationen, die sich der Frauenfrage widmen.

Zach ist ein brillanter Sozialunternehmer. Desgleichen Ruchira Gupta und Usha Narayane. Während Frauen weltweit in der politischen Führung gewöhnlich nicht weit aufgestiegen sind, dominieren sie oft die Ränge der *Social Entrepreneurs*. Sogar in Ländern, wo Männer die politische Macht monopolisieren, haben Frauen ihre eigenen einflussreichen Organisationen gegründet und beträchtliche Veränderungen bewirkt. Insbesondere haben sich viele Frauen als Sozialunternehmerinnen in der Führung der neuen Abolitionsbewegung gegen Sexhändler engagiert. Eine von ihnen ist Sunitha Krishnan, als indische Ashoka Fellow zur Legende unter all denen geworden, die sich diesem Kampf verschrieben haben. Wir hatten so viel von ihr gehört, dass wir bei unserer ersten Begegnung überrascht waren, eine so zierliche Person vor uns zu sehen. Und ihre winzige Gestalt wird noch betont durch einen angeborenen Spaltfuß, der sie humpeln lässt.

Als Sunitha, Tochter einer Mittelschichtfamilie, Gelegenheit bekam, einen *Kindergarten* zu besuchen, nahm sie regelmäßig ihre Schiefertafel und brachte einer Gruppe armer Kinder bei, was sie an dem Tag gelernt hatte. Diese Erfahrung hat sie so bewegt, dass sie beschloss, Sozialarbeiterin zu werden. Sie studierte Sozialarbeit, erst auf einem College, später an einer Hochschule in Indien, mit dem Schwerpunkt Alphabetisierung. Eines Tages versuchte sie mit einer Gruppe von Studienkollegen, die Armen in einem Dorf zu organisieren, aber eine Männerbande verübelte ihnen die Einmischung.

«Sie mochten das nicht und wollten uns eine Lektion erteilen», erinnert sich Sunitha. Sie erzählte uns ihre Geschichte in dem kleinen, kahlen Büro der Schutzeinrichtung, die sie in der Stadt Hyderabad leitet – über tausend Kilometer südwestlich jenes Dorfes in Bihar, wo Ruchira Gupta darum kämpft, Meena am Leben zu halten. Sunitha spricht geschliffenes, typisch indisches Oberklassenenglisch, eher wie eine Universitätsprofessorin, keine Aktivistin. Sie ist abgeklärt und analytisch, aber man spürt immer noch ihre innere Wut, als sie erklärt, was folgte: Um ihre Bemühungen im Dorf zu verhindern, wurde sie von der Männerbande vergewaltigt. Sunitha ging nicht zur Polizei. «Ich begriff, dass es sinnlos gewesen wäre», sagt sie. Aber sie fühlte sich nicht nur geschändet, sondern wurde noch dazu mit Schande überzogen und ihre Familie stigmatisiert: «Die Vergewaltigung als solche hat mich nicht so sehr getroffen. Viel schlimmer war für mich, wie die Gesellschaft mich behandelte, wie die Leute mich ansahen. Niemand fragte, warum die Kerle es getan hatten. Sie fragten nur, warum ich dorthin gegangen war, warum meine Eltern mir diese Freiheit ließen. Und mir wurde klar, dass das, was mir passiert war, für mich eine einmalige Erfahrung bleiben würde. Aber für viele andere gehörte es zum täglichen Leben.»

An diesem Punkt beschloss Sunitha, ihre berufliche Laufbahn nicht auf Alphabetisierung, sondern auf den Sexhandel auszurichten. Sie reiste durchs Land, sprach mit Prostituierten, wo immer sie Gelegenheit dazu bekam, und versuchte, die Welt der Sexgeschäfte zu verstehen. Kurz nachdem sie sich in Hyderabad niedergelassen hatte, rückte die örtliche Polizei mit einer Großrazzia gegen ein Rotlichtviertel vor – vielleicht hatten die Bordellbesitzer nicht genügend Schmiergelder bezahlt und brauchten einen Denkzettel. Die Razzia war eine Katastrophe. Über Nacht wurden sämtliche Bordelle in dem Bezirk geschlossen, ohne jede Vorsorge für die dort arbeitenden Mädchen. Die Prostituierten waren so stigmatisiert, dass es keinen Ort gab, wo sie Zuflucht suchen konnten, und keine Möglichkeit, auf irgendeine Art Geld zu verdienen.

«Die Frauen begingen reihenweise Selbstmord», erzählt Sunitha.

Sunitha im Gespräch
mit Kindern in ihrem
Heim in Indien

«Ich habe geholfen, die Toten einzuäschern. Der Tod verband die Menschen miteinander. Ich ging zu den Frauen zurück und bat sie: ‹Sagt mir genau, was wir tun sollen.› Und sie sagten: ‹Tut nichts für uns, tut etwas für unsere Kinder.›»

Sunitha arbeitete eng mit einem katholischen Missionar zusammen, Bruder Joe Vetticatil. Er ist inzwischen gestorben, aber in ihrem Büro hängt noch ein Bild von ihm, und sein Glaube hat sie stark beeindruckt. «Ich bin streng hinduistisch», sagt sie, «trotzdem hat der Weg Christi mich inspiriert.» Sunitha und Bruder Joe verwandelten ein ehemaliges Bordell in eine Schule. Zuerst meldeten sich nur fünf der Prostituiertenkinder an, denen die Schule zur Verfügung stehen sollte. Aber es wurden mehr, und bald eröffnete Sunitha auch Zufluchtstätten, nicht nur für die Kinder, sondern auch für Mädchen oder Frauen, die aus Bordellen gerettet wurden. Sie nannte ihre Organisation Prajwala – Ewige Flamme.

Ein Rotlichtviertel war abgeschafft, aber es gab andere in Hyderabad, und Sunitha begann, Rettungsaktionen aus den dortigen Bordellen zu organisieren. Furchtlos streifte sie durch die schmutzigsten, finstersten Gassen der Stadt, redete mit den Prostituierten, machte ihnen Mut, zusammenzuhalten und Informationen über die Zuhälter zu liefern. Sie stellte Bordellbesitzer und Zuhälter zur Rede, sammelte Beweise und brachte sie zur Polizei, tyrannisierte die Beamten mit der Forderung nach immer neuen Razzien. Das alles erregte den Zorn der Bordellbesitzer, die nicht verstanden, wie so ein Spatz von Frau – *ein Mädchen!* – sich ihnen in die Quere stellen und ihnen das Geschäft verderben konnte. Sie organisierten sich und begannen zurückzuschlagen. Schlägertypen griffen Sunitha und ihre Mitarbeiter an; sie sagt, dabei sei ihr rechtes Trommelfell geplatzt, sie habe das Gehör auf diesem Ohr verloren und einen Armbruch davongetragen.

Prajwala arbeitete in zunehmendem Maße mit der Regierung und mit anderen Hilfsgruppen zusammen, kümmerte sich verstärkt um Wiedereingliederung, Beratung und ähnliche Angebote. Sunitha brachte den ehemaligen Prostituierten nicht nur, wie andere Hilfsorganisationen, Kunsthandwerk oder Bücherbinden bei, sondern bildete sie im Schweißen oder Tischlern aus. Inzwischen hat Prajwala etwa tausendfünfhundert junge Frauen durch sechs- bis achtmonatige Schulungen auf den Weg zu einer neuen Berufslaufbahn gebracht. Die indischen Rehabilitationszentren bieten ein seltsames Schauspiel: Es herrscht ein Hämmern und Rufen, ein reges Treiben junger Frauen, die Nägel einschlagen, Stahlstäbe schleppen und Maschinen bedienen. Prajwala hilft auch manchen Frauen, in ihre Familien zurückzukehren, zu heiraten oder selbstständig zu leben. Bisher, sagt Sunitha, haben es 85 Prozent der Frauen geschafft, sich aus dem Rotlichtmilieu herauszuhalten, 15 Prozent sind zur Prostitution zurückgekehrt.

Sunitha selbst spielt den Erfolg herunter. «Es gibt jetzt mehr Prostitution als damals, als wir angefangen haben», gestand sie einmal grimmig. «Ich würde sagen, wir sind gescheitert. Wir retten zehn, und dafür landen zwanzig Neue im Bordell.» Aber diese Einschätzung ist viel zu düster.

An einem warmen Sonnentag in Hyderabad verflüchtigt sich die Aura energischer Effizienz, als Sunitha ihr Büro verlässt. Die unnachgiebige Härte, die sie gegenüber Regierungsvertretern demonstriert, schmilzt dahin und wandelt sich in Zärtlichkeit, während sich die Kinder ihrer Schule schreiend und lachend um sie scharen. Sie begrüßt die einzelnen mit Namen und fragt nach ihren Schularbeiten.

Jeder in der Einrichtung bekommt auf zerbeulten Blechtellern ein einfaches Essen aus Dal und Chapati. An ihrem Fladen knabbernd, tauscht Sunitha Neuigkeiten mit einer ihrer Volontärinnen aus, Abbas Be, einer jungen Frau mit schwarzem Haar, heller Schokoladenhaut und weißen Zähnen. Abbas war im zarten Mädchenalter nach Delhi geschleust worden, wo sie als Haushaltshilfe arbeiten sollte, wurde aber stattdessen an ein Bordell verkauft und mit einem Cricketschläger verprügelt, um ihr Ge-

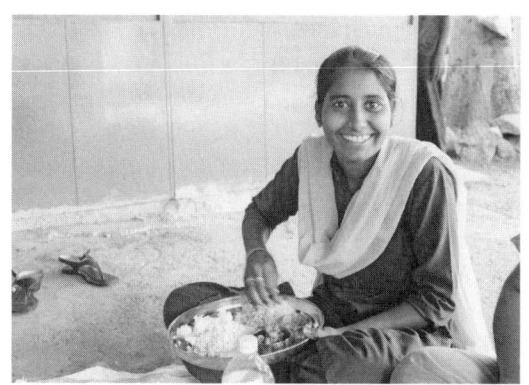

Abbas arbeitet jetzt in diesem Heim und versucht einen Mann zum Heiraten zu finden, der wie sie HIV-positiv ist.

horsam einzubläuen. Drei Tage später mussten sich Abbas und alle siebzig Mädchen des Bordells im Kreis versammeln und zuschauen, wie die Zuhälter ein Exempel an einem ebenfalls sehr jungen Mädchen statuierten, das sich mit Händen und Füßen gegen Kunden gewehrt und versucht hatte, die anderen Prostituierten zur Rebellion anzustiften. Die Widerspenstige wurde nackt ausgezogen, an Händen und Füßen gefesselt, gedemütigt, verspottet, grausam geschlagen und dann in den Bauch gestochen, bis sie vor den Augen der anderen verblutete.

Nachdem Abbas schließlich bei einer Razzia befreit worden war, bot Sunitha ihr an, im Prajwala-Projekt an einer Berufsschulung teilzunehmen. Heute lernt Abbas Buchbinderei und berät andere Mädchen, was sie tun können, um sich vor dem Sexhandel zu schützen. Sunitha vermittelte ihr einen HIV-Test; das Ergebnis war positiv, also versucht Sunitha jetzt, einen HIV-positiven Mann zum Heiraten für sie zu finden.

Sowohl Sunitha als auch Abbas fordern, dass alle Bordelle geschlossen werden, nicht nur reglementiert. Noch vor zwölf Jahren wäre es absurd gewesen zu glauben, eine hinkende junge Sozialarbeiterin könne der Bordellmafia in Hyderabad auch nur den geringsten Eindruck machen. Die Hilfsgruppen waren zu vorsichtig, um das Problem anzugehen. Sunitha dagegen marschierte dreist in die Rotlichtviertel und gründete ihre eigene Organisation: Sie steht für alles, was Sozialunternehmer auszeichnet. Es mögen schwierige, auf den ersten Blick vielleicht unvernünftige Menschen sein, aber manchmal sind es gerade diese Eigenschaften, die ihnen erlauben, sich erfolgreich durchzusetzen.

Aus eigener Kraft hätte Sunitha nicht die Mittel gehabt, ihre Kampagne gegen Bordelle zu führen, aber amerikanische Geldgeber haben sie unterstützt und ihren Einfluss vervielfältigt. Vor allem die Caritas war ihr und den Prajwala-Programmen ein zuverlässiger Begleiter. Auch die Netzwerke und Verbindungen, die Bill Drayton ihr als Ashoka Fellow zur Verfügung stellte, haben ihrer Stimme Wirkung verschafft. Das Ergebnis ist ein Prototyp jener Art Bündnis zwischen der Ersten und der Dritten Welt, das die Abolitionsbewegung dringend braucht.

Herrschaft durch Vergewaltigung

«Es ist der Mechanismus der Gewalt, der Frauen kaputt macht,
Frauen kontrolliert, Frauen erniedrigt und sie dort festhält,
wo sie angeblich hingehören.»
Eve Ensler

Vergewaltigungen sind in Südafrika zu einer wahren Seuche geworden; eine Medizintechnikerin namens Sonette Ehlers hat deswegen ein Produkt entwickelt, das sogleich landesweit Schlagzeilen machte. Ein Satz, den Ehlers von einem untröstlichen Vergewaltigungsopfer gehört hatte, war ihr nie aus dem Kopf gegangen: «Wenn ich da unten doch nur Zähne gehabt hätte.» Einige Zeit danach war in der Klinik, in der Ehlers arbeitete, ein Mann erschienen, dessen Vorhaut in den Reißverschluss seiner Hose eingeklemmt war, was ihm höllische Schmerzen bereitete. Frau Ehlers zählte eins und eins zusammen und entwickelte ein Ding, dass sie auf den Namen Rapeex taufte. Es ist eine elastische Hülse mit spitzen Stacheln auf der Innenseite. Die Frau führt das Ding mithilfe eines Schiebers ein wie einen Tampon, und wenn ein Mann sie zu vergewaltigen versucht, krallen sich die Stacheln in seiner Eichel fest, und er muss die Notaufnahme aufsuchen, um sich von der Rapeex-Hülse befreien zu lassen. Als Kritiker monierten, das Rapeex sei ein mittelalterliches Folterwerkzeug, kommentierte Frau Ehlers lapidar: «Eine mittelalterliche Strafe für eine mittelalterliche Tat.»

Das Rapeex ist eine Antwort auf die sexistische Gewalt, die in großen Teilen der unterentwickelten Welt an der Tagesordnung ist und weit mehr Opfer fordert als jeder Krieg. Erhebungen legen den Schluss nahe, dass im weltweiten Durchschnitt jede dritte Frau häuslicher Gewalt aus-

87

gesetzt ist. Bei Frauen zwischen 15 und 45 Jahren ist die Wahrscheinlichkeit, dass sie von ihren Männern zu Krüppeln geschlagen oder zu Tode geprügelt werden, größer als das Risiko, an Krebs oder Malaria zu sterben oder bei einem Verkehrsunfall oder in einem Krieg umzukommen. Die Weltgesundheitsorganisation kam in einer groß angelegten Studie zu dem Ergebnis, dass in den meisten Ländern 30 bis 60 Prozent aller Frauen sexuelle Gewalt durch den Ehemann oder Freund erlitten hatten. «Gewalt gegen Frauen durch ihren Intimpartner ist ein maßgeblicher ursächlicher Faktor für die gesundheitliche Schädigung von Frauen», erklärte Lee Jong-wook, ehemaliger Generaldirektor der WHO.

Eine erlittene Vergewaltigung wird von den Opfern als so stigmatisierend empfunden, dass viele Frauen nicht darüber sprechen, was es Sozialforschern schwermacht, realistische Zahlen zu erheben. Es liegen jedoch einige plausible Befunde vor, und die weisen darauf hin, dass Vergewaltigungen weit verbreitet sind: 21 Prozent aller bei einer in Ghana durchgeführten Studie befragten Frauen gaben an, durch eine Vergewaltigung entjungfert worden zu sein; in Nigeria erklärten 17 Prozent aller Frauen, sie hätten schon vor ihrem 20. Lebensjahr Vergewaltigungen oder Vergewaltigungsversuche erlitten; und in Südafrika gaben 21 Prozent der befragten Frauen an, vor ihrem 16. Lebensjahr vergewaltigt worden zu sein.

Gewalt gegen Frauen tritt in immer wieder neuen Mutationsformen auf. Die erste dokumentierte Säureattacke fand 1967 in dem Land statt, das heute Bangladesch heißt. Inzwischen ist es im südlichen und südöstlichen Asien immer alltäglicher geworden, dass ein Mann einem Mädchen oder einer Frau, bei der er abgeblitzt ist, Schwefelsäure ins Gesicht spritzt. Die Säure zerfrisst die Haut und manchmal auch die darunter liegenden Knochen; wenn die Augen getroffen werden, erblindet die Frau. In der Welt der Frauenverächter ist das eine technische Neuerung.

Diese Art von Gewalt dient oft dem Zweck, Frauen unter der Knute zu halten. In Kenia ist ein Faktor, der es Frauen erschwert, für ein politisches Amt zu kandidieren, die teure Notwendigkeit, rund um die Uhr für die eigene Sicherheit sorgen zu müssen. Sie benötigen einen solchen Schutz, um nicht im Auftrag ihrer politischen Gegner vergewaltigt zu werden. Mit diesem Mittel können sie nämlich wirksamer als durch alles andere gedemütigt und diskreditiert werden. Die Folge ist, dass kenianische Frauen, die sich zur Wahl stellen, routinemäßig ein Messer bei sich haben und mehrere Schlüpfer übereinander tragen, um potenziellen Vergewaltigern die Arbeit zu erschweren und sie abzuschrecken.

In vielen armen Ländern sind nicht so sehr einzelne Strolche und

Vergewaltiger das Problem, sondern die ganze Kultur des sexuellen Frei-beutertums. Das ist die Welt von Woineshet Zebene.

Woineshet, eine verhältnismäßig hellhäutige junge Äthiopierin, trägt ihr langes Haar streng nach hinten gebunden; es legt ein Gesicht frei, das fast immer ernst, entschlossen, nachdenklich wirkt. Aufgewachsen ist Woineshet in einer ländlichen Gegend, in der das Entführen und Ver-gewaltigen von Mädchen ein traditionsreicher und anerkannter Brauch ist. Wenn im ländlichen Äthiopien ein junger Mann ein Auge auf ein Mädchen geworfen hat, aber den Brautpreis nicht aufbringen kann (eine Mitgift, die vom Bräutigam zu entrichten ist) oder wenn er Grund zu der Annahme hat, dass die Familie des Mädchens ihn nicht akzeptiert, ent-führt er mithilfe seiner Freunde das Mädchen und vergewaltigt es. Damit verbessert er seine Verhandlungsposition im Nu erheblich, denn das Mädchen ist dadurch ruiniert und hat kaum noch die Chance, einen an-deren Heiratspartner zu finden. Der Vergewaltiger geht nur ein geringes Risiko ein, weil die Eltern des Mädchens die Tat nie anzeigen – das würde den Rufschaden, den ihre Tochter erlitten hat, noch vergrößern, und die anderen Mitglieder ihrer Gemeinschaft würden ihnen eine solche An-zeige als einen Bruch mit der Tradition übel nehmen. Zu dem Zeitpunkt, als Woineshet vergewaltigt wurde, galt in Äthiopien sogar noch ein Ge-setz, das ausdrücklich besagte, ein Mann dürfe für Gewaltakte gegen ein Mädchen oder eine Frau, die er später heiratet, nicht belangt werden.

«In unserem Dorf kamen viele Fälle wie unserer vor», sagt Woine-shets Vater Zebene, der seit Jahren als Straßenhändler in der äthiopi-schen Hauptstadt Addis Abeba lebt, aber regelmäßig ins Dorf kommt, um seine Familie zu besuchen. «Ich wusste, dass es für das Mädchen sehr schlimm war, aber man konnte nichts machen. Es endete immer damit, dass sie den Mann heirateten. ... Wenn er ungestraft davonkommt, se-hen die anderen das, und es passiert wieder und wieder.»

Woineshet und ihr Vater sitzen in seiner Hütte und versuchen zu er-klären, was passiert ist. Die Hütte steht am Stadtrand von Addis Abeba, und der Verkehrslärm, den hupende Autos und Busse veranstalten, sorgt für eine kontinuierliche Hintergrundmusik. Nachbarn hausen auf allen Seiten der Hütte, nur durch dünne Wände voneinander getrennt; Woi-neshet und ihr Vater sprechen so leise wie möglich, damit niemand die Geschichte von ihrer Vergewaltigung mithören kann. Woineshet wirkt gehemmt; sie richtet den Blick auf ihre Hände und hin und wieder zum Vater hin, während dieser zu erklären versucht, dass die Dorfbewoh-ner keine bösen Menschen sind. «Stehlen ist in den Dörfern eine sehr

schändliche Tat», sagt er. «Wenn einer eine Ziege stiehlt, ist es üblich, dass die anderen ihm eine Tracht Prügel verabreichen.»

Aber Mädchen entführen ist in Ordnung?

«Eine Sache zu stehlen gilt noch immer als ein schlimmeres Verbrechen, als einen Menschen zu stehlen», sagt Zebene traurig. Er wirft Woineshet einen Blick zu und ergänzt: «Ich hätte nie geglaubt, dass so etwas meiner Familie zustoßen könnte.»

An dieser Stelle übernimmt Woineshet den Erzählfaden. Sie sitzt, noch immer mit zumeist gesenktem Kopf, im Halbdunkel der Hütte und berichtet mit ruhiger Würde, was sich abgespielt hat, als sie noch im Dorf lebte, 13 Jahre alt und die siebte Schulklasse besuchend.

«Wir schliefen tief und fest, als sie kamen», erzählt sie ruhig. «Es war vielleicht um 11 Uhr nachts. Ich glaube, sie waren mindestens zu viert. Es gab kein elektrisches Licht, aber sie hatten eine Taschenlampe dabei. Sie brachen die Tür auf und schleppten mich weg. Wir schrien um Hilfe, aber niemand hörte uns. Oder zumindest kam niemand.»

Woineshet kannte ihren Entführer Aberew Jemma nicht, hatte nie ein Wort mit ihm gewechselt, aber er war scharf auf sie. Zwei Tage lang wurde Woineshet von ihren Entführern kaltblütig gequält und vergewaltigt. Ihre Angehörigen und ein Lehrer gingen zur Polizei und forderten sie auf, das Mädchen zu befreien. Als die Polizei aufmarschierte, gelang Woineshet die Flucht: Schreiend rannte sie den durch das Dorf führenden Trampelpfad entlang, ihr Körper war mit Blut und Blutergüssen bedeckt.

Zebene kehrte, als er von der Entführung seiner Tochter erfuhr, sofort aus der Hauptstadt in sein Dorf zurück; er hatte nicht die Absicht, seine liebevolle, lernbegierige Tochter ihrem Vergewaltiger zur Frau zu geben. In Addis Abeba hatte er oft Radiowerbespots des *Verbandes Äthiopischer Rechtsanwältinnen* gehört, in denen von den Rechten der Frau die Rede war. Er hatte in der Hauptstadt auch Frauen gesehen, die selbstbewusst arbeiteten, verantwortliche Stellungen bekleideten und ein Stück des Weges Richtung Gleichberechtigung zurückgelegt hatten. Zebene führte ein Gespräch mit Woineshet, und sie kamen zu der Entscheidung, dass Woineshet Aberew nicht heiraten würde. Beide, Zebene und Woineshet, sind ruhige und zurückhaltende Menschen, aber mit einem Rückgrat aus Stahl: Klein beizugeben ist nicht ihre Art. Sie waren angewidert von dem, was sich zugetragen hatte, und weigerten sich, es klaglos hinzunehmen, wie die Tradition es verlangte. Sie fassten einen weiteren Entschluss: Woineshet würde ihre Vergewaltigung als Straftat anzeigen.

Sie lief acht Kilometer zur nächstgelegenen Bushaltestelle, wartete zwei Tage lang auf einen Bus und stand dann die aufreibende Fahrt zu einer Stadt mit einer Krankenstation durch. Sie unterzog sich dort einer Unterleibsuntersuchung durch eine Krankenschwester, die eine Krankenakte anlegte, in der es unter anderem hieß: «[Die Patientin] ist keine Jungfrau mehr. ... viele Blutergüsse und Kratzer.»

Als Woineshet in ihr Dorf zurückkehrte, redeten die Dorfältesten ihrer Familie zu, sie solle den Streit mit Aberew beilegen. Die Dorfältesten wollten eine blutige Fehde verhindern und beknieten Zebene mehrere Male, seine Tochter Aberew zur Frau zu geben und dafür zwei Kühe als Geschenk anzunehmen. Zebene weigerte sich, über einen solchen Handel auch nur zu reden. Die Situation blieb verfahren, und weil bei Aberew und seiner Familie die Befürchtung wuchs, sie könnten strafrechtlich belangt werden, dachten sie sich eine «Lösung» aus: Aberew entführte Woineshet ein zweites Mal, brachte sie an einen weit entfernten Ort und begann dort wieder damit, sie zu schlagen und zu vergewaltigen, verbunden mit der Forderung, in die Heirat einzuwilligen.

Erneut gelang Woineshet die Flucht, aber auf dem Rückweg zu ihrem drei Tagesmärsche entfernten Dorf wurde sie wieder eingefangen. Erstaunlicherweise schleppte Aberew sie zum nächsten Gericht; er glaubte offenbar, sie so weit verängstigt zu haben, dass sie den Gerichtsbeamten sagen würde, sie wolle Aberew heiraten. Doch Woineshet – ein übel zugerichtetes, schmächtiges Mädchen in der Gewalt von Männern, die sie mit Drohungen einschüchterten – erklärte dem Gericht, sie sei entführt worden, und forderte es auf, dafür zu sorgen, dass sie nach Hause gehen könne. Der Gerichtsbeamte hatte keine Lust, einem Mädchen zuzuhören, und beschied Woineshet, sie solle es doch bitte genug sein lassen und Aberew heiraten.

«Auch wenn du nach Hause gehst, wird Aberew dich wieder holen», prophezeite der Beamte ihr. «Es bringt also nichts, wenn du dich weiterhin wehrst.»

Doch Woineshet war fest entschlossen, vorerst nicht zu heiraten, schon gar nicht ihren Entführer. «Ich wollte weiter zur Schule gehen», sagt sie mit sanfter Stimme, aber mit entschlossenem Nachdruck. Aberew hielt sie auf einem Anwesen gefangen, im Innern eines Mauergevierts. Eines Tages schaffte sie es, die Mauer zu erklettern und das Weite zu suchen. Viele sahen sie und hörten ihre Schreie, doch niemand half.

«Die Leute sagten, ich hätte gegen die Tradition verstoßen», berichtet Woineshet mit Bitterkeit und hebt für einen Moment den Kopf. «Sie warfen mir vor, dass ich geflohen war. Diese Einstellung machte mich wütend.» Sie quartierte sich auf dem Polizeirevier ein, in der Hoffnung, dort ihres Lebens sicher zu sein; die Polizisten brachten sie in einer Gefängniszelle unter – während das Vergewaltigungsopfer hinter Gittern saß, befand sich ihr Vergewaltiger auf freiem Fuß. Mit einiger Verspätung sicherte die Polizei Beweismittel, darunter die aufgebrochene Tür zu Woineshets Hütte und ihre zerrissenen und blutigen Kleidungsstücke. Die Polizei vernahm auch Augenzeugen, darunter sehr viele Bewohner des Dorfes. Allein, das Gericht, dem der Fall schließlich vorgelegt wurde, hielt es für verfehlt, Anklage gegen Aberew zu erheben. Bei einer Anhörung bekam Woineshet vom Richter zu hören: «Er will dich heiraten. Warum sagst du Nein?»

Schließlich verurteilte das Gericht Aberew doch zu 10 Jahren Gefängnis. Einen Monat später verfügte es jedoch aus undurchsichtigen Gründen seine Haftentlassung. Woineshet setzte sich nach Addis Abeba ab, wo sie in der Hütte ihres Vaters Unterschlupf fand und den Schulbesuch wieder aufnahm.

«Ich beschloss wegzugehen, irgendwohin, wo niemand mich erkennen würde», sagt sie, um dann langsam und mit Nachdruck hinzuzufügen: «Ich werde nie heiraten. Ich will mit keinem Mann etwas zu schaffen haben.»

Die Kultur des ländlichen Äthiopien mag uns veränderungsresistent erscheinen. Woineshet wurde jedoch Hilfe aus einer unerwarteten Richtung zuteil: Empörte US-Amerikaner, überwiegend Frauen, schrieben zornige Briefe, in denen sie Änderungen im äthiopischen Recht verlangten. Die traumatischen Verletzungen, die Woineshet erlitten hatte, konnten diese Unterstützer zwar nicht heilen, aber der moralische Beistand, den sie leisteten, war für Woineshet und ihren Vater wichtig – eine Stütze in einer Situation, in der fast alle Menschen aus ihrem Umfeld den beiden den Verstoß gegen äthiopische Traditionen übel nahmen. Aus Amerika erhielt Woineshet auch finanzielle Hilfe und ein Stipendium, das ihr den weiteren Schulbesuch in Addis Abeba ermöglichen sollte.

Mobilisiert worden waren die Unterstützer von Equality Now, einer Hilfsorganisation mit Sitz in New York, die sich weltweit um weibliche Missbrauchsopfer kümmert. Die Gründerin von Equality Now, Jessica Neuwirth, hatte zuvor bei Amnesty International gearbeitet und erlebt, wie Briefkampagnen mithelfen können, die Freilassung politischer Häftlinge zu bewirken. 1992 gründete sie Equality Now. Jessica musste schwer kämpfen, um genug Spenden für den Aufbau ihres Projekts zusammenzubringen, aber dank der Mithilfe von Schutzpatroninnen wie Gloria Steinem und Meryl Streep schaffte sie es, Equality Now am Laufen zu halten. Heute beschäftigt die Organisation 15 Mitarbeiter in New York, London und Nairobi und verfügt über ein Jahresbudget von zwei Millionen Dollar – in der Welt der globalen Hilfstätigkeit bestenfalls ein Taschengeld.

Equality Now machte Eingaben im Namen von Woineshet, doch nichts deutet daraufhin, dass Aberew wieder ins Gefängnis gehen wird. Immerhin warf die Organisation mit ihrem kleinen Heer von Briefschreibern ein Streiflicht auf Äthiopien, hell genug, um das Land so zu beschämen, dass es seine Gesetze änderte. Heute ist in Äthiopien eine Vergewaltigung strafbar, selbst wenn das Opfer danach in die Ehe mit dem Vergewaltiger einwilligt.

Das sind freilich nur die Buchstaben des Gesetzes; in armen Ländern haben Gesetze außerhalb der Hauptstadt meist wenig zu bedeuten. Wir haben manchmal den Eindruck, die westlichen Länder investierten zu viel Energie, diskriminierende Gesetze zu ändern, und zu wenig in das Bemühen, grundlegende kulturelle Veränderungen herbeizuführen, etwa durch den Bau von Schulen oder durch Hilfe für Initiativen von unten. Auch in den Vereinigten Staaten waren es schließlich nicht die nach dem Bürgerkrieg verabschiedeten Verfassungszusätze 13, 14 und 15, die den Schwarzen die Gleichberechtigung brachten, sondern die basisdemokratische Bürgerrechtsbewegung hundert Jahre später. Natürlich sind Gesetze wichtig, aber im Normalfall bewirken Gesetzesänderungen alleine wenig. Mahdere Paulos, die dynamische Aktivistin, die an der Spitze der Verbandes Äthiopischer Rechtsanwältinnen steht, sieht das genauso. Die Arbeit des Verbandes besteht zu wesentlichen Teilen darin,

Verfahren anzustrengen und auf die Änderung von Gesetzen hinzuwirken, aber Mahdere räumt ein, dass Veränderungen sich nicht nur in Gesetzestexten, sondern auch in der Kultur eines Volkes durchsetzen müssen.

«Die Emanzipation von Frauen beginnt mit Schule und Bildung», sagt sie. Sie registriert, dass die Zahl der Frauen mit Schulbildung zunimmt. Beim Verband Äthiopischer Rechtsanwältinnen melden sich inzwischen jedes Jahr rund 12 000 Frauen und bewerben sich um eine ehrenamtliche Mitarbeit, was der Organisation neben politischem auch rechtliches Gewicht verleiht. Equality Now arbeitet eng mit dem Verband zusammen, und diese Kooperation liefert wirksames Anschauungsmaterial. Wir im Westen können am besten dadurch helfen, dass wir uns mit der Rolle begnügen, die Einheimischen zu unterstützen. Der Verband Äthiopischer Rechtsanwältinnen wird demnächst vielleicht eine weitere Bewerbung auf den Tisch bekommen: Woineshet besucht inzwischen die Oberschule, bekommt gute Zeugnisse und hat die Absicht, an der Universität Jura zu studieren.

«Gerne würde ich, so Gott will, Entführungsfälle übernehmen», sagt sie geradeheraus. «Wenn ich schon in meinem Fall der Gerechtigkeit nicht zum Durchbruch verhelfen kann, möchte ich wenigstens Gerechtigkeit für andere erreichen.»

Es fällt schwer, hinter den Vergewaltigungen und anderen schlimmen Dingen, die in großen Teilen der Welt Frauen angetan werden, nicht etwas Böseres am Werk zu sehen als Libidoüberschuss und sexuelles Glücksrittertum, nämlich Sexismus und Frauenfeindlichkeit.

Wie anders wäre zu erklären, dass im Mittelalter um ein Vielfaches mehr Hexen verbrannt wurden als Hexer? Warum gibt es Säureattacken auf Frauen, nicht aber auf Männer? Warum passiert es Frauen so viel häufiger als Männern, dass sie nackt ausgezogen und sexuell gedemütigt werden? Wie kommt es, dass in einigen Kulturen alte Männer als Patriarchen geachtet werden, während alte Frauen aus dem Dorf getrieben werden, um in der Wildnis zu verdursten oder von wilden Tieren gefressen zu werden? Gewiss, in den Gesellschaften, in denen solche Barbareien vorkommen, erleiden auch Männer mehr Gewalt als in Ländern wie den USA oder Deutschland – aber die Frauen zugefügte Brutalität ist dort besonders verbreitet, grausam und oft tödlich.

Diese Denk- und Verhaltensweisen sind kulturell verankert und werden sich nur durch Erziehung und lokale Führungsstärke überwinden lassen. Natürlich können auch Leute, die von außen kommen, unterstützende Rollen übernehmen, nicht zuletzt indem sie die besagten repressiven Einstellungen, die häufig verdrängt werden, ans Tageslicht befördern. Die US-Senatoren Joseph Biden (seit 2009 Vizepräsident der USA) und Richard Lugar brachten 2007 den ersten Entwurf des *International Violence Against Women Act* ein und werden ihn Jahr für Jahr wieder vorlegen, bis sich eine Mehrheit für die Verabschiedung dieses Gesetzes, das Gewalt gegen Frauen weltweit sanktionieren soll, findet. Der Gesetzentwurf sieht vor, dass die USA jährlich 175 Millionen Dollar an Hilfsgeldern zur Verfügung stellen, die speziell der Aufgabe dienen sollen, Ehrenmorde, Brautverbrennungen, Klitorisbeschneidungen, Säureattacken, Massenvergewaltigungen und häusliche Gewalt zu bekämpfen. Des Weiteren würden im Rahmen dieses Gesetzes zwei neue Anlaufstellen geschaffen: ein *Office of Women's Global Initiatives*, das unmittelbar dem US-Außenministerium zugeordnet wäre, und ein *Women's Global Development Office* unter dem Dach der *United States Agency for International Development* (USAID). Beide würden darauf hinwirken, dass die amerikanische Diplomatie dem Problem der sexuellen Gewalt gegen Frauen Priorität einräumt. Bei aller Skepsis gegenüber der Wirksamkeit von Gesetzen besteht doch die Hoffnung, dass dieses, ebenso wie die epochale Gesetzgebung aus dem Jahr 2000, die einen alljährlichen Bericht über den internationalen Menschenhandel vorschreibt, weltweit zu realen, wenn auch nur schrittweisen Fortschritten führen würde. Es würde keines der Probleme vollständig lösen, könnte aber Mädchen wie Woineshet ein Stück mehr Sicherheit bringen.

Bei Diskussionen über Frauenfeindlichkeit und sexistische Gewalt gegen Frauen tappt man leicht in die Falle, die Schurkenrolle allein den Männern zuzuweisen. Das ist jedoch falsch. Dass Männer sich Frauen gegenüber oft brutal verhalten, ist nicht zu leugnen. Andererseits sind es vorwiegend Frauen, die in armen Ländern Bordelle betreiben, die dafür sorgen, dass bei ihren Töchtern eine Klitorisbeschneidung vorgenommen wird, die ihren Söhnen vollere Teller auf den Tisch stellen als ihren Töchtern, die den Sohn zur Impfung in die Klinik bringen, aber nicht die Tochter. Wie aus einer Studie hervorgeht, waren an jeder vierten Massenvergewaltigung während des Bürgerkrieges in Sierra Leone neben Männern auch Frauen beteiligt. Im typischen Fall lockten weibliche Kämpfer ein Opfer an den Ort der Vergewaltigung und hielten es fest, während sich die männlichen Kämpfer an ihm vergingen. «Wir halfen mit, sie gefangen zu nehmen und zu bändigen», berichtete eine ehemalige Guerillakämpferin. Die Autorin der Studie, Dara Kay Cohen, führt Belegmaterial aus Haiti, Irak und Ruanda an, aus dem hervorgeht, dass Sierra Leone kein Einzelfall war, was die Beteiligung von Frauen an sexueller Gewalt angeht. Nach ihrer Auffassung geht es bei den Massenvergewaltigungen, die in Bürgerkriegen an der Tagesordnung sind, nicht um sexuelle Befriedigung, sondern um ein Ritual, das den Zusammenhalt innerhalb einer militärischen Einheit festigt, indem die Mitglieder der Truppe – auch die weiblichen – gemeinsam krasse und gelegentlich auch blutige Taten begehen.

Der Kindsmord an Mädchen wird nach wie vor in vielen Ländern praktiziert, und oft sind es die Mütter, die ihre eigenen Töchter umbringen. Dr. Michael H. Stone, Professor für Klinische Psychiatrie an der Columbia University und Fachmann für das Problem der Säuglingstötung, gelangte in den Besitz von Daten über pakistanische Frauen, die ihre Töchter getötet hatten. Wie er herausfand, hatten die meisten es getan, weil ihr Mann für den Fall, dass sie das neugeborene Mädchen behielten, mit der Scheidung gedroht hatte. Eine Frau namens Shahnaz hatte ihre Tochter vergiftet, um die Scheidung zu verhindern. Eine andere Frau, Perveen, hatte ebenfalls ihre Tochter vergiftet, nachdem ihr Schwiegervater sie zur Strafe dafür, dass sie ein Mädchen zur Welt gebracht hatte, verprügelt hatte. Manchmal töten aber pakistanische oder chinesische Frauen ihre neugeborenen Töchter einfach nur deshalb, weil eine Tochter weniger Ansehen bringt als ein Sohn. Rehana ertränkte ihre Tochter, weil Mädchen «kein Glück beschieden ist».

Was eheliche Gewalt gegen Frauen betrifft, so ergab eine Erhebung, dass sich 62 Prozent aller indischen Dorfbewohnerinnen dafür aussprechen. Und keine andere familiäre Gruppe misshandelt junge Frauen grausamer als die eigenen Schwiegermütter. In großen Teilen der Welt fungiert die Mutter des Ehemannes als Matriarchin des Hausstandes und übernimmt die Aufgabe, die jüngeren Frauen zu disziplinieren. Die Erlebnisse von Zoya Najabi, einer 21-jährigen Frau aus mittelständischen Verhältnissen in der afghanischen Hauptstadt Kabul, können als anschauliches Beispiel dienen. Zum Gespräch mit uns, das in einem Frauenhaus in Kabul stattfand, kam sie in einer blauen Jeanshose mit aufgesticktem Blumenmuster – sie wirkte eher wie eine Amerikanerin als wie eine Afghanin. Sie hatte bis zur achten Klasse die Schule besucht, doch dann, nach ihrer Verheiratung als Zwölfjährige mit einem sechzehnjährigen Jungen, hatte für sie eine Zeit der ständigen körperlichen Züchtigungen begonnen.

Zoya Najabi in einem Heim in Afghanistan, in dem sie Zuflucht vor der Familie ihres Mannes gefunden hat

«Nicht nur mein Mann, sondern auch sein Bruder, seine Mutter und seine Schwester – sie alle schlugen mich», erinnert sich Zoya voller Pein. Noch schlimmer war, dass sie für Fehler, die sie bei der Hausarbeit machte, bestraft wurde, indem man sie an einem Eimer festband und sie in den Brunnen hinabließ, sodass sie, frierend und keuchend, bis zum Hals im kalten Wasser hing. Ihr schlimmstes Erlebnis kam, als ihre Schwiegermutter sie wieder einmal schlug und Zoya sich unwillkürlich mit einem Tritt wehrte. Einer Schwiegermutter Widerstand zu leisten ist in Afghanistan eine unerhörte Sünde. Als Erstes holte Zoyas Mann ein Stromkabel und peitschte seine Frau damit aus, bis sie bewusstlos wurde. Am nächsten Tag band ihr Schwiegervater ihr die Füße zusammen, fesselte sie an den Boden und gab ihrer Schwiegermutter einen Stock, mit dem sie Zoya Hiebe auf die Fußsohlen versetzte.

«Meine Füße wurden geschlagen, bis sie wie Joghurt waren», erzählte Zoya. «Alle meine Tage dort waren unglücklich, aber das war der schlimmste.»

«In den meisten Fällen geschehen solche Prügeleien, weil die Ehemänner ungebildete Analphabeten sind», fügte sie hinzu. «Aber es kommt auch vor, dass eine Frau sich nicht um ihren Mann kümmert oder ungehorsam ist. Dann ist es gerechtfertigt, die Frau zu schlagen.»

Zoya verzog das Gesicht zu einem angedeuteten Lächeln, als sie unsere erschrockene Reaktion bemerkte. Sie erläuterte geduldig: «Mich hätten sie nicht schlagen dürfen, denn ich war immer gehorsam und tat, was mein Mann sagte. Doch wenn eine Frau wirklich ungehorsam ist, muss ihr Mann sie natürlich schlagen.»

Frauen übernehmen also frauenfeindliche Denkweisen und geben sie weiter, genauso wie Männer dies tun. Wir haben es hier nicht mit einer säuberlich geordneten Welt aus tyrannischen Männern und gequälten Frauen zu tun, sondern mit einer unscharfen Mischung aus repressiven gesellschaftlichen Konventionen, nach denen sich Männer und Frauen gleichermaßen richten. Bessere Gesetze können, wie bereits gesagt, helfen, aber die wichtigste Aufgabe besteht darin, die hergebrachten Denkweisen zu verändern. Und vielleicht ist das allerbeste Mittel, mit dem solche lebensfeindlichen Traditionen bekämpft werden können, eine bessere Bildung – durch Schulen wie die, die eine der bemerkenswertesten Frauen der Welt in einem entlegenen Winkel des pakistanischen Punjab betreibt und die eines unserer Lieblingsprojekte ist.

Mukhtars Schule

Die wirkungsvollsten Motoren der Veränderung sind nicht Leute von außen, sondern einheimische Frauen (und manchmal auch Männer), die eine Bewegung in Gang bringen – Frauen wie Mukhtar Mai.

Mukhtar wuchs als Tochter einer bäuerlichen Familie in dem Dorf Meerwala im südlichen Punjab auf. Wenn sie nach ihrem Alter gefragt wird, gibt sie die eine oder andere Zahl zum Besten, doch in Wahrheit hat sie nur eine ungefähre Vorstellung davon, in welchem Jahr sie geboren ist. Eine Schule hat Mukhtar nie besucht, weil es in Meerwala keine Schule für Mädchen gab; so verbrachte sie ihre Kindheitstage damit, im Haushalt zu helfen.

Dann, im Juli 2002, wurde Mukhtars jüngerer Bruder Shakur von Mitgliedern einer höher gestellten Sippe, den Mastoi, entführt und von der ganzen Gruppe sexuell missbraucht. (Die Vergewaltigung von Knaben durch heterosexuelle Männer ist in Pakistan nicht ungewöhnlich und für das Opfer weniger stigmatisierend als die sexuelle Schändung von Mädchen.) Shakur war zu dem Zeitpunkt 12 oder 13 Jahre alt. Die Mastoi bekamen es, als sie mit ihm fertig waren, mit der Angst zu tun, man werde sie zur Rechenschaft ziehen. Um dies zu verhindern, ließen sie ihn nicht laufen, sondern beschuldigten ihn, das Mastoi-Mädchen Salma zum Geschlechtsverkehr gezwungen zu haben. Diese Anklage hatte zur Folge, dass die Stammesversammlung, in der die Mastoi den Ton angaben, zusammentrat. Mukhtar nahm als Vertreterin ihrer Familie an der Versammlung teil, um eine Entschuldigung auszusprechen und die Gemüter zu beruhigen. Doch unversehens sah sie sich von einer größeren Gruppe umringt, der auch einige Schusswaffen tragende Mastoi-Männer angehörten, und der Stammesrat gelangte zu dem Urteil, eine Entschuldigung aus dem Munde Mukhtars sei nicht Sühne genug. Als Strafe für Shakur und seine Familie verurteilte der Rat Mukhtar dazu, sich an Ort und Stelle massenvergewaltigen zu lassen.

Vier Männer schleppten das um Hilfe schreiende und flehende Mädchen in ein leeres Stallgebäude neben dem Versammlungsplatz, und während die Menschenmenge draußen wartete, zogen die Männer Mukhtar aus und vergewaltigten sie auf dem Lehmboden, einer nach dem anderen.

«Sie wissen, dass einer Frau, die eine solche Demütigung erlebt hat, keine andere Wahl bleibt als der Selbstmord», schrieb Mukhtar später. «Sie müssen nicht einmal ihre Waffen benutzen. Die Vergewaltigung ist ihr Todesurteil.»

Nachdem das Urteil vollstreckt war, schubsten die Vergewaltiger Mukhtar aus dem Stall, sodass sie, fast unbekleidet, wie sie war, nach Hause laufen musste – durch ein Spalier johlender Dorfbewohner. Zu Hause angelangt, schickte sie sich an, das zu tun, was jede pakistanische Bauersfrau in dieser Situation getan hätte: sich umzubringen. Der Selbstmord ist das, was die pakistanische Kultur von einer geschändeten Frau erwartet, wenn sie sich selbst und ihre Familie von der Sünde reinwaschen will. Doch Mukhtar wurde von ihrer Mutter und ihrem Vater daran gehindert, diesen Schritt zu tun; und dann erhob ein lokaler islamischer Würdenträger – einer der Helden in dieser Geschichte – während der Freitagsgebete seine Stimme für Mukhtar und geißelte die Vergewaltigung als eine Perversion des islamischen Glaubens.

In den Tagen nach dem Vorfall verwandelte sich Mukhtars Einstellung zu dem, was man ihr angetan hatte, von Zerknirschung in Wut. Schließlich tat sie etwas Revolutionäres: Sie ging zur Polizei und zeigte die Vergewaltigung an. Was nicht unbedingt zu erwarten war, geschah: Die Polizei verhaftete die Täter. Präsident Pervez Musharraf erfuhr von dem Fall, empfand Mitgefühl und schickte Mukhtar eine Entschädigung im Gegenwert von 5000 Euro. Anstatt das Geld für sich selbst zu verwenden, beschloss Mukhtar, es in etwas zu investieren, das ihr Dorf am dringendsten benötigte – Schulen.

«Warum hätte ich das Geld für mich selbst ausgeben sollen?», erklärte sie Nick bei seinem ersten Besuch in Meerwala. «So hilft das Geld allen Mädchen, allen Kindern.» Bei diesem ersten Besuch war es für Nick alles andere als einfach, Mukhtar kennenzulernen. Als ihr Vater ihn begrüßte und ihn ins Haus bat, brauchte Nick eine ganze Weile, um herauszufinden, welche der anwesenden Frauen Mukhtar war. Ihr Vater und ihre Brüder bestritten das ganze Gespräch, und Mukhtar war einfach eine von mehreren Frauen, die im Hintergrund zuhörten. Sie hatte ihre untere Gesichtshälfte mit einem Tuch bedeckt, und er sah nur ihre Augen, die brennende Intensität ihres Blicks. Jedes Mal, wenn Nick Mukhtar eine Frage stellte, antwortete ihr älterer Bruder für sie.

«Mukhtar, warum haben Sie das Geld für den Aufbau einer Schule verwendet?»

«Sie hat eine Schule aufgebaut, weil sie Bildung für wichtig hält.»

Nach zwei Stunden hatten sie sich an das neue Erlebnis, einen Amerikaner als Gast im Hause zu haben, gewöhnt, und die Männer wurden unruhig und stahlen sich fort, um Besorgungen zu erledigen. Endlich begann Mukhtar selbst zu sprechen, wobei das Tuch vor dem Mund ihre Stimme dämpfte. Sie erzählte leidenschaftlich von ihrem Glauben daran, dass Bildung Gutes bewirken kann, von ihrer Hoffnung, dass in den Dörfern ihrer Heimat Männer und Frauen harmonisch zusammenleben könnten, wenn sie nur in den Genuss von Bildung kämen. Das beste Mittel, so erklärte sie, um die Denkweisen zu überwinden, die zu ihrer Vergewaltigung geführt hatten, sei es, mehr Bildung zu ermöglichen.

In Mukhtars Haus waren Polizisten stationiert, vorgeblich um sie zu beschützen; sie hörten das ganze Gespräch mit. Später zog Mukhtar Nick auf die Seite und flehte ihn um Hilfe an. «Die Polizei bestiehlt nur meine Familie», sagte sie zornig. «Sie hilft uns nicht. Und die Regierung hat mich vergessen. Sie hat Zusagen gemacht, meiner Schule zu helfen, aber sie tut nichts.» Die neue Mukhtar-Mai-Mädchenschule stand neben Mukhtars Elternhaus, und Mukhtar hatte sich selbst als Schülerin an ihrer Schule eingeschrieben; sie saß inmitten kleiner Mädchen und lernte mit ihnen lesen und schreiben. Doch die Schule war noch unfertig, und die Mittel zu ihrem Weiterbetrieb gingen zur Neige.

Nachdem Nick in seiner Kolumne in der *New York Times* über Mukhtar geschrieben hatte, gingen 430 000 Dollar an Spendengeldern von Lesern ein. Eine Hilfsorganisation namens Mercy Corps, die in Pakistan tätig ist, übernahm die Verwaltung des Geldes. Gleichzeitig begannen Schikanen seitens der Regierung. Präsident Musharraf hatte anfänglich Bewunderung für den Mut Mukhtars gezeigt, aber er wollte, dass Pakistan sich international einen Namen als ein Land mit blühender Volkswirtschaft machte, nicht als eine Hochburg barbarischer Vergewaltigungen. Mukhtars öffentliche Äußerungen – darunter ihre häufig wie-

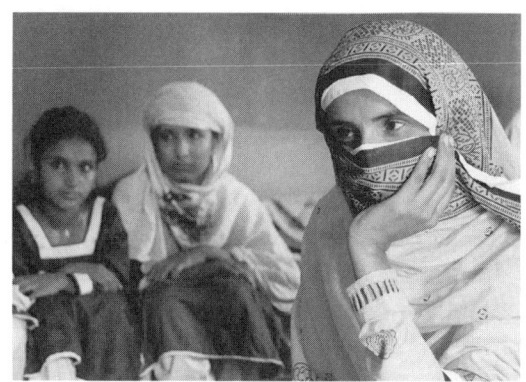

Mukhtar Mai bei
unserer ersten
Begegnung mit ihr; links
neben ihr zwei ihrer
Schülerinnen

derholte Feststellung, die Vergewaltigung armer Frauen sei ein flächen-
deckendes Problem – waren ihm peinlich. Seine Sicherheitskräfte begannen, Druck auf Mukhtar auszuüben mit dem Ziel, sie ruhigzustellen.
Sie ließ sich jedoch nicht einschüchtern, und so feuerte die Regierung
einen Warnschuss ab: Die Behörden ordneten die Freilassung der Männer an, die Mukhtar vergewaltigt hatten und dafür verurteilt worden waren. Für Mukhtar war das ein Tiefschlag.

«Ich habe Angst um mein Leben», sagte sie uns unter Tränen bei
einem Telefonat an jenem Abend. Sie ließ sich dennoch nicht kleinkrie-
gen, sondern antwortete mit einem Aufruf an die pakistanische Regierung, sich mehr für die Rechte der Frauen einzusetzen. Mukhtar hielt an
ihrem Vorhaben fest, in die Vereinigten Staaten zu reisen und auf einer
Konferenz zur Frauenfrage zu reden. Präsident Musharraf setzte sie daraufhin nach seinen eigenen Angaben auf die «Ausreisekontrollliste»,
eine schwarze Liste mit den Namen pakistanischer Bürger, die das Land
nicht verlassen dürfen. Mukhtar kritisierte ihre Regierung öffentlich für
diese Vorgehensweise und weigerte sich weiterhin zurückzustecken. Daraufhin stellten die Sicherheitsbehörden sie unter Hausarrest und kapp-
ten ihren Festnetzanschluss. Noch konnte sie jedoch, wenn sie auf das
Dach ihres Hauses stieg, ein schwaches Funksignal für ihr Mobiltelefon
empfangen, und sie nutzte diese Verbindung zur Außenwelt, um zu schildern, wie die Polizisten, die vermeintlich den Auftrag hatten, sie zu beschützen, jetzt Schusswaffen auf sie richteten.

Wütend über Mukhtars anhaltende Renitenz und ihre rückhaltlose
Kritik, befahl Musharraf ihre Entführung (beziehungsweise, wie er es
schönfärberisch nannte, ihre Verbringung in die Hauptstadt). Geheim-
polizisten zerrten Mukhtar in ein Auto, das zusammen mit anderen in

einem Konvoi nach Islamabad fuhr. Dort wurde Mukhtar in Verhören aufs Wütendste beschimpft.

«Du hast unser Land verraten und unseren Feinden geholfen!», hielt ein Beamter ihr vor. «Du hast Pakistan vor aller Welt blamiert.» Die Sicherheitsbeamten brachten die heftig schluchzende Mukhtar in einem «sicheren Haus» unter, wo sie vollkommen isoliert war und mit niemandem Kontakt aufnehmen durfte. Während all dies geschah und langsam in die Öffentlichkeit durchsickerte, besuchte der pakistanische Außenminister das Weiße Haus in Washington und hörte zu, wie Präsident George W. Bush Präsident Musharraf öffentliches Lob für seine «mutige Führerschaft» zollte.

Die Berichterstattung über die Drangsalierung Mukhtars durch den pakistanischen Staat war peinlich für die Bush-Administration; deren Außenministerin Condoleezza Rice rief ihren pakistanischen Amtskollegen an und beschied ihn, das müsse aufhören. Die pakistanischen Behörden setzten daraufhin Mukhtar auf freien Fuß, und aus dem Umfeld Musharrafs kam der Vorschlag, Mukhtar könne, sobald die Aufregung vorbei sei, zu einer Besuchsreise in die Vereinigten Staaten aufbrechen, allerdings begleitet und beaufsichtigt von offiziellen Vertretern Pakistans und mit der Mission, den Amerikanern zu verkünden, was für einen tollen Job die pakistanische Regierung mache. Mukhtar wollte davon nichts wissen. «Wenn ich fahre, dann nur aus freien Stücken», sagte sie. Sie ließ die Weltöffentlichkeit auch wissen, dass die Behörden ihren Reisepass eingezogen hatten. Prompt sorgte Musharraf dafür, dass sie ihren Pass wiederbekam, und ließ schließlich zu, dass sie ohne Begleitung in die Vereinigten Staaten flog.

Musharraf hatte es mittlerweile geschafft, Mukhtar zu einer gewissen Berühmtheit zu verhelfen. Sie wurde ins Weiße Haus und ins US-Außenministerium eingeladen, und der französische Außenminister diskutierte mit ihr über internationale Angelegenheiten. Die Zeitschrift *Glamour* ließ Mukhtar erster Klasse nach New York einfliegen, wo sie auf einem Bankett als «Frau des Jahres» geehrt wurde. Dem Publikum vorgestellt wurde sie dort von jemandem, von dem sie bis dahin noch nie gehört hatte – Brooke Shields. Laura Bush übermittelte per Videoschaltung eine Grußbotschaft, in der sie erklärte: «Glauben Sie bitte nicht, dass das nur eine anrührende Geschichte ist. Mukhtar liefert den Beweis dafür, dass eine Frau wirklich die Welt verändern kann.»

Während dieses USA-Aufenthalts saß Mukhtar etliche Male in ihrer herrschaftlichen Hotelsuite an der Prachtstraße Central Park West, halb betäubt von all der Aufmerksamkeit und all dem Luxus und voller Heimweh nach Meerwala. Sie machte sich Gedanken darüber, wie es den Mädchen in ihrer Schule in ihrer Abwesenheit ergehen mochte. Sie war der vielen Interviews überdrüssig, nicht zuletzt weil die Reporter sich nicht für ihre Schule interessierten, sondern ausschließlich für die Vergewaltigung. Das war alles, was sie wissen wollten: Wie war es, von einer ganzen Bande vergewaltigt zu werden? Ein besonderes Negativerlebnis war ein Liveinterview in der Sendung CBS Morning News, in dessen Verlauf sie nach der Vergewaltigung gefragt wurde. Unangenehm berührt, antwortete sie: «Ich möchte darüber eigentlich nicht sprechen ...» Es folgte ein betretenes Schweigen.

Von ihren offiziellen Gesprächspartnern bekam sie immer wieder zu hören, wie sehr sich deren Regierung oder Hilfsorganisation in Pakistan engagiere; sie pflegte dann zu fragen: «Wo in Pakistan sind Sie tätig?» Die Antwort lautete stets: Islamabad, Karachi, Lahore. Worauf Mukhtar den Kopf schüttelte und sagte: «Wo wir Hilfe brauchen, das ist auf dem Land. Bitte gehen Sie in die Dörfer, und tun Sie Ihre Arbeit dort.»

Nach diesem Credo handelte Mukhtar auch selbst. Mitarbeiter von Hilfsorganisationen, die es gut mit ihr meinten, drängten sie immer wieder, nach Islamabad zu übersiedeln, wo man für ihre Sicherheit sorgen könne. Sie lehnte es ab, auch nur darüber zu reden. «Meine Arbeit ist in meinem Dorf», sagte sie, als wir das Thema anschnitten. «Dort liegen die Aufgaben. Ich habe Angst, aber ich werde meinem Schicksal ins Auge sehen. Es liegt in Gottes Händen.»

Nick fungierte zweimal als Redner bei Einschulungsfeiern an Mukhtars Schule; diese Feiern bieten ein bemerkenswertes Schauspiel. Über tausend Schülerinnen, Eltern und Verwandte versammeln sich in einem großen, auf freiem Feld aufgestellten Zelt und erleben, wie die Schülerinnen Lieder singen und Sketche aufführen, die Mahnungen gegen das Verprügeln der Ehefrau und gegen ein zu frühes Heiraten enthalten. Die Stimmung ist feierlich, und unter den Teilnehmern sind sogar einige Kinder der Vergewaltiger Mukhtars. Die Mädchen verfallen manchmal in thematisch unpassende Lachkrämpfe, wenn sie eine Szene nachstellen, in denen eine von ihnen von ihrem Mann verprügelt wird. Die stets gleich lautende Botschaft – und die Mission, der Mukhtar sich verschrieben hat – lautet jedoch: Eltern, lasst eure Mädchen die Schule absolvieren.

Mit besonderer Entschlossenheit arbeitete Mukhtar daran, eine ihrer Viertklässlerinnen, Halima Amir, vor dem Schicksal zu bewahren, von der Schule genommen und verheiratet zu werden. Halima war zwölf Jahre alt, hochgewachsen und schlank mit langem schwarzen Haar; seit ihrem siebten Lebensjahr war sie mit einem fünf Jahre älteren Jungen verlobt. «Ich habe ihn einmal gesehen», sagte Halima über ihren Verlobten As-Salam. «Mit ihm gesprochen habe ich nie. Ich würde ihn nicht wiedererkennen, wenn ich ihn zu sehen bekäme. Ich möchte jetzt noch nicht heiraten.» Im zurückliegenden Schuljahr war Halima die Beste in ihrer Klasse gewesen, ihr Lieblingsfach war Englisch. Ihr Verlobter konnte weder lesen noch schreiben. Doch ihre Eltern hatten Angst, dass ihrer Tochter ein Armutsschicksal drohte, und wollten sie verheiraten, bevor sie vielleicht ein Auge auf einen anderen Jungen werfen und die Gerüchteküche in Gang setzen würde – oder gar Schaden an ihrem wertvollsten Besitz nähme, ihrem Jungfernhäutchen. Immer und immer wieder besuchte Mukhtar die Eltern Halimas in deren Haus und beschwor sie, ihre Tochter auf der Schule zu lassen. Nick erlebte während eines Besuches in Meerwala die Anfangsphase des Dramas mit, und als er das nächste Mal kam, erkundigte er sich nach Halima.

«Sie ist nicht mehr hier», erzählte ihm eine andere Schülerin. «Ihre Eltern haben eine Ehe für sie arrangiert. Sie warteten, bis Mukhtar auf einer Auslandsreise war, dann nahmen sie Halima aus der Schule und verheirateten sie. Sie lebt jetzt weit weg.» Nicht jeder Kampf endet siegreich.

Dank der Spenden, die Mukhtar zuflossen, konnte sie das Spektrum ihrer Aktivitäten erweitern. Sie baute eine Oberschule für Mädchen und begann auch eine Knabenschule zu betreiben. Sie legte sich eine Herde Milchkühe zu, um nachhaltige Einkünfte für den Unterhalt der Schulen erzielen zu können. Sie kaufte für die Schule einen Minibus, der zugleich als Ambulanzfahrzeug dient, mit dem schwangere Frauen in die Klinik gefahren werden können, wenn die Wehen einsetzen. Sie baute eine weitere Schule in einem benachbarten Gebiet mit hoher Kriminalität, in dem nicht einmal der Staat Präsenz zu zeigen wagte – und die Kriminellen raubten nicht etwa die Schule aus, sondern meldeten ihre eigenen Kinder zum Unterricht an. Dann bewog Mukhtar die Provinzregierung dazu, ein Frauencollege zu gründen, damit die Mädchen, die ihre Oberschule absolvieren, anschließend studieren können.

Mukhtar freut sich über jeden/jede, der/die bereit ist, ehrenamtlich als Englischlehrer/in an ihren Schulen zu wirken; sie bietet freie Unterkunft und Verpflegung unter der Bedingung, dass man sich verpflichtet, ein paar Monate zu bleiben. Wir können uns eine geballtere Lernerfahrung kaum vorstellen.

Mukhtar hat inzwischen auch eine eigene Hilfsorganisation ins Leben gerufen, die Mukhtar Mai Women's Welfare Organization, die eine rund um die Uhr besetzte Hotline für geprügelte Frauen, kostenlose Rechtsberatung, eine öffentliche Bibliothek und ein Haus der Zuflucht für Gewaltopfer betreibt. Das war ein Gebot der Notwendigkeit, denn in dem Maß, wie sich der Ruhm Mukhtars verbreitete – nicht zuletzt durch eine von ihr gestartete wöchentliche TV-Sendung –, begannen Frauen aus dem ganzen Land, an ihre Tür zu klopfen. Diese Frauen kamen im Bus, zu Fuß, per Taxi oder in der Rikscha – und hatten oft nicht einmal das Geld, um den Fahrer zu bezahlen. Die Rikschafahrer kamen bald dahinter, dass sie, wenn sie mit einer schluchzenden Frau vor Mukhtars Haus vorfuhren, ihr Fahrgeld von Mukhtar bekamen. Mukhtar benutzte in der Folge ihre Bekanntheit dazu, Polizisten, Journalisten und Anwälte für die Opfer einzuspannen. Sie verfügte nicht über eine geschliffene oder akademische Redeweise, aber sie war unermüdlich und hinterließ Eindruck. Und wenn Frauen mit einem von Säure zerfressenen Gesicht oder mit abgehackter Nase – in Pakistan eine traditionelle Strafe für «schlechte» oder «liederliche» Frauen – zu ihr kamen, verhalf sie ihnen zu einer schönheitschirurgischen Behandlung.

Mit der Zeit veränderte sich Mukhtar jedoch. Sie lernte Urdu und entwickelte die Fähigkeit, frei zu sprechen. Bei unserem ersten Besuch in Meerwala hatte sie noch jedes Mal, wenn sie das Haus verlassen wollte, ihren Vater oder ihren älteren Bruder um die Erlaubnis dazu gebeten. Das war nicht mehr angebracht, als Botschafter und Würdenträger ihr Haus zu besuchen begannen, und so fing sie an, ohne die ausdrückliche Erlaubnis des Bruders auszugehen. Das nahm dieser ihr übel (während ihr Vater und ihr jüngerer Bruder sie zu sehr bewundern, um sich daran zu stören), und er sorgte für Stress in der Familie. Einmal drohte ihr älterer Bruder, sie umzubringen, wenn sie nicht mehr Gehorsam an den Tag legte. Dass die hilflosen Frauen, die an Mukhtars Tür klopften, die Lebensmittelvorräte der Familie aufzehrten und das Klohäuschen in Beschlag hielten, machte die Dinge nicht besser. Doch mit der Zeit wurde der ältere Bruder moderater, denn auch ihm gingen und gehen die Schicksale der Bittstellerinnen an die Nieren; er gibt, wenn auch zähneknirschend, zu, dass seine Schwester äußerst bemerkenswerte Dinge macht und dass die Zeiten sich ändern.

Fruher verhüllte Mukhtar ständig ihr Gesicht und ihre Haare und ließ nur einen Sehschlitz frei. Bei den Empfängen in den USA, die zu ihren Ehren stattfanden, wurden die Männer vorher gewarnt, sie sollten nicht versuchen, Mukhtar die Hand zu geben, sie zu umarmen oder gar – ganz ungehörig – sie auf die Wange zu küssen. Doch nach etwa einem Jahr ließ Mukhtar es, was das Kopftuch anging, etwas lockerer angehen und begann sogar, Männern die Hand zu schütteln. Ihr Glaube ist ihr noch immer enorm wichtig, aber sie hat erkannt, dass die Welt nicht untergeht, wenn ihr einmal das Kopftuch verrutscht.

In dem Maß, wie der internationale Ruhm Mukhtars zunahm, verstärkte die Regierung den Druck auf sie. Präsident Musharraf trug ihr noch immer nach, dass sie Pakistan «blamiert» habe; seine Sicherheitsbehörden schikanierten sie und ihre Anhänger. Gegen einen ihrer Brüder wurde ein Haftbefehl ausgestellt, begründet mit ganz offensichtlich aus der Luft gegriffenen Vorwürfen. Eine Zeit lang verweigerte die pakistanische Regierung uns das Einreisevisum, weil wir für Mukhtar eingetreten waren und ihr nahestanden. Die Geheimdienste lancierten in urdusprachigen Zeitungen Artikel, in denen Mukhtar vorgeworfen wurde, sie sei eitel (was absolut nicht stimmt) oder habe sich vor den Karren derjenigen spannen lassen, die Pakistan schaden wollten, wie etwa die Inder oder Nick Kristof. Einige hochgestellte Pakistanis, die Mukhtar anfänglich wohlgesinnt waren, verspotteten sie später als Bauerntrampel und störten sich an der Bewunderung, die ihr im Ausland zuteilwurde. Sie machten sich kritiklos das Gerücht zu eigen, Mukhtar sei raffgierig und geltungssüchtig, und rieten uns dringend, unser Augenmerk nicht so sehr auf Mukhtar zu richten als auf die Arbeit pakistanischer Ärzte und Anwälte in den Großstädten. «Mukhtar hat gute Absichten, aber sie ist bloß eine Bäuerin», sagte ein Pakistani uns geringschätzig. Die üblen Nachreden verletzten Mukhtar zutiefst.

«Mein Leben und mein Tod liegen in Gottes Händen», sagte sie zum wiederholten Mal. «Das macht mir nichts aus. Aber warum behandelt mich die Regierung die ganze Zeit so, als wäre ich eine Lügnerin und Verbrecherin?

Zum ersten Mal habe ich das Gefühl, dass die Regierung einen Plan hat, wie sie mit mir verfahren will», fügte sie hinzu. Dieser Plan ziele darauf ab, sie zu töten oder ins Gefängnis zu bringen oder einen Skandal zu inszenieren, mit dem man sie diskreditieren könne.

Tatsächlich konfrontierte ein ranghoher Polizeibeamter sie mit der Warnung, wenn sie sich weiter unkooperativ zeige, werde man sie wegen Unzucht einsperren. Unzucht? In jeder beliebigen Nacht teilt Mukhtar ihren Schlafplatz auf dem Boden ihres Zimmers mit einem runden Dutzend Frauen, denen sie Obdach gewährt. Präsident Musharraf scheute

nicht einmal davor zurück, über einen seiner Adjutanten eine Warnung an Amna Buttar zu richten, eine mutige pakistanisch-amerikanische Ärztin, die vorhatte, Mukhtar auf einer Reise nach New York zu begleiten: Mukhtar solle in Amerika gefälligst ihre Zunge hüten, denn die pakistanische Regierung könne in New York Gangster anheuern, die Mukhtar töten würden, und zwar so, dass es wie ein Raubmord aussehen würde. Frau Buttar setzte uns von der Warnung in Kenntnis.

Naseem sagte uns: «Sie sollten wissen: Egal, wie wir ums Leben kommen, auch wenn es wie ein Unfall aussieht, es ist nicht so. Wenn wir also bei einem Zugunglück sterben sollten oder bei einem Busunfall oder einem Feuer – sagen Sie der Welt, dass es kein Unglücksfall war.»

Der Mut Mukhtars zeigt Wirkung; sie hat bewiesen, dass bedeutende «Sozialunternehmer» nicht unbedingt aus den Reihen der Oberschicht kommen müssen. Vergewaltigungen waren im ländlichen Pakistan weit verbreitet, weil die Täter nichts zu befürchten hatten. Mukhtar hat einen Paradigmenwechsel herbeigeführt, mit der Folge, dass pakistanische Frauen und Mädchen begonnen haben, sich zu wehren und zur Polizei zu gehen.

Im Jahr 2007 trug sich in dem Dorf Habib Labano ein Fall zu, der dem von Mukhtar ähnelte. Ein junger Mann brannte mit seiner Freundin durch, die aus einer höheren Kaste kam. Die Familie des Mädchens empfand dies als Schmach, und die Ratsversammlung der Kaste trat zusammen und beschloss, Vergeltung an einem sechzehnjährigen Mädchen namens Saima zu üben, einer Cousine des jungen Mannes. Elf Männer entführten das Mädchen und trieben es nackt durch das Dorf; dann wurde es von zweien der Männer auf Anordnung des Kastenrates vergewaltigt.

Vom Beispiel Mukhtars inspiriert, entschied sich Saima, nicht Selbstmord zu begehen. Vielmehr machte ihre Familie den Versuch, die Täter anzuzeigen. Saima ließ sich ärztlich untersuchen; der Befund bestätigte, dass sie vergewaltigt worden war. Hilfsorganisationen stellten sich an ihre Seite. Nach einer Protestaktion mit Straßenblockade entließen die übergeordneten Behörden zwei Polizeibeamte und verfügten die Verhaftung von fünf niederrangigen Verdächtigen. Es war nicht gerade ein Triumph der Gerechtigkeit, aber ein Schritt nach vorne. Die Vergewaltigung armer Mädchen ist im ländlichen Pakistan heute nicht mehr ein garantiert straffreier Abenteuersport, und allem Anschein nach ist die Zahl solcher Vergewaltigungen im südlichen Punjab deutlich zurückgegangen.

Mukhtars Beispiel hat auch andere Reformer angespornt und «Trittbrettfahrer» im positiven Sinn hervorgebracht. Farooq ist eine Dampfwalze von Mann, ein ausgebuffter Polizist, der Englisch spricht und den die Dienstjahre in einigen der ungemütlichsten Landstriche Pakistans abgehärtet haben. In einer langen Unterredung mit uns auf dem Polizeirevier, das er heute leitet, erzählte er von Herrschaft durch Einschüchterung, von der Züchtigung von Verdächtigen, um Geständnisse zu erzwingen. Farooq kannte nur das Gesetz des Dschungels, bis er nach Meerwala versetzt wurde, um dort die Verantwortung für die Beaufsichtigung Mukhtars zu übernehmen. Doch dann verlor er unversehens sein Herz an Mukhtar und ihr leidenschaftliches Engagement für die Armen und Wehrlosen, und gleichsam gegen sein eigenes Naturell wurde er zu ihrem rückhaltlosen Bewunderer.

«Es ist ein spirituelles Gefühl», sagt er rückblickend. «Es macht mich sehr froh, wenn ich sehe, wie Mukhtar Bibi ins Ausland reist, wie sie Schulen oder Häuser der Zuflucht eröffnet.» In dem Maß, wie Farooq sich für Mukhtar begeisterte, bereiteten ihm die Anweisungen seiner Vorgesetzten, die besagten, er solle sie überwachen und drangsalieren, Kopfzerbrechen. Als Farooq von seinen Vorgesetzten einen Rüffel dafür bekam, dass er seine schützende Hand über Mukhtar hielt, erzählte er ihnen, was für eine tolle Arbeit sie mache. Daraufhin wurde er von einem Tag auf den anderen auf einen Polizeiposten in einer weit entfernten Stadt versetzt. Das hält ihn nicht davon ab, bis heute die behördlichen Schikanen gegen Mukhtar öffentlich zu verurteilen. Wir fragten ihn, warum er seine Karriere als Polizeibeamter aufs Spiel setzt, um einer Frau die Stange zu halten, der er eigentlich das Leben so schwer wie möglich hätte machen sollen.

«Ich bin ein schlechter Polizist gewesen», antwortete er. «Gegen böse Menschen, ja, aber ich war selber schlecht. Eines Tages fragte ich mich: habe ich in meinem Leben jemals etwas Gutes getan? Na ja, und jetzt habe ich von Gott eine Chance bekommen, etwas Gutes zu tun. Sie hilft den Menschen, und ich muss Mukhtar Bibi helfen. Ich muss etwas Gutes tun. Das ist der Grund, warum ich trotz aller Gefahren für mein Leben, für meine Laufbahn, Mukhtar Bibi unterstütze.»

Farooq sagt, seine Leistungsbeurteilungen seien inzwischen überaus negativ, sodass seine Karriere bei der Polizei praktisch zu Ende sei. Er habe Angst, womöglich ermordet zu werden. Doch durch die Beschäftigung mit der Arbeit Mukhtars habe er zu einem neuen Lebensziel gefunden: verarmten Frauen im ländlichen Pakistan seinen Schutz und seine Stimme zu leihen.

Nach dem Kollaps des Musharraf-Regimes im Jahre 2008 verzog sich die dunkle Wolke über Mukhtars Projekten. Die pakistanischen Sicherheitskräfte verlegten sich darauf, Terroristen ausfindig zu machen, anstatt Mukhtar auszuspähen. Ihre Agenten hefteten sich danach nicht mehr an unsere Fersen, wenn Mukhtar uns in den umliegenden Dörfern herumführte. Die Regierung hörte auf, sie zu schikanieren, und die Bedrohung ließ ein wenig nach, sodass Mukhtar ihre Aktivitäten aufstocken konnte. Im Jahre 2009 heiratete sie einen Polizisten, der sich lange um sie bemüht hatte. Sie wurde seine Zweitfrau – dies macht sie zu einer etwas paradoxen Ikone der Frauenrechtsbewegung, doch muss man bedenken, dass sie in die Heirat erst einwilligte, nachdem die erste Frau des Polizisten sie davon überzeugt hatte, dass sie sich diese Konstellation aufrichtig wünschte. Die Heirat hat einem ungewöhnlichen Leben ein weiteres ungewöhnliches Kapitel hinzugefügt. Diese bildungsferne junge Frau aus einem winzigen Dorf bot dem Präsidenten und dem Armeechef ihres Landes Paroli, hielt jahrelang Drohungen und Schikanen stand und hat letztlich den längeren Atem bewiesen. Was als eine Geschichte abstoßender und willkürlicher Viktimisierung begonnen hatte, ist dank Mukhtars außerordentlicher Tapferkeit und Vision zu einer Inspiration für uns alle geworden.

«Ehre» als Verbrechen

*«Wenn jemand ein Weib nimmt und wird ihr gram,
wenn er zu ihr gegangen ist, und legt ihr etwas Schändliches
auf und bringt ein böses Geschrei über sie aus und spricht:
Das Weib habe ich genommen, und da ich mich zu ihr tat,
fand ich sie nicht Jungfrau, so sollen der Vater und Mutter …
das Tuch [auf dem das Paar die Nacht verbracht hat] vor den Ältesten
der Stadt ausbreiten. … Ist's aber die Wahrheit, dass die Dirne nicht ist
Jungfrau gefunden, so soll man sie heraus vor die Tür ihres Vaters
Hauses führen, und die Leute der Stadt sollen sie zu Tode steinigen.»*
Fünftes Buch Mose, 22: 13–21

Von allen Dingen, die Menschen im Namen Gottes tun, ist die Tötung eines Mädchens, weil es in ihrer Hochzeitsnacht kein Blut verliert, das brutalste. Bis heute ist das Jungfernhäutchen – fragil, selten gesehen und ziemlich funktionslos – für viele Religionen und Gesellschaften in aller Welt ein Fetisch geblieben, das schimärenhafte Symbol der Ehre. Gleich wie hoch der Goldpreis steigen mag, ein Jungfernhäutchen ist unendlich mehr wert. Oft mehr als ein Menschenleben.

Der Kult der Jungfräulichkeit hat eine außerordentlich große Verbreitung gefunden. Schon in der Bibel findet sich die Vorschrift, junge Frauen zu Tode zu steinigen, wenn sie kein Blut auf dem Bettlaken hinterlassen, und Solon, der große Rechtsgelehrte des antiken Athen, stellte das Gebot auf, kein Bürger Athens dürfe als Sklave verkauft werden, ausgenommen Frauen, die vor der Ehe ihre Jungfernschaft eingebüßt hatten. In China heißt es in einem neokonfuzianischen Dogma aus der Zeit der Song-Dynastie: «Wenn eine Frau Hungers stirbt, ist das für sie ein kleines Unglück, aber wenn sie ihre Keuschheit verliert, ist es ein großes Unheil.»

Diese brutale Sichtweise ist in weiten Teilen der Welt überwunden, doch im Nahen Osten hat sie überlebt, und die Fixierung auf einen archaischen sexuellen Ehrbegriff ist bis heute ein Hauptmotiv für Gewalt gegen Frauen. Frauen werden vergewaltigt, wenn Männer eine rivalisierende Sippe demütigen, ihre Macht demonstrieren wollen. Eine andere Ursache für Gewalt gegen Frauen ist der sogenannte Ehrenmord: Eine Familie tötet eines ihrer eigenen Mädchen, weil dieses sich «unkeusch» verhalten oder sich in einen nicht genehmen Mann verliebt hat. (In vielen Fällen steht gar nicht fest, dass die beiden miteinander sexuell verkehrt haben; bei Autopsien von Ehrenmordopfern stellt sich oft heraus, dass das Jungfernhäutchen unverletzt ist.) Das Paradoxe an Ehrenmorden ist, dass Gesellschaften, in denen der denkbar strengste Moralkodex herrscht, am Ende etwas zulassen und gutheißen, das hochgradig unmoralisch ist: die Ermordung eines Menschen.

Du'a Aswad war ein hübsches, im nördlichen Irak lebendes Kurdenmädchen. Sie war 17, als sie sich in einen sunnitischen Araberjungen verliebte. Sie verbrachte eine Nacht mit ihm außer Haus. Niemand weiß, ob sie miteinander schliefen, doch ihre Familie unterstellte, dass sie es getan hatten. Als Du'a am nächsten Morgen nach Hause kam, spürte sie, was sich in ihrer Familie zusammenbraute, lief weg und suchte Schutz im Haus eines Stammesältesten. Derweil beschlossen ihre eigenen Angehörigen und die lokalen religiösen Führer, dass Du'a sterben musste. Acht Männer stürmten das Haus, in dem sie sich aufhielt, und zerrten sie auf die Straße hinaus, wo sich eine große Menschenmenge um sie sammelte.

Ehrenmorde sind im irakischen Kurdengebiet rechtswidrig, aber die Polizeikräfte, die bei der Strafaktion gegen Du'a zugegen waren, griffen nicht ein. Mindestens tausend Männer beteiligten sich an der Mordaktion. So viele der Anwesenden nahmen mit ihren Mobiltelefonen Videosequenzen auf, dass man im Web ein halbes Dutzend Versionen dessen findet, was dann geschah.

Du'a wurde zu Boden geworfen, und ihr schwarzer Rock wurde ihr vom Leib gerissen, um sie zu beschämen. Ihr langes, dichtes Haar floss um ihre Schultern. Sie versuchte vom Boden hochzukommen, aber die Männer traten mit Füßen auf sie ein, als wäre sie ein Fußball. In Todesangst versuchte sie, die Tritte abzuwehren, aufzustehen, sich zu schützen, ein hilfsbereites Gesicht in der Menge zu finden. Inzwischen hatten die Männer Steine und Betonblöcke herbeigeschafft und versuchten, ihren Körper darunter zu begraben. Die meisten Brocken purzelten zur Seite, aber Du'a blutete aus immer mehr Wunden. Einige Steinbrocken trafen sie am Kopf. Ihr Todeskampf dauerte 30 Minuten.

Als Du'a tot war und keine Scham mehr empfinden konnte, kamen einige Männer aus der Menge und deckten ihre Beine und ihren Unterkörper zu. Gedacht war das offenbar als Geste des guten Willens – eine kaum zu überbietende Scheinheiligkeit, als ob das Obszöne an der Szene die nackte Haut eines jungen Mädchens wäre und nicht der blutige Leichnam.

Der *United Nations Population Fund* schätzt, dass 5000 Ehrenmorde pro Jahr passieren, fast alle in der islamischen Welt. (Die pakistanische Regierung ermittelte allein im Jahr 2003 1261 Ehrenmorde.) Dieser Schätzwert ist mit großer Wahrscheinlichkeit zu niedrig: Sehr viele Ehrenmorde werden als Unfälle oder Selbstmorde getarnt. Nach unserer Schätzung werden auf der Erde jedes Jahr mindestens 6000 Ehrenmorde verübt, wahrscheinlich sogar noch viel mehr.

Mit dieser Zahl ist aber die Dimension des Problems noch nicht einmal annähernd umrissen, denn sie berücksichtigt nicht das, was man als «Ehrenvergewaltigungen» bezeichnen könnte, gleichsam offiziell beschlossene Vergewaltigungen, die dem Zweck dienen, das Opfer zu entehren oder ihre Familie oder Sippe zu erniedrigen. Überall dort, wo in jüngster Zeit Völkermorde passierten, wurden Vergewaltigungen systematisch dazu eingesetzt, bestimmte Volksgruppen zu terrorisieren. Massenvergewaltigungen haben eine ähnlich gravierende Wirkung wie das Abschlachten von Menschen, hinterlassen aber keine Leichen, die zu Strafverfahren wegen Menschenrechtsverletzungen führen können. Vergewaltigungen haben den Effekt, das gesellschaftliche Gewebe der Opfergruppe zu zerreißen, weil deren Führer an Autorität verlieren, wenn sie sich als unfähig erweisen, die Frauen zu schützen. Die Vergewaltigung wird, kurz gesagt, in konservativen Gesellschaften zu einem Werkzeug des Krieges, gerade weil in diesen die weibliche Sexualität als heilig gilt. Sexuelle Ehrenkodizes, in deren Rahmen Frauen auf der Basis ihrer Keuschheit anerkannt und geachtet werden, wirken auf den ersten Blick so, als dienten sie dem Schutz der Frauen; tatsächlich aber schaffen sie die Voraussetzung dafür, dass mit der systematischen Entehrung von Frauen Macht gewonnen und demonstriert wird.

In Darfur stellte sich mit der Zeit heraus, dass die von der sudanesischen Regierung finanzierten Janjaweed-Milizen gezielt weibliche Angehörige von drei afrikanischen Stämmen jagten und massenweise vergewaltigten, um ihnen danach die Ohren abzuschneiden oder sie auf andere Weise zu verstümmeln, damit sie für immer als Vergewaltigungsopfer gekennzeichnet waren. Um zu verhindern, dass die Außenwelt von diesen

Vorgängen erfuhr, bestrafte die sudanesische Regierung Frauen, die Vergewaltigungen anzeigten oder sich in ärztliche Behandlung begaben. Als die Studentin Hawa unweit des Lagers Kalma von den Janjaweed vergewaltigt wurde, trugen ihre Freunde sie zu einem von der Hilfsorganisation *Doctors of the World* betriebenen Lazarett. Zwei französische Krankenschwestern kümmerten sich sofort um Hawas Verletzungen, doch dann stürmten Dutzende von Polizisten das Lazarett, drängten die französischen Schwestern, die tapferen Widerstand leisteten, zur Seite und stürzten sich auf Hawa. Sie zerrten das Mädchen aus dem Gebäude und verfrachteten es in ein Gefängnis, wo sie es mit einem Arm und einem Bein an ein Bettgestell ketteten.

Hawas Verbrechen? Unzucht. Dadurch, dass sie sich in Behandlung begeben hatte, hatte sie eingestanden, dass sie vorehelichen Geschlechtsverkehr gehabt hatte; sie konnte die laut Gesetz erforderlichen vier erwachsenen männlichen muslimischen Augenzeugen, die hätten bestätigen können, dass es sich um eine Vergewaltigung handelte, nicht vorweisen. Der Sudan hindert Hilfsorganisationen auch daran, postexpositionelle Prophylaxe-Kits nach Darfur zu bringen, die das Risiko, dass ein Vergewaltigungsopfer sich mit HIV infiziert, erheblich reduzieren können.

Die Zahl der Massenvergewaltigungen im Zuge von Bürgerkriegen, über die in jüngster Vergangenheit berichtet wurde, ist atemberaubend. In Sierra Leone wurde im Verlauf der Kämpfe der letzten Jahre die Hälfte aller Frauen Opfer sexueller Gewalt oder zumindest einschlägiger Drohungen, und in Liberia wurden einem Bericht der Vereinten Nationen zufolge während des dortigen Bürgerkriegs sogar 90 Prozent aller über drei Jahre alten Mädchen und Frauen sexuell missbraucht. Selbst in Ländern wie Pakistan, wo kein Völkermord und kein voll entfalteter Bürgerkrieg im Gang war oder ist, werden Vergewaltigungen geduldet; begangen werden sie der «Ehre» wegen, unter Berufung auf einen Kult der Jungfräulichkeit und weil den Behörden das Leid, das den Armen und Ungebildeten angetan wird, gleichgültig ist. Shershah Syed, ein bekannter Gynäkologe in Karachi, sagte uns, dass in seiner Praxis häufig junge Mädchen aus den Slums landen, die vergewaltigt worden sind. Die Familie eines solchen Mädchens müsse, wenn das Opfer sich nicht das Leben nimmt, fortziehen; andernfalls werde sie von den Tätern – deren Familien in der Regel reich sind und über gute Beziehungen verfügen – terrorisiert mit dem Ziel, sie als potenzielle Zeugen auszuschalten. Die Polizei verhalte sich schlimmer als gleichgültig.

«Wenn ich ein Vergewaltigungsopfer behandle, rate ich ihm, nicht zur Polizei zu gehen», fügte Dr. Syed hinzu. «Denn wenn ein Mädchen zur Polizei geht, werden die Polizisten es vergewaltigen.»

Die Weltzentrale der Vergewaltigung ist der östliche Kongo. Die dort umherstreifenden Milizen scheuen das Risiko, sich auf Feuergefechte mit anderen bewaffneten Gruppen einzulassen, und attackieren stattdessen lieber Zivilisten. Sie haben herausgefunden, dass die kostengünstigste Methode, um eine Zivilbevölkerung zu terrorisieren, die Veranstaltung unvorstellbar brutaler Vergewaltigungsorgien ist. Häufig stoßen die kommunistischen Milizionäre ihren Opfern Stöcke oder Messer oder Bajonette in die Vagina; manchmal stecken sie sogar ihre Schusswaffen hinein und drücken ab. In einem Fall vergewaltigten Soldaten ein dreijähriges Mädchen und feuerten ihm danach Schüsse in den Unterleib. Als Chirurgen das Mädchen auf den Operationstisch bekamen, stellten sie fest, dass kein Gewebe mehr da war, das sie hätten zusammenflicken können. Der geschockte Vater des Mädchens nahm sich das Leben.

«Alle Milizen hier vergewaltigen Frauen, um ihre Stärke zu demonstrieren und zu zeigen, wie wehrlos man ist», sagt Julienne Chakupewa, eine in der kongolesischen Stadt Goma tätige Beraterin, die sich um Vergewaltigungsopfer kümmert. «Anderswo wird vergewaltigt, weil die Soldaten eine Frau wollen. Hier geht es darum auch, aber dazu kommt noch Bösartigkeit, eine Hassmentalität – und Frauen zahlen den Preis dafür.»

«Wir sagen ‹Frauen›», fügte Julienne rasch hinzu, «aber diese Opfer sind keine Erwachsenen. Es sind Mädchen von 14 Jahren oder auch sechsjährige Kinder.»

Die Vereinten Nationen erklärten Vergewaltigungen 2008 förmlich zu einer «Kriegswaffe», und in den Diskussionen über das Thema wurde der Kongo ständig genannt. Generalmajor Patrick Cammaert, ehemaliger Kommandeur eines UN-Kontingents in Afrika, sprach über die Zunahme der als kriegerisches Mittel zum Zweck eingesetzten Vergewaltigungen und sagte einen Satz, der einem zu denken gibt: «An Schauplätzen eines bewaffneten Konflikts ist es mittlerweile wahrscheinlich gefährlicher, eine Frau zu sein als ein Soldat.»

Eines dieser Vergewaltigungsopfer in Kongo ist Dina, eine heute Siebzehnjährige aus der Stadt Kindu. Sie trug ein blaues Hemd und einen grell bunt gemusterten Rock, als sie uns ihre Geschichte erzählte; ihr Haar hatte sie züchtig mit einem orangefarbenen Kopftuch bedeckt. Sie wirkte scheu, sprach mit leiser Stimme (mithilfe eines Dolmetschers) und verzog dabei das Gesicht häufig zu einem nervösen Lächeln.

Dina war als eines von sechs Kindern auf dem Bauernhof ihrer Eltern aufgewachsen und hatte von Kindesbeinen an im Betrieb mitgeholfen. Angebaut wurden Bananen, Maniok und Bohnen. Zwei ihrer Brüder hatten eine Zeit lang die Schule besucht, von den Schwestern hingegen keine. «Für Jungen ist die Schule wichtiger», erklärte Dina und meinte es offensichtlich ernst.

Es hatte sich in Kindu herumgesprochen, dass Interahamwe-Milizen der Hutu die Gegend unsicher machten, und so war die Angst immer mit von der Partie, wenn Dina zur Arbeit auf die Felder ging. Doch die Alternative hätte Hunger geheißen. An einem Tag, an dem Dina, um eventuellen Gefahren möglichst aus dem Weg zu gehen, die Arbeit auf dem Bohnenacker vorzeitig beendete und deutlich vor Sonnenuntergang den Heimweg antrat, sah sie sich plötzlich von fünf Hutu-Milizionären umringt. Sie hatten Schusswaffen und Messer und zwangen Dina zu Boden. Einer von ihnen wedelte mit einem Stock.

«Wenn du schreist, bringen wir dich um», sagte einer von ihnen. So hielt sie still, als die fünf Männer sie nacheinander vergewaltigten. Danach stieß einer von ihnen ihr einen Stock in die Vagina, während die anderen sie festhielten.

Als Dina ausblieb, machte sich ihr Vater mit Freunden auf die Suche nach ihr; auf halbem Weg zu den Feldern fanden sie sie, halb tot im Gras liegend. Sie deckten sie zu und trugen sie nach Hause. Es gab in Kindu zwar ein ärztliches Behandlungszentrum, aber weil die Familie sich eine Behandlung dort nicht leisten konnte, wurde Dina nur zu Hause versorgt. Sie lag gelähmt im Bett, war nicht in der Lage zu gehen. Der Stock war ihr durch die Blase und ins Rektum gedrungen und hatte eine Fistel – ein Loch – in das Gewebe gerissen. Die Folge war, dass ständig Harn und Kot durch ihre Vagina sickerten und an ihren Beinen hinunterliefen. Diese Verletzungen, rektovaginale und vesikovaginale Fisteln, sind im Kongo als Folge sexueller Gewalt weit verbreitet.

«Meine Leute hatten mit denen keinen Stammeskonflikt», sagte Dina über die Soldaten. «Denen ging es nur darum, mich zu vergewaltigen und mich blutend und auslaufend liegen zu lassen.» Diese Kultur der Brutalität sprang von einer Miliz zur nächsten über, von Stamm zu Stamm. Allein in der kongolesischen Provinz Südkindu kam es im Jahr 2006 nach Schätzungen der Vereinten Nationen zu 27 000 sexuellen Übergriffen. Einer anderen UN-Bilanz zufolge hatten in einigen Landes-

Noel Rwabirinba, ein Kindersoldat im Kongo; er sagt, als Krieger habe man das Recht, Frauen zu vergewaltigen.

teilen drei Viertel aller Frauen eine Vergewaltigung hinter sich. John Holmes, bei der UNO für humanitäre Angelegenheiten zuständig, stellt kategorisch fest: «Der Kongo ist in puncto sexueller Gewalt das schlimmste Land der Welt.»

Einer der Söldnerführer, dessen Truppen sich an den Vergewaltigungen beteiligten, ist Laurent Nkunda, ein hochgewachsener, liebenswürdiger Mann, der uns in seiner geräumigen Bergfestung zum Abendessen empfing. Er posiert als «Pfarrer einer Pfingstgemeinde» und trug bei unserem Besuch pietätvoll einen Button mit der Aufschrift REBELS FOR CHRIST an der Uniform – er glaubte wohl, damit Amerikaner für sich einnehmen zu können. Bevor er uns Getränke und einen Imbiss anbot, sprach er ein Dankgebet. Nkunda beteuerte, seine Truppen würden niemals einen Menschen vergewaltigen; ein einziges Mal habe einer seiner Soldaten einer Frau so etwas angetan, daraufhin habe er den Mann hinrichten lassen. In Wirklichkeit weiß jeder, dass Vergewaltigungen in Kongo zum täglichen Soldatenhandwerk gehören. Als Nkunda uns einige der Kriegsgefangenen vorführte, die seine Soldaten im Kampf mit rivalisierenden Milizen gemacht hatten, befragten wir sie zum Thema Vergewaltigung.

«Wenn wir Mädchen sehen, ist es unser Recht», sagte einer, ein 16-jähriger Junge namens Noel Rwabirinba, der nach eigenem Bekunden seit zwei Jahren bewaffneter Kämpfer war. «Wir dürfen sie rannehmen.»

Friedenstruppen der Vereinten Nationen unternahmen und unternehmen wenig, um den Vergewaltigern Einhalt zu gebieten. Stephen Lewis aus Kanada, ehemaliger UN-Sondergesandter für Afrika und einer der beredtesten Anwälte für die Sache der Frau, hat sich dafür ausgesprochen, dass UN-Generalsekretär Ban Ki-moon das Thema Massenvergewalti-

Die Hälfte des Himmels

gungen zur Chefsache erklären und mit seinem Rücktritt drohen sollte für den Fall, dass die Mitgliedsländer den Kampf gegen diese Seuche nicht unterstützen. «Wir reden hier über mehr als 50 Prozent der Weltbevölkerung, und darunter sind Menschen mit den denkbar schlimmsten Entwurzelungs-, Enteignungs- und Verarmungsschicksalen», erklärte Lewis. «Wer sich nicht in der Lage sieht, für die Frauen der Welt einzustehen, sollte nicht Generalsekretär sein.»

Bei den Völkermorden in Ruanda und Darfur ist Frauen herzzerfetzendes Leid zugefügt worden. Aber auch Männern. In Ruanda bestand die Bevölkerung nach Ende des Völkermords zu 70 Prozent aus Frauen, weil erheblich mehr Männer ermordet worden waren. In Darfur sprachen wir mit mehreren Frauen, die uns erzählten, wie sie vergewaltigt worden waren, als sie zum Sammeln von Feuerholz das Lager verlassen hatten. Wir stellten die auf der Hand liegende Frage: «Wenn Frauen, die Feuerholz holen gehen, vergewaltigt werden, warum bleiben sie dann nicht im Lager? Warum gehen nicht die Männer Feuerholz holen?»

«Wenn Männer das Lager verlassen, werden sie erschossen», erklärte eine der Frauen geduldig. «Wenn die Frauen gehen, werden sie *nur* vergewaltigt.» In fast jedem bewaffneten Konflikt sterben proportional mehr Männer als Frauen. Doch während die Männer als gleichsam normale Kriegsopfer sterben, sind die Frauen zu einer Kriegswaffe geworden – dazu bestimmt, verstümmelt oder gefoltert zu werden, damit sich unter der Bevölkerung Angst und Schrecken verbreiten. Wenn man im Osten des Kongo unterwegs ist und mit Dorfbewohnern redet, kommt wie beim Schälen einer Zwiebel eine Schicht nach der anderen zum Vorschein, die von routinemäßigen Vergewaltigungen handelt. In einem Flüchtlingslager fragten wir, ob wir mit einem Vergewaltigungsopfer sprechen könnten, und sogleich brachte man eine Frau zu uns. Um die Vertraulichkeit zu wahren, gingen wir mit ihr zu einem Baum in einiger Entfernung von den anderen Lagerinsassen, doch nach zehn Minuten hatte sich in unserer Nähe eine lange Schlange von Frauen gebildet.

«Was tun Sie alle hier?», fragten wir.

«Wir sind alle Vergewaltigungsopfer», erklärte die zuvorderst stehende Frau. «Wir warten, weil auch wir unsere Geschichte erzählen wollen.»

Als Dina gelähmt und mit durchlöchertem Unterleib darniederlag, schien ihr Leben vorbei zu sein. Dann erzählten Nachbarn ihrer Familie von einer Klinik, in der Ärzte Verletzungen wie die von Dina behandeln konnten. Die Klinik heißt HEAL Africa und befindet sich in Goma, der größten Stadt im östlichen Kongo. Die Familie wandte sich an einen Vertreter von HEAL Africa, und der sorgte dafür, dass Dina von einem Missionsflugzeug abgeholt und zur Behandlung in die Klinik geflogen wurde. HEAL Africa kam für die Kosten auf.

Ein Ambulanzwagen brachte Gina vom Flugplatz von Goma in die Klinik; es war die erste Autofahrt ihres Lebens. Schwestern legten ihr eine Plastikwindel an und quartierten sie in einem Raum ein, in dem Dutzende andere Frauen lagen, die alle wegen Fisteln im Unterleib inkontinent waren. Diese Frauen flößten Dina den Mut ein, aufzustehen und Gehversuche zu machen. Die Schwestern gaben ihr eine Krücke und halfen ihr, wieder laufen zu lernen. Sie fütterten sie und machten mit ihr physiotherapeutische Übungen, und sie setzten Dinas Namen auf die Warteliste für eine Fisteloperation. Als schließlich der Tag kam, an dem Dina an der Reihe war, nähte ein Chirurg ihre rektovaginale Fistel zu. Anschließend ging das physiotherapeutische Training weiter, zur Vorbereitung auf eine zweite Operation, bei der das Loch in Dinas Blase geschlossen werden sollte. Unterdessen hatte Dina sich Gedanken darüber gemacht, was sie nach der chirurgischen Behandlung machen sollte, und hatte beschlossen, zunächst einmal in Goma zu bleiben. «Wenn ich nach Kindu zurückgehe», erklärte sie, «werde ich nur wieder vergewaltigt.» Doch nach der zweiten Operation, die ebenfalls erfolgreich verlief, entschloss sich Dina, doch nach Kindu zurückzukehren. Sie vermisste ihre Familie, und ohnehin hatte der Krieg inzwischen auch Goma erreicht. Nach Einschätzung Dinas war sie in der Stadt nicht unbedingt sicherer, und so entschied sie sich dafür, in die Hölle von Kindu zurückzukehren.

Auslandsstudium – warum nicht im Kongo?

In dem Hexenkessel aus Gewalt und Frauenhass, zu dem der östliche Kongo geworden ist, ist die Klinik von HEAL Africa, in der Dina operiert wurde, eine Insel der Menschenwürde. Es ist ein großer Komplex aus niedrigen weißen Gebäuden, wo Patienten mit Respekt behandelt werden. Es ist ein Beispiel für ein Hilfsprojekt, das die Einheimischen wirklich weiterbringt. Und eine von denen, die dort Patienten wie Dina hilft, ist eine junge Amerikanerin namens Harper McConnell.

Harper McConnell in der
HEAL-Africa-Klinik im
Kongo

Harper hat langes, blond meliertes Haar und eine sehr helle Haut, die sich unter der tropischen Sonne offenbar eher rötet als bräunt. Sie trägt Alltagskleidung, und wären da nicht die afrikanischen Ketten um ihren Hals, könnte man sie für eine Studentin an einer amerikanischen Universität halten. Doch sie befindet sich im Bürgerkriegsland Kongo, spricht ausgezeichnet Suaheli und albert mit ihren neuen Freunden herum, die im kongolesischen Busch aufgewachsen sind. Sie hat sich für einen Weg entschieden, den mehr junge Amerikaner in Erwägung ziehen sollten – in ein Entwicklungsland zu gehen und Menschen, die dringend Hilfe brauchen, etwas «zurückzugeben».

Junge Leute fragen uns oft, wie sie etwas gegen Missstände wie den Mädchenhandel oder die Armut in Teilen der Welt unternehmen können. Unsere erste Empfehlung lautet stets: Geht los und schaut euch die Welt an. Wenn das für euch nicht infrage kommt, ist es auch eine gute Sache, zu Hause für Spenden oder Aufmerksamkeit zu sorgen. Aber wenn man ein Problem wirksam bekämpfen will, muss man es erst einmal verstehen – und zu einem Verständnis der Probleme gelangt man nicht durch Lesen allein. Man muss sie aus eigener Anschauung kennenlernen, muss Lebenszeit dort verbringen, wo die Probleme sind.

Eine der größten Schwächen des amerikanischen Bildungssystems ist in unseren Augen der Umstand, dass junge Leute ein Universitätsstudium absolvieren können, ohne etwas über die Armut im eigenen Land oder im Ausland zu erfahren. Programme für Studienaufenthalte im Ausland schaufeln in der Regel ganze Rudel von Studenten nach Oxford, Florenz oder Paris. Nach unserer Überzeugung sollten Universitäten es ihren Studenten zur Auflage machen, dass sie im Verlauf ihres Studiums eine bestimmte Zeitspanne in einem Entwicklungsland verbringen, sei es in Form einer «Studierpause» oder eines Auslandsstudiums. Wenn mehr Studenten aus westlichen Ländern etwa einen Sommer über als Englischlehrer an einer Schule wie der von Mukhtar in Pakistan oder an einer Klinik wie der von HEAL Africa im Kongo arbeiten würden, könnte sich unsere Gesellschaft ein viel plastischeres Bild von der Welt außerhalb unserer Grenzen machen. Und vielleicht würde diese Welt dann auch ein positiveres Bild vom Westen gewinnen.

Junge Menschen, insbesondere junge Frauen, fürchten oft, sich bei einem solchen Auslandsaufenthalt in Gefahr zu begeben. Es ist natürlich legitim und vernünftig, sich Gedanken über ansteckende Krankheiten und Gewalt zu machen, aber in erster Linie handelt es sich wohl um eine übertriebene Phobie vor dem Unbekannten – ein Spiegelbild der Befürchtungen, die Afrikaner oder Inder mit sich tragen, wenn sie als Studenten erstmals westlichen Boden betreten. Tatsächlich werden Amerikaner und Europäer in Entwicklungsländern in aller Regel gastfreundlich empfangen, und die Wahrscheinlichkeit, ausgeraubt zu werden, ist in einem afrikanischen Dorf sehr viel geringer als etwa in Paris oder Rom. Der gefährlichste Aspekt des Lebens in einem armen Land ist meist das Autofahren, weil niemand sich anschnallt und weil die Leute einer roten Ampel – dort, wo Ampeln überhaupt existieren – oft lediglich den Charakter einer Empfehlung beimessen. Wenn eine Entwicklungshelferin aus dem Westen sich erst einmal im Ort ihrer Wahl eingelebt hat, stellt sie gewöhnlich fest, dass sie sich sicherer fühlt, als sie es erwartet hatte.

Westliche Frauen erregen zwar manchmal mehr Aufmerksamkeit, als ihnen lieb ist, besonders wenn sie blond sind, aber das nimmt kaum einmal bedrohliche Formen an. Die Erniedrigungen und Schikanen, die einheimischen Frauen zuteilwerden, bleiben westlichen Frauen in der Regel erspart, nicht zuletzt weil sie auf die einheimischen Männer einschüchternd wirken. Weibliche Entwicklungshelfer haben häufig mehr Optionen als männliche. In konservativen Kulturen kann es zum Beispiel als ungehörig empfunden werden, wenn ein amerikanischer Mann weibliche Schüler unterrichtet oder auch nur zu Frauen spricht; dagegen kann eine Frau in der Regel ohne Probleme Schüler beiderlei Geschlechts unterrichten und mit einheimischen Frauen wie Männern interagieren.

Es gibt zahllose Möglichkeiten, sich als Entwicklungshelfer an der vordersten Front einzubringen. Die meisten der Hilfsorganisationen, die wir in diesem Buch vorstellen, nehmen Freiwillige mit Handkuss, vorausgesetzt, sie verpflichten sich, wenigstens ein paar Monate vor Ort zu bleiben. (Andernfalls würde der organisatorische Aufwand sich nicht lohnen.) Im Anhang dieses Buches finden sich die Kontaktdaten dieser Organisationen. Einige Monate, die man im Kongo oder in Kambodscha verbringt, sind vielleicht weniger unterhaltsam als ein Studienaufenthalt in Paris, aber sie können dein Leben verändern.

Harper McConnell, die in Michigan und Kansas aufwuchs, studierte an der Universität von Minnesota Politologie und Englisch und wusste nicht so recht, was sie danach machen sollte. Sie hatte sich mit Armut und Unterentwicklung beschäftigt und empfand, als ihr Studienabschluss näher rückte, eine gewisse Unruhe und Bedrückung. Im Mai ihres letzten Studienjahres erfuhr sie, dass ihre Kirche die Möglichkeit einer Partnerschaft mit einer Klinik im Kongo auslotete. Die Kirchengemeinde Upper Room in dem Städtchen Edina in Minnesota hatte etwas Wichtiges erkannt: dass es darauf ankommt, nicht nur mit Schecks Hilfe zu leisten, sondern auch aktiv vor Ort tätig zu werden. Harper führte mit ihrem Pfarrer ein Gespräch über das Kongo-Projekt, mit dem Ergebnis, dass sie sich bereiterklärte, nach Goma zu gehen und die Partnerschaft mit der HEAL-Africa-Klinik aufzubauen.

«Wir wollen, dass unsere Gemeinde eine Vorstellung vom östlichen Kongo bekommt, wollen den Mitgliedern die Chance geben, hierherzukommen und zu sehen, wie die Menschen hier leben», sagt Harper. «Ich bringe der Kirche die Wirklichkeit vor Ort nahe, damit sichergestellt ist, dass Projekte, die sich jemand am Schreibtisch in den Vereinigten Staaten ausdenkt, auch wirklich den Bedürfnissen der Menschen hier entsprechen.»

Harper wohnt in einem hübschen, im westlichen Stil gehaltenen Haus in Goma zusammen mit dem Ehepaar, das HEAL Africa gegründet hat, dem kongolesischen Arzt Jo Lusi und seiner Frau Lyn aus England. Jo und Lyn bewohnen ein Zimmer in dem Haus, das zu jeder Zeit voller Besucher und Gäste ist. Das Haus ist zwar ein Refugium, in dem man das Chaos, das der Kongo ist, hinter sich lassen kann, aber der Stromgenerator schaltet sich trotzdem um 10 Uhr abends ab – und auf eine heiße Dusche sollte man besser nicht zählen. Man bekommt es natürlich auch mit dem Umland zu tun, das oft den Eindruck macht, ein Jahrhundert oder gar zwei hinter Goma herzuhinken. Eines Tages sprudelte es aus Harper heraus: «Eines unserer Teams ist gerade in ein Dorf gefahren, wo die Leute seit den 1980er-Jahren kein Auto mehr gesehen haben. Sie nannten es ein ‹laufendes Haus›.» HEAL Africa ist ein ansehnliches Krankenhaus. Offiziell hat es 150 Betten, aber im Normalfall sind 250 Patienten da und werden, so gut es geht, untergebracht. Die Klinik beschäftigt

14 Ärzte und hat insgesamt 210 Mitarbeiter; alle außer Lyn, Harper und einer weiteren Person sind Kongolesen. Die Klinik bringt es fertig, immer saubere Bettwäsche zu haben, aber ihre zwei Gynäkologen sind bis heute die einzigen in einer Region mit fünf Millionen Menschen. Die Versorgung der Klinik mit Strom, Wasser und Bandagen ist ein ständiger Albtraum, überall trifft man auf Korruption. Im Jahr 2002 brach in der Nähe ein Vulkan aus, und als die flüssige Lava das Klinikgebäude erreichte, ging es in Flammen auf. Das Klinikareal war zu großen Teilen mit einer über zwei Meter hohen Lavaschicht bedeckt, doch mit Unterstützung amerikanischer Spender wurde das Krankenhaus, sobald die Lava abgekühlt war, neu errichtet.

Für einen jungen alleinstehenden Menschen kann das Leben in einer Stadt wie Goma nervtötend und beengend sein. Harper trennte sich, als sie in den Kongo übersiedelte, von ihrem Freund, mit dem sie zwei Jahre zusammen gewesen war; sie bekommt regelmäßig Heiratsanträge von Chauffeuren. Einmal erkrankte sie an Malaria und landete als Patientin in ihrem eigenen Krankenhaus. Aber es erfüllte sie mit einem gewissen Stolz, diese so afrikatypische Krankheit auch einmal durchgemacht zu haben. Als sie fiebernd in ihrem Klinikbett lag, ernährt durch einen Infusionstropf, glaubte sie, zu sich kommend, Ben Affleck über sich schweben zu sehen. Nicht lange, und ihr wurde klar, dass das kein Traumbild war: Affleck weilte zu Besuch im Kongo und war gekommen, um Harper gute Besserung zu wünschen.

Man kann Belohnungen bekommen, die für den Verzicht auf Einkaufszentren und Spielfilme von Netflix entschädigen, Harper hat zwei größere Projekte gestartet, die dafür sorgen, dass sie jeden Morgen tatendurstig aus dem Bett springt. Als Erstes richtete sie an der Klinik eine Schule für Kinder ein, die auf den Beginn ihrer ärztlichen Behandlung warten. Es kann mehrere Monate dauern, bis ein Kind mit orthopädischen Problemen zur Behandlung an die Reihe kommt, und viele dieser Kinder kommen aus ländlichen Gegenden, in denen es keine richtigen Schulen gibt. Harper suchte und fand Lehrer und richtete ein Klassenzimmer ein. Die Kinder können jetzt an sechs Tagen in der Woche unterrichtet werden. Mit 23 Jahren wurde Harper Rektorin ihrer eigenen Schule.

Als Nächstes startete Harper ein Handarbeits-Kursprogramm für Frauen, die auf der chirurgischen Warteliste stehen. Viele der Patientinnen verbringen, wie Dina, Monate in der Klinik, und das Kursprogramm gibt ihnen jetzt die Möglichkeit, in dieser Zeit nähen, lesen, Körbe flechten, Seife sieden und Brot backen zu lernen. Im typischen Fall sucht eine Frau sich eines dieser Fächer aus und übt sich dann darin unter Anleitung, bis sie das Gefühl hat, sich damit ihren Lebensunterhalt verdienen zu können. Wenn sie die Klinik verlässt, erhält sie von HEAL Africa die Hilfsmittel, die sie braucht – bis hin zu einer mechanischen Nähmaschine, wenn sie das Schneiderhandwerk erlernt hat –, um in der Folge etwas Geld für ihre Familie verdienen zu können. Diejenigen, die sich mit handwerklichen Tätigkeiten schwertun, bekommen zumindest einen großen Quader Steinsalz mit nach Hause, von dem sie Salz abschaben und es in kleinen Tüten auf dem Markt verkaufen können. Die Fähigkeit, für den eigenen Lebensunterhalt zu sorgen, verändert das Leben dieser Frauen nachhaltig.

«Die Frauen sind so begeistert von Harpers Programmen», sagte uns Dada Byamungu, die von Harper als Nählehrerin engagiert worden ist. Während unseres Gesprächs stürzte sich eine lärmende Schar junger Frauen auf Harper; sie trieben Schabernack mit ihr und dankten ihr zugleich auf Suaheli – und Harper lachte mit und gab in fließendem Suaheli Kontra. Dada übersetzte, was die Frauen sagten: «Sie sagen, dass sie Harper hochheben und zu ihrer Königin machen wollen!»

Wenn Sie zum Abendessen in unser Quartier in Goma kämen, würden Sie wunderschöne Tischsets aus Schilfgewebe zu sehen bekommen, angefertigt von Frauen an der HEAL-Africa-Klinik. Harper hat einen kleinen Laden eingerichtet, in dem Erzeugnisse wie diese verkauft werden, und sie versucht, die Handarbeitsprodukte der Frauen auch über das Internet und über amerikanische Kaufhäuser zu vermarkten. Wenn Sie studieren, gibt es aus Harpers Ideenwerkstatt etwas, das für Sie vielleicht noch interessanter ist: Sie ist dabei, für Studenten, die willens sind, einen Monat an der ULPGL, einer Universität in Goma, zu verbringen, ein Auslandsstudienprogramm auf die Beine zu stellen. Die amerikanischen Teilnehmer sollen zusammen mit kongolesischen Studenten Kurse besuchen, ihre Zeit aber nicht nur im Seminarraum zubringen, sondern auch die Realität draußen studieren und in kleinen Gruppen Forschungsarbeiten schreiben.

Harper bemüht sich auch, weitere Spender und Stifter in den Vereinigten Staaten zu gewinnen. Das Jahresbudget der Klinik liegt derzeit bei 1,4 Millionen Dollar; mehr als ein Drittel des Geldes kommt von Einzelpersonen in den USA. (Nähere Informationen dazu finden Sie auf www.healafrica.org.) Nur zwei Prozent der gespendeten Gelder fließen in Gemeinkosten und Verwaltungsausgaben; der ganze Rest kommt direkt der Klinik zugute. Die Klinik akzeptiert als Spenden übrigens auch Bonusmeilen von Fluggesellschaften, um Mitarbeiter hierhin und dorthin transportieren zu können, und freut sich über freiwillige Helfer und Besucher.

«Mir ist es lieber, wenn jemand herkommt und sieht, was wir machen, als wenn er einen Scheck über 1000 oder 2000 Dollar ausschreibt, denn dieser Besuch wird sein Leben verändern», sagt Harper. «Mir wird die Freude zuteil, dass ich von Mitgliedern der Kirchengemeinde und anderen Besuchern höre, wie die Zeit, die sie bei HEAL Africa zugebracht haben, ihre Weltsicht auf den Kopf gestellt und auch ihren Lebensstil zu Hause verändert hat.»

Wenn man sieht, wie Harper auf Suaheli mit ihren afrikanischen Freundinnen herumalbert, wird einem klar, dass sie nicht nur gibt, sondern auch bekommt. Sie bestätigt das:

Es gibt Momente, da wünsche ich mir nichts sehnlicher als eine schnelle Internetverbindung, einen Caffè Latte und eine vierspurige Straße, auf der man fahren kann. Doch alleine die Begrüßung, die ich morgens von meinen Mitarbeitern bekomme, reicht aus, um mich zum Bleiben zu veranlassen. Ich habe das Privileg, eine Handtasche zu besitzen, genäht von einer Frau, die auf ihre Fisteloperation in der Klinik wartete, und ich konnte zuschauen, wie diese neuen Fertigkeiten ihre ganze Anmutung und ihr Selbstvertrauen verändert haben. Ich habe das große Glück, mit meinem kongolesischen Freund feiern zu können, der sich gleich nach Abschluss seines Universitätsstudiums um eine Stelle beworben und sie bekommen hat, Kinder die Schulbank drücken zu sehen, die bis dahin nie die Chance dazu bekommen hatten, mich mit einer Familie über ihre besser ausgefallene Ernte zu freuen, mit meinen Mitarbeitern einen Freudentanz über einen für ein Programm gewährten Zuschuss aufzuführen. Was mich hauptsächlich von meinen Freunden hier unterscheidet, das sind die Möglichkeiten, die mir als einem Kind der ersten Welt offenstanden, und ich glaube, dass es meine Pflicht ist, etwas dafür zu tun, dass diese Möglichkeiten allen offenstehen.

Müttersterblichkeit – eine Frau pro Minute

«Euch auf den Tod vorzubereiten ist das Vernünftigste und
Angemessenste, dem ihr euch jetzt widmen müsst.»
Cotton Mather, Gebet an die Adresse schwangerer Frauen

Wir hoffen, dass niemand, der dieses Buch liest, auch nur das geringste
Verständnis für den Sadismus jener Soldaten hat, die mit einem ange-
spitzten Stock Dinas Unterleib durchbohrten. Wir begegnen aber auch
einer milderen, diffuseren Grausamkeit, die sich als Indifferenz manifes-
tiert: Eine globale Gleichgültigkeit sorgt dafür, dass rund drei Millionen
Frauen und Mädchen von Verletzungen und Inkontinenz gezeichnet sind
wie Dina. Unterleibsfisteln wie bei ihr sind in den Entwicklungsländern
weit verbreitet, doch außerhalb des Kongo entstehen sie in ihrer überwältigenden Mehrzahl nicht durch sexuelle Gewalt, sondern durch Geburtskomplikationen und fehlende medizinische Betreuung von Schwangeren und Gebärenden. Die meisten der betroffenen Frauen bekommen
nie die Chance, ihre Fisteln chirurgisch behandeln zu lassen, weil Geburtshilfe und die Therapie geburtsbedingter Verletzungen kaum jemals
Priorität genießen.

Auf jede Dina kommen Hunderte wie Mahabouba Muhammad, eine
hochgewachsene Frau, die im westlichen Äthiopien aufgewachsen ist.
Mahabouba hat eine Haut wie Vollmilchschokolade und krauses, nach
hinten gebundenes Haar. Heute erzählt sie ihre Geschichte über weite
Strecken entspannt, gelegentlich eine mit Lachen gewürzte selbstironi-
sche Bemerkung einstreuend. In manchen Momenten verraten ihre Blicke jedoch noch etwas von der ihr zugefügten Verletzung. Mahabouba

wuchs in einem Dorf unweit der Stadt Jimma auf; ihre Eltern trennten sich, als sie noch klein war. Sie landete in der Obhut der Schwester ihres Vaters, die ihr keine Schulbildung gönnte und sie überhaupt wie eine Dienstbotin behandelte. So brannten Mahabouba und ihre Schwester eines Tages zusammen durch und verdingten sich in der Stadt als Hausmädchen gegen Unterkunft und Verpflegung.

«Ein Nachbar sagte mir, er könne eine bessere Arbeit für mich finden», erinnert sich Mahabouba. «Er verkaufte mich für 80 Birr [weniger als 10 Euro]. Das Geld bekam er, nicht ich. Ich glaubte, ich würde für den Mann arbeiten, der mich gekauft hatte, in seinem Haus. Aber dann vergewaltigte und schlug er mich. Er sagte, er hätte mich für 80 Birr gekauft und würde mich nicht gehen lassen. Ich war um die dreizehn.»

Der Mann, der Jiad hieß, war rund sechzig Jahre alt und hatte Mahabouba als seine Zweitfrau gekauft. Im ländlichen Äthiopien werden bis heute noch manchmal Mädchen an Männer verkauft, die eine Hausmagd oder eine Zweit- oder Drittfrau suchen, auch wenn diese Fälle seltener werden. Mahabouba hoffte auf Zuspruch von Jiads erster Frau, doch wie sich zeigte, fand diese ein barbarisches Vergnügen daran, das Mädchen auszupeitschen. «Sie schlug mich immer, wenn er nicht da war. Ich glaube, sie war eifersüchtig», sagte Mahabouba rückblickend mit unüberhörbarer Wut und hielt mit dem Erzählen für einen Moment inne, als die alte Bitterkeit in ihr hochkam.

Das Paar erlaubte Mahabouba nicht, das Haus zu verlassen; sie fürchteten wohl, sie würde wegrennen. Tatsächlich unternahm sie mehrere Fluchtversuche, wurde aber jedes Mal ertappt und mit Stöcken und Fäusten bearbeitet, bis sie schwarz, blau und blutunterlaufen war. Nicht lange, und Mahabouba wurde schwanger, und als ihr Bauch anschwoll, begann die Wachsamkeit Jiads nachzulassen. Als sie im siebten Monat war, gelang es ihr endlich fortzulaufen.

«Ich fürchtete, dass sie mich, wenn ich bleiben würde, zusammen mit meinem Kind totprügeln würden», erzählte sie. «Ich floh in die Stadt, aber die Leute dort sagten, sie würden mich umgehend zu Jiad zurückbringen. Deshalb lief ich gleich wieder fort, zurück in mein Heimatdorf. Aber meine direkte Familie war nicht mehr dort, und niemand anders wollte mir helfen, weil ich schwanger war und einem Mann gehörte. So ging ich zum Fluss hinunter, um mich zu ertränken, aber ein Onkel fand mich und nahm mich mit. Er brachte mich in einer kleinen Hütte neben seinem Haus unter.»

Da Mahabouba sich keine Hebamme leisten konnte, versuchte sie das

Kind ohne Hilfe zur Welt zu bringen. Unglücklicherweise war ihr Becken noch nicht breit genug, dass der Kopf des Babys durchgepasst hätte, ein bei schwangeren Teenagern häufig auftretendes Problem. Bei Mahabouba führte es dazu, dass das Kind im Geburtskanal stecken blieb. Nach sieben Tagen wurde sie ohnmächtig, und erst jetzt holte jemand einen Geburtshelfer. Das Baby steckte zu diesem Zeitpunkt schon so lange fest, dass das Gewebe zwischen seinem Kopf und Mahaboubas Beckenknochen nicht mehr durchblutet war und zu faulen begann. Als Mahabouba wieder zu sich kam, musste sie erfahren, dass das Baby tot war; sie selbst hatte keine Kontrolle mehr über ihre Blasen- und Darmfunktionen. Sie konnte nicht mehr gehen, ja nicht einmal mehr stehen, eine Folge von Nervenschädigungen, die eine häufige Nebenwirkung von Unterleibsfisteln sind.

«Die Leute sagten, es sei ein Fluch», erinnerte sich Mahabouba. «Sie sagten: ‹Wenn du verflucht bist, solltest du nicht hierbleiben. Du solltest fortgehen.›» Mahaboubas Onkel wollte ihr helfen, aber seine Frau fürchtete, sie würden sich den Zorn Gottes zu ziehen, wenn sie jemandem halfen, der verflucht war. Sie drängte ihren Mann, Mahabouba aus dem Dorf wegzubringen und den wilden Tieren zum Fraß vorzuwerfen. Der Mann war hin und her gerissen. Er versorgte Mahabouba mit Essen und Wasser, ließ aber auch zu, dass die Dorfbewohner das Mädchen in eine Hütte am Dorfrand verlegten.

«Dann entfernten sie die Tür», erzählt sie lakonisch, «sodass die Hyänen mich holen würden.» Tatsächlich tauchten nach Einbruch der Dunkelheit Hyänen auf. Mahabouba konnte ihre Beine nicht bewegen, aber sie hatte einen Stock, mit dem sie wild fuchtelnd und laut schreiend nach den Hyänen schlug. Die ganze Nacht hindurch belauerten die Tiere sie; die ganze Nacht hindurch wehrte Mahabouba sie ab.

Sie war 14 Jahre alt.

Als der Morgen graute, war Mahabouba klar, dass ihre einzige Hoffnung darin bestand, das Dorf zu verlassen und anderswo Hilfe zu suchen. Ein unbändiger Wille zu leben trieb sie vorwärts. Sie hatte von einem westlichen Missionar in einem benachbarten Dorf gehört und machte sich kriechend auf den Weg dorthin, ihren Rumpf mit den Armen vorwärtsschiebend. Sie war halb tot, als sie einen Tag später vor der Türschwelle des Missionars aufkreuzte. Der entgeisterte Mann schaffte sie ins Haus, pflegte sie und rettete ihr das Leben. Als er das nächste Mal nach Addis Abeba fuhr, nahm er Mahabouba mit und brachte sie zu einem Gebäudekomplex aus weißen Bungalows am Rand der Stadt: der Fistelklinik von Addis Abeba.

Dort traf Mahabouba auf Dutzende von Mädchen und Frauen, die wie sie an Unterleibsfisteln litten. Gleich nach der Ankunft wurde sie untersucht, gebadet, neu eingekleidet und in der Technik des Sich-Waschens unterwiesen. Fistelpatientinnen haben oft offene Wunden an den Beinen, verursacht durch die Säure in ihrem Urin, die die Haut angreift; häufiges Waschen kann bewirken, dass diese Schwären verschwinden. Die Patientinnen in der Klinik laufen in Badesandalen herum, plauschen miteinander und verlieren dabei ständig Harntropfen – das Personal nennt die eigene Klinik scherzhaft «Pfützenhausen» –, aber die Böden werden mehrmals pro Stunde gewischt, und die Mädchen sind zu sehr damit beschäftigt, Neuigkeiten auszutauschen, als dass es ihnen peinlich wäre.

Direktorin der Klinik ist Catherine Hamlin, eine Gynäkologin, die man guten Gewissens eine Heilige nennen kann. Sie hat ihr Leben zu großen Teilen der Fürsorge für arme Frauen in Äthiopien gewidmet und hat, Gefahren und Widrigkeiten trotzend, dem Leben zahlloser junger Frauen wie Mahabouba eine neue Richtung gegeben. Die hochgewachsene, schlanke, weißhaarige Catherine ist durchtrainiert, herzlich und die Sanftmut in Person – außer man bezeichnet sie als Heilige.

«Ich liebe diese Arbeit», sagte sie in einem abwehrenden Gestus bei unserer ersten Begegnung. «Ich bin nicht hier, weil ich irgendetwas Edles tun will. Ich genieße mein Leben außerordentlich. ... Ich bin hier, weil ich spüre, dass Gott mich hier haben will. Ich spüre, dass ich etwas Gutes tun und diesen Frauen helfen kann. Es ist eine sehr befriedigende Arbeit.» Catherine und ihr verstorbener Mann Reg Hamlin kamen 1959 aus Australien nach Äthiopien, um als Geburtshelfer und Gynäkologen zu arbeiten. In ihrer australischen Heimat hatten sie nie auch nur eine einzige Unterleibsfistel gesehen; in Äthiopien kamen Fisteln ständig vor. «Das sind die bedauernswertesten Frauen auf der Welt», sagt Catherine in bestimmtem Ton. «Sie sind allein auf der Welt, sie schämen sich ihrer Verletzungen. Für Lepra- oder Aidskranke gibt es Organisationen, die helfen. Aber niemand weiß von diesen Frauen oder hilft ihnen.»

Unterleibsfisteln kamen früher auch in der westlichen Welt häufig vor, und es gab einmal eine Fistel-Spezialklinik in Manhattan, an der Stelle, wo heute das Waldorf-Astoria-Hotel steht. Die Fortschritte in der ärztlichen Kunst beseitigten in der Folge das Problem fast vollständig: Heute liegt in den reichen Ländern keine Frau mehr vier Tage lang mit Geburtsstillstand – lange bevor es dazu kommt, holen die Ärzte das Baby per Kaiserschnitt.

1975 gründeten Catherine und Reg die Fistelklinik Addis Abeba. Es

Mahabouba auf
dem Hof der
Fistelklinik Addis
Abeba in Äthiopien

ist eine reizvoll am Hang gelegene Anlage mit weißen Gebäuden und grünen Gärten. Catherine, die Chefin der Klinik, wohnt in einem gemütlich eingerichteten Häuschen in der Mitte des Komplexes; nach ihrem Tod möchte sie an der Seite ihres Mannes in Addis Abeba begraben werden. Unter ihrer Verantwortung sind mehr als 25 000 Fisteln operativ behandelt und zahllose Ärzte und Ärztinnen für diese Spezialaufgabe ausgebildet worden. Catherine ist selbst eine außerordentlich fähige Chirurgin, aber weil bei manchen Patientinnen nicht mehr genügend Gewebe für eine Schließung der Fistel vorhanden ist, bleibt zuweilen nichts anderes übrig, als eine Kolostomie vorzunehmen, d. h. einen künstlichen Darmausgang zu legen, durch den sich der Darminhalt in einen Beutel ergießt, der regelmäßig ausgetauscht werden muss. Patientinnen mit künstlichem Darmausgang benötigen kontinuierliche Fürsorge und leben in einem Dorf unweit der Klinik.

Mahabouba ist eine von denen, die nicht völlig wiederhergestellt werden konnten. Durch Physiotherapie lernte sie wieder zu laufen, musste sich jedoch mit einer Kolostomie abfinden. Seit sie ihre Gehfähigkeit wiedererlangt hat, beschäftigt Catherine sie als Mitarbeiterin in der Klinik. Am Anfang bezog Mahabouba nur die Betten und half den Patientinnen, sich zu waschen, doch im Lauf der Zeit merkten die Ärzte, dass sie intelligent war und mehr tun wollte, und betrauten sie mit weitergehenden Aufgaben. Sie lernte lesen und schreiben – und blühte auf. Sie fand etwas, das ihrem Leben Inhalt und Sinn gab. Wenn Sie heute die Klinik besuchen, kann es leicht sein, dass Sie Mahabouba in Schwesterntracht umhergehen sehen. Sie ist inzwischen zur leitenden Schwesternhelferin befördert worden.

Es kostet ungefähr 250 Euro, eine Fistel operativ zu schließen, und rund 90 Prozent aller Fisteln sind operabel. Doch die große Mehrzahl der Frauen, die an einer Fistel leiden, sind verarmte Bäuerinnen, die nie einen Arzt aufsuchen können und daher unbehandelt bleiben. L. Lewis Wall, Professor für Geburtshilfe an der medizinischen Fakultät der Universität von Washington, der unermüdlich die Werbetrommel für eine Fistelklinik im westlichen Afrika gerührt hat, schätzt, dass allein in Afrika jedes Jahr 30 000 bis 130 000 neue Unterleibsfisteln auftreten.

Wenn diese jungen Frauen – oft Mädchen von gerade einmal 15 oder 16 Jahren – nicht ärztlich behandelt werden, bedeutet das für sie normalerweise, dass ihr Leben vorbei ist. Ihre Männer lassen sich von ihnen scheiden, und weil sie mit ihren Ausscheidungen einen schrecklichen Geruch verbreiten, werden sie oft in eine Hütte am Dorfrand verbannt und sich selbst überlassen, wie es Mahabouba passierte. Früher oder später verhungern sie oder sterben an einer Infektion, die den Geburtskanal entlangkriecht.

«Fistelpatientinnen sind die Aussätzigen der heutigen Zeit», stellt Ruth Kennedy fest, eine britische Krankenschwester und Hebamme, die an Catherines Fistelklinik arbeitet. «Sie sind hilflos, sie haben keine Stimme. ... Diese Frauen sind Parias, weil sie Frauen sind. Wären Männer hiervon betroffen, dann gäbe es Stiftungen, und aus aller Welt würden Spenden eintreffen.»

Oprah Winfrey machte ein Interview mit Catherine und war so begeistert von ihrer Arbeit, dass sie später der Fistelklinik einen Besuch abstattete und mit einer Spende den Anbau eines neuen Gebäudeflügels finanzierte. Allgemein gilt jedoch, dass Leiden, die mit Schwangerschaft und Geburt zusammenhängen, mit sehr wenig Aufmerksamkeit bedacht werden, weil die davon Betroffenen fast alle von Anfang an drei Handicaps gegen sich haben: Sie sind Frauen, sie sind arm, und sie sind Landbewohner. «Frauen werden in den Entwicklungsländern an den Rand gedrängt», sagt Catherine. «Sie sind eine entbehrliche Ware.» Gewiss, die medizinische Versorgung ist in armen Ländern auch für Männer unzureichend. Elf Prozent der Weltbevölkerung leben im südlich der Sahara gelegenen Teil Afrikas, aber 24 Prozent der weltweit zu tragenden Krankheitslast entfallen auf sie – und weniger als 1 Prozent der globalen Gesundheitsausgaben. Ein besonders vernachlässigtes Gebiet ist die ärztliche Betreuung werdender Mütter; dafür ist nie genug Geld da. Der US-amerikanische Präsident George W. Bush hatte für das Haushaltsjahr 2009 sogar eine Reduzierung der USAID-Ausgaben für Schwangeren- und Kinderfürsorge um 18 Prozent auf nur noch 370 Millionen Dollar beantragt; das sind rund 1,20 Dollar pro Kopf der US-Bevölkerung im Jahr.

Amerikanische Konservative laufen Sturm gegen Zwangsabtreibungen in China, amerikanische Liberale kämpfen leidenschaftlich für das Recht auf Abtreibung in anderen Ländern. Doch diejenigen, die sich um todgeweihte junge Mütter im Wochenbett kümmern, haben noch nie eine starke politische Lobby gehabt. Wir, die wir in den Massenmedien tätig sind, können die Gleichgültigkeit, die diesem Problem gegenüber herrscht, als einen weiteren Punkt, in dem wir versagt haben, abhaken. Fünf Jumbojets voller Frauen sterben Tag für Tag an Geburtskomplikationen, und doch erscheinen so gut wie keine Berichte über dieses Thema. Wie man das ändern kann? Die USA sollten sich an die Spitze einer weltweiten Kampagne gegen den Tod im Wochenbett setzen. Was wir gegenwärtig für Geburtsmedizin ausgeben, ist weniger als der zwanzigste Teil von einem Prozent unserer Rüstungsausgaben.

Die Weltgesundheitsorganisation WHO schätzt, dass im Jahr 2005 nicht weniger als 536 000 Frauen an Schwangerschafts- oder Geburtskomplikationen gestorben sind, eine Todesrate, die in den letzten 30 Jahren kaum zurückgegangen ist. Die Kindersterblichkeit ist erheblich gesunken, die Lebenserwartung gestiegen, aber Schwangerschaft und Geburt sind fast so lebensgefährlich geblieben, wie sie es vordem waren: In jeder Minute stirbt eine werdende Mutter.

Rund 99 Prozent dieser Todesfälle ereignen sich in armen Ländern. Die gebräuchlichste Maßzahl ist die Müttersterblichkeitsrate (MMR). Sie ist definiert als die Zahl geburtsbedingter Todesfälle auf jeweils 100 000 Lebendgeburten; allerdings ist die Datenerhebung so unzulänglich, dass die

Zahlenangaben meist nicht mehr sind als grobe Schätzungen. Irland ist mit einer MMR von einem Todesfall pro 100 000 Lebendgeburten derzeit das sicherste Land der Welt für werdende Mütter. In den Vereinigten Staaten, wo mehr Frauen durch die Ritzen des Gesundheitssystems fallen, liegt die MMR bei 11. In ganz anderen Dimensionen bewegt sich die durchschnittliche Müttersterblichkeitsrate in Südasien (einschließlich Indiens und Pakistans) mit 490, in Afrika südlich der Sahara mit 900 und in Sierra Leone mit 2100 – das ist die weltweit höchste MMR.

Die MMR gibt das Sterberisiko für *eine* absolvierte Schwangerschaft an; Frauen in armen Ländern machen jedoch viele Schwangerschaften durch. Daher rechnen Statistiker zusätzlich aus, wie hoch das Risiko, im Wochenbett zu sterben, über die Lebensdauer einer Frau hinweg ist. Der höchste Wert ergibt sich hier für Frauen in dem westafrikanischen Land Niger; dort beträgt die Wahrscheinlichkeit, dass ein Mädchen bzw. eine Frau irgendwann an Geburtskomplikationen stirbt, 1 zu 7. Für alle afrikanischen Länder südlich der Sahara zusammen liegt das Sterberisiko für werdende Mütter bei 1 zu 22. Keine gute Figur macht hierbei auch Indien, das sich so viel auf seine glitzernden neuen Wolkenkratzer zugutehält, wo eine Frau aber immer noch eine 1-zu-70-Chance hat, im Wochenbett zu sterben. In den Vereinigten Staaten liegt das über die Lebenszeit gerechnete Sterberisiko für werdende Mütter bei 1 zu 4800, in Italien bei 1 zu 26 600, in Irland bei 1 zu 47 600.

Das Risiko, im Kindbett zu sterben, ist also in einem armen Land tausendmal größer als in der westlichen Welt. Eigentlich müsste sich die Welt hierüber empören. Zumal die Kluft auch noch zunehmend größer wird. Wie die WHO festgestellt hat, ging zwischen 1990 und 2005 die Müttersterblichkeit in den entwickelten und den Schwellenländern erheblich zurück, in Afrika dagegen kaum. Tatsächlich stieg wegen des Bevölkerungswachstums die Zahl der afrikanischen Frauen, die an Geburtskomplikationen starben, von 205 000 im Jahr 1990 auf 261 000 im Jahr 2005.

Ein zahlenmäßig noch größeres Problem als die Müttersterblichkeit ist die schwangerschaftsspezifische und geburtsbedingte Morbidität. Auf jede Frau, die im Wochenbett stirbt, kommen mindestens zehn, die schwere Schädigungen erleiden, etwa Fisteln oder schlimme Dammrisse. Unfachmännisch durchgeführte Abtreibungen kosten Jahr für Jahr rund 70 000 Frauen das Leben und hinterlassen bei 5 Millionen Frauen erhebliche Verletzungen. Die Kosten für die Betreuung dieser 5 Millionen Frauen werden auf 500 Millionen Euro pro Jahr geschätzt. Und es gibt Anhaltspunkte dafür, dass, wenn eine Frau im Wochenbett stirbt, für ihre zurückbleibenden Kinder die Wahrscheinlichkeit, jung zu sterben, ansteigt, weil sie keine Mutter mehr haben, die für sie sorgt.

Wir haben, offen gesagt, kein gutes Gefühl beim Aufzählen dieser statistischen Befunde, wissen wir doch, dass Zahlen, selbst wenn sie eine überzeugende Sprache sprechen, keine Handlungsimpulse auslösen. Wie eine wachsende Zahl psychologischer Studien zeigt, haben Statistiken eine abstumpfende Wirkung, wogegen die Schilderung individueller Schicksale geeignet ist, Menschen zum Handeln zu bewegen. Bei einem Experiment wurden die Probanden in mehrere Gruppen aufgeteilt, und jede Person wurde gebeten, für den Kampf gegen den Hunger in aller Welt fünf Dollar zu spenden. Der ersten Gruppe erzählten die Versuchsleiter, das Geld werde an Rokia gehen, ein siebenjähriges Mädchen in Mali. Einer anderen Gruppe sagte man, mit dem Geld werde etwas gegen das Problem der Fehlernährung bei 21 Millionen Afrikanern unternommen. Die dritte Gruppe erhielt wie die erste die Auskunft, die Spenden würden an das Mädchen Rokia gehen, aber die Figur der unterernährten Rokia wurde dabei in ein Hintergrundbild eingefügt, das das globale Problem des Hungers anhand einiger statistischer Daten deutlich machen sollte. Es zeigte sich, dass die Probanden sehr viel bereitwilliger Geld für Rokia spendeten als für 21 Millionen hungernde Afrikaner und dass die Erwähnung des allgemeineren Hungerproblems bei der dritten Gruppe tatsächlich den Effekt hatte, die Spendenbereitschaft zu senken.

Bei einem anderen Experiment wurden die Versuchspersonen aufgefordert, Spenden für eine Stiftung zur Krebsbekämpfung zu leisten, die mit 300 000 Dollar dotiert sein sollte. Eine Gruppe erhielt die Information, das ganze Geld werde dazu verwendet, das Leben eines einzigen Kindes zu retten, während der anderen Gruppe mitgeteilt wurde, es gehe um das Leben von acht Kindern. Die Probanden spendeten fast doppelt so viel Geld für die Rettung des einen Kindes wie für die Rettung der acht. Nach Auffassung von Sozialpsychologen ist all dies Ausdruck der Tatsache, dass unser Gewissen und unser ethisches Denken auf individuelle Geschichten und Schicksale ausgerichtet und auch in einem anderen Bereich unseres Gehirns angesiedelt sind als das logische und vernünftige Denken. Es ist sogar so, dass Probanden in einer Versuchssituation, in der sie als Erstes aufgefordert werden, Rechenaufgaben zu lösen – wofür die für das logische Denken zuständigen Partien ihres Gehirns aktiviert werden –, anschließend ein geringeres Maß an Großzügigkeit gegenüber den Bedürftigen zeigen.

Wir ziehen es in Anbetracht dessen vor, es mit den bereits angeführ-

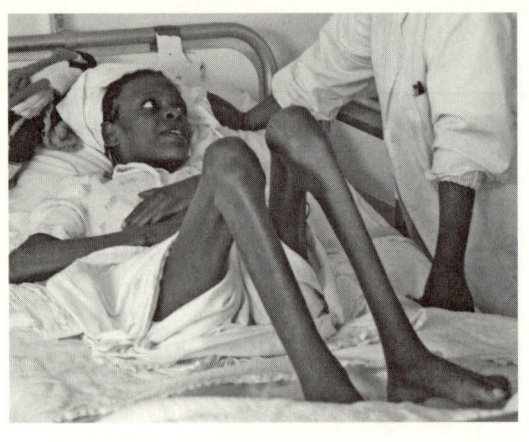

Simeesh Segaye mit
ihren in dieser Stellung
«eingerosteten» Beinen
in der Fistelklinik Addis
Abeba

ten Statistiken bewenden zu lassen und den Blick auf ein Einzelschicksal zu richten, das der Simeesh Segaye. Wenn mehr Menschen Gelegenheit bekämen, diese warmherzige 21-jährige Bäuerin mit ihrer sanften Stimme kennenzulernen, würden sie die «Müttergesundheit», da sind wir uns sicher, ganz schnell zu einem wichtigen und vordringlichen Problem aufwerten. Simeesh lag auf ihrem Bett am hinteren Ende des großen Saals der Fistelklinik Addis Abeba, als wir sie zum ersten Mal zu sehen bekamen. Ruth Kennedy, die Hebamme der Klinik, dolmetschte, als Simeesh uns erzählte, dass sie acht Jahre zur Schule gegangen war – sehr ungewöhnlich für ein Mädchen vom Land in Äthiopien. Mit 19 hatte sie geheiratet und hatte es aufregend gefunden, schwanger zu werden. Ihre Freundinnen hatten ihr alle gratuliert und hatten gebetet, dass sie mit einem Sohn gesegnet würde.

Die Wehen setzten ein, aber das Baby kam nicht. Nach zwei vollen Tagen Stillstand war Simeesh kaum noch bei Bewusstsein. Ihre Nachbarinnen trugen sie in einem mehrstündigen Fußmarsch zur nächstgelegenen Landstraße und setzten sie in einen Bus, als endlich einer kam. Der Bus brauchte noch einmal zwei Tage, um das nächste Krankenhaus zu erreichen. Zu diesem Zeitpunkt war das Baby tot.

Als Simeesh sich nach der Rückkehr in ihr Dorf langsam wieder aufzurappeln versuchte, stellte sie fest, dass sie teilweise gelähmt war und Urin und Kot verlor. Der ständige Gestank, den ihre Ausscheidungen verbreiteten, war für sie niederschmetternd und demütigend. Ihre Eltern und ihr Mann sparten Geld im Gegenwert von sieben Euro, um Simeesh mit einem Linienbus wieder in die Klinik schicken zu können, in der Hoffnung, dort könne ihre Fistel operativ geschlossen werden. Als der

Bus zur Haltestelle kam, bemerkten die anderen Fahrgäste Simeeshs Duftnote und beklagten sich heftigst: Es geht nicht an, dass wir mit einer im Bus sitzen müssen, die so stinkt! Wir haben für diese Fahrt bezahlt – das könnt ihr nicht mit uns machen! Werft sie raus! Der Busfahrer gab Simeesh ihr Fahrgeld zurück und befahl ihr, den Bus zu verlassen. Jede Aussicht auf eine Heilung schien dahin. Simeeshs Ehemann wandte sich von ihr ab. Ihre Eltern standen zu ihr, errichteten für sie aber eine separate Hütte, weil selbst sie ihren Gestank nicht ertragen konnten. Jeden Tag brachten sie ihr Wasser und etwas zu essen und versuchten sie zu trösten. Simeesh blieb in ihrer Hütte – allein, voller Scham, hilflos. Einer Schätzung zufolge haben 90 Prozent aller Fistelpatientinnen über Selbstmord nachgedacht, und auch Simeesh beschloss, ihrem Leben ein Ende zu setzen. Sie verfiel in eine tiefe Depression, wodurch ihr Körper taub und fast katatonisch wurde. Menschen, die an einer Depression leiden, fallen manchmal in die embryonale Liegeposition zurück. Auch Simeesh tat das – allerdings bewegte sie sich ohnehin kaum mehr.

«Ich rollte mich einfach ein», sagte sie, «für zwei Jahre.» Ein- oder zweimal im Jahr holten ihre Eltern sie aus der Hütte, doch ansonsten lag sie auf dem Boden, weggesperrt, den Tod als Erlösung herbeisehnend. Sie aß kaum etwas, denn je mehr sie aß oder trank, desto mehr Kotbrühe lief ihr die Beine hinab. Sie war dabei zu verhungern.

Ihre Eltern liebten Simeesh, aber sie wussten nicht, ob Ärzte ihrer Tochter überhaupt helfen konnten, und sie hatten kein Geld. Simeesh bat nie um irgendetwas, sprach kaum noch ein Wort, lag nur in ihrer Hütte und wünschte sich, tot zu sein. Als die Eltern das Leiden ihrer Tochter zwei quälende Jahre lang mitangesehen hatten, verkauften sie ihr Vieh – ihr einziges Vermögen –, um vielleicht doch Hilfe für Simeesh organisieren zu können. Es war klar, dass kein Bus die junge Frau mitnehmen würde; so bezahlten sie den Gegenwert von 190 Euro für die Fahrt in einem Privatauto zu einem Krankenhaus in der Stadt Yirga Alem, eine Tagesreise von ihrem Dorf entfernt. Die Ärzte dort stuften Simeeshs Fall als zu schwierig ein und überwiesen sie an die Fistelklinik. Die Ärzte dort sprachen Simeesh Mut zu. Sie sagten ihr, sie könnten ihre Probleme lösen, und daraufhin begann sie, aus ihrer Depression zu erwachen. Sie begann wieder zu sprechen, wenn auch zunächst nur in einem verstohlenen Flüsterton, doch nach und nach nahm sie mit den Menschen in ihrer neuen Umgebung Kontakt auf.

Bevor die Ärzte an die Reparatur ihrer Fistel herangehen konnten, mussten sie etwas gegen ihre anderen Probleme tun. Dadurch, dass Simeesh zwei Jahre zusammengerollt gelegen hatte, waren ihre Beine degeneriert und dauerhaft verbogen: Sie konnte sie nicht bewegen und erst recht nicht ausstrecken, und sie war zu abgemagert und schwach, um operiert werden zu können. Catherine und die anderen Ärzte versuchten, sie zu kräftigen, indem sie ihr gut zu essen gaben, und Schwestern halfen ihr mit physiotherapeutischen Übungen, bis sie ihre Beine wieder strecken konnte. Dann stellten die Ärzte fest, dass sie am Schamgelenk sieben Zentimeter Knochensubstanz verloren hatte, offenbar durch eine Infektion. Die Ärzte legten ihr vorübergehend einen künstlichen Darmausgang, und nach vielen langen und schmerzhaften physiotherapeutischen Sitzungen – in die Simeesh sich in dem Maß, wie ihre Depression nachließ, voll hineinhängte – konnte sie schließlich wieder aufstehen.

In der Folge kam es zu Ermüdungsbrüchen ihrer Fußknochen. Die Ärzte verschrieben verschärfte physiotherapeutische Gymnastik, und mehrere ehemalige Patientinnen massierten Simeesh und arbeiteten mit ihr, immer mit Sorgfalt und bereit, ihr eine Pause zu gönnen, wenn die Schmerzen zu stark wurden. Endlich, nach Monaten und Monaten eines strapaziösen Trainingsprogramms, hatte Simeesh die Fähigkeit wieder erlangt, ihre Beine zu strecken und auf ihnen zu stehen. Später konnte sie sogar wieder ohne fremde Hilfe gehen. Und was ebenso wichtig war: Sie hatte ihre Würde und ihre Lebensfreude wiedergefunden. Als sie kräftig genug war, operierten die Chirurgen ihre Fistel, und damit war sie voll wiederhergestellt.

Nach Frauen wie Simeesh kräht kaum ein Hahn auf der Welt. Doch ein amerikanischer Arzt hat jahrzehntelang einen einsamen Kampf geführt, um mehr Aufmerksamkeit auf die Gesundheit werdender Mütter zu lenken. Auch noch als er selbst den Kampf gegen eine tödliche degenerative Krankheit zu verlieren begann, setzte er Tag für Tag seine ganze Energie dafür ein, den Tod im Wochenbett niederzuringen.

Ein Arzt, der nicht Patientinnen behandelt, sondern Länder

Allan Rosenfield wuchs in den 1930er- und 1940er-Jahren in Brookline (Massachusetts) als Sohn eines erfolgreichen Bostoner Geburtshelfers auf. Er studierte Medizin an der Columbia University und absolvierte seine Militärzeit bei der Luftwaffe in Südkorea. Während dieser Zeit arbeitete er an seinen Wochenenden ehrenamtlich in einem koreanischen

Krankenhaus – und war erschüttert von dem, was er bei seinen Rundgängen durch die Abteilungen zu sehen bekam. Koreanische Frauen vom Land durchlitten im Wehenstadium entsetzliche Qualen, wie sie in den Vereinigten Staaten undenkbar gewesen wären, und trugen bleibende Schäden davon. Nach seiner Rückkehr in die USA wurde Allan die Bilder dieser stoisch leidenden Landfrauen nicht mehr los.

Was er in Korea gesehen hatte, weckte in ihm ein tiefes Interesse an der ärztlichen Versorgungslage in armen Ländern. Als er später erfuhr, dass an einer medizinischen Fakultät im nigerianischen Lagos eine Stelle frei war, bewarb er sich. 1966 übersiedelte er mit seiner Braut Clare nach Lagos, wo die beiden zusammen ein neues Leben begannen. Allan war konsterniert von dem, was er in Nigeria vorfand, namentlich vom Fehlen jeder Familienplanung und jeder Schwangeren- und Mütterbetreuung. Zugleich beschlichen ihn aber auch Zweifel.

«Es dämmerte mir, dass die Art der medizinischen Versorgung, die wir praktizierten, für Nigeria nicht passte», erinnerte er sich. Die praktische Konfrontation mit der afrikanischen Lebenswirklichkeit markierte den Beginn einer lebenslangen Beschäftigung mit einer öffentlichen Gesundheitspflege, die darauf ausgehen musste, Krankheiten zu verhüten, statt nur die Patienten zu behandeln, die von sich aus kamen oder eingeliefert wurden. Wir in der westlichen Welt neigen dazu, Krankheit und Sterblichkeit als die Domäne des Ärztestandes zu sehen; tatsächlich sind die größten Fortschritte im globalen Kampf gegen Krankheiten durch groß angelegte Vorsorgeprogramme erzielt worden, konzipiert von Fachleuten für öffentliches Gesundheitswesen. Beispiele hierfür sind Pockenschutzimpfprogramme, die orale Rehydrierungstherapie, lebensrettend für Säuglinge mit chronischem Durchfall, oder Kampagnen für den Einbau von Sicherheitsgurten und Airbags in Autos. Jedes ernsthafte Bemühen um eine Reduzierung der Müttersterblichkeit erforderte ebenfalls ein Denken und Handeln in gesellschaftlichen Dimensionen, beispielsweise ein Zurückschrauben der Zahl unerwünschter Schwangerschaften und die Schaffung von Kapazitäten für eine pränatale ärztliche Versorgung mit dem Ziel, akute und schwere Geburtskomplikationen auf ein Minimum zu reduzieren.

Manchmal sind die wirksamsten Maßnahmen nicht einmal medizinischer Natur. Ein Beispiel: Ein einfaches Mittel «von der Stange», um die Häufigkeit früher Schwangerschaften zu verringern, ist die vergünstigte Abgabe von Schuluniformen an Schülerinnen. Das allein sorgt dafür, dass sie länger zur Schule gehen, mit der Folge, dass Heirat und Schwangerschaft für sie erst später zum Thema werden, wenn sie besser dafür ausgestattet sind, Kinder zu bekommen. Wie aus einer in Südafrika durchgeführten Studie hervorging, erhöhte sich an einer Schule, die ihre Mädchen alle 18 Monate mit einer neuen Uniform zum Preis von weniger als fünf Euro ausstattete, die durchschnittliche Verweildauer der Mädchen an der Schule, mit der Folge, dass nicht mehr so viele von ihnen schwanger wurden. Allan Rosenfield kämpfte darum, diese gesundheitspolitische Perspektive mit praktischem ärztlichen Wirken zu kombinieren – und wurde zum sozialen Unternehmer in der Welt der Geburtsmedizin.

Angetreten hatte Allan seinen Dienst in Nigeria in der Überzeugung, es werde sich um eine Episode handeln – seinen privaten Ableger des Peace Corps. Doch konfrontiert mit einem Übermaß an Problemen und Nöten, begann er seine Berufung zu verspüren. Erst einmal nahm er aber eine ihm angebotene Stelle beim Population Council in Thailand an. Die Rosenfields verbrachten dort sechs Jahre, gründeten eine Familie, lernten Thailändisch und verliebten sich unsterblich in das Land. Freilich lagen Welten zwischen der Schönheit der thailändischen Badestrände und der grauenhaften Wirklichkeit auf den Geburtshilfestationen. Spiralen und Antibabypillen gab es nur auf ärztliches Rezept, was bedeutete, dass die wirksamsten Verhütungsmittel für 99 Prozent der Bevölkerung nicht zugänglich waren. Allan arbeitete zusammen mit dem thailändischen Gesundheitsministerium einen revolutionären Plan aus: Frauen, die eine Ausbildung zur Hilfshebamme durchlaufen hatten, sollte es gestattet werden, die Pille zu verschreiben. Allan entwickelte als Erstes eine Liste von Fragen, die diese Hilfshebammen im Gespräch mit verhütungswilligen Frauen abarbeiten würden, entweder um dann ein Rezept für die Pille auszuschreiben oder, wenn Risikofaktoren vorlagen, einen Arzt einzuschalten. Bald darauf wurde das Programm an 3000 Stützpunkten im ganzen Land angefahren. Später erhielten die Hilfshebammen die Genehmigung, ihren Patientinnen auch Spiralen einzusetzen. Man kann heute nur noch schwer nachvollziehen, wie unkonventionell dieser Ansatz damals war, denn die Ärzteschaft wachte eifersüchtig über ihre Privilegien, und es war eine Ketzerei, einfache Hebammen mit einer quasiärztlichen Verantwortung zu betrauen.

«Weil es ein so ungewöhnlicher Ansatz war, hätte ich heute sicher Schwierigkeiten, so etwas genehmigt zu bekommen», sagte uns Allan. «Aber weil ich ein Einzelkämpfer war, konnte ich es durchziehen.» Der Vektor seiner Laufbahn war damit festgelegt: Schaffung der gesundheitspolitischen Voraussetzungen dafür, dass Frauen unter weniger Gefahr für

Allan Rosenfield an der
Mailman School of
Public Health der New
Yorker Columbia
Universität

Leib und Leben Kinder kriegen können. 1975 ging Allan nach New York, um die Leitung des Center for Population and Family Health an der Columbia University zu übernehmen. Er baute ein weltweites Netz von Gleichgesinnten auf und veröffentlichte 1985 zusammen mit seiner Kollegin Deborah Maine einen bahnbrechenden Artikel in *The Lancet*, der britischen Fachzeitschrift, die eine Vorkämpferrolle im Ringen um globale Gesundheitsfortschritte gespielt hat. In dem Artikel hieß es:

Es ist schwer verständlich, weshalb Amtsträger des Gesundheitswesens, Gesundheitspolitiker und die Politik als Ganze der Müttersterblichkeit so wenig ernsthafte Aufmerksamkeit schenken. Die Geburtshelfer dieser Welt gebärden sich in dieser Hinsicht besonders pflichtvergessen. Statt auf das Problem hinzuweisen und sich für groß angelegte Programme und Prioritätsverlagerungen einzusetzen, konzentrieren sich die meisten Geburtshelfer auf spezielle Teildisziplinen, in denen Hochtechnologie zum Einsatz kommt.

Der Artikel führte dazu, dass weltweit eine Unterstützungsbewegung für die Förderung der Geburtsmedizin in Gang kam, etwa gleichzeitig mit der Ernennung Allans zum Dekan der Mailman School of Public Health an der Columbia University. 1999 baute er mithilfe einer 50-Millionen-Dollar-Spende der Stiftung von Bill und Melinda Gates die Organisation Averting Maternal Death and Disability (AMDD) auf, die es sich zum Ziel gesetzt hat, Schwangerschaft und Entbindung weltweit sicherer zu machen.

Allan ging um diese Zeit dazu über, den Tod im Wochenbett nicht mehr nur als ein gesellschaftlich relevantes Gesundheitsproblem anzugehen, sondern auch als eine Menschenrechtsfrage. «Die technischen Lösungen, mit denen wir die Müttersterblichkeit verringern können, reichen nicht aus», schrieb er in einem Aufsatz. «Wir sollten es zu einem grundlegenden Menschenrecht erklären, dass Frauen die Möglichkeit haben müssen, ein Kind in sicherer Obhut und unter qualitativ hochwertiger Betreuung auf die Welt zu bringen. Das ganze ‹System› der Menschenrechte – Gesetze, politische Festlegungen, Konventionen – muss eingesetzt werden, um Staaten an ihre Verantwortung zu gemahnen, wenn sie ihren vertraglichen Verpflichtungen nicht nachkommen.»

Allan war ein Pionier und Vordenker, als er damals seine ersten Schritte ins Ausland tat, doch inzwischen hat das Hauptfeld ihn eingeholt. «Zu meiner Zeit wussten wir nicht einmal, was globale Gesundheitsfürsorge sein könnte», erinnerte er sich. «Was ich machte, war ein halsbrecherischer Blindflug. Heute jedoch wollen viele Junge da hinein.» In den medizinischen Fakultäten von heute ist die Weltgesundheit ein hoch gehandeltes Thema, und Ärzte wie Paul Farmer von der Medizinischen Fakultät der Harvard University, der mehr Zeit als Direktor von Kliniken in Haiti und Ruanda verbringt als in seinem Büro in Boston, genießen bei den Studenten Kultstatus.

Allans eigenes Leben nahm 2005 eine tragische Wendung. Bei ihm wurden ALS und Myasthenia gravis diagnostiziert, zwei Krankheiten, die die motorische Nervenfunktion beeinträchtigen. Er war immer ein sportlicher Typ und Naturbursche gewesen, fing jetzt aber an, gebrechlich zu werden. Er verlor Gewicht, hatte Schwierigkeiten mit dem Gehen und Atmen und landete schließlich im Rollstuhl. Er fürchtete, zu einer Belastung für seine Familie zu werden. Trotz allem ging er jeden Tag zur Arbeit und nahm sogar an internationalen Kongressen teil. Auf einem Festbankett der International Women's Health Coalition im Januar 2008 zeigte er sich fast bewegungsunfähig, stand aber im Mittelpunkt der Aufmerksamkeit, umringt und umschwärmt von Bewunderern aus aller Welt. Im Oktober 2008 starb Allan Rosenfield. Seine Organisation AMDD ist heute in 50 armen Ländern in lebensrettender Mission tätig. Was sie leistet, erlebten wir, als wir einer Klinik in Zinder im östlichen Niger einen Besuch abstatteten, dem Land mit dem weltweit höchsten Lebensrisiko für werdende Mütter. In ganz Niger gibt es nur zehn gynäkologische Praxen, und ländliche Gebiete können von Glück sagen, wenn sie überhaupt einen Arzt in erreichbarer Nähe haben. Die Mitarbeiter der Klinik in Zinder zeigten sich ungläubig erstaunt und aufgeregt, als zwei Amerikaner vor ihrer Tür standen, und führten uns hocherfreut durch ihre Räumlichkeiten. Sie machten uns dabei auf eine hochschwangere Frau namens Ramatou Issoufou aufmerksam, die keuchend und mit konvulsiven Zuckungen auf einer Trage lag. Zwischen ihren Keuchlauten klagte sie darüber, dass sie ihre Sehkraft zu verlieren begann. Der einzige Arzt in der Klinik war ein Nigerianer namens Obende Kayode, der im Rahmen eines nigerianischen Auslandshilfeprojekts hier gelandet war. (Wenn Nigeria anderen Ländern durch die Entsendung von Ärzten helfen kann, dann können das wohl auch andere Staaten!) Dr. Kayode erklärte uns, dass Ramatou wahrscheinlich an Eklampsie litt, einer schwangerschaftsbedingten Komplikation, die in den Entwicklungsländern pro Jahr rund 50 000 Frauen das Leben kostet. Was bei ihr Not tue, sei ein Kaiserschnitt – war das Baby erst einmal herausgeholt, würden die Zuckungen aufhören. Ramatou war bereits sechsfache Mutter, 37 Jahre alt, und ihr Leben schwand jetzt in diesem kleinen Klinikwarteraum dahin. «Wir haben gerade veranlasst, dass ihr Mann hergerufen wird», erklärte Dr. Kayode. «Wenn er die Medikamente und das chirurgische Verbrauchsmaterial bezahlt, können wir den Eingriff machen.»

Die Klinik in Zinder war, wie sich herausstellte, Teil eines Pilotprogramms, das der Population Fund der Vereinten Nationen (UNFPA) und die Organisation AMDD zur Bekämpfung der Müttersterblichkeit im Niger aufgelegt haben. Das Reglement sah vor, dass sämtliche für einen Kaiserschnitt erforderlichen Materialien in versiegelten Plastikbeuteln gelagert wurden und zur Verfügung standen, wenn die Familie des Patienten 42 Dollar bezahlte. Das war ein großer Fortschritt gegenüber der früheren Praxis, die darin bestanden hatte, dass die Familien die ganze Stadt absuchen mussten, um (zu einem sehr viel höheren Preis) hier Binden, dort Gaze und wieder anderswo ein Skalpell zu kaufen. Aber was, wenn Ramatous Familie die 42 Dollar nicht hatte?

In diesem Fall würde sie wahrscheinlich sterben. «Wenn die Familie sagt, sie hat das Geld nicht, dann hat man ein Problem», räumte Dr. Kayode ein. «Manchmal hilft man in der Erwartung aus, dass man das Geld wiederbekommt. In der ersten Zeit half ich in vielen Fällen, aber dann bekam ich von den Leuten das Geld nicht zurück.» Er zuckte mit den Achseln und fügte hinzu: «Es hängt von der Stimmungslage ab. Wenn die Mitarbeiter das Gefühl haben, nicht schon wieder in Vorlage gehen zu können, dann wartet man einfach ab und schaut zu. Und manchmal stirbt die Patientin.»

In diesem Fall wollte man aber wohl nicht, dass Ramatou vor unseren Augen starb. Die Schwestern rollten sie in den Operationssaal und massierten ihr den Bauch, und eine OP-Schwester verpasste ihr eine spinale Narkose. Ramatou lag auf dem Operationstisch, schwer und unregelmäßig atmend, ansonsten aber bewegungslos und allem Anschein nach ohne Bewusstsein. Dr. Kayode kam herein, vollführte einen schnellen Schnitt durch Ramatous Bauchdecke und zog ein großes Organ heraus, das ein bisschen wie ein Basketball aussah. Es war die Gebärmutter. Sorgfältig schnitt er sie auf und zog einen Knaben heraus, den er an eine der Schwestern weiterreichte. Das Baby gab keinen Laut von sich, und es war nicht auf Anhieb klar, ob es überhaupt lebte. Auch Ramatou wirkte verdächtig komatös, während Dr. Kayode ihre Gebärmutter vernähte, sie wieder in ihrem Bauch verstaute und dann den Schnitt in der Bauchdecke zunähte. Zwanzig Minuten später kam Ramatou wieder zu Bewusstsein; sie war blass und erschöpft, aber die Zuckungen und das Keuchen hatten aufgehört.

«Mir geht's gut», brachte sie über die Lippen, und dann legte eine Schwester ihr ihren neugeborenen Sohn in den Arm, der jetzt quäkte, zappelte und höchst lebendig wirkte. Ramatous Gesicht hellte sich auf, sie nahm ihr Baby in die ausgestreckten Hände und hielt es fest. Es war wirklich fast wie ein Wunder, und es zeigte, was möglich ist, wenn wir die Müttergesundheit zu einem Anliegen mit Priorität machen. Ein Arzt und ein paar Schwestern in einer dürftig ausgestatteten Geburtsklinik mitten in der Wüste von Niger hatten es geschafft, eine Frau ins Leben zurückzuholen und ihr Baby gesund zur Welt zu bringen. Zwei weitere gerettete Menschenleben, die wir dem gesundheitspolitischen Vermächtnis von Allan Rosenfield gutschreiben können.

Warum sterben Frauen bei der Entbindung?

*«Würde die Welt tatenlos zuschauen, wenn es Männer wären,
die sterben müssten, nur weil sie ihren Teil der
Fortpflanzungsaufgabe erfüllen?»*

**Asha-Rose Migiro, stellvertretende Generalsekretärin der
Vereinten Nationen, 2007**

Wenn man Frauen vor Tod und Krankheit im Kindbett bewahren will, muss man als Erstes die Ursachen für die Müttersterblichkeit verstehen lernen. Die unmittelbare Todesursache kann eine Eklampsie sein, eine Blutung, eine Malariainfektion, eine Komplikation im Gefolge einer Abtreibung, ein Geburtsstillstand oder eine Sepsis, aber hinter diesen medizinischen Kausalfaktoren stehen gesellschaftliche und biologische Ursachen. Betrachten wir als Beispiel die Faktoren, die im Zusammenwirken den Tod von Prudence Lemokouno verursachten.

Bei unserer ersten Begegnung mit Prudence lag sie auf einem Bett in der kleinen Klinik von Yokadouma, einer Kleinstadt in der wilden südöstlichen Ecke Kameruns, wo nach vorliegenden genetischen Erkenntnissen das Aids-Virus in den 1920er-Jahren erstmals auf den Menschen übersprang. Die 24-jährige Mutter von drei Kindern trug ein altes, rot kariertes Kleid, das sich über ihrem Bauch zur Kugel aufwölbte; ein Laken bedeckte die untere Hälfte ihres Körpers. Sie litt offenbar ungeheure Schmerzen und umklammerte mit den Handen immer wieder den Rand ihres Bettes, gab aber keine Schmerzenslaute von sich.

Bis vor Kurzem hatte Prudence mit ihrer Familie in einem 120 Kilometer entfernten Dorf gelebt; eine pränatale ärztliche Betreuung hatte sie nie erhalten. Ihre vierte Schwangerschaft war zunächst normal verlaufen; als die Wehen zur erwarteten Zeit einsetzten, leistete ihr eine tra-

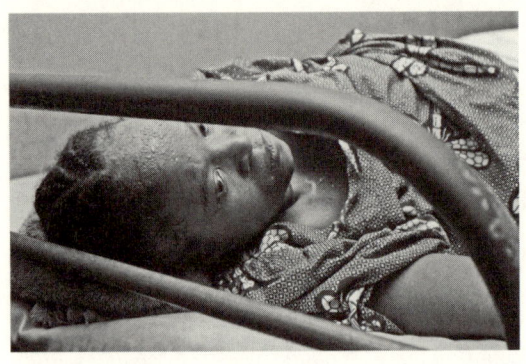

Prudence Lemokouno in ihrem Klinikbett in Kamerun, vom Personal alleine gelassen

ditionelle Geburtshelferin Beistand, die über keine medizinische Ausbildung verfügte. Aber der Muttermund öffnete sich nicht weit genug. Drei Tage nach Einsetzen der Wehen setzte sich die Geburtshelferin rittlings auf Prudences' Bauch und hopste auf und ab, mit der Folge, dass ein Riss in Prudences' Gebärmutter entstand. Die Familie engagierte einen Mann, der ein Motorrad hatte und Prudence ins Krankenhaus fuhr. Der dortige Arzt, Pascal Pipi, erklärte, Prudence brauche schnellstens einen Kaiserschnitt. Er verlangte jedoch den Gegenwert von 75 Euro dafür. Der Mann und die Eltern von Prudence sagten, sie könnten nur 15 Euro aufbringen. Dr. Pipi war sich sicher, dass die Familie ihn anlog und mehr Geld beschaffen konnte. Vielleicht hatte er recht, denn einer von Prudences' Vettern hatte ein Mobiltelefon. Wäre Prudence ein Mann gewesen, die Familie hätte wahrscheinlich genug von ihren Habseligkeiten verkauft, um die 75 Euro aufzubringen.

Dr. Pipi war ein kleiner, kräftig gebauter Mann mit Brille. Er wirkte ernst und intelligent und sprach ein ausgezeichnetes Französisch, legte aber auch eine ziemlich militante Geringschätzung gegenüber der bäuerlichen Bevölkerung in der Gegend an den Tag. Er war ein fleißiger Arbeiter und sehr freundlich zu uns, aber an Dorfbewohnern wie Prudence ließ er kein gutes Haar: Sie gäben nicht auf sich acht und begäben sich nie rechtzeitig in ärztliche Behandlung.

«Sogar die Frauen, die in der Stadt wohnen, in unmittelbarer Nähe der Klinik, bringen ihre Kinder zu Hause auf die Welt», sagte er. Er schätzte, dass nur rund 5 Prozent der einheimischen Frauen zur Entbindung in die Klinik kamen. In der Klinik fehle es an fast allem, klagte er; seit ihrem Bestehen habe niemals jemand eine freiwillige Blutspende gemacht. Dr. Pipi machte den Eindruck, verbittert zu sein – wütend auf die Frauen, aber auch schlecht auf sich selbst zu sprechen, weil es ihn in ein solches Provinznest verschlagen hatte. Für die Nöte und Bedürfnisse der örtlichen Frauen hatte er überhaupt nichts übrig.

Wir waren auf diese Klinik zufällig gestoßen und hatten ihr einen Besuch abgestattet, um uns über die Mütterbetreuung in dieser Region zu informieren. Dr. Pipi hatte uns eine einsichtige Einschätzung der Verhältnisse in dem Gebiet gegeben, und dann waren wir in einem ungenutzten Raum der Klinik auf Prudence gestoßen. Nach Angaben ihrer Familie lag sie schon seit drei Tagen unbehandelt dort – nein, berichtigte Dr. Pipi später, es seien nur zwei Tage gewesen. Der Fötus war kurz nach ihrer Ankunft in der Klinik abgestorben und vergiftete Prudence langsam.

«Wenn sie sofort operiert worden wäre, wäre mein Baby noch am Leben», sagte Prudences' 28-jähriger Mann Alain Awona zornig am Bett seiner Frau. Als Lehrer an einer öffentlichen Schule verfügte er über genügend Wissen, um die unterlassene Behandlung seiner Frau anklagen zu können und sich darüber zu empören. «Retten Sie meine Frau!», beschwor er uns. «Mein Kind ist tot. Retten Sie meine Frau!»

Dr. Pipi und seine Mitarbeiter waren wütend über die Vorwürfe des Mannes und zugleich peinlich berührt, Besuchern eine im Sterben liegende Frau präsentieren zu müssen. Sie erklärten uns, das Problem sei der Mangel an Ressourcen und Material; dazu komme verschärfend das Verhalten der ungebildeten Dorfbewohner, die sich weigerten, für ärztliche Dienstleistungen zu bezahlen. «Bei den meisten Noteinlieferungen zahlt die Familie nichts», giftete Emilienne Mouassa, die Oberschwester, in deren Adern Frostschutzmittel zu zirkulieren schien. «Sie hauen einfach ab.»

Dr. Pipi sagte, ohne Operation habe Prudence nur noch Stunden zu leben; er könne den Eingriff nur vornehmen, wenn die ausstehenden 60 Euro gezahlt würden. Wir erklärten uns bereit, den Betrag auf den Tisch zu legen. Daraufhin erklärte Dr. Pipi, Prudence leide wahrscheinlich an Blutarmut und werde eine Transfusion brauchen, um den Kaiserschnitt zu überleben. Eine Schwester schaute in Prudences' Unterlagen nach und kehrte mit der Meldung zurück, sie habe die Blutgruppe A positiv.

Nick und Naka Nathaniel, unser Kameramann, warfen einander Blicke zu. «Ich habe A positiv», flüsterte Nick.

«Und ich null positiv – Universalspender», flüsterte Naka zurück.

Sie wandten sich an Dr. Pipi.

«Angenommen, wir würden Blut spenden?», fragte Nick. «Ich habe A positiv und er null positiv. Könnten Sie unser Blut für die Transfusion verwenden?»

Dr. Pipi nickte.

Nick und Naka rückten auch noch etwas Geld heraus, damit eine Schwester in die Stadt gehen und neue sterile (so hofften wir) Kanülen besorgen konnte. Als sie zurück war, zapfte die Laborantin ihnen beiden Blut ab.

Prudence bekam, so schien es, nicht viel von dem mit, was vorging, aber ihrer Mutter flossen die Freudentränen über die Wangen. Die Familie hatte sich schon damit abgefunden, dass Prudence sterben würde, und jetzt hatte es plötzlich den Anschein, als könne sie doch noch gerettet werden. Alain bat uns nachdrücklich dazubleiben, bis die Operation vorbei war. «Wenn Sie fortgehen», sagte er eindringlich, «wird Prudence sterben.»

Emilienne und die anderen Schwestern hatten zwischendurch wieder mit der Familie herumgestritten und versucht, ihr noch eine Zahlung abzuzwacken; wir mischten uns ein und taten noch einen kleineren Betrag dazu. Schließlich schlossen die Schwestern die Blutbeutel an einen Tropf an, und das von Nick und Naka gespendete Blut begann in Prudences' Kreislauf zu fließen. Sie wirkte sofort lebhafter und hauchte uns ihren Dank zu. Die Schwestern sagten, alles sei für den Eingriff an Prudence bereit, aber dann schleppten sich die Stunden dahin, und nichts geschah. Um zehn Uhr abends fragten wir die diensthabende Schwester, wo Doktor Pipi sei.

«Oh, der Doktor? Er ist durch die Hintertür hinausgegangen. Nach Hause. Er wird die Operation morgen machen. Wahrscheinlich.» Unserem Eindruck nach hatten Doktor Pipi und seine Schwestern beschlossen, Alain und den Eltern von Prudence eine Lektion zu erteilen, weil sie aufgemuckt hatten.

«Aber morgen wird es zu spät sein!», protestierte Nick. «Prudence wird bis dahin tot sein. Der Doktor hat selbst gesagt, dass sie vielleicht nur noch ein paar Stunden zu leben hat.»

Die Schwester zuckte mit den Achseln. «Das liegt in Gottes Händen, nicht in unseren», sagte sie. «Wenn sie stirbt, dann wäre das Gottes Wille.» Wir waren nahe daran, sie zu würgen.

«Wo wohnt Dr. Pipi?», fragte Nick. «Wir gehen sofort zu seinem Haus.» Die Schwester verweigerte die Antwort. Alain verfolgte das Geschehen entgeistert und halb betäubt.

«Stellen Sie sich nicht so an, Sie müssen wissen, wo der Doktor wohnt. Was ist, wenn nachts ein Notfall eintritt?»

Unser kamerunischer Dolmetscher zog uns beiseite. «Also, ich bin sicher, wir können herausfinden, wo Doktor Pipi wohnt, wenn wir uns draußen erkundigen», sagte er. «Aber wenn wir zu ihm nach Hause gehen und versuchen, ihn hierherzuschleppen, damit er operiert, wird er unglaublich wütend sein. Er wird den Eingriff vielleicht machen, aber man weiß nicht, was er mit dem Skalpell dann anstellt. Es wäre nicht gut für Prudence. Die einzige Hoffnung ist die, bis morgen zu warten und zu sehen, ob sie noch am Leben ist.» Wir gaben unseren Plan auf und gingen zu unserer Pension zurück.

«Ich danke Ihnen», sagte Alain. «Sie haben es versucht. Sie haben Ihr Bestes getan. Wir danken Ihnen.» Aber er war am Boden zerstört – zum Teil weil ihm klar war, dass die Leute im Krankenhaus ihm vorsätzlich so böse mitspielten. Prudences' Mutter war zu wütend, um etwas sagen zu können; in ihren Augen zitterten Tränen der Frustration.

Am nächsten Morgen führte Dr. Pipi die Operation endlich durch, aber inzwischen waren schon mindestens drei Tage vergangen, seit Prudence in der Klinik angekommen war, und die Infektion hatte sich in ihrem ganzen Bauchraum ausgebreitet. Er musste 20 Zentimeter ihres Dünndarms entfernen und hatte keine der hochwirksamen Antibiotika zur Verfügung, die er gebraucht hätte, um diese schwere Infektion zu bekämpfen.

Die Stunden vergingen. Prudence blieb ohne Bewusstsein, und allmählich wurde allen Beteiligten klar, dass das nicht allein an der Narkose lag – sie war ins Koma gefallen. Ihr Magen schwoll wegen der Infektion immer weiter an, und die Schwestern gaben sich nicht viel Mühe mit ihr. Als der Urinbeutel ihres Katheters voll war und überfloss, tauschte niemand ihn aus. Und als Prudence ein wenig zu spucken begann, überließen die Schwestern es ihrer Mutter, sie zu säubern. Mit zunehmender Zeit verbreitete sich in dem Raum eine immer gespanntere Stimmung. Das Einzige, was Dr. Pipi von sich gab, waren Vorwürfe an die Adresse der Familie von Prudence, insbesondere gegen Alain. Prudences' Magen blähte sich zu grotesker Größe auf, und sie begann Blut zu husten. Sie kämpfte inzwischen um jeden Atemzug mit einem erschreckend laut rasselnden Keuchen. Schließlich beschlossen die Familienmitglieder, Prudence in ihr Dorf zurückzubringen und sie dort sterben zu lassen. Sie bestellten ein Auto und traten, ernüchtert und verbittert, die Heimreise an. Drei Tage nach der Operation starb Prudence.

Solche Dinge tragen sich in jeder Minute unseres Lebens irgendwo auf der Welt zu.

Es war nicht nur Prudences' gerissene Gebärmutter, die ursächlich für ihren Tod war. Vier andere maßgebliche Faktoren spielten eine Rolle:

Biologie. Der Mensch ist das einzige Säugetier, das bei der Entbindung Hilfe benötigt; manche Evolutionspsychologen und Evolutionsbiologen vertreten daher die These, der erste «Beruf», der sich in prähistorischer Zeit herausgebildet habe, sei der der Hebamme gewesen. Das Risiko für eine werdende Mutter, dass bei der Entbindung etwas schiefgeht, variiert in Abhängigkeit von ihrer Anatomie, und man teilt heute das menschliche Becken in vier Typen ein, die für eine jeweils andere evolutionäre Kompromisslösung stehen: gynäkoid, android, anthropoid und platypelloid. Die Fachleute sind sich nicht ganz einig darin, welche evolutionäre Signifikanz diese Typisierung besitzt. Das *Journal of Reproductive Medicine* hat die These zur Diskussion gestellt, die Beckentypen seien ebenso sehr Resultat von im Kindesalter einwirkenden Umweltfaktoren wie Ausdruck genetischer Anpassungen.

Wie dem auch sei, der verbreitetste Beckentyp ist der gynäkoide; er bietet die günstigsten Voraussetzungen für den Entbindungsvorgang (findet sich allerdings nicht bei erfolgreichen Läuferinnen). Besonders häufig kommt diese Beckenform bei weißen Frauen vor. Das anthropoide Becken ist schmaler und länger, erlaubt schnelles Rennen und erhöht die Wahrscheinlichkeit eines Geburtsstillstands. Die Datenlage im Hinblick auf Beckenformen ist dürftig, doch weist einiges darauf hin, dass afrikanische Frauen überproportional häufig ein anthropoides Becken haben; manche Fachleute für Müttergesundheit sehen darin eine Ursache dafür, dass die Müttersterblichkeitsrate in Afrika so hoch ist.

Bildungsdefizite. Wenn afrikanische Dorfbewohner nicht so unwissend wären, hätte Prudence eine bessere Überlebenschance gehabt, aus mehreren Gründen: Höheres Bildungsniveau korreliert mit einer geringeren gewünschten Kinderzahl, einem häufigeren Gebrauch von Verhütungsmitteln und einer stärkeren Neigung, ärztliche Dienste in Anspruch zu nehmen. Wäre Prudence gebildeter gewesen, wäre sie wahrscheinlich weniger oft schwanger geworden und hätte, wenn doch, mit größerer Wahrscheinlichkeit in einer Klinik entbunden. Wäre die Geburtshelferin in ihrem Dorf gebildeter gewesen, so hätte sie Prudence beim ersten Anzeichen einer Komplikation in die Klinik überwiesen – und mit Sicherheit hätte sie nicht rittlings Prudences' Bauch traktiert.

Bildung und Familienplanung verhelfen Familien in der Regel auch zu einer verbesserten Fähigkeit, ihren Lebensunterhalt zu verdienen und Ersparnisse anzulegen. Infolgedessen können sie sich eher einmal eine ärztliche Behandlung leisten; außerdem ist bei einer gebildeten Familie die Wahrscheinlichkeit höher, dass sie erspartes Geld in die Gesundheit von Mutter und Kind investiert. Hätte die Familie von Prudence ein höheres Bildungsniveau gehabt, wäre sie wahrscheinlich eher imstande gewesen, die 75 Euro für einen Kaiserschnitt zusammenzukratzen, und vermutlich hätte sie darin auch eine sinnvolle Investition gesehen. Nach Schätzungen der Weltbank kommen auf jeweils 1000 Mädchen, die ein Jahr länger zur Schule gehen, zwei Todesfälle im Wochenbett weniger. Wie wir noch sehen werden, überschätzen solche Studien das, was Bildung bewirken kann, manchmal, aber selbst wenn man eine geringere Wirkung unterstellt, besteht kein Zweifel daran, dass Bildung einen positiven Effekt hat.

Keine medizinische Versorgung auf dem Land. Wenn Kamerun ein besseres Gesundheitswesen hätte, wäre Prudence sofort nach ihrer Einlieferung in die Klinik operiert worden. Es wären wirksame Antibiotika zur Behandlung ihrer Infektion vorrätig gewesen. Die in dem Gebiet tätigen Geburtshelferinnen wären besser ausgebildet und mit einem Mobiltelefon ausgestattet, sodass sie einen Ambulanzwagen herbeirufen könnten. Jeder dieser Faktoren hätte Prudence retten können.

Eine der Hürden, die den Aufbau eines funktionierenden Gesundheitssystems hemmen, ist der Mangel an Ärzten im ländlichen Afrika. Dr. Pipi verhielt sich wenig mitfühlend, aber er arbeitete hart und an der Grenze der Belastbarkeit. Es gab in Kamerun einfach nicht genug Ärzte, als dass man der kleinen Klinik in Yokadouma einen zweiten Arzt hätte zuweisen können. Ärzte und Schwestern werden im ländlichen Afrika durch endlose Überstunden, den ständigen Mangel an Medikamenten und Material sowie die schwierigen Arbeitsverhältnisse (zu denen auch die Risiken für die eigene Gesundheit gehören) überstrapaziert, mit der Folge, dass viele von ihnen sich bemühen, eine Versetzung in die Hauptstadt zu erlangen. Sehr viele von ihnen wandern auch nach Europa oder Amerika aus, was so viel bedeutet, dass Afrika Auslandshilfe an die westliche Welt leistet. Mit der Folge, dass Frauen wie Prudence manchmal keinen Arzt finden, der sie operiert.

Ein Problem mit unseren Appellen an die westliche Welt, Geld für den Ausbau der Schwangerenfürsorge in Afrika bereitzustellen, ist, dass es diesen Ländern an Ärzten fehlt – zumindest an solchen, die willens wären, sich auf dem Land niederzulassen. Es ist viel einfacher, in einer ländlichen Gegend Afrikas eine chirurgische Klinik zu errichten, als sie mit Mitarbeitern zu bestücken. Ein vernünftiger Ansatz wäre es, in Afrika Ausbildungsprogramme aufzulegen, um die Zahl der im Gesundheitsbereich Tätigen zu vervielfachen, dies in Form zwei- oder dreijähriger Kurse. Afrika wäre besser dran, wenn es weniger eigene Ärzte ausbildete, dafür mehr medizinische Kräfte ohne Doktortitel, die die Perspektive hätten, im Land zu bleiben. Der Sinn und Zweck medizinischer Studiengänge besteht nicht darin, die Auswanderung anzukurbeln, sondern das Gesundheitswesen im eigenen Land zu verbessern.

Ein weiteres verbreitetes Problem ist, dass Ärzte und Schwestern in armen Ländern oft nicht zur Arbeit erscheinen, namentlich in ländlichen Kliniken. Eine sorgfältige Erhebung in sechs afrikanischen, asiatischen und lateinamerikanischen Ländern kam zu dem Ergebnis, dass an jedem beliebigen Tag 39 Prozent der Ärzte nicht zu dem Dienst erschienen, zu dem sie eingeteilt waren. Westliche Geberländer und UN-Dienststellen sollten darauf achten, dass sie sich nicht nur am Bau von Krankenhäusern beteiligen, sondern auch Überwachungsmechanismen einrichten, die unangekündigte Inspektionsbesuche vorsehen. Klinikmitarbeitern, die unentschuldigt fehlen, sollten die Gehälter gekürzt werden; das könnte ein kostengünstiges Mittel sein, um den bestehenden Krankenhausbetrieb effizienter und leistungsfähiger zu machen.

Gleichgültigkeit gegenüber Frauen. In großen Teilen der Welt sterben Frauen, weil man sie für entbehrlich hält. Es besteht eine hochgradige Korrelation zwischen Ländern, in denen Frauen gering geschätzt werden, und Ländern mit hoher Müttersterblichkeit. Immerhin hatten auch die Vereinigten Staaten das ganze 19. Jahrhundert hindurch und noch bis ins 20. Jahrhundert hinein eine sehr hohe Müttersterblichkeit, auch noch zu einer Zeit, als die Einkommen stiegen und der Zugang zu ärztlicher Versorgung besser wurde. In den Jahren des Ersten Weltkrieges starben mehr amerikanische Frauen im Wochenbett als amerikanische Männer an der Front. Doch dann, zwischen 1920 und 1940, sank die Müttersterblichkeit in den USA ganz erheblich – offensichtlich weil eine Gesellschaft, die den Frauen das Wahlrecht zugestand, plötzlich auch den politischen Willen aufbrachte, Mittel für die Müttergesundheit bereitzustellen. Als die Frauen sich das Wahlrecht erkämpft hatten, bekam ihr Leben unvermittelt einen höheren Wert – das Frauenwahlrecht hatte die epochale und unerwartete Folge, der Frauengesundheit einen Schub nach vorne zu bescheren.

Leider besteht die offenbar unausrottbare Neigung, die Müttergesundheit als ein «Frauenthema» zu verniedlichen. Die Sorge um das Wohl schwangerer Frauen wird nie auf einen der vorderen Plätze der internationalen Tagesordnung gesetzt und nie mit ausreichenden Mitteln bedacht. «Die Müttersterblichkeit in den Entwicklungsländern ist oft das letztendliche und tragische Resultat einer kumulativen Missachtung der Menschenrechte der Frau», konstatierte die Zeitschrift *Clinical Obstetrics and Gynecology.* «Frauen sterben nicht, weil sie an unheilbaren Krankheiten leiden. Sie sterben, weil Gesellschaften sich noch immer nicht zu der Erkenntnis durchgerungen haben, dass Frauen es wert sind, ihr Leben zu erhalten.»

Hilfreich wäre vielleicht auch, wenn Frauen keine Monatsblutungen hätten und die Kinder vom Storch gebracht würden. Wie die Zeitschrift *The Lancet* kommentierte:

Die Vernachlässigung der Anliegen der Frauen … zeugt sicher von einer unbewussten Voreingenommenheit gegen Frauen auf jeder Ebene, von der Gemeinde bis hinauf zu den höchsten Entscheidungsträgern. … Auch wenn wir es nicht gerne hören mögen: Müttergesundheit hat etwas mit Geschlecht und Sexualität zu tun; sie ist blutig und unappetitlich; und ich glaube, dass viele Männer (aber natürlich nicht alle) einen tief sitzenden Widerwillen gegen die Beschäftigung damit haben.

In vielen Gesellschaften wurden mythologische oder theologische Erklärungen ersonnen, die rechtfertigen sollen, dass Frauen verdientermaßen bei der Entbindung leiden; solche Erklärungen verhinderten und verhindern, dass man sich anstrengt, den Geburtsvorgang sicherer zu machen. Als Narkosemittel entwickelt wurden, wurden sie viele Jahrzehnte lang gebärenden Frauen systematisch vorenthalten – weil man es für richtig hielt, dass Frauen Schmerzen litten. Einige der wenigen Gesellschaften, die darüber ganz anders dachten, war der Stamm der Huicholes in Mexiko. Die Huicholes glaubten, Mann und Frau müssten die Schmerzen der Kindsgeburt miteinander teilen. Wenn die Wehen einsetzten, wurde ein Faden um den Hodensack des Ehemannes geschnürt, die Frau hielt das Fadenende in der Hand. Bei jeder schmerzhaften Wehe zog sie unwillkürlich am Faden, sodass ihr Mann den Schmerz am eigenen Leib nachfühlen konnte. Wäre ein solcher Brauch weiter verbreitet, würden Komplikationen bei der Entbindung sicherlich größere Beachtung finden.

Armut ist offensichtlich auch ein Faktor, was aber nicht heißt, dass in armen Ländern eine hohe Müttersterblichkeitsrate unvermeidlich wäre. Beweisstück Nummer eins ist hier Sri Lanka. Dieses Land hat es geschafft, die Müttersterblichkeit seit 1935 alle sechs bis zwölf Jahre zu halbieren. Im Verlauf des letzten halben Jahrhunderts hat Sri Lanka seine Müttersterblichkeit von 550 auf nur noch 58 Fälle je 100 000 Lebendgeburten heruntergeschraubt. Für sri-lankische Frauen beträgt das Risiko, irgendwann an schwangerschaftsbedingten Komplikationen zu sterben, nur noch 1 zu 850.

Das ist eine erstaunliche Leistung, noch dazu wenn man bedenkt, dass Sri Lanka in den letzten Jahrzehnten immer wieder von Bürgerkriegen durchgeschüttelt worden ist und mit seinem Pro-Kopf-Einkommen auf dem 117. Platz unter den Ländern der Welt liegt. Es hat auch nicht unbedingt etwas mit üppiger sprudelnden staatlichen Geldern zu tun – Sri Lanka gibt 3 Prozent seines BIP für sein Gesundheitswesen aus, das benachbarte Indien 5 Prozent, doch in Indien sterben proportional achtmal so viele Frauen im Wochenbett wie in Sri Lanka. Ausschlaggebend ist vielmehr der politische Wille: Das Wohlergehen gebärender Frauen genießt in Sri Lanka einen hohen Rang, in Indien nicht.

Allgemeiner betrachtet, tätigt Sri Lanka beachtliche Investitionen in den Bereichen Gesundheit und Bildung und achtet dabei besonders auf Geschlechtergerechtigkeit. Rund 89 Prozent aller sri-lankischen Frauen können lesen und schreiben, im Durchschnitt der südasiatischen Länder sind es nur 43 Prozent. Die Lebenserwartung ist in Sri Lanka erheblich höher als in den benachbarten Ländern. Ein ausgezeichnetes Einwohnermeldewesen hat dafür gesorgt, dass Daten über Müttersterblichkeit seit dem Jahr 1900 aufgezeichnet worden sind, sodass in Sri Lanka verlässliche Zahlen vorliegen, im Gegensatz zu den lediglich vagen Schätzungen in vielen anderen Ländern. Die Tatsache, dass Sri Lanka in Bildung für Mädchen investiert, hat dazu geführt, dass die Frauen dort einen höheren wirtschaftlichen Stellenwert und größeren Einfluss in der Gesellschaft haben; das scheint einer der Gründe dafür zu sein, dass das Land mehr Energie auf die Reduzierung der Müttersterblichkeit verwendet.

In den 1930er-Jahren begann Sri Lanka ein landesweites staatliches Gesundheitswesen aufzubauen, das von rudimentären Betreuungsstationen am unteren Ende über ländliche Kliniken eine Ebene höher und Bezirkskrankenhäusern mit anspruchsvolleren medizinischen Angeboten bis zu gut ausgestatteten Provinzialkliniken und spezialisierten Entbindungszentren reicht. Um sicherzustellen, dass Frauen, die ärztliche Hilfe brauchen, schnell die nächste Klinik erreichen, schaffte Sri Lanka eine Flotte von Ambulanzwagen an.

Darüber hinaus errichtete Sri Lanka ein dicht geknüpftes Netz ausgebildeter Hebammen, die für jeweils 3000 bis 5000 Einwohner zuständig sind. Diese Hebammen, deren Ausbildung 18 Monate dauert, leisten vorgeburtliche Betreuung und überweisen Risikofälle an den Arzt. Heute finden 97 Prozent aller Geburten in Sri Lanka unter Betreuung eines kompetenten Geburtshelfers statt, und selbst für Frauen aus kleinen Dörfern ist es normal, zur Entbindung in eine Klinik zu gehen. Im Lauf der Zeit richtete der Staat in seinen Krankenhäusern Geburtshilfeabteilungen ein, und er nutzte sein Datenmaterial, um festzustellen, wo Frauen noch durch die Ritzen des Systems fielen – beispielsweise auf den großen Teeplantagen –, und dann gezielt Kliniken zu errichten, um diesen Frauen zu helfen. Auch eine Kampagne gegen die Malaria trug zur Reduzierung der Müttersterblichkeit bei, denn schwangere Frauen sind für diese Krankheit besonders anfällig.

Das Beispiel Sri Lanka zeigt, was man tun muss, um die Müttersterblichkeit zu senken. Familienplanung und ein höheres Heiratsalter helfen ebenso wie Moskitonetze. Von großer Wichtigkeit sind funktionierende Gesundheitseinrichtungen in ländlichen Gegenden.

«Der Umgang eines Landes mit der Müttersterblichkeit ist ein sehr guter Gradmesser für sein Gesundheitswesen als Ganzes, weil man in diesem Bereich eine ganze Menge Dinge tun muss», sagt Dr. Paul Farmer, Fachmann für staatliche Gesundheitssysteme an der Harvard University. «Man braucht Familienplanung, man braucht eine Bezirksklinik für Kaiserschnitte usw.»

Auch andere Innovationen bieten sich an. Eine Studie kam zu dem Ergebnis, dass allein die Verabreichung von Vitamin-A-Präparaten an schwangere Frauen in Nepal die Müttersterblichkeit um 40 Prozent reduzierte, offenbar weil damit die Infektionsrate bei schlecht ernährten Frauen gesenkt werden konnte. Anekdotische Hinweise deuten darauf hin, dass in Bangladesch und anderswo die Praxis, den Zugang zu Antibiotika zu erleichtern und Frauen zu ermutigen, sie nach der Entbindung einzunehmen, die Zahl der Todesfälle durch Sepsis verringert.

Eines der interessantesten Experimente findet derzeit in Indien statt; im Rahmen eines Pilotprogramms zahlt der Staat dort armen Frauen eine Prämie im Gegenwert von 11 € dafür, dass sie sich zur Entbindung in eine Klinik begeben. Darüber hinaus erhalten im ländlichen Gesundheitswesen Tätige eine Prämie im Gegenwert von 3,50 € für jede Schwangere, die sie zur Entbindung in eine Klinik bringen. Nach ersten Auswertungen sind die Ergebnisse sehr beeindruckend. Der Anteil der Frauen, die sich zur Entbindung in eine medizinische Einrichtung begaben, stieg von 15 auf 60 Prozent, die Müttersterblichkeit ging drastisch zurück. Ein Zusatzeffekt war der, dass die Frauen hinterher eher bereit waren, die betreffende Gesundheitseinrichtung zwecks Beratung in Sachen Verhütung und anderem wieder in Anspruch zu nehmen.

«Die Möglichkeiten sind da», sagte Allan Rosenfield. «Die Länder, die sich des Problems angenommen haben, haben echte Fortschritte in Sachen Müttersterblichkeit erzielt.» Die Weltbank fasste die Erfahrungen 2003 in einem Bericht zusammen: «Die Müttersterblichkeit in Entwicklungsländern lässt sich alle sieben bis zehn Jahre halbieren ... unabhängig von Pro-Kopf-Einkommen und Wachstumsrate.»

Weil Fortschritte in der Müttergesundheit möglich sind, erliegen manche der Versuchung zu glauben, diese Fortschritte seien praktisch garantiert. 1987 fand, angeregt teilweise durch Allan Rosenfields bahnbrechenden Artikel in *The Lancet*, in Nairobi eine UN-Konferenz statt, die den Startschuss für die Safe-Motherhood-Initiative gab. Das erklärte Ziel dieser Initiative war es, «die Müttersterblichkeit bis zum Jahr 2000 um 50 Prozent zu reduzieren». Im Jahr 2000 machten sich die Vereinten Nationen formell das Millennium Development Goal zu eigen, die Müttersterblichkeit bis 2015 um 75 Prozent zu senken. Schon damals war klar, dass das für 2000 angepeilte Ziel nicht erreicht worden war, und heute ist klar, dass die Millennium-Zielvorgabe um ein erhebliches Stück verfehlt werden wird.

Rückblickend betrachtet, sind im Kampf um eine verbesserte Müttergesundheit einige strategische Fehler begangen wurden. Das tonangebende Lager – das die Unterstützung der WHO genoss und zunächst am längeren Hebel saß – vertrat den Standpunkt, die Lösung könne nur in einer Verbesserung der medizinischen Primärversorgung bestehen. Was diesen Leuten vorschwebte, waren Programme analog den «barfüßigen Ärzten» in China oder dem sri-lankischen Hebammennetzwerk. Man glaubte, solche Lösungen seien sehr viel kosteneffektiver als die Ausbildung von mehr Ärzten (die dann wahrscheinlich doch nur den Stadtbewohnern zugutekämen). Als ein WHO-Kongress 1978 die Empfehlung verabschiedete, bevorzugt die Ausbildung ländlicher Hebammen zu fördern, stellten manche Länder sogar bestehende Geburtshilfeprogramme an ihren Kliniken ein.

Die in der Folge gestarteten Ausbildungsprogramme für ländliche Geburtshelfer trugen vermutlich dazu bei, dass mehr Babys lebend geboren wurden – etwa indem sie den Hebammen beibrachten, für das Kappen der Nabelschnur sterile Rasierklingen zu benutzen –, aber sie bewirkten nicht viel für die Verringerung der Müttersterblichkeit. In Sri Lanka funktioniert das Hebammenprogramm, weil diese Frauen dort Teil eines medizinischen Gesamtpakets sind und Problemfälle an gut ausgestattete Kliniken überweisen können; doch in den meisten anderen Ländern war die Ausbildung von Geburtshelferinnen nur ein billiger Ersatz für eine umfassende Reform.

Das andere Lager, angeführt nicht zuletzt von Allan Rosenfield und anfänglich in der Minderheit, sprach sich für den Aufbau eines flächendeckenden Systems geburtsmedizinischer Notfallstationen als entscheidende Voraussetzung für eine Reduzierung der Müttersterblichkeit aus. Die Ausbildung von Geburtshelferinnen sei sinnvoll, erklärte Allan, aber nicht ausreichend, um das Überleben möglichst vieler schwangerer Frauen zu sichern. Weltweit gilt, dass bei rund 10 Prozent aller Entbindungen ein Kaiserschnitt indiziert ist – in den ärmsten Ländern, wo schwangere Frauen im Durchschnitt erheblich jünger und oft unterernährt sind, ist dieser Prozentsatz noch höher. Man kann vermuten, dass in der westlichen Welt der Kaiserschnitt eher öfter als notwendig angewandt wird, in Afrika hingegen eher zu selten. Viele Gebärende in Afrika sind ohne Kaiserschnitt schlicht und einfach zum Tode verurteilt, und eine einfache Geburtshelferin kann diesen Eingriff nicht durchführen. Vielleicht braucht man für den Kaiserschnitt nicht unbedingt einen studierten Arzt und Geburtshelfer, aber mehr als eine Hebamme mit Rasierklinge muss es schon sein.

Einen weiteren Beleg dafür, welche grundlegende Verbesserung geburtsmedizinische Notfallstationen bringen würden, lieferte eine Studie, die sich mit einer fundamentalchristlichen Gemeinde im US-Bundesstaat Indiana beschäftigte, deren Mitglieder wohlhabend, gebildet und gut ernährt waren, aber aus religiösen Gründen jede Inanspruchnahme von Ärzten und Kliniken ablehnten. Die Müttersterblichkeit innerhalb dieser Gruppe lag bei 872 auf jeweils 100 000 Lebendgeburten. Das war das 70-fache der Müttersterblichkeit der Vereinigten Staaten als Ganzer und fast das Doppelte der Muttersterblichkeit in Indien. Man kommt kaum um die Einsicht herum, dass der entscheidende Faktor für die Verhütung des Todes im Wochenbett der Zugang zu Ärzten beim Auftreten von Komplikationen ist. Wie es die Zeitschrift *International Journal auf Gynaecology und Obstetrics* in einem Leitartikel formulierte: «Die Notfallgeburtshilfe ist der Schlussstein im Bogen einer gesunden Mutterschaft.»

Die praktische Herausforderung besteht darin, eine flächendeckende Versorgung mit geburtsmedizinischen Nothilfestationen zu schaffen. Solche Einrichtungen erfordern einen ziemlichen Aufwand und sind nicht billig. Man braucht einen Operationssaal, eine Anästhesie und einen Chirurgen. Tatsache ist, dass es in vielen ländlichen Gebieten Afrikas nichts von alledem gibt. Allan Rosenfield zerbrach sich jahrelang den Kopf über dieses Problem und dachte dabei immer wieder an seine Erfahrungen als junger Arzt in Thailand zurück, wo er Hebammen ausgebildet und ihnen die Fähigkeit vermittelt hatte, Leistungen zu erbringen, die normalerweise Ärzten vorbehalten waren. Weshalb konnte man nicht – insbesondere eingedenk der Tatsache, dass studierte Ärzte so häufig auswanderten – medizinischem Personal unterhalb des Ärztestandes beibringen, fachgerechte Notfallkaiserschnitte durchzuführen?

Die Fistelklinik Addis Abeba macht häufig Gebrauch von medizinischen Hilfskräften ohne förmliche Ausbildung und Doktortitel. Für die Anästhesie sind in der Fistelklinik, wie in armen Ländern üblich, nicht Ärzte, sondern Schwestern zuständig. Eine von ihnen fing ursprünglich als Pförtnerin in der Klinik an. Was am meisten erstaunt, ist, dass eine der besten Chirurginnen der Klinik Mamitu Gashe ist, die nie eine Grundschule, geschweige denn ein Medizinstudium absolviert hat. Mamitu wuchs als Analphabetin in einem entlegenen Dorf in Äthiopien auf und erlitt als junge Frau bei ihrer ersten Schwangerschaft eine Fistel. Sie schlug sich zur Fistelklinik Addis Abeba durch, wurde operiert und heuerte anschließend als Aushilfskraft an. Sie machte Betten und assistierte Reg Hamlin bei Operationen. Sie stand neben ihm und reichte ihm das Skalpell, und sie beobachtete aufmerksam, was er tat. Nach zwei Jahren ließ er Mamitu einfache Arbeiten wie das Vernähen ausführen, und mit der Zeit vertraute er ihr immer mehr chirurgische Prozeduren an.

Mamitu hatte geschickte Finger und herausragende handwerkliche Fertigkeiten; obschon ihr anatomisches Wissen begrenzt war, sammelte sie doch stetig mehr Erfahrung mit der Reparatur innerer Verletzungen. Am Ende führte sie selbstständig Fisteloperationen durch. In der Fistelklinik Addis Abeba werden mehr Unterleibsfisteln behandelt als an irgendeinem anderen Ort der Erde, und Mamitu war einer der Türme in der Schlacht. Schritt für Schritt übernahm sie auch die Leitung der Ausbildungskurse. So kam es, dass, wenn gestandene Ärzte von auswärts für einige Monate nach Addis Abeba kamen, um die Kunst der Unterleibsfistelchirurgie zu erlernen, ihre Lehrkraft oft eine Analphabetin war, die keinen einzigen Tag ihres Lebens in einer Schule zugebracht hat. Irgend-

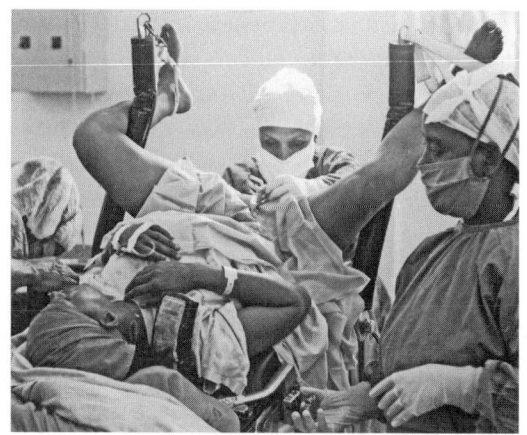

Mamitu Gashe, selbst einmal Unterleibsfistelpatientin und eine Frau, die niemals auch nur eine Volksschule besucht hat, führt heute regelmäßig chirurgische Eingriffe durch – ein Beweis dafür, dass nichtärztliche Klinikmitarbeiter manche Arbeiten machen können, die nach unserer Vorstellung dem Arzt vorbehalten sind. Hier operiert Mamitu im OP der Fistelklink Addis Abeba eine Unterleibsfistel.

wann war Mamitu es leid, eine des Lesens unkundige leitende Chirurgin zu sein, und so fing sie an, die Abendschule zu besuchen. Als wir sie bei unserem bislang letzten Besuch trafen, hatte sie die dritte Kursstufe erreicht.

«Man kann Hebammen oder Oberschwestern die Fähigkeit vermitteln, Kaiserschnitte durchzuführen, und dann werden sie Leben retten können», meint Ruth Kennedy. Tatsächlich sind in Mosambik, Tansania und Malawi bereits versuchsweise nichtärztliche Kaiserschnittpraktiker ausgebildet worden; dieser Ansatz könnte in großem Maßstab Leben retten, doch die Ärzteschaft ist nur widerwillig bereit, ihre exklusive Zuständigkeit für solche Eingriffe aufzugeben, und das hat bis heute eine Umsetzung dieser Idee auf breiter Front verhindert.

Ein weiteres Handikap ist der Umstand, dass es für die Müttergesundheit einfach keine internationale Lobby gibt. Zu den raren Ausnahmen gehören Norwegen und Großbritannien, die 2007 ein groß angelegtes Auslandshilfeprogramm für den Kampf gegen die Müttersterblichkeit angekündigt haben. Die Vereinigten Staaten könnten sehr viel Gutes tun – und etwas für ihr Ansehen im Ausland obendrein –, wenn sie sich dieser norwegisch-britischen Initiative anschlössen.

Wer für ein globales Vorgehen zur Zurückdrängung des Todes im Wochenbett eintritt, sollte sich auf jeden Fall vor dem Verkünden überzogener Ziele hüten. Vorsichtig sollte man vor allem mit der Behauptung sein, Ausgaben für Müttergesundheit seien hochgradig kosteneffektiv. Ein hoher Funktionär der Weltbank erklärte 2007 auf einer Müttergesundheitskonferenz in London mit typischem Enthusiasmus:

«Investitionen in eine bessere Gesundheit von Frauen und ihren Kindern sind schlicht und einfach ein Gebot wirtschaftlicher Klugheit.» Für Investitionen in die Schulbildung von Mädchen würde diese Aussage sicherlich gelten, doch was Ausgaben für Müttergesundheit betrifft, so müssen wir der traurigen Wahrheit ins Auge sehen, dass sie mit großer Wahrscheinlichkeit nicht die Kosteneffektivität anderer Maßnahmen im Gesundheitsbereich erreichen. Die Müttersterblichkeit zu senken ist ein Gebot der Menschlichkeit, aber es ist nicht billig.

Eine Studie kam zu dem Ergebnis, dass das Millennium Development Goal, die Müttersterblichkeit weltweit um 75 Prozent zu reduzieren, erreicht werden kann, wenn die internationale Gemeinschaft bereit ist, dafür steigende Geldbeträge auszugeben, von einer Milliarde Dollar zusätzlich im Jahr 2006 bis hin zu 6 Milliarden Dollar zusätzlich im Jahr 2015. Einer anderen Studie zufolge würde es 9 Milliarden Dollar pro Jahr zusätzlich kosten, die Voraussetzungen für einen hohen Standard der Schwangeren- und Säuglingsgesundheit so flächendeckend zu schaffen, dass sie 95 Prozent der Weltbevölkerung zur Verfügung stünden. (In Wirklichkeit belief sich die Gesamtheit aller für Schwangeren- und Säuglingsgesundheit gewährten Entwicklungshilfemittel 2004 auf dürftige 530 Millionen Dollar.)

Gesetzt den Fall, der Schätzwert von 9 Milliarden Dollar pro Jahr sei zutreffend. Er verblasst zwar neben den 40 Milliarden Dollar, die die Welt Jahr für Jahr für Haustierfutter ausgibt, ist aber dennoch alles andere als ein Pappenstiel. Wenn es gelänge, mithilfe dieser 9 Milliarden Dollar drei Viertel der Gebärenden, die heute noch sterben, zu retten, so würde dies bedeuten, dass pro Jahr 402 000 Frauen gerettet würden, desgleichen eine große Zahl Babys. (Zugleich könnten auch viele geburtsbedingte Verletzungen verhütet werden.) Die Kosten pro gerettetem Frauenleben beliefen sich auf über 22 000 Dollar. Selbst wenn wir uns bei dieser Rechnung um den Faktor fünf irrten, würde es noch immer mehr als 4000 Dollar kosten, das Leben einer Schwangeren zu retten. Im Gegensatz dazu kann eine Impfung, die einen Dollar kostet, das Leben eines Kindes retten. Ein führender Kopf aus dem Entwicklungshilfebereich brachte die Sache auf den Punkt, indem er sagte: «Impfstoffe sind kosteneffektiv, Müttergesundheit nicht.»

Wir sollten also nicht zu dick auftragen. Das beste Argument für diejenigen, die die Müttersterblichkeit bekämpfen wollen, ist kein wirtschaftliches, sondern ein moralisches. Was am Tod von Prudence so erschreckend war, war nicht die Tatsache, dass die Klinik so schlecht ausgestattet war, sondern dass einem leidenden Menschen mögliche Hilfe versagt wurde. Wie schon Allan Rosenfield deutlich gemacht hat, handelt es sich hier vor allem anderen um eine Menschenrechtsfrage. Und es ist höchste Zeit, dass Menschenrechtsorganisationen sich ihrer annehmen.

Ein Beispiel für Maßnahmen, die in die von uns skizzierte Richtung gehen – etwa die Idee, Notfallgeburtsstationen einzurichten, um auch an Orten mit schwierigen Umgebungsbedingungen das Leben werdender Mütter retten zu können –, findet sich in Gestalt einer wundersamen Klinik in einem entlegenen Land, das es eigentlich gar nicht gibt.

Ednas Krankenhaus

Edna Adan machte in ihrem Land zuerst Furore, indem sie lesen lernte, und sie hat seither ihre Nachbarn immer wieder schockiert. Heute versetzt sie die wenigen Besucher aus der westlichen Welt, die sich bis ans Horn von Afrika verirren, in höchstes Erstaunen (um nicht zu sagen, Entzücken) angesichts einer Geburtsklinik, die wie ein leuchtender Stern das Chaos drumherum überstrahlt.

Wir im Westen haben uns eine so zynische Haltung zu der in der Dritten Welt grassierenden Korruption und Inkompetenz zugelegt, dass manche von uns meinen, jede finanzielle Unterstützung selbst für gute Projekte in Afrika sei letztendlich hinausgeworfenes Geld. Edna und ihre Geburtsklinik können als Kronzeugen dafür dienen, dass diese zynische Einstellung falsch ist. Edna und eine Handvoll Spender haben es mit vereinten Kräften geschafft, ein Vorzeigeprojekt zu errichten, das keiner von ihnen aus eigener Kraft hätte zuwege bringen können.

Hargeisa, wo Edna aufwuchs, ist eine Stadt in der kargen Wüstenlandschaft des einstigen britischen Protektorats Somaliland, aus dem später der Staat Somalia wurde, von dem sich jetzt die Republik Somaliland wieder abgespalten hat. Die Menschen dort sind arm, die Gesellschaft durch und durch von Traditionen geprägt. Die unzähligen Kamele, die es hier gibt, hatten oft mehr Freiheiten als die Frauen.

«Ich gehöre einer Generation an, in der es keine Schulen für Mädchen gab», erzählte uns Edna, als wir in ihrem modernen Wohnzimmer in Hargeisa mit ihr zusammensaßen. «Es galt als verkehrt, einem Mädchen lesen und schreiben beizubringen. Es gab keine Schulen für Mädchen, weil Mädchen, wenn sie mit Bildung aufwachsen, irgendwann über Geschlechtsorgane reden.» Ein spitzbübisches Leuchten in ihren Augen verriet, dass sie das scherzhaft meinte – höchstens ein bisschen ernst.

Edna wuchs in einer bemerkenswerten Familie auf. Ihr Vater Adan war Arzt und wurde zum Gründervater des Gesundheitswesens in seinem Land. Er lernte Ednas Mutter, die Tochter des Postministers, auf dem Tennisplatz des britischen Gouverneurs von Somaliland kennen. Ednas neugeborener Bruder starb, als er der Hebamme aus den Händen rutschte und mit dem Kopf aufschlug – so etwas konnte auch einer der führenden Familien des Landes widerfahren. Als Edna um die acht Jahre alt war, unterwarf ihre Mutter sie einem somalischen Traditionsritual, der sogenannten weiblichen Beschneidung. Der Zweck dieses Eingriffs, bei dem Teile der Klitoris entfernt werden, ist es, das sexuelle Verlangen der Mädchen zu hemmen, Promiskuität im Keim zu ersticken und ihre Heiratsfähigkeit sicherzustellen.

«Ich wurde nicht gefragt», sagt Edna heute. «Sie schnappten mich, drückten mich zu Boden, und dann wurde es gemacht. Meine Mutter meinte, es sei das Richtige. Mein Vater war nicht in der Stadt. Als er zurückkam und es erfuhr, sah ich zum ersten und einzigen Mal Tränen in seinen Augen. Und das gab mir Mut, denn wenn er es für falsch hielt, bedeutete das für mich eine Menge.»

Die Beschneidung Ednas, die ihrem Vater sehr nahestand, führte zu einem heftigen Streit zwischen ihren Eltern und gab ihrer ehelichen Beziehung einen Knacks. Edna selbst ist auch deshalb zu einer leidenschaftlichen Gegnerin der weiblichen Beschneidung geworden. Unabhängig davon erhielt sie zu Hause weiterhin eine aufgeklärte Erziehung. Ein Lehrer kam ins Haus, der ihre Brüder unterrichtete, und ihre Eltern erlaubten ihr, sich in Hörweite aufzuhalten und die Lektionen in sich aufzusaugen. Edna zeigte bald ihre gute Auffassungsgabe, und so schickten ihre Eltern sie auf eine Grundschule für Mädchen in der nahe gelegenen französischen Kolonie Dschibuti. Es gab zu der Zeit keine Oberschule für Mädchen, sodass Edna nach Durchlaufen der Grundschule nach Hargeisa zurückkehrte und als Dolmetscherin für einen britischen Arzt arbeitete. «Das half mir, mein Englisch zu verbessern, machte mich mit dem Gesundheitswesen vertraut und regte meinen Appetit auf eine Arbeit im Gesundheitsbereich weiter an», erzählt Edna.

1953 eröffnete in einer anderen Stadt eine Grundschule für Mädchen, an der sich Edna, mittlerweile 15 Jahre alt, als Tutorin verdingte. Am Vormittag unterrichtete sie Mädchen, am Nachmittag nahm sie Privatunterricht bei demselben Lehrer, der vormittags an der Knabenober-schule unterrichtete. (Es hätte sich für Edna nicht gehört, am Unterricht der Jungen teilzunehmen.) In jedem Jahr standen ein paar Stipendien für Studienaufenthalte junger Somalis in Großbritannien zur Verfügung, wobei stillschweigend stets von männlichen Stipendiaten ausgegangen wurde. Doch dann erhielt Edna die Erlaubnis, sich an der Eignungsprü-fung zu beteiligen – wobei sie getrennt von den Jungen in einem eigenen Zimmer saß –, und prompt schaffte sie es, als erstes somalisches Mädchen zum Studium nach Großbritannien zu gehen. Sie verbrachte letztlich sie-ben Jahre dort und absolvierte Studiengänge in Säuglingspflege, Ge-burtshilfe und Klinikmanagement.

Edna avancierte zur ersten qualifizierten Krankenschwester und Heb-amme ihres Landes, auch war sie die erste Frau in Somalia, die Auto fuhr. Damit nicht genug, wurde sie auch noch zur First Lady des Landes: Sie heiratete den Premierminister von Somaliland, Ibrahim Egal, der 1967, als sich die bis dahin von Großbritannien und Italien verwalteten somali-schen Kolonien zu dem unabhängigen Staat Somalia zusammenschlos-sen, dessen Premierminister wurde. Das Ehepaar besuchte den US-Präsi-denten Lyndon B. Johnson im Weißen Haus. Auf einem Foto, das sie uns zeigte, ist sie als ebenso hübsche wie lebhafte junge Frau zu sehen, über-ragt von einem strahlenden LBJ. (Edna ist nur 1,58 m groß.)

Später wurde Ednas Ehe geschieden, und sie übernahm ein Amt bei der Weltgesundheitsorganisation. Sie führte das gute Leben einer UN-Funktionärin und bekleidete Posten an Einsatzorten in aller Welt. Aber ihr Traum war es, in ihrem Heimatland ein Krankenhaus aufzubauen – «das Krankenhaus, an dem mein Vater hätte arbeiten wollen» –, und in den frühen 1980er-Jahren begann sie mit der Errichtung ihrer eigenen Privatklinik in der somalischen Hauptstadt Mogadischu. Doch als der Bürgerkrieg ausbrach, musste sie dieses Vorhaben einstellen.

Ihre internationale Karriere gipfelte derweil darin, dass sie zur Leite-rin der WHO-Niederlassung in Dschibuti aufstieg, mit einem wunder-schönen Büro und einem Mercedes-Benz als Dienstwagen. Doch Edna wollte als ihr Vermächtnis nicht einen Mercedes hinterlassen, sondern ein Krankenhaus. Der Traum ließ sie nicht los – sie hatte das Gefühl, et-was Wichtiges zu verpassen. Sie wusste, dass Somaliland eine der höchs-ten Müttersterblichkeitsraten der Welt hatte (ohne dass man dies mit präzisen Zahlen hätte belegen können, weil die Sterbefälle nicht statis-tisch erfasst wurden). Daher erklärte Edna, als sie 1997 den Dienst bei der Weltgesundheitsorganisation quittierte, der Regierung von Somaliland –

das inzwischen einen Bürgerkrieg siegreich beendet und sich von Somalia losgesagt hatte –, sie werde ihren Mercedes verkaufen und den Erlös sowie ihre Ersparnisse und ihre Pension in den Bau einer Klinik investieren.

«Das hast du schon einmal versucht», sagte ihr der Präsident von Somaliland, der zufällig ihr Exehemann war.

«Ich muss das tun», antwortete sie. «Es ist jetzt notwendiger denn je, denn die wenigen Gesundheitseinrichtungen, die wir hatten, sind im Bürgerkrieg zerstört worden.»

«Wir werden dir am Stadtrand ein Grundstück für die Klinik geben», sagte er.

«Nein», entgegnete Edna bestimmt. «Das ist nichts für eine Frau, bei der um zwei Uhr nachts die Wehen einsetzen.»

In Hargeisa gab es nur ein verfügbares Areal in zentraler Lage. Es hatte der voraufgegangenen Regierung als militärischer Paradeplatz gedient und war berüchtigt als ein Gelände, auf dem Menschen eingesperrt, verprügelt und hingerichtet worden waren. Nach Ende des Bürgerkriegs war das Areal verwaist, und die Bevölkerung hatte es als Müllhalde benutzt. Edna bekam erst einmal einen Schrecken, als sie es besichtigte, sah aber auch die Vorzüge, die es bot: Es lag im ärmeren Teil der Stadt, leicht erreichbar für jene, die es am nötigsten brauchten. Also ging Edna daran, an dieser Stelle ihre Geburtsklinik zu errichten. Als Gründungskapital stellte sie 300 000 Dollar zur Verfügung – ihr gesamtes Privatvermögen.

Es war ein tollkühner Traum, vielleicht sogar ein aberwitziger. Ein hoher Mitarbeiter der kleinen UN-Vertretung in Hargeisa meinte, Ednas Vision sei absolut ehrenwert, aber zu ehrgeizig für Somaliland, und das hatte einiges für sich. Viele Länder Afrikas sind mit Investitionsruinen übersät, deswegen war Skepsis durchaus angebracht gegenüber einem Projekt, hinter dem keine Wirtschaftlichkeitsrechnungen, sondern Träume standen. Ein anderes Handikap für das Projekt bestand darin, dass potenzielle Unterstützer wie die Vereinten Nationen oder private Hilfsorganisationen sich nicht gern in einem abgespaltenen Land wie Somaliland engagieren, das von niemandem anerkannt ist und damit völkerrechtlich eigentlich nicht existiert.

Als die Klinik im Rohbau stand und nur noch das Dach fehlte, ging Ednas Geld zur Neige. Die Vereinten Nationen und andere Unterstützer waren angetan, weigerten sich aber, die benötigten Restmittel zur Verfügung zu stellen. Zu diesem Zeitpunkt veröffentlichte Ian Fisher in der *New York Times* einen Artikel über Edna und ihren großen Traum. Anne

Gilhuly, eine frisch pensionierte Englischlehrerin an einer Vorortober-schule im wohlhabenden Greenwich in Connecticut, die sich bis dahin nicht besonders für Afrika oder für Müttersterblichkeit interessiert hatte, las den Artikel. Sie gab zu der Zeit Abendkurse für Erwachsene und ver-tiefte ihre eigenen Kenntnisse über Shakespeare und das Theater. Aber der Artikel brachte etwas in ihr zum Klingen, ebenso wie das mit abge-druckte Foto, das Edna vor ihrem noch nicht fertig erbauten Kranken-haus zeigte. Eine Freundin Annes aus Greenwich, Tara Holbrook, hatte den Artikel ebenfalls gelesen, und die zwei unterhielten sich am Telefon darüber.

«Wir hatten beide so die Nase voll von dem Plastikspielzeug, das un-sere Enkel sich zu Weihnachten wünschten, dass wir uns auf die Chance stürzten, etwas Besseres für die Kinder der Welt zu tun: mitzuhelfen, dass einige ihrer Mütter überleben», erinnert sich Anne – um schnell selbst-ironisch hinzuzufügen: «Klingt schwülstig, ich weiß.»

Anne und Tara nahmen Kontakt mit Edna auf. Sie erkundigten sich bei diversen Fachleuten, ob das, was Edna vorschwebte, vernünftig und erreichbar schien. Unter Umständen schon, urteilten der frühere ameri-kanische Botschafter Robert Oakley und einige andere, und das genügte Anne, um weiter Gas zu geben. Wenig später stießen Anne und Tara auf eine Gruppe von Leuten in Minnesota, die Ians Artikel ebenfalls gelesen hatten und auch helfen wollten. Zu dieser Gruppe gehörten einige Aus-wanderer aus Somaliland unter Führung eines Managers einer Compu-terfirma namens Mohamed Samatar und einer umtriebigen Reisebüro-be-treiberin namens Sandy Peterson. Sandys Tochter war als Sechsjährige von einem Nachbarn sexuell missbraucht worden und hatte danach den ganzen Rattenschwanz aus psychiatrischer Behandlung, Therapien in psy-chiatrischen Kliniken und Selbstmordversuchen durchexerziert. Sandy wusste, dass viele afrikanische Mädchen mit traumatischen Erlebnissen dieser Art fertig werden mussten, ohne auf irgendwelche Hilfsangebote zurückgreifen zu können. Die Gruppe in Minnesota hatte eine Unter-stützungsorganisationen namens Freunde von Ednas Klinik ins Leben gerufen und für diese den Status der Gemeinnützigkeit (und damit Steu-erfreiheit) beantragt. Die beiden Gruppen warfen ihre Ressourcen zusam-men. Als im Juni des Folgejahres der Gemeinnützigkeitsbescheid eintraf, startete Anne eine Briefkampagne.

«Tara und ich verschickten unseren ersten Spendenaufruf – die meis-ten Briefe gingen an Frauen aus unserer Generation, von denen wir glaubten, sie würden stolz darauf sein, was Edna in einer patriarchalischen Gesellschaft auf die Beine gestellt hatte», erinnerte sich Anne. Und die Resonanz blieb nicht aus.

Mit der Hilfe, die Anne und ihre Freunde beisteuerten, baute Edna die Klinik fertig, nicht ohne dabei die ungeschriebenen Gesetze des Baugewerbes in Somaliland über den Haufen zu werfen. Als Erstes verbot sie den Arbeitern, *khat* zu kauen, ein Blatt, das amphetaminartige Wirkstoffe enthält und bei den Männern in der gesamten Region seit Langem als Rauschmittel beliebt ist. Die Arbeiter konnten nicht glauben, dass Edna es ernst meinte – bis sie einige von ihnen wegen Nichtbeachtung des Verbots hinauswarf. Dann setzte Edna durch, dass die Maurer Frauen in der Kunst der Backsteinherstellung unterwiesen. Sie wollten das zuerst nicht, aber Edna zahlte ihre Löhne, und so kam es, dass Somaliland bald darauf über seine ersten Ziegelsteinmacherinnen staunte. Unterstützung bekam Edna auch von Handelsfirmen in Hargeisa, die ihr Maschinen und Material für den Bau kostenlos überließen und ihr sogar 860 Säcke Zement spendierten.

Das Endergebnis ist ein weißer dreistöckiger Klinikbau mit einem Schild in englischer Sprache davor, dessen Aufschrift «Edna Adan Maternity Hospital» lautet. An die stinkende Müllhalde, die das Gelände vorher war, erinnert nichts mehr. Jeder, der die üblichen heruntergekommenen afrikanischen Kliniken kennt, kann nur staunen: Dieses Krankenhaus erstrahlt in der Nachmittagssonne und kann es in puncto Hygiene und Effizienz mit westlichen Kliniken aufnehmen. Es hat 60 Betten und 76 Mitarbeiter; Edna bewohnt ein Apartment im Gebäude und ist somit stets abrufbereit. Sie bezieht kein Gehalt, stopft vielmehr mit der Pension, die sie von der WHO bezieht, die Löcher im Haushalt ihrer Klinik.

«Dinge wie dieses hier sind für uns sehr kostbar», sagte sie uns und hielt einen Mundschutz hoch, der in ganz Somaliland nirgendwo käuflich zu erwerben ist. Die Klinik importiert ihre gesamte medizinische Ausrüstung und behilft sich in vielem mit gespendeten und gebrauchten Sachen. Den Stromgenerator bekam sie vom Dänischen Flüchtlingsrat, das Ultraschallgerät von einem deutschen Arzt, der einmal zu Besuch da war und dann sein ausrangiertes Gerät schickte. Der Blutkühlschrank kam von einem Somali, der Edna einen Gefallen schuldig war. Die Flüchtlingshilfeorganisation der Vereinten Nationen spendete ein Ambulanzfahrzeug, die Niederlande zwei Brutkästen. Die amerikanische Auslandshilfebehörde USAID errichtete eine Ambulanzabteilung. Großbritannien steuerte die Einrichtung des Operationssaals

Edna Adan vor ihrer
Klinik in Somaliland

bei. UNICEF stellt Impfstoffe zur Verfügung, die WHO Reagenzien für Bluttransfusionen.

Die Freunde von Ednas Klinik trugen in der Anfangsphase Ausrüstungsmaterial und Medizinbedarf in den Vereinigten Staaten zusammen und expedierten alles nach Somaliland. Allmählich verlagerten sie den Schwerpunkt ihrer Aktivität auf die reine Geldbeschaffung, um Edna Mittel zur Verfügung stellen zu können, mit denen sie das, was für den Klinikbetrieb benötigt wird, aus näher gelegenen Quellen beschaffen kann. Die Gruppe finanziert darüber hinaus zwei früheren Schwesternschülerinnen Ednas ein Medizinstudium, damit die Klinik in absehbarer Zeit zwei «Eigengewächse» als Vollzeitärztinnen beschäftigen kann. Schließlich arbeitet der Freundeskreis auch daran, eine Stiftung auf die Beine zu stellen, als Voraussetzung dafür, dass die Klinik auch nach dem Tod Ednas weiterbestehen kann.

Immer wieder werden hier kleine Wunder wahr. Einmal klopfte nachts um 3 Uhr ein Mann an, der seine Frau in einer Schubkarre mitbrachte. Sie lag in den Wehen. Das Klinikteam legte einen Schnellstart hin und brachte die Frau in den Entbindungssaal. Ein anderer Fall: Eine Nomadenfrau bekam in der Wüste ein Kind und trug dabei eine Unterleibsfistel davon. Ihr Mann ertrug ihren Geruch und ihr ständiges Nässen nicht mehr und stach ihr ein Messer in die Kehle; das Messer drang ihr durch die Zunge und blieb in ihrem Gaumen stecken. Die anderen Nomaden nähten die Halswunde mit einem Faden zu und transportierten die Frau zu Ednas Klinik. Ein auf Besuch weilender Fistelchirurg flickte die Frau zusammen, vom Hals bis zur Blase.

Wenn Edna durch ihre Klinik streift, kommt sie einem vor wie das Wetter im Oktober: abwechselnd stürmisch und sonnig. Eine der wichtigsten Aufgaben ihres Krankenhauses besteht darin, laufend neue Hebammen, Krankenschwestern und Anästhesisten auszubilden; Edna stellt den Auszubildenden ständig Wissensfragen, und zwar auf Englisch, weil sie will, dass alle fließend Englisch lernen. Im Korridor hält sie eine Schwesternschülerin an und schimpft sie wegen eines Fehlers, den sie gemacht hat, so aus, dass das Mädchen denselben Fehler wohl nicht wieder begehen wird. Eine Sekunde später strahlt Edna wieder vor reinem Mitgefühl, im Gespräch mit einer Fistelpatientin, die schluchzend schildert, wie ihr Mann sie aus dem gemeinsamen Haus warf.

«Ich bin auch eine Frau», versichert Edna dem Mädchen und ergreift dessen Hand. «Wenn ich so etwas höre, könnte ich selbst heulen.»

Einmal fuhr ein Mann an der Klinik vor, mit seiner in den Wehen liegenden Frau auf dem Rücksitz. Als er anhielt, flutschte das Baby gerade heraus, woraufhin der Mann sich anschickte, gleich wieder loszufahren. «Nein! Nein!», rief Edna ihm zu. «Sie bringen Ihre Frau um. Die Plazenta muss noch herauskommen.»

«Ich zahle euch nichts», rief der Mann zurück. «Ich fahre wieder nach Hause.»

«Schließ das Tor!», wies Edna den Wachtposten an und versperrte dem Auto die Weiterfahrt. Dann wandte sie sich wieder dem Paar zu.

«Reden Sie nicht von Zahlen», sagte sie zu dem Mann, während sie der Gebärenden an Ort und Stelle, auf dem Rücksitz des Autos, die Plazenta aus dem Muttermund zog. Erst dann ließ sie das Tor wieder öffnen und den Mann wegfahren.

Es gibt bei den Somalis einen Aberglauben, der besagt, das Anbringen eines Brandmals auf der Brust eines Neugeborenen beuge der Tuberkulose vor. Edna muss ständig Wachsamkeit üben, weil frischgebackene Mütter versuchen, ihr Neugeborenes aus der Klinik zu schmuggeln und mit einem Brandeisen traktieren zu lassen. In mindestens einem Fall wurde eine Mutter dabei erwischt, wie sie ihrem Baby in der Küche der Klinik ein Brandmal beibrachte.

Mitglieder des amerikanischen Unterstützerkreises haben es sich nicht nehmen lassen, nach Somaliland zu reisen und sich anzuschauen, was dort mit ihrer Hilfe entstanden ist. Sandy Peterson, die Reisebürobetreiberin, war die Erste, die sich auf den Weg nach Hargeisa machte. Nach ihr kamen andere, darunter auch Anne Gilhuly und ihr Mann Bob. Ihr Besuch fiel in die Zeit, in der Edna in Personalunion auch als Außenministerin für Somaliland amtierte. Anne schrieb in einer E-Mail an uns:

Edna beim Entbinden
einer Steißgeburt in
ihrer Klinik

Mit [Edna] schwimmen zu gehen – natürlich voll bekleidet (abgesehen von Bob, der mit Badehose ins Wasser durfte, weil er ein Mann ist) – im Golf von Aden bei Berbera, in dem warmen türkisblauen Wasser, mit den lilafarbenen Bergen in der Ferne und ihrem Leibwächter, der mit seiner Maschinenpistole auf dem ansonsten menschenleeren Strand hin und her marschierte, war sehr viel interessanter, als [zu Hause beim YMCA] Bridge zu spielen.

Anne lernte auch Ednas ungemütlichere Seite kennen. Einmal wartete eine Oberschwester zu lange, bevor sie einen Arzt für einen Kaiserschnitt herbeirief. In der Überzeugung, dass die Schwester das Leben der Patientin aufs Spiel gesetzt hatte, legte Edna einen ausgewachsenen Wutausbruch hin und machte die Schwester so zur Schnecke, dass es Anne und Bob den Atem verschlug. Hinterher gelangten sie zu dem Schluss, dass Edna recht gehabt hatte: Wenn sie durchsetzen wollte, dass das Patientenwohl an erster Stelle stand, musste sie hergebrachte Denkweisen ändern und dafür auch manchmal hart durchgreifen.

«Edna war der Meinung, es habe an der nötigen Sensibilität für den Zustand der Frau gefehlt, und wollte sicherstellen, dass so etwas nicht wieder vorkommt», erinnerte sich Anne später. «In ihrer Klinik hat jede einzelne Patientin Anspruch auf volle Zuwendung. Ich fühlte mich wirklich wie nach einer Bußpredigt. Der Zwischenfall machte uns klar, was für eine Riesenaufgabe Edna sich gestellt hat und wie schwer es für uns ist, voll zu ermessen, was sie geleistet hat.»

Familienplanung und die «Gotteskluft»

«Immer wenn Kannibalen am Verhungern sind,
schickt ihnen der Himmel in seiner unendlichen Güte
einen netten beleibten Missionar.»
Oscar Wilde

Rose Wanjera, eine 26-jährige Kenianerin, kreuzte eines Nachmittags in einer Geburtsklinik auf. Sie hatte ein Kleinkind im Schlepptau und ein weiteres im Bauch. Rose war krank und mittellos und hatte keinerlei pränatale Betreuung gehabt. Sie war eine ungewöhnliche Besucherin in dieser Klinik in den Slums, weil sie studiert hatte und Englisch sprach. Sie setzte sich in eine Ecke des schmutzigen, nur schwach beleuchteten Empfangsbereichs, wartete geduldig darauf, dass ein Arzt kommen würde, und erzählte uns, wie ihr Mann vor einigen Wochen von wilden Hunden zerfleischt worden war.

Eine Schwester rief schließlich Roses' Namen, und sie legte sich auf eine Trage. Der Arzt untersuchte sie, hörte ihren Bauch ab und erklärte, sie leide an einer Infektion, die sowohl für sie selbst als auch für ihr ungeborenes Kind lebensgefährlich sei. Er nahm sie in das Förderprogramm für sichere Mutterschaft auf, um ihr einen Anspruch auf pränatale Betreuung und eine Entbindung in der Klinik zu gewähren.

Die Klinik, in die Rose sich begab, ist der ungewöhnliche Außenposten eines von Hilfsorganisationen gebildeten Konsortiums, das die Aufgabe erfüllen soll, reproduktionsmedizinische Fürsorge für Flüchtlingsfrauen bereitzustellen, also für die tendenziell alleingelassensten und bedürftigsten Menschen auf Erden. Zu dem Konsortium gehören CARE, das International Rescue Committee und AMDD, Allan Rosenfields an die Columbia University angebundene Organisation. Die unmittelbare Verantwortung für die betreffende Klinik hatte ein weiteres Mitglied des Konsortiums, die Organisation Marie Stopes International – doch dann strich George W. Bush sowohl dieser als auch dem gesamten Konsortium die Mittel für alle weltweiten Projekte, weil Marie Stopes in China Abtreibungshilfe leistete. Für die Streichung der Mittel für das China-Programm hätte man noch Verständnis aufbringen können, aber dem Konsortium den Geldhahn auch für Afrika zuzudrehen war abscheulich.

Durch die Streichung der Mittel sah sich Marie Stopes gezwungen, ein geplantes Hilfsprogramm für somalische und ruandische Flüchtlinge abzublasen. Die Organisation musste zwei Kliniken in Kenia schließen und 80 Ärzte und Schwestern entlassen – genau die Leute, die sich um Rose kümmerten. Rose wurde so zu einem der namenlosen Opfer der amerikanischen Antiabtreibungspolitik, die die einzige Quelle versiegen ließ, aus der Frauen wie Rose ärztliche Hilfe hätten schöpfen können. «Das waren Kliniken, die sich auf die Ärmsten der Armen konzentrierten, die an den Rand Gedrängten, die Menschen in den Slums», sagte Cyprian Awiti, Direktor von Marie Stopes in Kenia.

Dieser Vorgang demonstriert die «Gotteskluft», die in der amerikanischen Außenpolitik herrschte. Besonders im Bereich der Bevölkerungs- und Familienplanung spielte die Religion eine prägende Rolle, und es kam immer wieder zu Divergenzen zwischen weltlichen Liberalen und konservativen Christen. Jede Seite ist von den besten Absichten geleitet, traut aber der Gegenseite nicht über den Weg – und dieses Misstrauen macht es schwierig, eine breite Links-Rechts-Koalition zu schmieden, die weitaus besser in der Lage wäre, wirksam gegen Missstände wie Mädchenhandel vorzugehen und wenigstens die schlimmsten Auswüchse der Armut zu überwinden. Eines der umkämpftesten Themen in diesem Konflikt war und ist die Kontroverse um die finanzielle Förderung von Organisationen wie Marie Stopes, für die Abtreibungen nicht des Teufels sind.

Nicht zuletzt auf Druck konservativer Christen führten republikanische US-Präsidenten, darunter auch die beiden Bushs, die «Knebelvorschrift» ein, die staatliche Geldleistungen an jede Auslandshilfeorganisation untersagte, die Frauen in Abtreibungsfragen beriet oder irgendwelche Verbindungen zu Abtreibungsbefürwortern unterhielt. Nach den Beobachtungen der ghanaischen Ärztin Eunice Brookman-Amissah ist diese Politik kontraproduktiv. «Im Gegensatz zu ihrer erklärten Absicht führt die globale Knebelvorschrift zu mehr ungewollten Schwangerschaften, unsichereren Abtreibungen und mehr Todesfällen bei Frauen und Mädchen.»

Eine der Hauptzielscheiben der konservativen Abtreibungsgegner war und ist die UNFPA, deren Auftrag es ist, Familienplanung und Müttergesundheit zu fördern und die Säuglingssterblichkeit zu verringern.

Unterorganisationen der Vereinten Nationen neigen dazu, ineffizient und bürokratisch zu sein, weit weniger flexibel und kosteneffektiv als private Hilfsgruppen; sie tun wahrscheinlich mehr für die Hersteller von Fotokopierern und Papier als für die Armen der Welt – trotzdem sind sie nach wie vor unersetzlich. Erinnern wir uns nur an den Operationssaal in Zinder im Niger, wo der Arzt Ramatou und ihr Baby rettete: Die Ausstattung dieser Klinik stammte von der UNFPA. Umgekehrt hätte Prudence vielleicht nicht sterben müssen, wenn ein UNFPA-Programm für Müttergesundheit, das in Kamerun existierte, mit genügend Ressourcen ausgestattet gewesen wäre, um sich auch um die abgelegene kleine Klinik zu kümmern.

Als die UNFPA 1969 gegründet wurde, gehörte die Regierung Nixon zu ihren entschiedenen Fürsprechern, und die US-Regierung war ihr größter Geldgeber. Doch in den 1980er-Jahren begannen amerikanische Abtreibungsgegner, gegen die UNFPA Stimmung zu machen. Zwar führt die Organisation selbst keine Abtreibungen durch und finanziert auch keine, aber ihre Kritiker monierten, dass sie China in Fragen der Bevölkerungspolitik beriet und dass China eine strikte, Zwangsmittel einsetzende Familienplanungspolitik betreibt. Die UNFPA beging 1983 den Kardinalfehler, ihren Population Award in Gold dem Chef des chinesischen Familienplanungsprogramms, Qian Xinzhong, zu verleihen, der zu der Zeit eine brachiale Familienplanungsbehörde leitete, die unter anderem Zwangsabtreibungen anordnete. Sogar den Spitzen der chinesischen KP war der Übereifer Qians so peinlich, dass sie ihn ein Jahr später in die Wüste schickten.

Der US-Regierung stand kein Hebel zu Gebote, mit dem sie China für seine Politik der Zwangsabtreibungen hätte bestrafen können; daher strafte sie stellvertretend die UNFPA ab. 1985 schraubte Präsident Ronald Reagan die Zahlungen an die Organisation zurück. Später strichen seine Nachfolger George H. W. Bush und George W. Bush die amerikanischen Finanzierungsbeiträge für die UNFPA ganz. Der Kongressabgeordnete Chris Smith, Republikaner aus New Jersey, führte den Kampf gegen die UNFPA an. Er ist ein guter Mann, dem wirklich das Wohlergehen der chinesischen Frauen am Herzen lag und der die Zwangsabtreibungen entsetzlich fand. Er wollte mit seiner Kritik an der UNFPA nicht auf die billige Tour politische Punkte sammeln, denn die meisten seiner Wähler in New Jersey hatten von dieser Behörde nie etwas gehört. Es ging Smith wirklich um die Sache. Die Auswüchse der chinesischen Familienpolitik waren real, aber ebenso real war, dass die UNFPA keinen Anteil daran hatte. Nach der Verleihung der Goldmedaille an Qian vollzogen die Vereinten Nationen eine Kehrtwende und sorgten in der Folgezeit für erhebliche Korrekturen im Vorgehen der Chinesen. Eine in der Amtszeit von George W. Bush nach China entsandte Beobachterkommission aus Vertretern des US-Außenministeriums kam zu dem Schluss: «Wir finden keine Anhaltspunkte dafür, dass die UNFPA die Durchführung eines Programms der Zwangsabtreibungen oder der unfreiwilligen Sterilisierungen in der Volksrepublik China wissentlich unterstützt oder sich daran beteiligt hätte.» In den 32 Provinzen Chinas, in denen die UNFPA Pilotprogramme durchführte, fiel die Zahl der Abtreibungen um 40 Prozent auf eine Quote, die unter der in den Vereinigten Staaten lag.

Tatsächlich hat die UNFPA einen bedeutsamen Durchbruch für die chinesischen Frauen erreicht, der ihr nie gutgeschrieben worden ist. In der Vergangenheit hatten chinesische Frauen durchweg eine stählerne Ringspirale benutzt, die nur 4 Cents in der Herstellung kostete, aber oft versagte oder ihren Trägerinnen starke Beschwerden verursachte. Dieser Stahlring führte zu Millionen unbeabsichtigter Schwangerschaften, die wiederum Abtreibungen nach sich zogen. Unter dem Druck der UNFPA führte China widerstrebend einen anderen Spiralentyp ein, das sogenannte Kupfer-T. Dieses Teil war in der Herstellung teurer – umgerechnet 0,22 Euro –, aber sehr viel verträglicher und zuverlässiger. Das war ein großer Fortschritt für die 60 Millionen Chinesinnen, die mit Spirale verhüteten, und verhinderte rund 500 000 Abtreibungen pro Jahr. Fazit: Die UNFPA hat in den letzten 20 Jahren in China 10 Millionen Abtreibungen präventiv verhindert. Das ist eine bessere Bilanz, als irgendeine Organisation amerikanischer Abtreibungsgegner sie vorweisen kann.

Dieses Strickmuster zeigt sich immer und immer wieder: Konservative Abtreibungsgegner in den USA vertreten unter dem Schlachtruf «pro life» – «für das Leben» – Positionen, die denen, denen sie zu helfen versuchen, in Wirklichkeit schaden – und ein Mehr an Abtreibungen zur Folge haben. Wenn man Spezialkliniken in Estland besucht, wo die Abtreibung eine gängige Form der Geburtenkontrolle war und wo manche Frauen zehn oder mehr Abtreibungen hinter sich hatten, kann man die Folgen in

Gestalt einer hohen Unfruchtbarkeitsrate und anderer Komplikationen studieren. Und in armen Ländern verlaufen Abtreibungen manchmal für die Schwangere ebenso tödlich wie für den Fetus. Im Afrika südlich der Sahara kommt auf je 150 unprofessionelle Abtreibungen eine tote Frau; in den Vereinigten Staaten liegt dieses Risiko bei unter 1 zu 100 000. Liberale und Konservative sollten also die Fähigkeit entwickeln, sich auf Schritte zu einigen, die zu einer Prävention ungewollter Schwangerschaften führen und damit auch zu einer Verringerung der Abtreibungen.

Dazu kommt es aber nicht. Es ist einer der Skandale des beginnenden 21. Jahrhunderts, dass 122 Millionen Frauen in aller Welt Empfängnisverhütung wollen, sich die Mittel dazu aber nicht beschaffen können. Wie immer man über Abtreibung denken mag, es ist auf jeden Fall tragisch, dass bis zu 40 Prozent aller Schwangerschaften weltweit ungeplant oder ungewollt sind – und dass fast die Hälfte von ihnen zu Abtreibungen führen. Manchen Hochrechnungen zufolge ließe sich mindestens jeder vierte Todesfall im Wochenbett vermeiden, wenn es keine unbekannten und ungewollten Schwangerschaften mehr gäbe. Im Lichte dessen ist es eine Schande, dass die letzten zehn Jahre so gut wie keine Fortschritte im Bereich der Familienplanung gebracht haben, vor allem nicht in Afrika. In Äthiopien haben heute nur 14 Prozent der Frauen Zugang zu modernen Mitteln der Empfängnisverhütung.

«Wir haben ein Jahrzehnt verloren», erklärte Professor John Cleland, britischer Familienplaner, schon 2006 einer parlamentarischen Enquête-kommission. «Die Anwendung von Verhütungsmitteln hat in Afrika bei den verheirateten Frauen in den letzten zehn Jahren kaum zugenommen. Es ist eine Katastrophe.»

Das Bevölkerungswachstum einzudämmen ist nicht annähernd so einfach, wie viele in der westlichen Welt glauben. Schon in den 1950er-Jahren fand im indischen Khanna ein von der Rockefeller-Stiftung und der Harvard University gefördertes bahnbrechendes Familienplanungsprojekt statt, in dessen Rahmen 8000 Dorfbewohnern alle erdenkliche Hilfe in Sachen Empfängnisverhütung gewährt wurde. Nach fünf Jahren zeigte sich, dass die Geburtenrate in diesem Dorf höher war als bei einer Kontrollgruppe ohne Zugang zu Empfängnisverhütungsmitteln. Gewiss haben Programme, die den Zugang zur Empfängnisverhütung verbessern, in den allermeisten Fällen den Effekt, die Geburtenrate zu senken, doch fällt der Rückgang in der Regel bescheidener aus als erwartet.

Ein mit großer Sorgfalt durchgeführtes Experiment in Matlab in Bangladesch erbrachte die Erkenntnis, dass nach dreijähriger Dauer eines Familienplanungsprogramms die durchschnittliche Geburtenzahl in dem von der Studie erfassten Gebiet auf 5,1 zurückging, wogegen sie bei einer vergleichbaren Kontrollgruppe 6,7 betrug. Das ist keine Revolution, deutet aber doch auf eine signifikante Auswirkung hin. Nach Angaben von Peter Donaldson vom Population Council waren Familienplanungsprogramme unter der Regie der Vereinten Nationen für mindestens 23 Prozent der Geburtenrückgänge in den armen Ländern zwischen 1960 und 1990 verantwortlich.

Der Schlüssel zu einer Verringerung der Geburtenzahl liegt häufig nicht so sehr in der praktischen Verfügbarkeit von Verhütungsmitteln als darin, den Menschen ihre Vorbehalte gegen eine kleinere Familie auszureden. Ein Weg dorthin führt über eine Reduzierung der Kindersterblichkeit – so kann man Eltern die Zuversicht vermitteln, dass ihnen ihre Kinder, selbst wenn es weniger sind, erhalten bleiben. Aber das vielleicht wirksamste Mittel hin zu kleineren Familien ist die Förderung der Schulbildung, ganz besonders für Mädchen. In England brachten die 1870er-Jahre einen starken Rückgang der Geburtenrate, vermutlich als Folge des Education Act von 1870, der die allgemeine Schulpflicht einführte. Hierin drückt sich eine ausgeprägte, weltweit festzustellende Korrelation zwischen (höherem) Bildungsniveau und (geringerer) Familiengröße aus. Offenbar ist das wirksamste Verhütungsmittel Bildung für Mädchen, was aber nicht heißen soll, dass andere Verhütungsmethoden unnötig wären.

Einiges spricht dafür, dass in individuelle Entscheidungen über die Kinderzahl fundamentale Strategien für die Weitergabe der eigenen Gene einfließen, die bei Männern anders gepolt sind als bei Frauen, sodass Spannungen entstehen können. Erhebungen scheinen zu bestätigen, was Evolutionsbiologen immer wieder vermutet haben, nämlich dass auf der genetischen Ebene Männer gleichsam eine Strategie der großen Zahl verfolgen, die besagt, die beste Gewähr für eine gute Ernte bestehe darin, so viele Samen wie möglich auszubringen, ohne sich danach um ihre Aufzucht zu kümmern. Frauen ziehen es hingegen vor, weniger Kinder zu bekommen, dafür aber in jedes Einzelne viel zu investieren. Daraus folgt, dass man die Geburtenrate senken kann, indem man Frauen mehr Mitsprache bei der Familienplanung einräumt.

Kampagnen und Programme zur Familienplanung können nicht nur die Voraussetzungen für die volkswirtschaftliche Weiterentwicklung verbessern, sondern spielen heute auch eine entscheidend wichtige Rolle im

Kampf gegen Aids. HIV ist für Frauen ein besonders großes Problem, teilweise aus biologischen Gründen: Bei Frauen ist die Wahrscheinlichkeit, dass sie sich bei heterosexuellem Verkehr mit einem HIV-positiven Partner anstecken, doppelt so groß wie bei Männern. Das liegt daran, dass der männliche Samen ein potenterer Virenträger ist als die Vaginalsekrete der Frau es sind und dass bei Frauen während des Geschlechtsverkehrs mehr Schleimhautfläche berührt wird als beim Mann.

Eine der größten moralischen und politischen Fehlleistungen der letzten 30 Jahre war die Gleichgültigkeit, die zugelassen hat, dass Aids sich über den Globus verbreiten konnte. Diese Gleichgültigkeit speiste sich teilweise aus der Scheinheiligkeit der Moralapostel. Patrick Buchanan verkündete 1983: «Die armen Homosexuellen – sie haben der Natur den Krieg erklärt, und jetzt übt die Natur auf schreckliche Weise Vergeltung.» Rückblickend betrachtet, waren die schlimmsten Schauplätze moralischer Verkommenheit in den 1980er-Jahren nicht die Badehäuser von San Francisco, sondern die Korridore der Macht, in denen selbstgerechte politische Führer durch ihre menschenverachtende Indifferenz die Ausbreitung der Krankheit begünstigten.

Eine der Hürden, die einer wirksamen Bekämpfung des Virus im Weg stehen, ist die Abneigung vieler Konservativer gegen Kondome. Viele von ihnen fürchten, die bloße Diskussion über gefahrlosere Sexualität sorge für eine Zunahme sexueller Aktivitäten. In dieser Aussage könnte ein Stückchen Wahrheit stecken, aber was zweifelsfrei feststeht, ist, dass Kondome Leben retten. Kondome kosten heute, in großen Mengen eingekauft, 2 Cent das Stück und sind ein außerordentlich kosteneffektives Mittel zur Verhütung von Krankheiten. Eine Studie der University of California kam zu dem Ergebnis, dass eine Lebensverlängerung um ein Jahr durch ein Programm zur Verteilung von Kondomen für unter drei Euro zu haben ist, während bei einer Aids-Behandlung für dasselbe Ergebnis rund 700 Euro zu veranschlagen sind. (Diese Berechnung stammt allerdings aus einer Zeit, in der Aids-Medikamente teurer waren als heute.) Eine andere Untersuchung ergab, dass sich mit jeder Million Euro, die für Kondome ausgegeben wird, 466 Millionen Euro an Behandlungs- und Folgekosten von Aids-Infektionen einsparen lassen.

Doch obwohl Kondome so kosteneffektiv sind, unterliegen sie einer ausgesprochen geizigen Rationierung. Für Burundi, nach Einschätzung der Weltbank das ärmste Land der Welt, haben die Geberländer weniger als drei Kondome pro Mann und Jahr übrig. Im Sudan steht jedem Mann alle fünf Jahre ein Kondom zur Verfügung. Irgendwann werden Wissenschaftler und andere zurückblicken und die Frage stellen: Was hat man sich dabei gedacht?

Einige Kondomkritiker begannen die pseudowissenschaftliche These zu verbreiten, Kondome hätten Poren mit einem Durchmesser von 10 Mikrometer, während das Aids-Virus weniger als einen Mikrometer groß sei. Das stimmt nicht; die Beobachtung diskordanter Paare (bei denen ein Partner HIV-positiv ist und der andere nicht) lassen den Schluss zu, dass Kondome die Übertragung des Aids-Virus relativ zuverlässig verhindern, wenn auch nicht so zuverlässig wie sexuelle Abstinenz. In El Salvador wurde auf Druck der katholischen Kirche ein Gesetz verabschiedet, das die Hersteller von Kondomen zwingt, die Packungen mit dem Warnhinweis zu versehen, Kondome schützten nicht vor Aids. Schon vor Inkrafttreten dieses Gesetzes benutzten weniger als 4 Prozent der Frauen des Landes bei ihrem ersten Geschlechtsverkehr ein Kondom.

George W. Bush ließ sich nie ganz in die Anti-Kondom-Kampagnen einspannen, die von vielen Mitgliedern seiner Administration gefahren wurden; die Vereinigten Staaten stellten auch in seiner Amtszeit mehr Kondome zur Verfügung als jedes andere Land, mit allerdings nur geringen Zuwächsen im Lauf der Jahre. Ironischerweise war es die Regierung Clinton, die (im Verein mit dem damals republikanisch dominierten Kongress) die amerikanischen Kondomlieferungen zusammenstrich: von 800 Millionen Kondomen jährlich unter Clintons Vorgänger George H. W. Bush auf nur noch 190 Millionen im Jahr 1999.

In ihrer Kampagne zur Aids-Prävention konzentrierte sich die Bush-Administration auf Programme, die Abstinenz als die einzig wahre Lösung propagierten. Es gibt einige Belege dafür, dass eine auf Abstinenz abzielende Erziehung etwas bringen kann, wenn sie mit einer Aufklärung über Kondome, Empfängnisverhütung und Fortpflanzung einhergeht. Doch das unter Bush aufgelegte Programm ging über das bloße Befürworten einer Erziehung zur Abstinenz hinaus; es versteifte sich auf die Propagierung von «Abstinenz und sonst nichts» für junge Menschen. Die Instruktionen für das Programm sehen vor, dass die Referentin die Mädchen auffordert, einen Lutscher in den Mund zu stecken, und ihnen dann erklärt:

Euer Körper ist ein verpackter Lolli. Wenn ihr mit einem Mann Sex habt, wickelt er euren Lolli aus und lutscht ihn. Das mag im Moment ein tolles Gefühl sein, aber wenn er mit euch fertig ist, habt ihr eurem nächsten Partner leider nur noch einen nicht mehr schön eingewickelten, mit Speichel verschmierten Lutscher anzubieten.

Studien zu den Wirkungen von Abstinenzprogrammen liefern keine eindeutigen Erkenntnisse; der Erfolg solcher Programme hängt offenbar zu einem gewissen Grad von der ideologischen Ausrichtung derer ab, die die Studie durchgeführt haben. Unter dem Strich scheinen die Ergebnisse jedoch den Schluss nahezulegen, dass die Programme den Beginn der sexuellen Aktivität geringfügig nach hinten verschieben. Einmal sexuell aktiv, greifen Teenager, die diese Programme durchlaufen haben, aber weniger häufig zu empfängnisverhütenden Mitteln. Die Studien deuten darauf hin, dass die Abstinenzerziehung letzten Endes zu mehr Schwangerschaften, mehr Abtreibungen, mehr durch Geschlechtsverkehr übertragenen Krankheiten und mehr HIV-Ansteckungen führt. Fursprachegruppen wie die International Women's Health Coalition kämpften und kämpfen wacker für eine rationale, auf Forschungsergebnissen beruhende Strategie im Bereich der Sexualgesundheit, und die Kongressabgeordnete Carolyn Maloney setzte sich unermüdlich für Programme der UNFPA ein, aber das Weiße Haus wollte nichts davon hören. Schließlich war es Präsident Barack Obama, der kurz nach seinem Amtsantritt ankündigte, er werde die «Knebelvorschrift» außer Kraft setzen und die Finanzierung der Familienplanungsprogramme und ihrer Träger sowie der UNFPA wiederherstellen.

Eine der Prämissen, auf denen die Kampagne für «Abstinenz und sonst nichts» beruhte, besagte, das Aids-Problem in Afrika sei eine Folge sexueller Promiskuität. Einiges spricht dafür, dass diese vermeintliche Erklärung nicht zutrifft, insbesondere nicht auf die afrikanischen Frauen. Emily Oster, Volkswirtin an der University of Chicago, stellte fest, dass rund 0,8 Prozent aller erwachsenen Amerikaner mit HIV infiziert sind, dagegen 6 Prozent aller Erwachsenen in Afrika südlich der Sahara. Als sie sich gründlicher mit den vorliegenden Daten beschäftigte, konnte sie keine Belege dafür finden, dass in Afrika eine höhere Promiskuität herrscht. Tatsächlich machen Amerikaner und Afrikaner ähnliche Angaben zur Zahl ihrer Sexualpartner (wobei manche Fachleute glauben, dass es sich bei Afrikanern häufiger um gleichzeitige als um aufeinanderfolgende Partner handeln könnte). Der größte Unterschied, den Oster feststellen konnte, war, dass die Übertragungsraten in Afrika wesentlich höher sind als in den USA. Bei Afrikanern ist die Wahrscheinlichkeit, sich bei ungeschütztem Geschlechtsverkehr mit einem infizierten Partner mit HIV anzustecken, vier- bis fünfmal größer.

Dieses höhere Ansteckungsrisiko lässt sich zum Teil damit erklären, dass Amerikaner mit jedem genitalen Wehwehchen zum Arzt gehen;

Afrikaner tun dies oft nicht. Zu jedem beliebigen Zeitpunkt leiden 11 Prozent aller Afrikaner an unbehandelten bakteriellen Infektionen im Genitalbereich; die infizierten Stellen erleichtern dem HIV-Virus das Eindringen. Die Experten sind sich auf breiter Front darin einig, dass eines der kosteneffektivsten Mittel zur Bekämpfung von HIV darin bestünde, kostenlose Reihenuntersuchungen und Therapien für Entzündungen im Genitalbereich anzubieten. Oster hat ausgerechnet, dass, wenn man Geldmittel aus der Aids-Prävention für die Behandlung von sexuell übertragenen Krankheiten (STD) hernähme, für den Gegenwert von nur etwa 2,60 Euro eine Person ein Jahr lang vor Aids geschützt werden könnte.

Davon ganz abgesehen, ist für Frauen der lebensgefährliche Risikofaktor oft nicht Promiskuität, sondern die Heirat. Es ist in Afrika und Asien die Regel, dass Frauen gesund sind, bis sie heiraten, und dann von ihrem Mann mit Aids infiziert werden. In Kambodscha trafen wir eine 27 Jahre alte Exprostituierte, die uns von ihrem Kampf gegen Aids berichtete; wir nahmen zunächst an, sie habe sich das Virus im Bordell zugezogen.

«Oh nein», sagte sie. «Aids bekam ich später, von meinem Mann. Im Bordell benutzte ich immer Kondome. Aber als ich verheiratet war, ließ ich das Kondom weg. Eine verheiratete Frau schwebt in viel größerer Gefahr als ein Mädchen in einem Bordell.»

Das ist eine Übertreibung, aber es unterstreicht eine überaus wichtige Tatsache: Aids ist oft Ausdruck fehlender Geschlechtergerechtigkeit. Besonders im südlichen Afrika steht es meist nicht in der Macht junger Frauen, sich ungeschütztem Sex zu verweigern. Teenagerinnen werden zum Beispiel oft von Männern mittleren Alters als Gespielinnen auserkoren, und auf solchen Wegen verbreitet sich HIV unerbittlich. Wie es Stephen Lewis, ehemaliger UN-Botschafter in Sachen Aids, formulierte: «Die fehlende Gleichberechtigung der Geschlechter ist eine der Triebkräfte der Pandemie.»

Ein guter Eignungstest für jedes Programm zur Aids-Prävention bestünde darin festzustellen, wie es mit dem Fall eines 14-jährigen Mädchens wie Thabang fertig wird, das in dem Dorf Kwa-Mhlanga im nordöstlichen Teil Südafrikas lebt. Groß gewachsen, kokett und mit Make-up alles andere als sparsam, ist Thabang eine rebellische Teenagerin, die eine Herausforderung für jedes Hilfsprogramm wäre. Ihr Vater, ein Elektriker, starb nach einem langwierigen Kampf gegen Aids, der die Ersparnisse der Familie aufzehrte. Thabangs Mutter, Gertrude Tobela, wurde

HIV-positiv getestet, nachdem sie sich das Virus offensichtlich von ihrem Mann eingefangen hatte, und sie steckte dann ihr jüngstes Kind, Victor, während der Entbindung damit an. Gertrude hatte als Erste in ihrer Familie die Oberschule besucht und danach studiert, und sie und ihre Familie hatten sich einen bürgerlichen Lebensstandard erarbeitet. Es hatte jedoch nicht lange gedauert, bis Gertrude so krank wurde, dass sie nicht mehr arbeiten konnte; von da an hatte die Familie von einer staatlichen Beihilfe im Gegenwert von 50 Euro im Monat gelebt. Die Situation in der Hütte, die sie bewohnten, war erbärmlich.

Thabang ist klug und begabt, und wie jeder Teenager sehnte sie sich nach Spaß und menschlicher Wärme und Liebe. Das trostlose Leben in der Hütte ödete sie an, und so begann sie in der Stadt abzuhängen. Sie ließ sich eine modische Frisur schneiden und trug sexy Klamotten, um sich von Jungs hofieren zu lassen und der bedrückenden Enge ihres Zuhauses zu entkommen. Sie wünschte sich auch, unabhängiger zu sein, wollte wie eine Erwachsene leben und verübelte ihrer Mutter, dass diese versuchte, ihr Zügel anzulegen. Thabang hat das Pech, ein außerordentlich attraktives Mädchen zu sein, und so erhält sie jede Menge schmeichelhafte männliche Aufmerksamkeit. In Südafrika «halten» sich erfolgreiche Männer mittleren Alters oft sehr junge Mädchen als Geliebte, und viele Teenagerinnen sehen in solchen «Wohltätern» ein Ticket in ein besseres Leben.

Als Thabang mit Männern zu flirten begann, beschimpfte Gertrude sie lautstark und schlug sie. Thabang war das einzige Mitglied der Familie, das nicht an Aids litt, und Gertrude machte der Gedanke wahnsinnig, dass ihre Tochter sich das Virus auch noch einfangen könnte. Doch die Schläge, die Thabang von Gertrude erhielt, bestärkten sie in ihrer Vermutung, dass ihre Mutter sie hasste, und veranlassten sie, von zu Hause fortzulaufen. Vielleicht spielte dabei auch eine Rolle, dass Thabang die ständigen Auseinandersetzungen mit ihrer von der Aids-Krankheit schon schwer gezeichneten Mutter, die immer schwächer, zerbrechlicher und elender wurde, schmerzten, weil diese Kämpfe Gertrude auslaugten und deprimierten. Während Gertrude besonnen und gefasst über ihren und Victors bevorstehenden Tod sprechen konnte, verlor sie völlig die Fassung, wenn die Rede auf Thabang kam.

«Meine Tochter hat mich verlassen, weil sie sich nach Freiheit sehnt», sagte Gertrude schluchzend. «Sie ist sexuell so aktiv, und sie verkehrt in Bars und Absteigen.» Thabangs Vorliebe für Make-up und enge Kleider erfüllte Gertrude mit Abscheu, und die Vorstellung war ihr unerträglich,

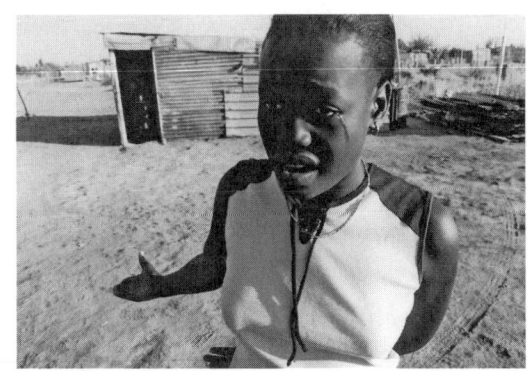

Thabang vor der Hütte,
die ihr so verleidet ist
und in der ihre
Aids-kranke Mutter
im Sterben liegt

dass der Teufelskreis der Aids-Infizierung sich in der nachfolgenden Generation wiederholen könnte. Thabang wiederum wurde nicht müde zu beteuern, dass zwar ihre Freundinnen für Geld oder Geschenke mit Männern schliefen, sie aber nicht.

«Ich bin Jungfrau, gleich was meine Mutter sagt», versicherte uns Thabang und begann dabei ebenfalls zu weinen. «Sie glaubt mir nie. Sie schreit mich nur an.»

«Deine Mutter liebt dich», sagte Nick zu ihr. «Der einzige Grund, warum sie dich ausschimpft, ist, dass sie dich liebt und dass es ihr viel bedeutet, was mit dir passiert.»

«Sie liebt mich nicht!», entgegnete Thabang, und dabei kullerten ihr Tränen über die Wangen. Sie stand nur fünf Meter von der Hütte entfernt, in der ihre Mutter lag, die ebenfalls weinte. «Wenn sie mich lieben würde, würde sie mit mir reden, anstatt mich zu schlagen. Sie würde nicht solche Sachen über mich sagen. Sie würde meine Freunde akzeptieren.»

Zweifellos sollten die Schulen vor Ort Mädchen wie Thabang zur sexuellen Abstinenz anhalten. Aber dabei sollten diese Programme es nicht bewenden lassen. Sie sollten den Mädchen erklären, dass Kondome das Risiko einer HIV-Übertragung drastisch verringern können, und sollten sie den richtigen Gebrauch von Kondomen lehren. Die Staaten sollten die Beschneidung der Knaben fördern, die das Risiko einer HIV-Übertragung erheblich verringert, und sollten dafür sorgen, dass kostenlose Screening- und Behandlungsprogramme für sexuell übertragbare Krankheiten angeboten werden. Aids-Tests sollten routinemäßig durchgeführt werden, und zwar nicht nur für die, die sich freiwillig melden, sondern für alle, die sich nicht ausdrücklich abmelden. Das würde sicherstellen, dass fast alle Erwachsenen über ihren Aids-Status Bescheid wissen – eine entscheidende Voraussetzung, denn es ist unmöglich, eine Epidemie einzudämmen, wenn die Menschen nicht wissen, ob sie infiziert sind. Dieser umfassende Präventionsansatz würde auf die denkbar wirksamste Weise das Ansteckungsrisiko für Mädchen wie Thabang verringern. Und diese Präventionsverfahren sind wesentlich billiger als die Behandlung von Aids-Patienten über Jahre hinweg.

Wissenschaftler vom Poverty Action Lab am Massachusetts Institute of Technology, deren Forschungen zum Besten gehören, was weltweit im Bereich der Entwicklungsforschung geleistet wird, haben vier verschiedene Strategien gegen Aids auf Herz und Nieren durchgeprüft. Jede dieser Strategien wurde in zufällig ausgewählten Regionen Afrikas probeweise angewandt, die Resultate mit Ergebnissen in Kontrollgebieten verglichen. Als Erfolgsmaßstab diente die Zahl der vermiedenen Schwangerschaften (ermittelt durch den Vergleich mit dem jeweiligen Kontrollgebiet), in der Annahme, dass sich darin die Zahl der ungeschützten Sexkontakte ausdrückte, bei denen auch Aids übertragen werden konnte.

Eine Strategie zielte darauf ab, Volksschullehrer für einen kompetenten Sexualunterricht unter besonderer Berücksichtigung von Aids fit zu machen; das kostete nur 1,50 Euro pro Schülerin, hatte aber keinen Einfluss auf die Zahl der Schwangerschaften. Ein zweiter Ansatz bestand darin, die Schüler und Schülerinnen zu Diskussionen über Kondome und Aids anzuhalten und Aufsätze darüber schreiben zu lassen; das kostete weniger als 1 Euro pro Schülerin, brachte aber ebenfalls keine erkennbare Verringerung der Schwangerschaften. Eine dritte Strategie sah vor, Schülerinnen kostenlos mit Schuluniformen auszustatten, in der Erwartung, dass sie dann länger die Schule besuchen würden; das kostete rund 9 Euro pro Schülerin und verringerte die Zahl der Schwangerschaften. Im statistischen Abgleich mit den Kontrollgebieten errechneten die Forscher, dass die Kosten hier bei rund 570 Euro pro vermiedener Schwangerschaft lagen. Die vierte und bei Weitem kosteneffektivste Strategie war auch die einfachste: die Mädchen vor den Risiken einer Beziehung zu einem «Wohltäter» zu warnen. Die Forscher zeigten den Schülerinnen einen kurzen Videofilm über die Gefahren, denen eine Teenagerin sich aussetzt, wenn sie sich mit älteren Männern einlässt; sie wurden darüber aufgeklärt, dass bei älteren Männern die HIV-Infektionsrate wesentlich höher liegt als bei Jungen. Nur die wenigsten Schülerinnen waren sich dieser bedeutsamen Tatsache bewusst gewesen.

Die Warnung veranlasste die Mädchen nicht, ihre sexuelle Aktivität einzuschränken, führte aber dazu, dass sie mit Jungen aus ihrer eigenen

Altersgruppe und nicht mehr mit älteren Männern schliefen. Die Jungen benutzten mit höherer Wahrscheinlichkeit Kondome – offenkundig, weil es sie beeindruckt hatte zu erfahren, dass der Anteil der HIV-Infizierten bei weiblichen Teenagern sehr viel höher ist als bei männlichen. Dieses einfache Programm war ein Riesenerfolg: Es kostete weniger als 0,60 Euro pro Schülerin, und der Preis pro vermiedener Schwangerschaft lag bei nur 70 € Euro. Die Ergebnisse dieser Studie gemahnen uns daran, dass in der Entwicklungshilfepolitik nur knallharte Empirie weiterführt. Sowohl die Konservativen, die so sicher sind, dass nur eine Erziehung zur Abstinenz den Schlüssel zur Aids-Verhütung in sich birgt, als auch die Liberalen, die sich auf die Verteilung von Kondomen festgelegt haben, sollten zur Kenntnis nehmen, dass ihr Modell sich bei einem Praxistest in Afrika nicht als das effizienteste erwiesen hat.

Fromme Konservative, insbesondere in den USA, haben gegen die Verteilung von Kondomen und gegen finanzielle Zuwendungen an die UNFPA gekämpft, haben aber auch sehr viele Menschenleben gerettet, indem sie in einigen der ärmsten Regionen Afrikas und Asiens die Finanzierung und den Betrieb von Kliniken ermöglichten. Wenn man in den ärmsten Ländern Afrikas unterwegs ist, trifft man in den Haupt- oder Großstädten immer wieder auf Diplomaten, UN-Vertreter und offizielle Hilfsorganisationen. Dann fährt man in die am weitesten abgelegenen Dörfer und Städte, wo westliche Hilfe am dringendsten gebraucht würde, und stellt fest, dass westliches Hilfspersonal dort plötzlich dünn gesät ist. Ärzte ohne Grenzen leistet bewundernswerte Arbeit in entlegenen Gebieten, und dasselbe lässt sich von einigen anderen weltlichen Hilfsorganisationen sagen. Doch im abgelegensten Winkel verlässlich anzutreffen sind Missionsärzte und Mitarbeiter kirchlicher Hilfsorganisationen.

Als Nick einmal ins geografische Herz des Kongo unterwegs war, musste sein Flugzeug notlanden, und er entschloss sich, die Reise im Auto fortzusetzen. Während seiner knapp einwöchigen Durchquerung eines großen Teils dieses vom Bürgerkrieg zerrissenen Landes waren die einzigen ausländischen Entitäten, denen er begegnete, zwei katholische Missionsstationen. In einer war der Priester kurz zuvor an Malaria gestorben; die andere leitete ein italienischer Priester, der Lebensmittel und Kleidung verteilte und mitten im Bürgerkriegsgebiet ein Lazarett am Laufen zu halten versuchte.

Auch die Organisation Catholic Relief Services kämpft in aller Welt gegen die Armut, nicht zuletzt indem sie Sunithas Zufluchtsstätte für ehemalige Prostituierte in Indien unterstützt. Unterm Strich gehen rund 25 Prozent aller weltweiten Hilfsprojekte für Aids-Kranke auf das Konto kirchlicher und kirchennaher Gruppen. «In weiten Teilen Afrikas sind sie die Stützen des Gesundheitssystems», sagte Dr. Helene Gayle, Direktorin von CARE, über die katholisch geführten Kliniken. «In manchen Ländern haben sie mehr Patienten als das staatliche Gesundheitssystem.»

Auch hat die katholische Kirche als Ganze dem Gebrauch von Kondomen seit jeher aufgeschlossener gegenübergestanden als der Vatikan. Vor Ort arbeitende Priester und Nonnen ignorieren oft, was Rom vorgibt, und tun in aller Stille, was sie können, um ihren Gemeindemitgliedern zu helfen. In Sonsonate im armen südwestlichen Teil von El Salvador können sich Frauen im Katholischen Krankenhaus über den Umgang mit Spiralen und mit der Pille beraten lassen, und sie werden dazu angehalten, sich durch den Gebrauch von Kondomen vor Aids zu schützen. «Der Bischof sitzt in San Salvador und kommt nie hierher», erklärte Dr. Martha Alica De Regalada. «Deswegen bekommen wir nie Schwierigkeiten.» Sie hatte auch keinerlei Angst, in Schwierigkeiten zu kommen, weil sie so offen mit uns redete.

Missionare betreiben seit Jahrzehnten unverzichtbare vernetzte Gesundheits- und Bildungseinrichtungen in einigen der ärmsten Länder der Erde, und es wäre enorm segensreich, wenn es gelänge, ihre Lazarette und Schulen in eine globale Bewegung für die Emanzipation von Frauen und Mädchen zu integrieren. Diese Missionare verfügen über unschätzbare lokale Kenntnisse. Mitarbeiter der Aidshilfe und Diplomaten kommen und gehen, doch Missionare verankern sich in einer Gesellschaft, lernen die örtliche Sprache, schicken ihre Kinder in die örtlichen Schulen und bleiben manchmal für immer. Gewiss gibt es unter den Missionaren auch Heuchler und Scheinheilige – wie in jeder beliebigen Gruppe von Menschen –, aber viele tun, wie Harper McConnell an ihrer Klinik im Kongo, ihr Bestes, um gute Arbeit im Sinne der sozialen Gerechtigkeit und der individuellen Moral zu leisten.

Eine Bewegung, die sich der Interessen der Frauen in armen Ländern annimmt, kann nur erfolgreich agieren, wenn es ihr gelingt, die religiösen Differenzen zu überbrücken. Weltliche und religiöse Sozialromantiker werden gemeinsame Sache machen müssen. Das passierte vor 200 Jahren in der Bewegung für die Abschaffung der Sklaverei: Liberale Deisten und konservative Christen kämpften mit vereinten Kräften für das Ende der Sklaverei. Nur mit einem solchen Bündnis lässt sich der politische Wille generieren, dessen es bedarf, um diese im Schatten stehenden Frauen auf die internationale Tagesordnung zu setzen.

Eine zentrale Rolle in einer Bewegung für die Durchsetzung von Frauenrechten in aller Welt müsste die Pfingstbewegung spielen, denn sie gewinnt gegenwärtig mächtiger an Boden als jede andere Glaubensgemeinschaft, und zwar besonders in Afrika, Asien und Lateinamerika. Jeder zehnte Mensch weltweit ist, wenn man den jüngsten Schätzungen glauben darf, heute Anhänger der Pfingstgemeinden. Auch wenn solche Schätzungen um ein Mehrfaches überhöht sein mögen, kann kein Zweifel daran bestehen, dass diese Bewegung in armen Ländern rasant an Zuspruch gewinnt. Ein Grund dafür ist sicher die von einigen Kirchen der Bewegung ausgegebene Parole, Gott werde die Gläubigen mit Reichtümern noch in diesem Leben belohnen. Manche unterweisen ihre Schäfchen auch in der spirituellen Heilkunst oder behaupten, Jesus werde sie vor Aids schützen.

Wir beobachten die Hochkonjunktur der Pfingstgemeinden deswegen mit einem gewissen Argwohn, bezweifeln aber nicht, dass sie einen positiven Einfluss ausüben, was die Rolle der Frau betrifft. In den Kirchen der Pfingstgemeinden werden typischerweise alle Gemeindemitglieder ermuntert, während des Gottesdienstes die Stimme zu erheben und Gebete zu sprechen. Für viele einfache Frauen bietet sich so erstmals die Chance, Führung zu übernehmen und die eigene Haltung zu moralischen und religiösen Fragen zu erläutern. Sonntags treffen sich Frauen aus der Gemeinde und beratschlagen darüber, wie etwa die Gemeinschaft Druck auf abtrünnige Ehemänner ausüben und sie zur Rück- und Einkehr bewegen kann. Genauso wichtig ist, dass die Pfingstgemeinden und andere konservative christliche Konfessionen das Trinken und den Ehebruch verurteilen, zwei Laster, die besonders afrikanischen Frauen in der Vergangenheit ungeheures Leid beschert haben.

Bis in die späten 1990er-Jahre waren konservative Christen überwiegend eine Kolonne des Isolationismus, deren *ceterum censeo* lautete, Entwicklungshilfe sei «aus dem Fenster geschmissenes Geld», um eine Formulierung von Jesse Helms zu zitieren. Doch unter dem Einfluss von Franklin Graham (Billy Grahams Sohn und derzeit Direktor der Hilfsorganisation Samaritans Purse) und Senator Sam Brownback sowie vielen anderen haben sich nicht nur Evangelikale, sondern auch andere konservative Christen intensiv Themen wie Aids, Menschenhandel und Armut zugewandt. Der Verband der Evangelikalen (National Association of Evangelicals) ist zu einem wichtigen Schrittmacher humanitärer Anliegen und humanitärer Hilfe geworden. Dem Einfluss von Evangelikalen wie Michael Gerson, einem ehemaligen ranghohen Redenschreiber für das Weiße Haus, ist es zu verdanken, dass George W. Bush Geld für die «Initiative des Präsidenten zur Aids-Bekämpfung» lockermachte – die beste Einzelleistung seiner gesamten Amtszeit, denn diese Initiative rettete manchen Einschätzungen zufolge mehr als 9 Millionen Menschenleben. Michael Horowitz, verankert am Hudson Institute in Washington und agitatorischer Fürsprecher humanitärer Anliegen, hat religiöse Konservative für die Unterstützung einer Initiative zur chirurgischen Reparatur von Unterleibsfisteln gewonnen. Sozialromantiker aus dem Lager der Evangelikalen kämpfen heute an der Seite von liberalen Sozialromantikern in vorderster Linie um Hilfsgelder für die Bewältigung dieser Probleme wie auch für den Kampf gegen die Malaria. Das ist eine grundlegende Veränderung gegenüber der Lage vor ein oder zwei Jahrzehnten.

«Armut und Krankheit waren einfach nicht auf meiner Agenda», erzählte uns Rick Warren, Pastor an der Saddleback-Megakirche in Kalifornien und Autor des Buches *The Purpose Driven Life*. «Die Aids-Sache ging an mir vorbei. Ich hatte keine Ahnung, worum es bei dem ganzen Tamtam ging.» 2003 ging Warren nach Südafrika, um Pastoren fortzubilden, und fand eine kleine, in einem Zelt kampierende Gemeinde vor, die sich um 25 Aids-Waisenkinder kümmerte. «Mir wurde klar, dass sie mehr für die Armen taten als meine ganze Megakirche», sagte er fröhlich überspitzend. «Es war wie ein Messerstich ins Herz.»

Seither hat Warren mit seinem Enthusiasmus seine Kirche angesteckt und dazu angetrieben, sich in 68 Ländern in aller Welt am Kampf gegen Armut und Ungerechtigkeit zu beteiligen. Mehr als 7500 Mitglieder der Kirche sind auf eigene Kosten in arme Länder gereist, um ehrenamtliche Arbeit zu leisten – und fast jeder, der die Armut mit eigenen Augen sieht, hat den Wunsch, mehr zu tun.

Liberale könnten sich ein Beispiel an der Bereitschaft vieler Evangelikalen nehmen, «den Zehnten zu geben» – 10 Prozent ihres Jahreseinkommens für wohltätige Zwecke zu spenden. Nach Erhebungen des *Index of Global Philanthropy* schleusen US-amerikanische religiöse Vereinigungen jährlich 5,4 Milliarden Dollar in die Entwicklungsländer, mehr als das Doppelte dessen, was US-Stiftungen aufbringen. Der Ökonom Arthur Brooks hat ermittelt, dass jenes Drittel der amerikanischen Bevölkerung, das wenigstens einmal die Woche einen Gottesdienst besucht, «unzweifelhaft in jeder messbaren Hinsicht mehr Wohltätigkeit übt» als die zwei Drittel, die weniger religiös sind. Nicht genug damit, dass die Religiösen mehr spenden, sie sind auch, wie Brooks sagt, eher bereit, Zeit für wohltätige Zwecke zu opfern. Brooks hat indes auch herausgefunden, dass liberale Amerikaner zwar weniger großzügig sind, wenn es um ihr eigenes Geld geht, sich dafür aber in größerer Zahl für mehr staatliche Ausgaben für humanitäre Zwecke aussprechen.

Beide Gruppen könnten noch mehr dafür tun sicherzustellen, dass ihre Spendengelder wirklich denen zugutekommen, die am dringendsten Hilfe brauchen. Konservative Christen spenden sehr großzügig Geld für humanitäre Zwecke, doch fließt ein nicht unbedeutender Teil dieses Geldes in den Bau prachtvoller Kirchen. Komplementär dazu gehen liberale Spendengelder häufig an elitäre Universitäten oder Sinfonieorchester. Das mögen förderungswürdige Einrichtungen sein, aber es ist keine humanitäre Hilfe. Es wäre gut, wenn sowohl Liberale als auch Konservative die Palette ihrer Spendenempfänger erweiterten, sodass ein größerer Teil der Mittel den wirklich Bedürftigen zugutekäme.

Es würde auch viel bringen, wenn bessere Mechanismen für diejenigen zu Gebote stünden, die willens sind, ihre Zeit einzubringen. Teach for America ist bei jungen Amerikanern mit gemeinnützigen Idealen auf enormes Interesse gestoßen. Wir brauchen Geldmittel für eine internationale Version von Teach for America, ein «Teach the World»-Programm, das junge Leute für ein Jahr ins Ausland schicken würde, mit der Option, ein weiteres Jahr dranzuhängen. Das würde einen wichtigen neuen Kanal für Entwicklungshilfe öffnen, der dazu genutzt werden könnte, die Schulbildung für Mädchen in armen Ländern anzukurbeln, und es würde darüber hinaus jungen Amerikanern zu einer potenziell lebensverändernden Begegnung mit der Dritten Welt verhelfen.

Jane Roberts und ihre 34 Millionen Freunde

Als George W. Bush zu einem frühen Zeitpunkt seiner ersten Amtszeit bekannt gab, dass die Vereinigten Staaten die 34 Millionen Dollar, die als Zuschuss an die UNFPA bewilligt waren, zur Gänze zurückhalten würden, machten viele Leute ihrem Ärger darüber Luft. Aber Jane Roberts, eine pensionierte Französischlehrerin aus Kalifornien, machte ihren Ärger zur Initialzündung für eine Bewegung. Es begann mit einem Leserbrief an ihre Lokalzeitung, die *San Bernardino Sun*:

Eine Woche ist vergangen, seit die Bush-Administration beschlossen hat, die 34 Millionen Dollar, die der Kongress dem Population Fund der Vereinten Nationen zugewiesen hat, zu sperren. Gähn, wir haben Ferienzeit. Kolumnisten haben darüber geschrieben, und Zeitungen haben anklagende Leitartikel dazu gedruckt. Gähn. Alle paar Tage sterben mehr Frauen im Kindbett, als Terroristen in einem Jahr Menschen umbringen. Gähn. Irgendwo werden einem kleinen Mädchen mit einer Kaktusnadel die Genitalien zerschnitten. Gähn, ist ja nur eine kulturelle Sache.

Als Fingerübung in empörter Demokratie, würden 34 Millionen meiner Mitbürger bitte im Verein mit mir jeweils einen Dollar an das U.S. Committee for UNFPA schicken? Das würde ein schreckliches Unrecht wiedergutmachen ... und das Gähnen übertönen.

Jane hat blaue Augen und kurzes blondes Haar, und in ihrer Art, sich anzuziehen, und in ihrem Auftreten meint man etwas von den Sechzigerjahren zu spüren: ein Faible für afrikanische Halsketten und einfache Klamotten wie schwarze Slipper. Jane war jetzt in Fahrt: Sie nahm Kontakt auf mit Gruppen wie dem Sierra Club und der League of Women Voters. Als sie in der Zeitung etwas über das National Council of Women's Organizations las, begann sie diesen Dachverband mit Anrufen und E-Mails zu löchern. Eine Woche später stellte sich der Vorstand des Council hinter Janes Initiative.

Einer Großmutter in New Mexico namens Lois Abraham gingen derweil dieselben Ideen durch den Kopf wie Jane. Lois hatte eine Kolumne gelesen, die Nick vom sudanesischen Khartoum aus geschrieben hatte, über eine Teenagerin mit einer Unterleibsfistel, ergänzt durch den Hinweis, dass die US-Regierung gerade einer der wenigen Organisationen, die solchen Mädchen helfen, den Boden unter den Füßen weggezogen hatte. Wütend setzte Lois einen Kettenbrief über die UNFPA und die Streichung der Mittel auf. Seine Schlussabsätze lauteten:

Wenn 34 Millionen amerikanische Frauen jeweils einen Dollar an den Population Fund der UN schicken, können wir dem Fund helfen, seine «unschätzbare Arbeit» weiterzuführen, und gleichzeitig klarstellen, dass die Gewährung von Fürsorgeleistungen im Bereich Familienplanung und Schwangerengesundheit an Frauen, die so etwas sonst nicht bekämen, ein humanitärer und kein politischer Akt ist.

BITTE, JETZT: Stecken Sie einen Dollar, eingeschlagen in ein

Jane Roberts
(Abdruck mit
freundlicher Genehmi-
gung von Jane Roberts)

leeres Blatt Papier, in einen Umschlag mit der Aufschrift «34 Millionen Freunde». ... Geben Sie ihn dann noch heute auf. SOGAR NOCH WICHTIGER: Schicken Sie diese Botschaft an mindestens 10 Freunde – je mehr, desto besser! –, die sich diesem Appell vielleicht anschließen wollen.

Lois hatte sich telefonisch mit der UNFPA in Verbindung gesetzt und einem Mitarbeiter der Organisation angekündigt, was für eine E-Mail sie auf den Weg bringen würde. Die UNFPA war in der Öffentlichkeit kaum bekannt und erhielt nur sehr selten Spenden.

«Einige bei der UNFPA standen einem solchen von der Basis ausgehenden Ansatz skeptisch gegenüber», erinnerte sich Stirling Scruggs, ein früherer ranghoher Mitarbeiter der Organisation. «Sie gaben der Aktion allenfalls ein paar Wochen, dann würde den beiden Frauen die Luft ausgehen, und es würde schnell zu Ende sein. Aber das änderte sich, als die Briefe sich säckeweise im Postraum der UNFPA stapelten.»

Die Flutwelle aus Dollarscheinen, die Lois und Jane losgetreten hatten, sorgte alsbald für Probleme. Die UNFPA hatte zugesagt, dass das Geld zu 100 Prozent in Hilfsprogramme fließen werde, aber jemand musste sich um die vielen Briefe kümmern. Am Anfang opferten Mitarbeiter ihre Mittagspause für das Öffnen der Umschläge. Dann stellten Unterstützer des U.S. Committee for UNFPA ihre Arbeitskraft zur Verfügung. Am Ende gewährte die UN-Stiftung Zuschüsse, damit Hilfskräfte für die Bewältigung der Post eingestellt werden konnten.

Die meisten Umschläge enthielten Ein-Dollar-Scheine, eingesandt von Frauen – und hin und wieder auch Männern – aus dem ganzen Land. Manche schickten größere Scheine. «Diese fünf Dollar zu Ehren der Frauen in meinem Leben: meiner Mutter, meiner Frau, meiner beiden Töchter und meiner Enkelin», schrieb ein Mann. Erst jetzt informierte die UNFPA Lois und Jane übereinander, und die beiden Frauen beschlossen, sich zusammenzutun. Sie institutionalisierten ihre Kampagne unter dem Namen «34 Millionen Freunde der UNFPA» (www.34millionfriends. org). Sie begannen Vortragsreisen zu absolvieren, und die Bewegung nahm Fahrt auf. Viele Menschen im ganzen Land, die sich über die sozialkonservative Kampagne gegen Programme für Schwangerengesundheit ärgerten – die Streichung der Mittel für die UNFPA, das Miesmachen von Kondomen und seriöser Sexualerziehung, die Versuche, Hilfsorganisationen wie Marie Stopes International die Mittel für ihre Familienplanungsprogramme zu streichen –, brannten darauf, etwas Konkretes zu tun, um gegenzusteuern. Einen Dollarschein einzuschicken war kein Allheilmittel, aber es war kinderleicht.

«Niemand kann sagen: Ich kann keinen Dollar erübrigen», sagt Jane. «Wir bekommen sogar Spenden von Studenten und Gymnasiasten. Für den Preis einer Limonade kann man ein Signal für die Frauen der Welt setzen.»

Ellen Goodman und Molly Ivins schrieben Kolumnen über Jane und Lois und applaudierten ihrer Arbeit. Das Spendenaufkommen stieg auf 2000 Briefe pro Tag. Jane reiste mit der UNFPA nach Mali und in den Senegal – sie war zuvor noch nie in Afrika gewesen – und tat bald nichts anderes mehr, als Reden zu halten und die Werbetrommel zu rühren.

«Von dem Zeitpunkt an habe ich mein Leben in den Dienst dieser Sache gestellt», erzählte sie Sheryl. «Ich werde diesen Weg bis ans Ende gehen, um diese gute Sache voranzubringen. … In jeder Minute unterziehen sich 40 Frauen einer riskanten Abtreibung – für mich ist das einfach nur ein Verbrechen gegen die Menschlichkeit.»

Als Präsident Obama im Januar 2009 seine Absicht ankündigte, die Finanzmittel für die UNFPA wieder freizugeben, stellte sich die Frage: Wird «34 Millionen Freunde» noch gebraucht? Sollte man es einschlafen lassen? Zu diesem Zeitpunkt hatte die von zwei zornigen Frauen ins Leben gerufene Gruppe insgesamt 4 Millionen Dollar zusammengetrommelt, aber Jane und Lois sahen, wie viel Not noch zu lindern war. So beschlossen sie, ihre Kampagne weiterzuführen, als Ergänzung zu den offiziellen amerikanischen Haushaltsmitteln für die UNFPA. «Es besteht ein riesiger ungestillter Bedarf an Familienplanung in der Welt von heute», sagte Jane. «Es besteht ein riesiger Bedarf an Fistelprävention und Fistelbehandlung. Im Zeichen des Bevölkerungsdrucks und umweltbedingter Stressfaktoren und des wirtschaftlichen Drucks in großen Teilen der Welt werden Frauen in Zukunft eher noch mehr als heute die volle Wucht sexistischer Gewalt abbekommen. Was mich betrifft, so ist ‹34 Millionen Freunde› mein Beruf geworden. Es ist meine Leidenschaft. In meinen Augen gibt es kein Anliegen, das langfristig für die Menschen, für den Planeten und für den Frieden bedeutsamer ist. Für mich heißt es also: Weiter volle Kraft voraus!»

Ist der Islam frauenfeindlich?

«Die Bewohner der Hölle werden in der Mehrzahl Frauen sein;
sie fluchen zu viel und sind undankbar zu ihren Männern.»
Muhammad Imran, Ideal Woman in Islam

Während seiner ersten Reise nach Afghanistan beschäftigte Nick einen Dolmetscher, der an der Universität Englisch studiert hatte. Es war ein sehr tapferer Mann, der einen höchst modernen Eindruck machte – bis zu einem gewissen Gespräch.

«Meine Mutter war noch nie bei einem Arzt», sagte der Dolmetscher, «und wird nie zu einem gehen.»

«Warum nicht?», fragte Nick.

«Es gibt hier zurzeit keine Ärztinnen, und ich kann sie nicht zu einem männlichen Arzt gehen lassen. Das wäre gegen den Islam. Und seit mein Vater tot ist, habe ich die Verantwortung für sie. Sie darf ohne meine Erlaubnis das Haus nicht verlassen.»

«Aber was, wenn Ihre Mutter todkrank wäre und die einzige Möglichkeit, ihr Leben zu retten, bestünde darin, sie zum Arzt zu bringen?»

«Das wäre eine schreckliche Situation», sagte der Dolmetscher ernst. «Ich würde um meine Mutter trauern.»

An dieser Stelle gebietet sich eine politisch unkorrekte Aussage. Von den Ländern dieser Welt, in denen Frauen niedergehalten und systematisch üblen Barbareien wie Ehrenmorden oder genitaler Beschneidung unterworfen werden, sind die allermeisten überwiegend islamisch geprägt. Im Weltmaßstab betrachtet, lehnen zwar die meisten Moslems solche Praktiken ab, während es manche Christen gibt, die sie gutheißen, aber Tatsache ist und bleibt, dass die Länder, in denen Mädchen beschnitten, der Ehre wegen umgebracht oder am Schulbesuch oder an der Berufsausübung gehindert werden, in der Regel einen dominanten muslimischen Bevölkerungsanteil haben.

Der Hinduismus hat ähnliche Probleme, man denke nur an die barbarische Verbrennung von Bräuten durch ihre neue Familie, aber in Indien sind Hindufrauen selbstständiger und in der Regel gebildeter als ihre muslimischen Nachbarinnen. Um einmal einen grundlegenden Parameter für Lebensqualität heranzuziehen: Von 128 vom Weltwirtschaftsforum untersuchten und nach der Stellung der Frau sortierten Ländern rangierten zehn mehrheitlich islamische Länder unter den letzten zwölf. Der Jemen stand auf dem letzten Platz.

Wir neigen dazu, Lateinamerika mit seiner Tradition des ‹Machismo› als eine männlich dominierte Welt zu sehen. Tatsächlich schneiden Mexiko und andere lateinamerikanische Länder recht gut ab, was die Bildungschancen und Lebensperspektiven ihrer Mädchen betrifft. In den meisten lateinamerikanischen Ländern stellen Frauen die Bevölkerungsmehrheit. Selbst in armen Vierteln südamerikanischer Großstädte wie Bogota oder Quito bieten Geburtskliniken kostenlose pränatale Fürsorge und Geburtshilfe an, weil die Gesellschaft es für eine wichtige Aufgabe hält, Frauen das Leben zu erhalten.

Dagegen halten, wie Meinungsumfragen zeigen, die moslemischen Bewohner mancher Länder nichts von einer Gleichberechtigung der Geschlechter. Nur 25 Prozent aller Ägypter sind der Meinung, eine Frau solle das Recht haben, für das Präsidentenamt zu kandidieren. Mehr als 34 Prozent der Marokkaner bejahen die Polygamie. Rund 54 Prozent aller afghanischen Frauen sagen, eine Frau, die aus dem Haus gehe, solle eine Burka tragen. Konservative Muslime pflichten häufig der höchsten religiösen Instanz in Saudi-Arabien bei, dem Großmufti Scheich Abdulaziz, der 2004 erklärte: «Wenn man Frauen erlaubt, sich unter die Männer zu mischen, so ist dies die Wurzel alles Bösen und aller Katastrophen.»

Manchen Muslimen ist bewusst, dass konservative Haltungen wie diese wenig mit dem Koran zu tun haben und eher kultureller als religiöser Herkunft sind. Das zeigt sich nicht zuletzt daran, dass in den betreffenden Ländern auch religiöse Minderheiten und nichtreligiöse Gruppen häufig dazu neigen, die Frauen zu unterdrücken. In Pakistan trafen wir eine junge Frau, die der christlichen Minderheit angehört; sie war fest entschlossen, sich ihren Mann selbst auszusuchen. Ihre Brüder, außer

Eine voll verschleierte
Frau in Kabul mit ihrer
Tochter

sich über diesen Verstoß gegen die Familienehre, stritten sich nur noch
darüber, ob sie das Mädchen umbringen oder an ein Bordell verkaufen
sollten. Während sie sich darüber noch in den Haaren lagen, ergriff das
Mädchen die Flucht. Nachdem die Taliban in Afghanistan entmachtet
waren, nahm das Banditentum überhand, und Amnesty International zitierte in einem Bericht einen Mitarbeiter einer Hilfsorganisation mit der
Aussage: «Wenn in der Zeit der Talibanherrschaft eine Frau zum Markt
ging und zwei Zentimeter Haut zeigte, erhielt sie Stockschläge; heute
wird sie vergewaltigt.» Kurz und gut: Wir machen oft die Religion verantwortlich, wo Unrecht und Unterdrückung in Wirklichkeit in der Kultur
eines Landes wurzeln. Es gibt allerdings einen guten Grund, weshalb so
häufig die Religion als die Schuldige ausgemacht wird: Die Unterdrücker
berufen sich meist auf sie. In der islamischen Welt zum Beispiel berufen
sich Frauenhasser routinemäßig auf den Propheten Mohammed, um ihr
Handeln zu rechtfertigen.

Stellen wir die Frage also ohne Umschweife: Ist der Islam frauenfeindlich?

Eine mögliche Antwort wäre die des Historikers, und sie müsste Nein
lauten. Als Mohammed im siebten Jahrhundert den Islam unter die
Leute brachte, stellte diese neue Religion für Frauen einen Fortschritt
dar. Das islamische Recht untersagte die bis dahin verbreitete Praxis der
Tötung weiblicher Säuglinge und beschränkte die Polygamie auf vier
Frauen, die gleich behandelt werden sollten. Islamische Frauen durften
ohne Weiteres Vermögenswerte besitzen und genossen dabei den Schutz
des Gesetzes, während ihre Zeitgenossinnen in den europäischen Ländern oft nicht das Recht auf eigenen Besitz hatten. Im Ganzen gesehen
pflegte Mohammed, nach dem Koran und den daraus abgeleiteten Tradi-

tionen zu urteilen, offensichtlich einen respektvolleren Umgang mit Frauen als etwa die Führer des frühen Christentums. Denken wir daran, dass der Apostel Paulus den Frauen im Gottesdienst den Mund verbot und dass Tertullian, einer der führenden Köpfe des frühen Christentums, erklärte, die Frau sei «die Eingangspforte zum Teufel». Das Christentum hat solche Einstellungen im Verlauf der Jahrhunderte größtenteils hinter sich gelassen. Im Gegensatz dazu hat sich der konservative Islam kaum von der Stelle gerührt. Er hat die Weltsicht der Araber des 7. Jahrhunderts konserviert, Denkweisen, die zu ihrer Zeit fortschrittlich waren, heute aber tausend Jahre zurück sind. Als in Saudi-Arabien 2002 ein Brand in einer Mädchenschule ausbrach, wurden Berichten zufolge die Schülerinnen von der Religionspolizei in das brennende Gebäude zurückgetrieben, damit sie nicht ohne Kopftücher und lange schwarze Gewänder auf die Straße liefen. Angeblich verbrannten vierzehn Mädchen.

Ein gewisses Maß an Geschlechterdiskriminierung bejaht der Koran ausdrücklich: Die Zeugenaussage einer Frau zählt nur halb so viel wie die eines Mannes, eine Tochter erbt nur halb so viel wie ein Sohn. Wenn Vorschriften dieser Art in der Bibel auftauchen, gehen Christen und Juden zumeist achselzuckend darüber hinweg. Für fromme Muslime ist es sehr viel schwieriger, unangenehme und antiquierte Passagen des Korans zu ignorieren, weil für sie der Koran nicht bloß göttlich inspiriert, sondern im unmittelbarsten Sinn das Wort Gottes ist.

Viele modern denkende Muslime setzten sich dennoch für größere Geschlechtergerechtigkeit ein. Amina Wadud, eine in den Vereinigten Staaten lehrende islamische Wissenschaftlerin, hat eine systematische Interpretation chauvinistischer Koranpassagen veröffentlicht. Die Sure 4:34 z. B. handelt von Ehefrauen und wird üblicherweise so übersetzt: «Ermahnt diejenigen, von denen ihr Widerspenstigkeit befürchtet, und entfernt euch von ihnen in den Schlafgemächern und schlagt sie.» Feministische Gelehrte wie Wadud führen einen ganzen Wust von Argumenten dafür an, dass es sich dabei um eine Fehlübersetzung handelt. Zum Beispiel könne das Verb, das in der obigen Version mit «schlagen» übersetzt ist, viele andere Bedeutungen haben, unter anderem auch die Bedeutung: mit jemandem schlafen. In einer neuen Übersetzung lautet dieselbe Passage denn auch: «Und was Frauen betrifft, die euch widerspenstig erscheinen, richtet überzeugende Worte an sie, dann lasst sie allein schlafen (ohne sie zu belästigen) und geht mit ihnen ins Bett (wenn sie willens sind).»

Die islamischen Feministinnen, wie diese Gelehrten genannt werden, vertreten den Standpunkt, es sei absurd, dass Saudi-Arabien Frauen das Autofahren verbietet, denn Mohammed habe seine Frauen Kamele reiten und treiben lassen. Sie erklären, die Bestimmung, wonach zwei weibliche Zeugen einem männlichen Zeugen entsprechen, habe sich nur auf finanzielle Rechtsstreitigkeiten bezogen, weil zu jener Zeit die Frauen mit finanziellen Dingen wenig vertraut gewesen seien. Das sei heute anders, und deswegen sei diese Bestimmung obsolet. Eine Grundthese der feministischen Koranexegeten besagt: Wenn der Koran ursprünglich eine fortschrittliche Lehre gewesen sei, dürfe man jetzt nicht zulassen, dass er als Rechtfertigung für Rückschritt missbraucht wird.

Eine brauchbare Analogie ist die Sklaverei. Der Islam verbesserte die rechtliche Position von Sklaven relativ zu ihrem Status in vorislamischen Gesellschaften, und der Koran bezeichnet die Befreiung von Sklaven als verdienstvolle Tat und befürwortet sie. Auf der anderen Seite hatte Mohammed selbst viele Sklaven, und das islamische Recht erkennt die Sklaverei eindeutig an. Saudi-Arabien schaffte die Sklaverei erst 1962 ab, Mauretanien erst 1981. Trotz der tiefen kulturellen Verwurzelung der Sklaverei im Islam hat sich die islamische Welt zu guter Letzt ganz von der Sklaverei losgesagt. Wenn es möglich ist, aufgrund der veränderten Einstellung zur Sklaverei den Koran in dieser Beziehung heute anders zu deuten, warum sollte es dann nicht möglich sein, auch den Frauen mehr Rechte zuzugestehen?

Mohammed selbst war in der Geschlechterfrage fortschrittlich gesinnt, doch einige seiner frühen Nachfolger, etwa Kalif Omar, waren ungeläuterte Chauvinisten. Eine Ursache dafür, dass sie starke Frauen hassten, mag die gestörte Chemie zwischen ihnen und der jüngsten Frau des Propheten, Aischa, gewesen sein, die die erste Feministin der islamischen Welt war. Aischa war unter den Frauen Mohammeds die einzige, die zu dem Zeitpunkt, als er sie heiratete, Jungfrau war, und sie entwickelte sich zu einer willensstarken Persönlichkeit, mit der der Prophet sehr viel Zeit verbrachte. Aischa war nur zu gut mit den Fallstricken einer Gesellschaft vertraut, in der Frauen auf die Goldwaage gelegt wurden, denn sie selbst wurde einmal des Ehebruchs beschuldigt. Bei einem Karawanenritt durch die Wüste verlor sie ein Halsband und lief ein Stück des Weges zurück, um es zu suchen – dann verlor sie den Kontakt zur Karawane. Ein Mann namens Safwan fand Aischa und rettete sie, aber weil die beiden ohne einen Aufpasser zusammen gewesen waren, beschuldigte man sie einer Affäre. Mohammed ergriff Partei für Aischa – bei dieser

Gelegenheit kam ihm die Eingebung, dass eine Strafe wegen Ehebruchs nur verhängt werden darf, wenn vier Zeugen das Vergehen bestätigen. Er verurteilte diejenigen, die die Beschuldigung gegen Aischa erhoben hatten, zu 40 Peitschenhieben.

Nachdem Mohammed in den Armen Aischas gestorben war (nach sunnitischer Lesart, die von den Schiiten bestritten wird), übernahm sie eine aktive und öffentliche Rolle, womit sie viele Männer gegen sich aufbrachte. Aischa bezog energisch Stellung gegen islamische Anschauungen, die frauenfeindlich waren, und sie zeichnete 2210 Hadithe auf, Überlieferungen Mohammeds, die von islamischen Gelehrten zur Ergänzung und Erläuterung der Botschaften des Korans verwendet werden. Später führte Aischa sogar einen bewaffneten Aufstand gegen Mohammeds langjährigen Widersacher Ali an, nachdem dieser sich zum Kalifen gekrönt hatte. Dieser Aufstand ist unter dem Namen Kamelschlacht in die Geschichte eingegangen, weil Aischa ihre Truppen auf einem Kamel reitend befehligte. Ali schlug den Aufstand nieder, und in der Folge spielten islamische Gelehrte jahrhundertelang die Bedeutung Aischas herunter und negierten ihre feministischen Deutungen. Bis auf 174 wurden alle ihre Hadithe für nichtig erklärt.

In den zurückliegenden Jahrzehnten haben jedoch einige islamische Feministinnen wie die Marokkanerin Fatema Mernissi die Arbeit Aischas aus der Versenkung geholt und sie als mächtiges Sprachrohr für die muslimischen Frauen wiederentdeckt. Es gibt zum Beispiel ein bekanntes, dem Propheten zugeschriebenes Diktum, das besagt, das Gebet eines Mannes sei nutzlos, wenn ein Hund oder ein Esel oder eine Frau an ihm vorbeigeht, während er betet. Aischa mokierte sich, wie Mernissi entdeckte, über diesen «Unsinn». Sie schrieb: «Ihr vergleicht uns jetzt schon mit Eseln und Hunden. Gott ist mein Zeuge, dass ich schon erlebt habe, wie der Prophet seine Gebete in meiner Anwesenheit sprach.» Auch die oft gehörte Behauptung, Mohammed habe menstruierende Frauen als unrein angesehen, bestritt Aischa.

Eine weitere umstrittene Facette des Korans hat mit den traumhaften schwarzäugigen Jungfrauen zu tun, die sich im vom Islam postulierten Leben nach dem irdischen Tod um gläubige Männer kümmern werden. Diese Frauen heißen *huri* und sind von manchen islamischen Theologen ziemlich konkret beschrieben worden. Ein Islamgelehrter des 19. Jahrhunderts, Al-Tirmidhi, beschrieb die *huri* als bildschöne junge Frauen mit weißer Haut, die nie menstruieren, urinieren oder Stuhlgang haben. Ferner hätten sie, so fügte er hinzu, «große Brüste», die «nicht zum Baumeln neigen». Viele Selbstmordattentäter haben über ihre Erwartung geschrieben, von den *huri* belohnt zu werden, und Mohammed Atta versicherte seinen Mitstreitern am Vorabend des 11. September: «Die *huri* rufen euch.» Den Selbstmordattentätern steht womöglich eine Überraschung ins Haus. Die arabische Sprache wurde als Schriftsprache erst mit dem Koran geboren, und ihre frühen Texte enthalten viele Wörter, die Rätsel aufgeben. Erst in unserer Zeit haben Wissenschaftler begonnen, frühe Exemplare des Korans mit akademischer Gründlichkeit zu analysieren, und etliche kommen zu dem Ergebnis, dass eine ganze Reihe dieser rätselhaften Wörter syrischen oder aramäischen Ursprungs sein könnten. Ein Gelehrter, der unter dem Pseudonym Christoph Luxenberg schreibt, um sich nicht selbst zu gefährden, hat die These aufgestellt, «*huri*» sei eine Ableitung von dem aramäischen Wort für «weiße Trauben». Das wäre plausibel, weil der Koran die *huri* mit Perlen und Kristallglas vergleicht und weil in Beschreibungen des Himmels aus der Zeit der Koranentstehung häufig von paradiesischen Früchten die Rede ist, insbesondere von Trauben, die müde Krieger erfrischen.

Wie viele Selbstmordattentäter gäbe es, wenn auf den Märtyrer, der an die Himmelspforte klopft, bloß eine Schüssel voll weißer Trauben warten würde?

Leute aus der westlichen Welt äußern manchmal ihr Mitleid mit muslimischen Frauen auf eine Weise, die die Gemeinten peinlich berührt oder sogar wütend macht. Als Nick eine Gruppe saudischer Ärztinnen und Krankenschwestern in Riad über die Rechte der Frauen in ihrem Land befragte, fauchten sie ihn an: «Warum fragt ihr Ausländer immer nach Kleidervorschriften? Warum ist es so wichtig, was wir tragen? Angesichts aller Probleme auf der Welt – ist das wirklich so wichtig?» Eine der Ärztinnen sagte: «Ihr denkt, wir seien Opfer, weil wir unser Haar bedecken und züchtige Kleidung tragen. Wir hingegen glauben, dass die Frauen im Westen die Unterdrückten sind, weil sie ihren Körper vorzeigen müssen – und ihren Körper sogar chirurgisch verschönern lassen –, um den Männern zu gefallen.» Eine andere Ärztin merkte, dass die harsche Reaktion der Frauen Nick betroffen machte, und versuchte ihm zu erklären, weshalb sie so ungehalten waren.

«Sehen Sie, wenn wir unter uns sind, ereifern wir uns natürlich über die Vorschriften», sagte sie. «Es ist lächerlich, dass wir nicht Auto fahren dürfen. Aber das sind unsere Probleme, nicht Ihre. Wir wollen nicht, dass irgendjemand für uns kämpft – und erst recht nicht, dass jemand uns bedauert.»

Amerikaner tragen nicht nur oft eine gönnerhafte Attitüde zur Schau, sondern ihnen entgeht auch häufig, wie komplex die Verteilung der Geschlechterrollen in der islamischen Welt ist. «Ich bin Nobelpreisträgerin und Universitätsprofessorin, aber wenn ich vor Gericht eine Zeugenaussage mache, wird die nicht akzeptiert, weil ich eine Frau bin», schreibt Shirin Ebadi, eine iranische Rechtsanwältin. «Jeder ungebildete Mann hätte als Zeuge mehr Gewicht. ... Iran ist ein Konglomerat aus Widersprüchen. Frauen können vor Gericht keine vollwertigen Zeugen sein, aber eine Frau kann Präsidentin eines Gerichts werden. Wir haben weibliche Richter. Jede Frau, die ins Ausland reisen möchte, benötigt die Zustimmung ihres Mannes. Aber wir haben eine Frau als Vizepräsidentin. Wenn also unsere Vizepräsidentin ins Ausland reist, braucht sie die Einwilligung ihres Mannes. Heute sind 65 Prozent aller iranischen Universitätsstudenten Frauen, weil sie in den Aufnahmeprüfungen besser abschneiden als Männer.»

Überall im Nahen und Mittleren Osten ist ein Umbruch der Denkweisen im Gang. Nicht zuletzt dank der Vorbildrolle namhafter Frauen wie der jordanischen Königin Rania und der First Lady von Katar, Scheicha Mozah, steigt der Anteil derer, die die Gleichberechtigung der Frau gut finden. Eine im Auftrag der Vereinten Nationen in Ägypten, Jordanien, dem Libanon und Marokko durchgeführte Meinungsumfrage ergab, dass in allen diesen Ländern mehr als 98 Prozent der Befragten der Aussage zustimmten: «Mädchen haben dasselbe Anrecht auf Bildung wie Jungen.» Jordanien, Katar und Marokko spielen eine Vorreiterrolle darin, Frauen mit zunehmend wichtigeren Aufgaben zu betrauen. In Marokko heiratete König Mohammed VI. eine Computertechnikerin, die sich nicht verschleiert und die zum Rollenmodell für viele andere marokkanische Frauen geworden ist. König Mohammed hat auch das marokkanische Familienrecht reformiert, sodass Frauen heute mehr Rechte in Fragen von Heirat und Scheidung haben, und mit seiner Unterstützung wurden in Marokko 50 Frauen zu Imamen, d. h. Predigern, geweiht, eine bahnbrechende Neuerung.

Einen vielversprechenden Versuch, einen Wandel in der arabischen Welt anzustoßen, hat Soraya Salti in die Wege geleitet, eine 37-jährige Jordanierin, die in Mittel- und Oberschulen für den Unternehmerberuf wirbt. Sorayas Programm, das unter dem Namen Injaz läuft, vermittelt Schülern und Schülerinnen das Wissen, das sie brauchen, um einen Businessplan zu erstellen und danach ein Kleinunternehmen zu gründen und zu führen. Bei vielen von ihnen führen die Kurse dazu, dass sie sich selbstständig machen, und die dabei erworbenen Kenntnisse kommen ganz besonders Mädchen zugute, weil auf dem normalen Arbeitsmarkt Frauen noch immer benachteiligt werden. Indem Injaz jungen Frauen alternative Wege aufzeigt, wie sie ins Geschäftsleben einsteigen und Geld verdienen können, fördert es die Erwerbsfähigkeit der Bevölkerung und damit die volkswirtschaftliche Entwicklung als Ganze. Königin Rania unterstützt Soraya nach Kräften, und die Resonanz auf das Injaz-Programm ist außerordentlich positiv. Soraya hat es mittlerweile auf zwölf arabische Länder ausgedehnt, in denen Jahr für Jahr rund 100 000 junge Leute das Einmaleins der unternehmerischen Selbstständigkeit erlernen. «Wenn du die jungen Leute erreichst und ihre Denkweise verändern kannst, dann kannst du die Zukunft verändern», sagt Soraya.

Eine Ahnung davon, was für ein Potenzial an menschlichen Ressourcen in konservativen islamischen Gesellschaften verschwendet wird, vermittelt die Frauenhaftanstalt im afghanischen Kabul. Es handelt sich um einen eingeschossigen Gebäudekomplex im Herzen der Hauptstadt, umgeben von einer hohen Mauer, aber ohne Wachtürme und Stacheldrahtverhaue. Zu den Insassen gehören minderjährige Mädchen und junge Frauen, die in den Verdacht gerieten, einen Freund zu haben, und die dann einem «Jungfräulichkeitstest» – einer Inspektion des Jungfernhäutchens – unterzogen wurden. Diejenigen, bei denen kein intaktes Hymen gefunden wurde, wurden angeklagt und im typischen Fall zu ein paar Jahren Haft verurteilt.

Rana, die Frau mittleren Alters, die als Direktorin der Haftanstalt amtiert, ist in einer Hinsicht eine Vorkämpferin des Rechts der Frauen auf Karriere, ist sie doch im Polizeidienst bis in ihr jetziges Amt aufgestiegen. Andererseits spricht sie sich dafür aus, Mädchen, denen das Jungfernhäutchen fehlt, den Prozess zu machen, und sei es nur, um sie vor ihrer eigenen Familie zu schützen. Jedes Jahr begnadigt der afghanische Präsident im Zuge des Eid al-Fitr, des Festes, das das Ende des Fastenmonats Ramadan markiert, einige Insassinnen der Haftanstalt. Manche der Frauen, die auf freien Fuß kommen, werden umgehend von Angehörigen ihrer Familie erschossen oder, noch schlimmer, «versehentlich» mit kochendem Wasser überbrüht, sodass sie eines qualvollen Todes sterben. Die Gefängniszelle ist manchmal für eine mutige afghanische Frau der sicherste Platz.

Eine der Insassinnen, Ellaha, eine 19-jährige mit kurzem schwarzen

Haar und einem Selbstvertrauen ausstrahlenden Mondgesicht, verblüffte uns, indem sie auf uns zuging und uns auf Englisch begrüßte. Sie setzte sich mit uns in den versifften kleinen Besprechungsraum der Anstalt und erzählte unbefangen davon, dass sie in der Zeit, in der sie und ihre Familie als Flüchtlinge im Iran gelebt hatten, dort das Gymnasium besucht und ein Jahr an der Universität studiert hatte. Ellaha ist charmant, diszipliniert und ehrgeizig; in einer anderen Kultur wäre sie vermutlich eine selbstständige Geschäftsfrau. Ihre Probleme begannen, als die Familie aus dem Iran nach Afghanistan zurückkehrte. Ellaha tat sich schwer mit den strengeren afghanischen Sitten und Gebräuchen, von der Burka bis zu der Erwartung, dass eine Frau ihr ganzes Leben im Haus zu verbringen hat.

«Meine Familie wollte mich zwingen, meinen Vetter zu heiraten», berichtete sie. «Ich war damit nicht einverstanden, weil er ungebildet ist und ich seinen Beruf nicht mag – er ist Metzger! Außerdem ist er drei Jahre jünger als ich. Ich wollte studieren und meine Ausbildung fortsetzen, aber mein Vater und mein Onkel ließen mich nicht.»

Ellaha fand eine Anstellung bei einer amerikanischen Baufirma und beeindruckte deren Geschäftsführer bald mit ihrer Intelligenz und ihrem Fleiß. Ihre Familie war hin und her gerissen zwischen dem Entsetzen darüber, dass ihre Tochter für Ungläubige arbeitete, und der Freude über das Geld, das sie nach Hause brachte. Dann brachte einer ihrer Vorgesetzten, ein Amerikaner namens Steve, es fertig, Ellaha einen Studienplatz an einer kanadischen Universität, einschließlich eines Vollstipendiums, zu besorgen. Ellaha sah darin eine Chance, ihrem Leben eine entscheidende Wende zu geben, und packte sie am Schopf – gegen die Bedenken ihrer Eltern, die meinten, es sei unislamisch, wenn eine Frau in ein so weit entferntes Land ging und gemeinsam mit Männern studierte. Die Familie erwartete von Ellaha immer noch, dass sie ihren Vetter heiratete, auch weil er der Sohn des ältesten Bruders ihres Vaters war, des Patriarchen der Familie. Ellahas zwei Jahre jüngere Schwester sollte den jüngeren Bruder jenes Vetters heiraten, doch sie nahm sich ein Beispiel an Ellaha und stellte sich ebenfalls quer. Dann schlug die Familie zu.

«Kurz bevor ich nach Kanada abreisen wollte und als ich mich schon nach Flügen erkundigte, fesselten sie mich und schlossen mich in ein Zimmer ein», erzählte uns Ellaha. «Es war im Haus meines Onkels. Mein Vater sagte: ‹Also gut, schlagt sie.› Ich hatte noch nie in meinem ganzen Leben solche Schläge bekommen. Mein Onkel und meine Vettern, alle schlugen auf mich ein. Sie brachen mir den Schädel, und ich blutete.»

Ellahas Schwester machte dasselbe Martyrium durch. Nach einer Woche täglicher Züchtigungen willigten Ellaha und ihre Schwester, hilflos an Händen und Füßen angekettet, wie sie waren, ein, ihre Vettern zu heiraten.

«Meine Mutter bürgte dafür, dass wir nicht abhauen würden, und dann nahm unsere Familie uns zurück ins Haus, nachdem wir versprochen hatten, gehorsam zu sein», erzählte Ellaha. Die Familie erlaubte ihr, ihren Job wieder aufzunehmen; ihr Boss zog sein Angebot, ihr einen Auslandsstudienplatz zu vermitteln, zurück, als ihm klar wurde, wie vehement die Familie einen solchen Schritt ablehnte. Ellaha war zutiefst unglücklich, brachte aber weiterhin vollen Arbeitseinsatz. Um ihr die Arbeit zu erleichtern, erhielt sie ein Mobiltelefon – für die Familie wieder ein Grund, alarmiert zu sein, bedeutete dies doch, dass Ellaha jetzt unkontrolliert mit Männern kommunizieren konnte. Die Familie forderte, sie müsse das Telefon zurückgeben.

«Dann beschloss unser Vater, dass wir jetzt sofort heiraten mussten. ... Meine Mutter kam und sagte: ‹Ich bin machtlos und kann nichts dagegen tun.› Also rissen wir aus.» Ellaha und ihre Schwester suchten Zuflucht in einem billigen Gästehaus; ihr Plan war, sich in den Iran durchzuschlagen, dort bei Verwandten unterzukommen und an der Universität zu studieren. Doch dann erspähte jemand Ellaha in dem Gästehaus und sagte ihren Eltern Bescheid, woraufhin die Polizei eintraf und die beiden Schwestern als Ausreißerinnen festnahm. Bei der Polizei wurden sie einem Jungfräulichkeitstest unterzogen, der jedoch ergab, dass ihre Häutchen intakt waren.

«Sie wurde eingesperrt, weil ihr Leben in Gefahr war», erklärte uns Rana. «[Ellaha] ist hier zum Schutz vor dem Zorn ihres Vaters.» Ellaha gab zu, dass die Sorge berechtigt war. «Sie waren sehr wütend», sagte sie über ihren Vater und ihren Onkel. «Ich hatte Angst, dass sie mich umbringen würden.» Ellahas Vater, ein Zimmermann namens Said Jamil, zeigte sich mehr als zugeknöpft, als wir ihn in Kabul ausfindig machten. Er wollte uns nicht in sein Haus lassen, also unterhielten wir uns auf der Straße. Wir baten ihn um das Versprechen, Ellaha nichts zuleide zu tun, und er gab es uns, kündigte aber zugleich an, er werde ihr nicht mehr so viele Freiheiten lassen.

Wir machen für die Probleme, die Ellaha hatte und hat, nicht den Propheten Mohammed oder den Islam als solchen verantwortlich. Der Islam ist an und für sich nicht frauenfeindlich. Aber wie viele Muslime selbst eingeräumt haben: Solange intelligente und mutige Frauen wie

Ellaha unverhältnismäßig oft in einer Gefängniszelle oder gar in einem Sarg landen, untergraben die betreffenden Länder ihre eigenen Entwicklungsaussichten.

Es gibt viele Gründe für den Boom, den der islamische Terrorismus in den zurückliegenden Jahrzehnten erlebt hat. Frustration über die Rückständigkeit der islamischen Welt spielt dabei ebenso eine Rolle wie Wut auf korrupte Herrscher. Nicht zu unterschätzen sind als mögliche Ursachen jedoch auch der «Jugendbauch» islamischer Gesellschaften – begünstigt nicht zuletzt durch Defizite bei der Familienplanung – und die generelle Benachteiligung der Frauen.

Eine Gesellschaft, in der es mehr Männer als Frauen gibt – insbesondere mehr junge Männer –, hat häufig eine Affinität zu Kriminalität oder Gewalt. Wie der Historiker David Courtwright ausführt, könnte ein Grund dafür, dass Amerika im Vergleich zu Europa ein größeres Gewaltpotenzial aufweist, in seinem traditionellen Männerüberschuss liegen. Bis zum Zweiten Weltkrieg war die Bevölkerung der Vereinigten Staaten überproportional männlich, und am größten war der Männerüberschuss im sogenannten wilden Westen. Die Folge war Courtwrights These zufolge eine Kultur der Aggressivität, der affektgesteuerten Gewalt, die bis heute ihren Niederschlag in einer relativ großen Zahl von Kapitalverbrechen findet. Diese – zugegeben umstrittene – Analyse könnte auch eine Erklärung dafür liefern, dass sich in männlich dominierten islamischen Gesellschaften ähnliche Wesenszüge finden, nämlich eine hohe Wertschätzung für autonomes Handeln, Ehre, Tapferkeit und spontane Gewaltanwendung.

Diese männlichen Ideale finden bei jungen Männern besonders große Resonanz. In den Ländern der westlichen Welt stellt die Altersgruppe der 15- bis 24-jährigen durchschnittlich rund 15 Prozent der erwachsenen Bevölkerung. In vielen islamischen Ländern hingegen liegt ihr Anteil bei über 30 Prozent. «Jedem Prozent, um das der Anteil der Jugendlichen an der erwachsenen Bevölkerung steigt», sagt der norwegische Soziologe Henrik Urdal, «entspricht eine Erhöhung des Konfliktrisikos um mehr als 4 Prozent.»

Wenn der Volkskörper einen «Jugendbauch» aufweist, ist die destabilisierende Wirkung in islamischen Ländern vielleicht noch größer als anderswo, weil dort die Frauen weitgehend in eine passive und geknebelte Rolle gedrängt sind, mit der Folge, dass die aggressiven jungen Männer gleichsam freie Bahn haben. In anderen Teilen der Welt verbringen junge Männer zwischen 15 und 24 einen beträchtlichen Teil ihrer wachen Zeit damit, jungen Frauen nachzustellen. In konservativen muslimischen Ländern hingegen ziehen manche junge Männer das Kriegspielen dem Liebesspiel vor.

In strengen islamischen Ländern wie Afghanistan ist für viele junge Männer die Hoffnung, eine Partnerin fürs Leben zu finden, von vornherein gering. In diesen Ländern gibt es normalerweise mindestens 3 Prozent mehr Männer als Frauen, nicht zuletzt weil Mädchen und Frauen dort nicht die gleiche medizinische Fürsorge erhalten wie Männer. Des Weiteren bringt die Polygamie es mit sich, dass wohlhabende Männer sich zwei oder drei Frauen nehmen, womit für die armeren Männer die Zahl der Heiratskandidatinnen weiter abnimmt. Wenn ein junger Mann keine Aussicht sieht, eine Familie zu gründen, könnte das die Wahrscheinlichkeit erhöhen, dass er in eine Laufbahn der Gewalttätigkeit abdriftet.

In den betreffenden Ländern wachsen junge Männer in einer vollkommen männlich geprägten Umgebung auf, einer mit Testosteron gesättigten Welt mit prägenden Verhaltensmustern, die denen im Turnhallen-Umkleideraum einer Jungenoberschule entsprechen. Gruppen oder Verbände, die zu einem überproportionalen Teil aus jungen Männern bestehen – das können Straßenbanden ebenso sein wie Knabeninternate, Gefängnisse oder militärische Truppeneinheiten –, weisen oft eine besonders hohe Affinität zu Gewalt auf. Wir vermuten, dass dasselbe sinngemäß auch für ganze Länder gilt.

Länder, in denen Frauen unterdrückt werden, sind in aller Regel auch wirtschaftlich rückständig, was den Frustrationen, aus denen Terrorismus erwächst, zusätzliche Nahrung gibt. Vorausschauend denkende islamische Führer haben erkannt, dass fehlende Geschlechtergerechtigkeit ihren Ländern die Chance nimmt, ihre größte ungenutzte wirtschaftliche Ressource zu erschließen – jene knappe Hälfte ihrer Bevölkerung, die aus Frauen besteht. Im Jemen stellen Frauen einen Anteil von nur 6 Prozent an der nicht in der Landwirtschaft beschäftigten Erwerbsbevölkerung; in Pakistan liegt der entsprechende Anteil bei 9 Prozent. Man vergleiche das mit Anteilen zwischen 40 und 50 Prozent in Ländern wie China oder den Vereinigten Staaten. In einem der von den Vereinten Nationen erstellten Berichte über die Bevölkerungsentwicklung in den arabischen Ländern (Arab Human Development Report) heißt es: «Der Aufstieg der Frauen ist in der Tat eine Vorbedingung für eine arabische Wiedergeburt.»

Bill Gates erinnert sich, dass er einmal auf Einladung der Regierung von Saudi-Arabien einen Vortrag in Riad hielt und sich mit einer nach Geschlechtern getrennten Zuhörerschaft konfrontiert sah. Vier Fünftel der Anwesenden waren Männer, die links saßen, das verbleibende Fünftel bestand aus Frauen am rechten Rand, allesamt in schwarze Gewänder und Schleier gehüllt. Eine Stellwand trennte die beiden Gruppen voneinander. Gegen Ende der Veranstaltung, als Fragen an den Redner gestellt werden konnten, erklärte einer der Zuhörer, Saudi-Arabien sei bestrebt, bis zum Jahr 2010 zu der Gruppe der zehn führenden Technologieländer der Welt zu gehören, und fragte Gates, ob dies ein realistisches Ziel sei. «Nun ja, wenn Sie die Hälfte der Begabungen, die Sie in Ihrem Land haben, nur eingeschränkt nutzen», antwortete Gates, «werden Sie nicht allzu nahe an die zehn führenden Länder heranrücken.» Die kleine Gruppe rechts außen brach in frenetischen Jubel aus, während der größere Zuhörerblock auf der linken Seite nur verhalten applaudierte.

Es gibt etliche Belege, die den Schluss zulassen, dass dort, wo Frauen in der Familie unterdrückt werden, am Ende der Staat alle seine Bürger unterdrückt. «Mehr als andere Faktoren, die im Denken der westlichen Welt über religiöse Systeme und Politik vorherrschen, ist es die Stellung der Frau, die den gemeinsamen Nenner zwischen Islam und dem Demokratiedefizit darstellt», schreibt der Sozialwissenschaftler M. Steven Fish. Es ist wohl so, dass ein autoritäres und patriarchalisches Umfeld in der Familie sich in einem autoritären und patriarchalischen politischen System widerspiegelt.

Die Unterdrückung der Frau hat vielleicht noch tiefer greifende Folgen. Der bedeutende in Harvard lehrende Historiker David Landes untersucht in seinem Buch *Wohlstand und Armut der Nationen*, warum die industrielle Revolution in Europa Fuß fasste und nicht in Asien oder im Nahen Osten. Er vertritt die These, dass eine der wichtigsten Kräfte, die zum Vorteil Europas wirkten, die Offenheit der Europäer für neue Ideen war und dass eines der besten Eichmaße, an denen sich solche Offenheit ablesen lässt, die Art und Weise ist, wie ein Land seine Frauen behandelt.

Die wirtschaftlichen Implikationen praktizierter Geschlechterungerechtigkeit sind gravierend. Frauen nicht zur Entfaltung kommen zu lassen bedeutet, einem Land Arbeitskräfte und Begabungen vorzuenthalten; aber man untergräbt damit, was die Sache noch schlimmer macht, auch den Leistungswillen von Knaben und Männern. Wenn man junge Menschen zu dem Glauben erzieht, die eine Hälfte von ihnen sei der anderen von vornherein biologisch überlegen, muss das zwangsläufig die

Leistungsbereitschaft herabsetzen und den Ehrgeiz abstumpfen. Man kann nicht männliche Kinder als «Paschas» apostrophieren oder ihnen, wie im Iran üblich, erzählen, sie hätten einen «goldenen Penis», ohne ihr Interesse am Lernen und an Leistung zu beeinträchtigen.

Im Allgemeinen lässt sich sagen, dass der beste Indikator für das Wachstums- und Entwicklungspotenzial eines Landes die Stellung und die Rolle der Frau in der Gesellschaft ist. Hier liegt die größte Schwäche der islamischen Gesellschaften im Nahen und Mittleren Osten, die Fußfessel gleichsam, die sie daran hindert, ihren Rückstand zur Moderne aufzuholen.

Die afghanische Rebellin

Das bekannteste Entwicklungshilfeprogramm in Afghanistan und Pakistan ist das von Greg Mortenson initiierte Schulbauprojekt. Als Mortenson, ein Bergsteiger, vor Jahren mehr tot als lebendig von einem gescheiterten Versuch, den zweithöchsten Gipfel der Welt, den K2, zu besteigen, zurückkehrte, wurde er von den Bewohnern eines Himalajadorfs ins Leben zurückgeholt, und sie teilten das Wenige, was sie hatten, mit ihm. Als er wiederhergestellt war, stellte er fest, dass 78 Jungen und 4 Mädchen aus dem Dorf im Freien Schulbücher durcharbeiteten – nicht nur ohne Schulgebäude, sondern auch ohne Lehrer. Mortenson versprach, wiederzukommen und ihnen eine Schule zu bauen. Er verschickte 580 Briefe mit Spendenaufrufen und bekam einen einzigen Scheck zugeschickt (von Tom Brokaw). In der Folge fand er weitere Spender und verkaufte sein Auto, seine Bücher und sogar seine geliebte Bergsteigerausrüstung, um genug Geld zusammenzubekommen. Seither baut Greg in der Region Schulen, wobei er sich stets nach den Vorgaben und Vorschlägen der Einheimischen richtet.

Greg ist inzwischen weithin als der Schulenbauer von Pakistan (und neuerdings auch von Afghanistan) bekannt. Er verwirklicht seine Projekte immer in abseits liegenden Gebieten und konzentriert die Kräfte auf den Bau von Mädchenschulen. «Erziehe einen Jungen, und du erziehst ein Individuum», zitiert Greg ein afrikanisches Sprichwort. «Erziehe ein Mädchen, und du erziehst ein ganzes Dorf.» In jüngster Zeit hat er Kurse in Schwangerengesundheit für Studenten organisiert und seinen

Projekten eine ärztliche Komponente hinzugefügt. Greg schildert seine Arbeit in seinem überwältigenden Buch Der Traum vom Frieden: mein Schulprojekt für Pakistans Kinder. Sie entspricht genau dem Typus des bodennahen, auf ländliche Verhältnisse zugeschnittenen, unter Einsatz der Einheimischen durchgeführten Projekts, das in den Entwicklungsländern oft die besten Resultate gezeitigt hat.

Untypisch ist Gregs Programm insofern, als viele westliche Entwicklungshilfeprogramme in islamischen Ländern wie Afghanistan und Pakistan besonders schlecht liefen und laufen. Nach dem mit amerikanischer Waffenhilfe errungenen Sieg über die Taliban in Afghanistan Ende 2001 entsandten wohlmeinende Hilfsorganisationen tatkräftige junge Amerikaner nach Kabul. Sie mieteten Wohnhäuser und Büros an – womit sie die Grundstücks- und Mietpreise in die Höhe katapultierten – und kauften flottenweise weiß lackierte SUVs. Das Nachtleben in Kabul kam auf Touren, Restaurants und DVD-Läden schossen aus dem Boden, und in Lebensmittelgeschäften gab es plötzlich Kellogg's Cornflakes zu kaufen. Wenn man an einem Samstagabend in Kabul ein Restaurant aufsuchte, in dem Mitarbeiter von Hilfsorganisationen verkehrten, konnte man auf der Straße davor geparkte SUVs im Wert von einer Million Dollar stehen sehen.

Die Welle der Hilfsprogramme zielte vor allem auf die afghanischen Frauen ab, und es ist nicht zu bestreiten, dass sie einiges Gute bewirkten. Aber sie hatten im typischen Fall keine große Reichweite über die Hauptstadt hinaus ins ländliche Afghanistan hinein, wo die Hilfe am dringendsten gebraucht wurde. Dazu kam, dass viele Afghanen sich von Christen oder Juden bedroht fühlten, die sich in ihrem Land niederließen, halb nackt umherliefen (nach afghanischen Maßstäben) und den afghanischen Frauen zuriefen: Lernt lesen! Geht arbeiten! Macht euch unabhängig! Schmeißt eure Burka weg! Eine Hilfsorganisation, die in wohlmeinender Absicht die Namen und Anschriften von Einheimischen für eine Datenbank zu sammeln versuchte, erfragte in jedem Haushalt nicht nur die Namen der männlichen, sondern auch die der weiblichen Mitglieder – die Afghanen empfanden dies als empörende Zudringlichkeit.

Eine andere Hilfsorganisation aus dem Westen verteilte in dem Bemühen, den afghanischen Frauen zu verbesserter Hygiene und Gesundheit zu verhelfen, Seife und hätte damit beinahe Tumulte ausgelöst. In Afghanistan wird das Sich-Waschen mit Seife oft mit einer Selbstreinigung nach dem Geschlechtsverkehr assoziiert, und so glaubten die Leute,

Sakena Yacoobi auf
Besuch in einer
ihrer Kliniken im
afghanischen Herat

die Helfer unterstellten den afghanischen Frauen ein promiskes Sexualverhalten.

Das entgegengesetzte Extrem in puncto Effektivität verkörpert Sakena Yacoobi, eine Naturgewalt, die eine Hilfsorganisation namens Afghan Institute of Learning leitet. Untersetzt und kräftig gebaut, das lange Haar in einem Kopftuch verstaut, Winkgrüße an eine Person verschickend und zugleich mit einer anderen in schnellem Stakkato-Englisch scherzend, ist Sakena die menschliche Version eines Perpetuum mobile. Dass sie noch nicht von religiösen Fundamentalisten zum Schweigen gebracht worden ist, mag daran liegen, dass sie selbst eine afghanische Muslimin ist, was sie in den Augen der Taliban vielleicht weniger bedrohlich erscheinen lässt. Amerikanische Hilfsorganisationen hätten in Afghanistan sehr viel mehr bewirken können, wenn sie Sakena finanziell und politisch unterstützt hätten, statt ihre eigenen Vertreter nach Kabul zu schicken. Ganz allgemein gilt für Amerikaner, die muslimischen Frauen helfen wollen, dass die beste Rolle, die sie übernehmen können, nicht die des Agitators oder Einflüsterers bei öffentlichen Kundgebungen ist, sondern dass sie sich darauf beschränken sollten, die Schecks auszuschreiben und im Hintergrund das Gepäck zu schleppen.

Sakena ist in Herat im Nordwesten Afghanistans aufgewachsen. Sie bekam zwar einen Studienplatz an der Universität von Kabul zugeteilt, konnte jedoch wegen der damals herrschenden Gewalt das Studium nicht aufnehmen. So reiste sie um den halben Erdball ins kalifornische Stockton und studierte dank eines Stipendiums an der dortigen University of the Pacific Medizin. Danach absolvierte sie an der Loma Linda University einen Studiengang im Fach öffentliches Gesundheitswesen (und schaffte es nebenbei, 13 Mitglieder ihrer Familie in die USA und damit in Sicherheit zu bringen). Sakena wollte aber etwas für ihr Volk tun; daher verlegte sie ihren Sitz nach Pakistan und suchte sich Aufgaben in den dortigen afghanischen Flüchtlingslagern, wo sie sich vor allem um die Verbesserung der medizinischen Versorgung und der Bildungseinrichtungen bemühte. Als Erstes eröffnete sie in Peschawar eine Mädchenschule mit 300 Schülerinnen; ein Jahr später hatte die Schülerzahl bereits 15 000 erreicht. Die Taliban unterbanden in Afghanistan jeden Schulunterricht für Mädchen, doch Sakena schaffte es, in dem Land eine Reihe geheimer Mädchenschulen zu eröffnen und zu betreiben. «Es war nicht leicht, und es war sehr riskant», erinnert sie sich. «Ich handelte aus, dass, wenn die Einheimischen Gebäude zur Verfügung stellten und die Schulen und die Schülerinnen schützten, wir dann die Lehrerinnen bezahlen und alles Nötige bereitstellen würden. Bald hatten wir 3800 Schülerinnen in Untergrundschulen. Wir hatten Regeln, die dafür sorgten, dass die Schülerinnen zeitversetzt kamen, dass keine Männer sich drinnen aufhalten durften und dass Leute aus dem Ort als Wachtposten fungierten.»

Das Geheimunternehmen war außerordentlich erfolgreich; 80 Untergrundschulen konnten eingerichtet und betrieben werden, und es kam nur zu einem einzigen Überfall durch Talibankämpfer. «Das war meine Schuld», gibt Sakena zu. «Ich erlaubte einer Engländerin einen Besuch, und die Kinder sprachen darüber, und am nächsten Tag stürmten die Taliban die Schule. Aber wir waren vorgewarnt, und die Lehrerin verteilte die Kinder rechtzeitig und verwandelte das Klassenzimmer in ein normales Zimmer des Hauses zurück. Am Ende ging die Sache glimpflich aus.»

Was Sakena für die afghanischen Flüchtlinge in Pakistan auf die Beine stellte, war noch eine Nummer größer; es gehörten dazu auch eine Universität für Frauen und Lese- und Schreibkurse für Erwachsene. Nach dem Sturz des Taliban-Regimes verlegte Sakena ihr Afghan Institute of Learning nach Kabul zurück, und heute bietet sie Aus- und Fortbildung wie auch andere Dienstleistungen für 350 000 Frauen und Kinder in Afghanistan an. Das Institut hat 480 feste Mitarbeiter, 80 Prozent davon Frauen, und ist in sieben Provinzen Afghanistans aktiv. Viele der Frauen, die an der Universität von Kabul studieren, sind durch Sakenas Schule gegangen.

Zu den Angeboten von Sakenas Institut gehören auch Ausbildungsgänge für Lehrer und Seminare, in denen Frauen über ihre Rechtsstellung im islamischen Zivil- und Strafrecht aufgeklärt werden. Das ist si-

KAPITEL NEUN

cherlich ein heikler Bereich, aber für den islamischen Klerus ist es eher hinnehmbar, wenn ein solches Lernangebot von einer muslimischen Frau mit Kopftuch kommt, als wenn es von amerikanischen Ungläubigen käme.

«Bildung ist die Grundvoraussetzung für die Überwindung der Armut, für die Überwindung des Krieges», sagt Sakena. «Wenn die Menschen eine bessere Erziehung und Bildung bekommen, werden Frauen nicht mehr misshandelt oder gequält. Sie werden sich auch hinstellen und sagen: ‹Mein Kind soll nicht so jung heiraten müssen.›»

Das Institut bietet auch Religionsunterricht an, allerdings einen, der islamischen Fundamentalisten vielleicht die Haare zu Berge stehen lässt. In diesen Kursen werden gemäßigte Passagen aus dem Koran gelesen, sodass Frauen ihre Männer auf Koranstellen hinweisen können, in denen zum Beispiel vom notwendigen Respekt vor den Frauen die Rede ist. Häufig erfahren sowohl Frauen als auch Männer hier zum ersten Mal, dass der Koran auch solche Verse enthält.

Sakena leitet einen ganzen Archipel aus stationären und mobilen medizinischen Versorgungsstellen, die den Menschen Beratung in Sachen Familienplanung und kostenlose Kondome offerieren. Ein weiterer wichtiger Teilbereich ihrer Arbeit beinhaltet praktische Anleitungen für erfolgreiches Wirtschaften. «Wenn die Leute einen leeren Magen haben, können sie nicht lernen», sagt Sakena. Folglich bietet ihr Institut Programme an, die ein Spektrum von Fertigkeiten vermitteln, die Frauen in die Lage versetzen sollen, Einkünfte zu erzielen. Dazu gehören Nähen, Sticken, Frisieren und Computertechnik. Eine junge Frau, die einen Computerlehrgang durchläuft, kann nach bestandener Abschlussprüfung einen Job bekommen, in dem sie bis zu 200 Euro im Monat verdient, ein Mehrfaches dessen, was die meisten jungen Männer in Afghanistan verdienen können.

Sakena genießt mittlerweile breite Anerkennung für all das, was sie auf die Beine gestellt hat, und die UNFPR und andere Gruppen speisen Hilfsgelder in ihre Einrichtungen ein. Das Team von Bill Drayton hat die Arbeit Sakenas gewürdigt, indem es sie zum Ashoka Fellow ernannt hat, eine Ehre, die vor ihr noch niemandem aus Afghanistan widerfahren ist. Sie ist in der Tat eine der großen Sozialunternehmerinnen Afghanistans (ein perfektes Vorbild für Ellaha, die junge Afghanin, die im Gefängnis sitzt, wenn ihr Vater sie nicht inzwischen ermordet hat), und leider versteht es sich von selbst, dass sie in ständiger Gefahr ist. Sie wischt das vom Tisch.

«Jeden Tag gibt es eine Morddrohung.» Sie lacht. «Ich wechsle ständig das Auto, wechsle die Leibwächter.» Es schmerzt sie als fromme Muslimin, dass manche Fundamentalisten ihr im Namen des Islam nach dem Leben trachten. Sie beugt sich vor und legt noch einen Zahn an Eindringlichkeit zu: «Ich sage Ihnen aus vollem Herzen: Wären sie gebildeter, würden sie sich nicht so aufführen. Es gibt Koranstelle um Koranstelle, in der es heißt, dass man Frauen gut behandeln soll. Diese Leute, die böse Dinge tun, sie haben keine Bildung. Ich bin Muslimin. Mein Vater war ein guter Moslem, er betete jeden Tag, aber er hat nicht versucht, mich zu verheiraten. Es gab viele Angebote für mich, als ich in der sechsten Klasse war, und er lehnte sie ab.

Das ist der Grund, warum diese Leute nicht wollen, dass Mädchen in die Schule gehen – sie haben Angst, dass die Frauen dann Fragen stellen, dass sie sich zu Wort melden. … Aus diesem Grund bin ich für Schulbildung. Es ist ein so wirksames Mittel, um die Armut zu überwinden und das Land wieder aufzubauen. Wenn wir von den ausländischen Hilfsgeldern, die in Kanonen und Waffen fließen, nur ein Viertel abzweigen und es in das Schulwesen investieren würden, könnte dies das Land grundlegend verändern.»

Sakena wiegt nachdenklich den Kopf und fügt hinzu: «Die internationale Gemeinschaft sollte sich auf Schulbildung konzentrieren. Im Namen der Frauen und Kinder Afghanistans bitte ich Sie! Wenn wir über Terrorismus und Gewalt hinwegkommen wollen, brauchen wir Bildung. Nur so können wir gewinnen.»

In Bildung investieren

*«Wenn Ihr meint, Schulbildung sei teuer,
dann stellt doch fest, was Unwissenheit kostet.»*

Derek Bok

Vor knapp 20 Jahren lernten wir als frisch verheiratetes Paar in den kargen Dabie-Bergen in Zentralchina ein mageres 13-jähriges Mädchen namens Dai Manju kennen. Es lebte mit seiner Mutter, seinem Vater, zwei Brüdern und einer Großtante in einer baufälligen Holzhütte an einer Bergflanke, zwei Stunden Fußmarsch von der nächstgelegenen Straße entfernt. Die Familie hatte keinen elektrischen Strom, kein fließendes Wasser, kein Fahrrad, keine Armbanduhr, auch sonst keine Uhr, kein Radiogerät – praktisch überhaupt keine Habseligkeiten – und teilte ihr Heim mit einem großen Schwein. Fleisch zu essen konnten sie sich allerdings nur einmal im Jahr leisten, anlässlich des chinesischen Neujahrsfestes. Möbel gab es in der schummerigen Hütte fast keine, abgesehen von einem Sarg, den Dais Vater für die Großtante hatte machen lassen. «Noch bin ich gesund», erklärte die alte Dame fröhlich, «aber vorsorgen ist immer gut.»

Dai Manjus Eltern waren Schulabbrecher und kaum des Lesens und Schreibens mächtig. Sie sahen keinen Sinn darin, Mädchen die Schule besuchen zu lassen. Warum sollte eine Frau lesen und schreiben lernen, wo sie doch ihr Leben damit verbringen würde, Feldarbeit zu machen und Socken zu stopfen? Für ein Jahr Volksschulbesuch umgerechnet 10 Euro Schulgeld auszugeben war in den Augen der Eltern eine Verschwendung der paar zerknitterten Geldscheine, über die die Familie verfügte und die man in etwas Nützlicheres investieren konnte, zum Beispiel in Reis. Als

Dai Manju, die wider
Willen von der Schule
abgehen musste, neben
ihrem Rektor vor dem
Schulgebäude in China

Dai Manju in die sechste Klasse kam, beschlossen ihre Eltern, sie aus der Schule zu nehmen.

Manja war dürr, hatte strähniges schwarzes Haar und ein etwas furchtsames Auftreten und war einen Kopf kleiner als ein durchschnittliches amerikanisches Mädchen von 13 Jahren. Sie hatte sich keine Schulbücher leisten können, nicht einmal Bleistift und Papier; dabei war sie die beste Schülerin ihrer Klasse gewesen, und sie hatte den sehnlichen Wunsch, weiter zu lernen.

«Meine Eltern waren krank und sagten, sie könnten es sich nicht leisten, mich weiter auf die Schule zu schicken», sagte sie, wobei sie den Blick auf den Boden richtete und so leise sprach, dass sie kaum zu vernehmen war. «Weil ich das älteste Kind bin, wollten meine Eltern, dass ich die Schule verlasse und im Haushalt helfe.» Doch Dai Manju schlich weiterhin in jeder freien Minute um die Schule, in der Hoffnung, etwas lernen zu können, auch wenn ihre Eltern kein Schulgeld mehr zahlten. Sie träumte noch immer davon, als Erste aus ihrer Familie die Grundschule zu beenden. Die Lehrer hielten viel von Dai Manju und versorgten sie mit abgebrochenen Bleistiften und Papierfetzen, um ihren Lerneifer zu unterstützen, und sie machten uns mit ihr bekannt, als wir die Schule zum ersten Mal besuchten. Bei unserem nächsten Besuch führte Dai Manju uns den sechs Kilometer langen Fußweg hinauf zu der Hütte, die ihr und ihrer Familie als Heim diente.

1990 schrieben wir einen Artikel über Dai Manju, woraufhin ein wohlmeinender Leser uns 10 000 Dollar als Spende für ihre weitere Ausbildung überwies. Wir leiteten das Geld an die Schule weiter, die ihr Glück kaum fassen konnte. «Wir können jetzt allen Kindern hier Unterricht anbieten», erklärte der Rektor. «Wir können sogar ein neues Schulhaus bauen.» In der Tat wurde von dem Geld ein sehr viel besseres Volksschulgebäude errichtet, und es blieb noch genug übrig, um Stipendien für Mädchen aus der Umgebung auszusetzen. Als ein guter Teil des Geldes ausgegeben war, riefen wir den Spender an, um ihm einen Zwischenbericht zu geben.

«Sie waren sehr, sehr großzügig», sagten wir bewegt. «Sie werden kaum glauben, wie viel man in einem chinesischen Dorf mit zehntausend Dollar ausrichten kann.»

Eine verlegene Pause trat ein, dann sagte der Mann: «Aber ich habe keine zehntausend Dollar gespendet. Es waren hundert.»

Nach einigen Nachfragen stellte sich heraus, dass der mit der Überweisung beauftragten Bank, der Morgan Guaranty Trust Company, ein Fehler unterlaufen war. Wir erreichten einen ihrer Vorstände und fragten ihn gleichsam vor eingeschaltetem Mikrofon, ob er die Absicht habe, Himmel und Hölle in Bewegung zu setzen, um das versehentlich zu viel überwiesene Geld aus China zurückzuholen und damit chinesischen Mädchen den durch dieses Geld ermöglichten Schulbesuch wieder zu entziehen.

«Unter den gegebenen Umständen», antwortete er, «werden wir uns glücklich schätzen, den Differenzbetrag als Spende zu deklarieren.»

Die Dorfbewohner waren von diesem Beispiel amerikanischer Großzügigkeit – und amerikanischer Schlamperei – mächtig beeindruckt. Da Dai Manju diejenige war, der man die Spende eigentlich zu verdanken hatte, befreiten die Behörden sie von der Schulgeldpflicht, solange sie Leistung brachte und alle Prüfungen bestand. Sie absolvierte die Grundschule, danach die Oberschule und schließlich eine Handelsschule mit Schwerpunkt Buchhaltung. Sie fand danach eine Arbeitsstelle als Buchhalterin für mehrere Fabriken in der Provinz Guangdong. Nachdem sie das zwei Jahre gemacht hatte, begann sie Freunde und Verwandte mit

Jobs in Guangdong zu versorgen. Sie schickte zunehmend größere Geldbeträge an ihre Familie, mit der Folge, dass ihre Eltern bald zu den reichsten Bewohnern ihres Dorfes gehörten. Als wir vor einigen Jahren nach langer Zeit wieder einmal das Dorf besuchten, wuselten Dai Manjus Eltern um ein betoniertes Haus mit sechs Zimmern. (Die Großtante war verstorben.) Ein Schwein gab es nach wie vor, aber es wohnte getrennt von der Familie in der alten Hütte, die jetzt als Stallgebäude diente. Die Familie verfügte über elektrischen Strom, einen Herd, einen Fernsehapparat und einen Ventilator.

Dai Manju heiratete 2006 einen Gießereitechniker und wurde im Jahr darauf, mittlerweile 30 Jahre alt, Mutter einer Tochter. Sie arbeitete zu der Zeit in der Stadt Dongguan als leitende Angestellte bei einer taiwanesischen Elektronikfirma, spielte aber mit dem Gedanken, ein eigenes Unternehmen zu gründen. Ihr Chef erklärte sich bereit, sie dabei zu unterstützen, und es schien, als biete sich ihr die Chance, eine von Chinas neuen ‹dakuan› («Tycoons») zu werden.

Dank der von Morgan Guaranty finanzierten Stipendien hatten auch andere Mädchen aus den Bergnestern der Gegend die Chance bekommen und ergriffen, einen Bildungszwischenspurt einzulegen, und hatten Jobs in den Fabriken von Guangdong ergattert. Sie schickten Geld nach Hause, das wiederum dafür eingesetzt wurde, ihren jüngeren Geschwistern den Schulbesuch zu ermöglichen, und diese fanden schließlich ebenfalls gute Jobs in den wirtschaftsstarken Küstenregionen Chinas. All dies brachte mehr Wohlstand ins Bergland – und mehr politischen Einfluss, mit der Folge, dass eine Straße zu Dai Manjus Dorf gebaut wurde, die unmittelbar am neuen Haus ihrer Eltern vorbeiführt. Möglich, dass dort eines Tages eine Gedenktafel für den Spender oder für Dai Manju errichtet wird – oder für einen unkonzentrierten Bankangestellten.

So viel kann Bildung bewirken. Wie eine Erhebung nach der anderen ergibt, ist Schulbildung für Mädchen eines der effektivsten Mittel bei der Bekämpfung der Armut. Der Schulbesuch schafft oft auch die Voraussetzung dafür, dass Mädchen und Frauen sich gegen ungerechte Behandlung zur Wehr setzen, sowie dafür, dass sie in die Wirtschaft integriert werden. Solange Frauen das Lesen und Schreiben und das Rechnen nicht beherrschen, dürfte es für sie schwer sein, ein eigenes Unternehmen zu gründen oder etwas anderes zur volkswirtschaftlichen Leistung ihres Landes beizutragen.

Leider lässt sich der Effekt einer verbesserten Mädchenbildung nur schwer statistisch nachweisen. Zwar gibt es wenige Aspekte der Unterentwicklung bzw. Entwicklung, zu denen mehr Studien vorliegen, aber diejenigen, die diese wissenschaftlichen Erhebungen durchgeführt und finanziert haben, waren in den meisten Fällen so überzeugt von den segensreichen Wirkungen der Mädchenbildung, dass sie keine besonders rigorosen Maßstäbe anlegten. Die meisten Studien dieses Typs sind methodisch schwach und nicht ausreichend, Ursache-Wirkungs-Zusammenhänge zu belegen. «Das Beweismaterial krankt in den meisten Fällen an offensichtlichen Voreingenommenheiten: Mädchen mit besserer Schulbildung kommen aus einkommensstärkeren Familien und heiraten wohlhabendere, gebildetere, fortschrittlicher gesinnte Männer», konstatiert Esther Duflo vom MIT, eine der am penibelsten arbeitenden Empirikerinnen im Bereich der Geschlechter- und Entwicklungsforschung. «Es ist unter diesen Voraussetzungen schwierig, alle diese Faktoren zu kontrollieren, und nur in wenigen dieser Studien ist das versucht worden.» Korrelation ist, kurz gesagt, noch keine Ursachenfeststellung.

Manche Anhänger der Bildungsthese untergraben die Überzeugungskraft ihrer Sache auch dadurch, dass sie sich die Rosinen aus ihrem Belegmaterial herauspicken. Obschon wir die Auffassung vertreten, dass mehr Schulbildung für Mädchen das Wirtschaftswachstum ankurbelt und für mehr Stabilität sorgt, müssen wir einräumen, dass der indische Bundesstaat Kerala, der mit das höchste Bildungsniveau in Indien hat, seit Längerem wirtschaftlich stagniert. In der arabischen Welt gehören der Libanon und Saudi-Arabien zu den Ländern, die Mädchen die meisten Bildungschancen geben, und doch war der Libanon über Jahrzehnte ein Konfliktbrennpunkt und Saudi-Arabien ein Treibhaus für gewaltbereite Fundamentalisten. Nach unserer Überzeugung handelt es sich hier aber um Ausnahmen: Kerala betrieb eine Wirtschaftspolitik gegen die Marktkräfte, die seine wirtschaftliche Entwicklung hemmte, der Libanon wurde von widerstreitenden religiösen Gruppen und machthungrigen Nachbarn destabilisiert und Saudi-Arabien von einer zutiefst konservativen Kultur und Staatselite ausgebremst. Die Welt ist kompliziert, und wir fühlen uns jedes Mal, wenn wir eine patente Lösung sehen, versucht, sie einem Lackmustest zu unterwerfen. Bildung ist nicht immer eine Wunderwaffe.

Unter Anrechnung aller dieser Vorbehalte spricht eine überwältigende Menge von Belegen dafür, dass es sich auszahlt, in die Bildung von Mädchen zu investieren. Anekdotisch wissen wir von vielen Frauen, die, weil sie in den Genuss von Bildung kamen, in der Lage waren, einen Job zu bekommen oder ein Geschäft zu eröffnen und ihr eigenes Leben und das ihrer Angehörigen und Freunde umzukrempeln. Allgemeiner gesagt, herrscht breite Einigkeit darin, dass eine der Ursachen für den wirtschaftlichen Aufschwung der letzten Jahrzehnte im asiatischen Raum darin liegt, dass dort Mädchen und Frauen vollen Zugang zu Schulbildung erhalten und in einem Ausmaß in den Arbeitsprozess integriert werden, wie das in Indien oder Afrika nicht der Fall ist.

Einige wenige methodisch unangreifbare Erhebungen untersuchten, welche Folgen es hat, wenn sich in einem Land die Bildungsmöglichkeiten für Mädchen, auch und gerade für solche aus armen oder konservativen Familien, stark verbessern. Zwischen 1973 und 1978 erhöhte zum Beispiel Indonesien die Schulbesuchsquote ganz erheblich. Eine Studie, durchgeführt von Lucia Breierova und Professor Duflo vom MIT, kam zu dem Ergebnis, dass als Folge davon indonesische Frauen später heirateten und weniger Kinder bekamen. Die Mädchenbildung hatte eine größere Auswirkung auf die Fortpflanzungsrate als Fortschritte in der Schulbildung von Jungen.

In ähnlicher Weise untersuchten Una Osili von der Universität von Indiana und Bridget Long von der Harvard University die Konsequenzen aus einer erheblichen Verbesserung des Schulbesuchs, die von 1976 an in Nigeria erreicht wurde. Sie kamen zu der Erkenntnis, dass jedes zusätzliche Jahr, das ein Mädchen an der Grundschule verbringt, zu einer Verringerung der Zahl ihrer Kinder um durchschnittlich 26 Prozent führt – ein nicht unerheblicher Geburtenrückgang. Man hört oft die These, weiterführende Bildung sei der entscheidende Faktor; die besagte Studie kam jedoch zu dem Schluss, dass auch Grundschulbildung bereits einen starken Einfluss auf die Kinderzahl hat.

Die Herausforderungen sind mit Händen zu greifen: Von den 115 Millionen Schulabbrechern sind 57 Prozent Mädchen. Im südlichen und westlichen Asien sind zwei Drittel aller nicht mehr die Schule besuchenden Kinder Mädchen.

Leute aus der westlichen Welt sind oft der Meinung, man könne Zugang zu mehr Bildung am besten dadurch schaffen, dass man Schulen baut; in manchen Gegenden ist das auch nötig. Wir selbst haben in jüngerer Zeit in Kambodscha eine Schule gebaut, ähnlich wie die Schüler aus Seattle unter Anleitung von Frank Grijalva, aber es gibt Schattenseiten. Der Bau einer Schule ist teuer, und niemand kann einem die Gewähr dafür geben, dass die Lehrer gute Arbeit leisten werden. Wie eine Studie ergab, waren in Indien zu einem beliebigen Zeitpunkt 12 Prozent aller Schulen geschlossen, weil die Lehrer an dem betreffenden Tag nicht zur Arbeit erschienen.

Eines der kosteneffektivsten Mittel zur Ankurbelung des Schulbesuchs ist die Entwurmung von Kindern im Schulalter. Darmwürmer beeinträchtigen das körperliche und geistige Wachstum von Kindern. Tatsächlich sterben 130 000 Menschen pro Jahr an den Folgen von Wurmbefall, typischerweise an Anämie oder inneren Krankheiten. Unter Anämie leiden vorwiegend menstruierende Mädchen. Als in den ersten Jahren des 20. Jahrhunderts in den Südstaaten der USA routinemäßige Entwurmungsmaßnahmen eingeführt wurden, staunten die Schullehrer über die Auswirkungen: Die Schüler waren plötzlich deutlich aufmerksamer und lernfähiger. In Kenia erbrachte eine bahnbrechende Studie das Ergebnis, dass allein durch Entwurmen die Zahl der versäumten Schultage um ein Viertel gesenkt werden konnte.

«Der Durchschnittsamerikaner gibt im Jahr 50 Dollar für die Entwurmung von Hunden aus; in Afrika kann man für fünfzig Cent ein Kind entwurmen», sagt Peter Hotez vom Global Network for Neglected Tropical Disease Control, einer im Kampf gegen Würmer führenden Organisation. Versucht man, den Schulbesuch durch den Bau von mehr Schulen zu fördern, so kostet das im Jahr rund 75 Euro für jeden zusätzlichen Schüler. Mit einer systematischen Entwurmung aller Kinder lässt sich dies für nur 3 Euro pro zusätzlichem Schüler erreichen.

Ein weiteres kosteneffektives Mittel, mehr Mädchen in der Oberschule zu behalten, könnte darin bestehen, dass man ihnen hilft, mit dem Menstruieren besser fertig zu werden. Afrikanische Mädchen verwenden, wenn sie ihre Tage haben, typischerweise alte Lappen (und manchmal denselben Lappen mehrmals), weil sie oft nur eine einzige löcherige Unterhose haben. Aus Angst vor peinlichen Ausflüssen und Flecken bleiben Schülerinnen dann nicht selten zu Hause, wenn sie ihre Tage haben. Mitarbeiter von Hilfsorganisationen haben angefangen, afrikanischen Teenagerinnen probeweise Slipeinlagen zu geben, kombiniert mit dem Zugang zu einer Toilette, auf der sie sie wechseln können. Erste Erfahrungen zeigen, dass diese einfache Maßnahme geeignet ist, die Fehlzeiten von Oberschülerinnen zu senken.

FemCare, der Geschäftsbereich des Konzerns Procter & Gamble, der die Tampons der Marke Tampax und die Slipeinlagen der Marke Always vertreibt, begann im Rahmen eines eigenen Projekts mit der Verteilung von Einlagen in Afrika, sah sich aber mit unerwarteten Hindernissen konfrontiert. Zum einen fehlte den Mädchen ein Ort, wo sie die Einlagen wechseln und sich sauber machen konnten – viele Schulen haben keine Toiletten. So begann FemCare mit der Einrichtung von Schultoiletten mit fließendem Wasser, was die Kosten des Programms deutlich in die Höhe trieb. Dazu kam, dass das Projekt kulturelle Tabus, die mit Blut zu tun hatten, verletzte, zum Beispiel die Scheu davor, gebrauchte Einlagen in den Hausmüll zu werfen. FemCare musste besondere Vorkehrungen für die Entsorgung von Slipeinlagen treffen, in einigen Fällen bis hin zur Aufstellung von Verbrennungsöfen. Das Projekt war für beide Seiten eine Lernerfahrung und führte zu einem vertrauten Ergebnis: Weil Unternehmen sich für ihre Marke immer den optimalen Imagetransfer wünschen, unterstützen sie oft hochkarätige Projekte, die spektakulär sind, aber nicht unbedingt besonders kosteneffektiv.

Ein weiteres verblüffend einfaches Mittel, um Fortschritte in der Schulbildung von Mädchen zu erreichen, besteht darin, das Speisesalz mit Jod zu versetzen. Bei rund 31 Prozent aller Haushalte in den Entwicklungsländern ist die Versorgung mit Jod aus dem Trinkwasser oder der Nahrung ungenügend. Das führt sporadisch zur Kropfbildung, aber viel öfter zu Hirnschäden beim noch ungeborenen Kind. Der Fetus braucht in den ersten drei Monaten Jod für eine normale Entwicklung des Gehirns; wie Untersuchungen sowohl am Menschen als auch an Tieren zeigen, gilt das besonders für weibliche Feten. Eine in Ecuador durchgeführte Studie legt die Annahme nahe, dass Jodmangel im typischen Fall zu Kindern mit einem 10 bis 15 Punkte niedrigeren Intelligenzquotienten führt. Im Weltmaßstab mindert Jodmangel den kollektiven IQ der Menschheit um mehr als eine Milliarde Punkte. Einer Erhebung zufolge würde es nur 15 Millionen Euro im Jahr kosten, in allen an Jodmangel leidenden armen Ländern der Erde das Speisesalz zu jodieren. Nach Berechnungen einer anderen Studie würde dies neunmal so viel an wirtschaftlichem Nutzen bringen, wie es kostet. Die Jodierung des Speisesalzes gehört sicher zu den unspektakulärsten Entwicklungshilfemaßnahmen, die man sich vorstellen kann, aber in Expertenkreisen schwört man darauf.

Eine Alternative zur Salzjodierung könnte darin bestehen, dass man allen Frauen, die schwanger werden könnten, vorsorglich alle zwei Jahre eine mit jodiertem Öl gefüllte Kapsel verabreicht. Die Kosten lägen bei nur 50 Cent pro Kapsel. Erica Field von der Harvard University führte Untersuchungen in Tansania durch, wo solche Kapseln ab 1986 in einigen Landesteilen an Frauen verteilt wurden. Wie Professor Field nachweisen konnte, besuchten die Töchter der mit den Kapseln versorgten Frauen die Schule deutlich länger als andere und brachten bessere Leistungen.

Eine andere listige Strategie zur Förderung der Mädchenbildung ist Bestechung. (Niemand würde diesen Ausdruck dafür benutzen, aber tatsächlich läuft es darauf hinaus.) Einer der Schrittmacher war hier Mexiko, wo 1995 der damalige stellvertretende Finanzminister Santiago Levy die große Sorge hatte, der Niedergang des Peso und die dadurch ausgelöste Rezession würden sich verheerend auf die Armen im Land auswirken. Das bestehende Programm zur Armutsbekämpfung, in dessen Mittelpunkt staatliche Subventionen für Grundnahrungsmittel standen, war ineffektiv und diente überwiegend den Interessen der Nahrungsmittelindustrie. Levy organisierte in aller Stille ein experimentelles Antiarmutsprojekt, und zwar weit weg von der Hauptstadt, in Campeche, wo es auf wenig Aufmerksamkeit und Widerstand stoßen würde. Die Grundidee bestand darin, armen Familien Geld dafür zu zahlen, dass sie ihre Kinder weiterhin zur Schule gehen ließen und sie regelmäßig zu ärztlichen Reihenuntersuchungen brachten. Levy sorgte dafür, dass penibel Buch geführt wurde: Die Resultate des Programms in den Dörfern, in denen es angeboten wurde, wurden sorgfältig erhoben und mit entsprechenden Daten in anderen, nicht in das Programm einbezogenen Dörfern verglichen. Nach einiger Zeit legte Levy dem mexikanischen Präsidenten Ernesto Zedillo Belege dafür vor, wie erfolgreich das Experiment verlaufen war, und Zedillo hatte den Mut, die Lebensmittelbeihilfen auslaufen zu lassen und das neue Programm landesweit einzuführen. Es läuft bis heute unter der Bezeichnung Oportunidades.

Ein rundes Viertel aller Familien Mexikos kommt in den Genuss von Oportunidades, das heute zu den anerkanntesten Antiarmutsprogrammen weltweit gehört. Die Armen bekommen Bargeld dafür, dass sie ihre Kinder weiter zur Schule gehen und dass sie sie impfen lassen, sie zu Reihenuntersuchungen in Kliniken bringen und an Informationsveranstaltungen zu einer besseren Gesundheitsvorsorge teilnehmen. Die Prämien bewegen sich zwischen 7,50 Euro pro Monat für ein Kind in der dritten Klasse und 50 Euro für ein Mädchen in der Oberschule. (Die höchsten Prämien zahlt der Staat für Oberschülerinnen, weil bei ihnen die Schulabbrecherquote am höchsten ist.) Die Zahlungen werden direkt von der Zentralregierung geleistet, um der Korruption vor Ort keine Chance zu geben, und sie gehen bevorzugt an die Mütter anstatt an die Väter – dies deshalb, weil Studien gezeigt haben, dass Mütter eher bereit sind, das Geld zum Nutzen ihrer Kinder einzusetzen, und auch weil diese Zahlungen geeignet sind, die Stellung der Mütter im Haushalt zu stärken.

Oportunidades beinhaltete von vornherein ein strenges Evaluationsregime – etwas, woran es vielen Entwicklungshilfeprogrammen mangelt. Mexiko beauftragte Fachleute von außerhalb damit, die Nutzeffekte des

Programms zu messen, durch systematischen Datenabgleich mit Kontrolldörfern. (Die Zuweisung von Dörfern zu Testgruppen bzw. Kontrollgruppen erfolgt durch Zufallsauswahl.) Aktuell ist das International Food Policy Research Institute mit der Evaluierung des Programms betraut. Dessen Mitarbeiter schwärmen von Oportunidades: «Nach nur drei Jahren ist bei armen mexikanischen Kindern aus den ländlichen Gebieten, in denen Oportunidades läuft, ein besserer Schulbesuch festzustellen; die Kinder werden ferner ausgewogener ernährt, erhalten mehr ärztliche Betreuung und lernen, dass die Zukunft sich sehr von der Vergangenheit unterscheiden kann.» Die Weltbank sagt, durch das Programm habe sich die Schulbesuchsquote an mexikanischen Oberschulen bei Jungen um 10, bei Mädchen um 20 Prozent verbessert. Die Kinder in den vom Programm erfassten Dörfern legen pro Jahr durchschnittlich einen Zentimeter mehr an Körpergröße zu als die Kinder in den Kontrolldörfern. Im Wesentlichen läuft Oportunidades darauf hinaus, dass arme Familien dazu animiert werden, in ihre Kinder zu investieren, wie reichere Familien es bereits tun. Auf diese Weise wird der typische Übertragungsweg, auf dem Armut von einer Generation zur nächsten weitergegeben wird, durchkreuzt. Besonders profitieren von Oportunidadas Mädchen, und einige Studien sind zu dem Ergebnis gekommen, dass das Programm seine Kosten einspielen wird, weil es zusätzliches Humankapital für die mexikanische Wirtschaft heranzieht. Das Programm wird heute von vielen anderen Entwicklungsländern kopiert, und sogar die Stadt New York experimentiert mit «Bestechungsgeldern», um die Schulbesuchsquoten zu erhöhen.

Mit Bestechung zu tun hat auch das Schulspeisungsprogramm der Vereinten Nationen, mit dessen Durchführung UNICEF und das World Food Programme (WFP) betraut sind und das ein Lieblingskind des früheren US-Senators George McGovern war. Im typischen Fall liefert das WFP Lebensmittel an ländliche Schulen, und die Eltern der Schüler bringen ihre Arbeitskraft ein, indem sie daraus Mahlzeiten zubereiten. Alle Kinder an den einbezogenen Schulen erhalten eine kostenlose Mahlzeit pro Tag – in der Regel ein frühes Mittagessen, weil man davon ausgeht, dass sie kein Frühstück bekommen haben –, dazu kommen regelmäßige Gaben von Entwurmungsmitteln. Mädchen, die sich durch gute Anwesenheitsquoten auszeichnen, bekommen oft ein Fresspaket mit nach Hause; das soll ihren Eltern die Entscheidung erleichtern, sie auf der Schule zu lassen.

«Das trägt tatsächlich dazu bei, dass die Mädchen länger in der Schule bleiben», sagt Abdu Muhammad, Rektor der Grundschule in Sebiraso,

Schulspeisung in Rutshuru im Kongo; ein Anreiz für Kinder, länger an der Schule zu bleiben

einem abgeschiedenen Städtchen in einer flachen Steppenlandschaft in Eritrea am Horn von Afrika. Er erlebte mit, wie die Schüler sich in die Schlange stellten, während freiwillige Helfer aus der Elternschaft ihnen Gulasch auf den Teller schaufelten. «Jetzt können sich die Schüler konzentrieren», konstatiert er. «Sie können dem Unterricht folgen. Es sind keine Mädchen mehr vorzeitig von der Schule abgegangen, seit das Schulspeisungsprogramm angefangen hat, außer denen, die geheiratet haben. Früher sind die Mädchen regelmäßig in der fünften Klasse abgesprungen.»

Schulspeisungen kosten nur 10 Cent pro Kopf und Tag, und Wissenschaftler haben festgestellt, dass sie zu einer erheblich verbesserten Ernährungsbilanz und zu weniger Störverhalten der Schüler führen und nicht zuletzt den Schulbesuch verlängern, insbesondere bei den Mädchen. Aber Geld ist Mangelware: Nach Angaben des WFP gibt es weltweit rund 50 Millionen Kinder, denen das Programm helfen würde, die aber nicht in seinen Genuss kommen.

Die Ansätze, die wir vorgestellt haben, sind nachweislich geeignet, den Schulbesuch zu verlängern; es stellt sich aber auch die Frage, wie man das Lernverhalten und den Lernerfolg der Schüler verbessern kann, wenn man es erst einmal geschafft hat, sie für den Schulbesuch zu gewinnen. Ein besonders kosteneffektives Mittel dazu ist das Aussetzen bescheidener Förderstipendien für Mädchen, die gute Lernleistungen bringen. Michael Kremer, ein in Harvard lehrender Volkswirt, untersuchte im Rahmen einer in Kenia durchgeführten Studie sechs unterschiedliche Ansätze für eine Verbesserung des Lernverhaltens, von der kostenlosen Bereitstellung von Schulbüchern bis zu Programmen, die Förderpatenschaften für

Kinder vermitteln. Der Ansatz, der zur deutlichsten Verbesserung von Prüfungsleistungen der Schüler führte, war die Aussetzung eines mit umgerechnet 15 Euro dotierten Stipendiums für die Schülerinnen, die bei einer Prüfung nach Abschluss der sechsten Klasse am besten abschnitten. Das Stipendium war an die Absolvierung der siebten und achten Klasse gebunden. (Das erhebende Erlebnis, bei einer Schulfeier das Stipendium als Preis überreicht zu bekommen, kam als weiterer Anreiz hinzu.) Diese Stipendien wurden an zufällig ausgewählten Schulen angeboten, und die Wissenschaftler stellten fest, dass an diesen Schulen die Mädchen wesentlich besser lernten als an den Schulen der Kontrollgruppe – das galt sogar für die weniger intelligenten Mädchen, die keine realistische Chance hatten, zu den 15 «oberen» Prozent zu gehören, die in den Genuss der Stipendien kamen. Auch Jungen in den Testklassen zeigten bessere Leistungen, offenbar weil sie sich von den Mädchen herausgefordert fühlten oder sich nicht die Blöße geben wollten, schlechter abzuschneiden.

Entwicklungshilfegelder, die für Programme dieser Art ausgegeben werden, bringen einen nachgewiesenen Nutzen, aber nicht alle Hilfsprogramme rechnen dazu. In den letzten Jahren war eine Reaktionsbewegung gegen die Forderung nach mehr Entwicklungshilfe zu beobachten. Skeptiker wie William Easterly, ein Professor an der New York University, der langjährige Erfahrungen bei der Weltbank gesammelt hat, vertreten die Auffassung, Entwicklungshilfegelder würden oft vergeudet und stifteten manchmal sogar mehr Schaden als Nutzen. Mit besonders scharfem Sarkasmus hat Easterly die Schriften des Ökonomen Jeffrey Sachs von der Columbia University aufs Korn genommen, der unermüdlich für mehr Hilfsgelder zur Bekämpfung von Malaria und Aids und mehr Unterstützung für Länder predigt, die um einen Weg aus der Armut kämpfen. Auch andere Ökonomen haben schon konstatiert, dass man sich schwertut, eine Korrelation zu finden zwischen dem Umfang der Hilfsgelder, die in ein Land fließen, und den Entwicklungsfortschritten in diesem Land. Wie Raghuram Rajan und Arvind Subramanian es 2008 in einem Beitrag in der *Review of Economics and Statistics* formuliert haben:

Wir können kaum beweiskräftige Belege finden für einen positiven (oder negativen) Zusammenhang zwischen Hilfsgelderzuflüssen in ein Land und dessen Wirtschaftswachstum. Wir finden auch keine Hinweise darauf, dass Entwicklungshilfe unter günstigeren politischen oder geografischen Verhältnissen besser wirkt oder dass bestimmte Formen von Entwicklungshilfe besser funktionieren als andere. Unsere Befunde legen den Schluss nahe, dass, wenn Entwicklungshilfe in Zukunft wirksam sein soll, der organisatorische Apparat der Hilfe neu konzipiert werden muss.

Wir gehören zu den großen Bewunderern von Bono, der unermüdlich für mehr Entwicklungshilfe an die Länder Afrikas getrommelt hat und sich mit den Feinheiten der Entwicklungspolitik auskennt. Er kann von Armut ein Lied singen, das sich so gut anhört wie seine Musik. Doch als Bono 2007 bei einer internationalen Konferenz in Tansania als Redner auftrat, wurde er von einigen Afrikanern angepflaumt; sie waren der Meinung, Entwicklungshilfe sei nicht das, was Afrika brauche, und Bono solle seine Finger von dem Thema lassen. Andrew Mwenda, ein Ugander, mokierte sich über die schädlichen Folgewirkungen eines «internationalen Cocktails aus guten Absichten», und James Shikwati aus Kenia beschwor die westlichen Geberländer: «Könnt ihr um Gottes willen nicht einfach aufhören?»

Einige Argumente der Skeptiker sind nicht von der Hand zu weisen. Jeder, der Afrika bereist, kann sehen, dass es sehr viel schwerer ist, Entwicklungshilfe richtig anzubringen, als die meisten Leute glauben. Eine Weltgesundheitskonferenz in Nigeria formulierte im Jahr 2000 ein Ziel: Bis 2005 sollten 60 Prozent aller afrikanischen Kinder unter einem Moskitonetz schlafen, um vor Malaria geschützt zu sein. Tatsächlich gab es 2005 nur für 3 Prozent ein Moskitonetz. Es gibt auch die berechtigte Sorge, dass Entwicklungshilfe in den Empfängerländern den Wechselkurs der einheimischen Währung nach oben drückt und die Wettbewerbsfähigkeit der Wirtschaft beeinträchtigt.

Selbst bei einfachen Hilfsprogrammen – wie etwa Maßnahmen zur Unterbindung einer HIV-Ansteckung von Mutter zu Kind bei der Entbindung – kann mehr schieflaufen, als irgendjemand es sich von einem bequemen amerikanischen Lehnsessel aus vielleicht vorzustellen vermag. Eine Dosis eines Medikaments namens Nevirapin im Wert von 3 Euro schützt ein Baby normalerweise vor einer Infektion während der Entbindung; daher hat man die Verabreichung dieses Medikaments als die am tiefsten hängende Frucht der öffentlichen Gesundheitsvorsorge bezeichnet. Doch selbst wenn eine schwangere Frau einem Aids-Test unterzogen wird, selbst wenn sie zur Entbindung in eine Klinik geht, selbst wenn die Klinik Nevirapin vorrätig hat und geschult genug ist, um es richtig zu verabreichen, ja selbst wenn die Frau ermahnt wird, das Baby nicht zu stillen, weil dieses sonst das Virus mit der Muttermilch aufnehmen könnte, und selbst wenn die Klinik der Mutter kostenlos einen Vorrat an Babynahrung mitgibt und ihr beibringt, wie sie die Flaschen sterilisieren kann – selbst wenn all dies funktioniert, produziert das System oft Fehlschläge. Viele Frauen werfen die Babyfläschchen in das Gebüsch vor dem Klinikgebäude, kaum dass sie sich auf den Heimweg gemacht haben. Warum? Weil sie glauben, sie könnten es sich in ihrem afrikanischen Dorf einfach nicht erlauben, ihr Neugeborenes mit der Flasche zu füttern. Alle Dorfbewohner würden sofort wissen, dass die Betreffende HIV-positiv getestet worden ist, und würden sie ausgrenzen.

So wahr es ist, dass die Stärkung der Stellung der Frau eine entscheidende Voraussetzung für die Überwindung von Armut ist, so klar ist auch, dass es sich hierbei um eine besonders heikle Facette der Entwicklungshilfe handelt, weil man sich dabei mit der Kultur, der Religion und den Familienbeziehungen in einer Gesellschaft anlegt, die wir aus dem Westen oft nicht zur Gänze verstehen. Ein Freund von uns arbeitete in Nigeria an einem Projekt der Vereinten Nationen mit, dessen Ziel es war, Frauen den Rücken zu stärken; was er dabei erlebte, mag uns als nützliche Warnung dienen. Die Frauen bauen in diesem Teil Nigerias Cassava an (eine der Kartoffel nicht ganz unähnliche Wurzelknolle, die sich großer Beliebtheit und Verbreitung erfreut). Sie verbrauchen den größeren Teil ihrer Ernte selbst und verkaufen das, was übrig bleibt, auf den Märkten der Umgebung. Wenn eine Frau eine Cassava verkauft, vereinnahmt sie das Geld und verfügt darüber, was die Entwicklungshelfer auf eine Idee brachte: Wenn wir diesen Frauen bessere Cassavasorten geben, werden sie mehr ernten und mehr verkaufen können. Dann verdienen sie mehr Geld, das sie für ihre Familie ausgeben können. Unser Freund schilderte, was danach passierte:

Die herkömmliche Cassavasorte lieferte einen Hektarertrag von 800 Kilo, und so brachten wir eine Sorte ins Spiel, die für drei Tonnen pro Hektar gut war. Das Ergebnis war eine phantastische Ernte. Aber dann stießen wir auf ein Problem. Cassava war Frauenarbeit, und so waren die Männer nicht bereit, bei der Ernte zu helfen. Die Frauen hatten nicht genug Zeit, so große Mengen zu ernten, und es fehlte auch die Kapazität zur Verarbeitung von so viel Cassava. So führten wir Gerätschaften für die Weiterverarbeitung ein. Die von uns beigebrachte Cassavasorte lieferte zwar hervorragende Erträge, enthielt aber leider auch mehr Bitter- und Giftstoffe. Cassava gibt immer eine kleine Menge eines mit der Blausäure verwandten Stoffes ab, aber diese Sorte produzierte mehr davon als normal. Der Saft, der bei der Verarbeitung austrat, wies daher einen höheren Cyanidgehalt auf, und so mussten wir ein Filtersystem einbauen, um zu verhindern, dass Cyanid ins Grundwasser gelangte – was eine Katastrophe gewesen wäre.

Wir bekamen das in den Griff, und so schien das Projekt endlich in die Erfolgsspur einzubiegen. Die Frauen verdienten mit ihrer Cassava-ernte eine Menge Geld. Wir waren hocherfreut. Aber weil die Frauen so gut verdienten, traten die Männer auf den Plan und vertrieben die Frauen von den Cassavafeldern. Die Tradition besagte, dass die Frauen die Grundnahrungsmittel anbauen und die Männer die Exportfrüchte. Jetzt stellten sich die Männer auf den Standpunkt: Wenn die Cassava so viel Geld bringt, ist sie ab sofort Männersache. Die Männer übernahmen also den Cassavaanbau und setzten den dabei erzielten Gewinn in Bier um. Die Frauen verdienten danach weniger Geld als vor unserem Eingreifen.

Warum sollten wir nicht freimütig zugeben, dass Murphys Gesetz auch in der Welt der Entwicklungshilfe die Hände im Spiel hat? Internationale Hilfsgelder richtig zu platzieren ist nicht leicht, und manche Projekte sind für die Katz. Ebenso richtig ist aber, dass manche Formen von Entwicklungshilfe funktionieren, vor allem im Bereich der medizinischen Versorgung und des Schulwesens. 1960 starben noch 20 Millionen Kleinkinder vor Vollendung des fünften Lebensjahrs. Bis 2006 konnte diese Zahl auf unter 10 Millionen gesenkt werden, vor allem dank großer Anstrengungen in Sachen verbesserter Hygiene, flächendeckender Schutzimpfungen und oraler Rehydrierung zur Therapie von Durchfallerkrankungen. Wir sollten uns Folgendes klarmachen: 10 Millionen mehr Kleinkinder überleben heute Jahr für Jahr, das sind 100 Millionen mehr pro Jahrzehnt. Das ist schon eine ganz erhebliche Errungenschaft, die man den vielen Geschichten von gescheiterten Entwicklungshilfeprojekten entgegenhalten kann. Erwähnenswert ist in diesem Kontext auch die philanthropische Arbeit des früheren US-Präsidenten Jimmy Carter, durch die es gelungen ist, den Medinawurm fast auszurotten, einen Parasiten, der seit Anbeginn der geschichtlichen Überlieferung die Menschen heimgesucht hat.

Oder betrachten wir die 32 Millionen Dollar, die die USA über zehn Jahre hinweg in den weltweiten Kampf gegen den Erreger der Pocken investiert haben. Es gab Zeiten, in denen Jahr für Jahr rund 1,5 Millionen Menschen an Pocken starben. Seit 1977 ist die Krankheit praktisch ausgerottet, was bedeutet, dass 45 Millionen Menschenleben gerettet worden sind. Ein staunenswerte Bilanz: Die Vereinigten Staaten holen die 32-Millionen-Dollar-Investition in den Pockenschutz alle zwei Monate herein, einfach weil kein Amerikaner mehr das Geld für eine regelmäßige Pockenschutzimpfung aufbringen muss. Diese Geldersparnis dank der Ausrottung des Pockenerregers ist gleichbedeutend mit einem jährlichen Zinsertrag von 46 Prozent auf das eingesetzte Kapital für die Dauer von mittlerweile drei Jahrzehnten – keine Aktie der Welt hätte über diesen Zeitraum hinweg eine solche Verzinsung gebracht.

Ann und Angeline

Angeline Mugwenderes Eltern waren verarmte Bauern in Simbabwe, sie selbst wurde von ihren Klassenkameraden verspottet, wenn sie barfuß und in einem zerschlissenen Kleid mit nichts darunter in die Schule kam. Mehr als einmal wurde sie von ihren Lehrern in strengem Ton aufgefordert, nach Hause zu gehen und überfälliges Schulgeld beizubringen, dabei wusste jeder, dass ihre Familie das Geld einfach nicht hatte. Doch Angeline ertrug die Demütigungen und Sticheleien und bat die Lehrer, an der Schule bleiben zu dürfen. Da sie sich keine Lernmittel leisten konnte, schnorrte sie, was sie kriegen konnte.

«In der Mittagspause ging ich zum Haus eines der Lehrer und sagte: ‹Kann ich Ihr Geschirr spülen?›» erinnert sie sich. «Und zum Dank dafür schenkten sie mir manchmal einen Stift.»

Nach dem Abschluss der Grundschule nahm sie an der landesweit durchgeführten Leistungsprüfung der Sechstklässler teil und erzielte das beste Ergebnis nicht nur ihrer Schule, sondern des ganzen Bezirks – ihr Punktwert gehörte sogar zu den höchsten in ganz Simbabwe. Aber sie konnte es sich nicht leisten, auf die weiterführende Schule zu wechseln. Angeline war untröstlich. Offensichtlich war es ihr bestimmt, eine von Millionen Bäuerinnen oder Marktfrauen in irgendeinem Dorf zu werden, ein weiteres vergeudetes afrikanisches Talent. In Simbabwe gibt es ein Sprichwort, das lautet: Denen, die die größten Kürbisse ernten, fehlt es an den Töpfen, um sie zu kochen. Anders gesagt: Die aufgewecktesten

Kinder wachsen oft in einer Familie heran, die nicht über die Mittel verfügt, ihnen eine Ausbildung zu ermöglichen.

Gerade zu diesem Zeitpunkt kreuzte sich der Lebensweg Angelines mit dem von Ann Cotton, einer Waliserin – «sehr walisisch», wie sie von sich selbst sagt –, die sich vorgenommen hatte, simbabwischen Mädchen zu helfen. Ann hat ein ausgeprägtes soziales Gewissen, geschärft durch ihre Herkunft aus einem von Geschichten aus der Welt der Bergleute und von politischem Engagement geprägten Milieu in Cardiff. Ann entwickelte eine Leidenschaft für Schule und Bildung und gründete ein Beratungszentrum für verhaltensauffällige Schülerinnen. Aber erst ein tragischer Schicksalsschlag gab ihrem Leben einen tieferen Ankerpunkt.

Nach einer glatt verlaufenen Schwangerschaft brachte Ann ihr zweites Kind zur Welt, eine Tochter, die sie Catherine nannte. Das Baby schien gesund zu sein, und sie nahmen es mit nach Hause. Als Catherine zehn Tage alt war, kam eine Hebamme zu einem Routinebesuch, um das Baby durchzuchecken. Sie wies Ann an, das Kind sofort ins Krankenhaus zu bringen, es gehe um Leben und Tod. In der Klinik wartete schon ein Team mit einem mobilen Sauerstoffzelt auf Catherine.

Wie sich herausstellte, litt das Kind an einem angeborenen Lungendefekt. Die Alveoli, die den Sauerstoff aus den Lungenflügeln ins Blut übertragen, versorgten ihren Blutkreislauf nicht mit ausreichenden Mengen Sauerstoff, mit der Folge, dass das Herz und die Lunge der Kleinen kurz davor waren, den Dienst zu versagen. Sechs Wochen lang lag Catherine im Sauerstoffzelt. Ann, ihr Mann und ihr Sohn quartierten sich praktisch im Krankenhaus ein und knüpften enge Kontakte zu vielen anderen jungen Eltern, deren Kinder ebenfalls an lebensbedrohlichen Krankheiten litten.

«Es war wie tausend Tode sterben», erinnert sich Ann. «Nie habe ich mich so hilflos gefühlt. Ich hatte als Mutter keine Möglichkeit, meiner Tochter zu helfen. Das war der größte Schmerz, den ich je empfunden habe.» Die Ärzte und Schwestern führten einen heroischen Kampf um Catherines Leben, aber sie verloren ihn.

«Das Einzige, was wir wussten, als sie starb, war, dass wir ihr Leben und alles, was sie uns gelehrt hatte, in Ehren halten würden», sagt Ann. Doch wie sie das anstellen würden, war nicht klar. Anns Leben blieb hektisch, denn bald bekam sie noch einen Sohn und eine Tochter, sodass sie drei Kinder zu versorgen hatte. Dann bekam Anns Mann einen Job bei einem Hightechunternehmen in Boston; da Ann nach den US-amerikanischen Einwanderungsbestimmungen kein Arbeitsvisum bekommen konnte, schrieb sie sich an der Bostoner Universität ein und studierte

Ann Cotton beim
Vorlesen an einer ihrer
Schulen in Sambia

Internationale Beziehungen. In der Folge erwachte ihr akademisches Interesse zu neuem Leben, und einige Zeit später nahm sie, diesmal am Pädagogischen Institut der University of London, einen Magisterstudiengang im Fach Menschenrechte und Bildung auf.

Im Rahmen dieses Studiengangs absolvierte Ann einen dreimonatigen Studienaufenthalt in einem besonders armen Landesteil von Simbabwe, um mehr über die niedrige Schulbesuchsquote der dort lebenden Mädchen herauszufinden. Die konventionelle Erklärung besagte, viele afrikanische Familien sträubten sich aus kulturellen Gründen gegen den Schulbesuch ihrer Töchter; Ann hatte stapelweise Fragebögen und Notizpapier dabei, um dieser negativen Einstellung auf den Grund zu gehen. Sie konzentrierte sich auf eine Schule in einem Dorf namens Mola und unterhielt sich mit Kindern, Eltern, Lehrern und Mitarbeitern der Schulverwaltung. Schnell wurde ihr klar, dass nicht Kultur oder Mentalität das große Hindernis darstellten, sondern die Armut. Viele Familien hatten nicht das Geld, um Bücher zu kaufen und Schulgeld für alle ihre Kinder zu bezahlen; vor die Wahl gestellt, schickten sie lieber ihre Söhne zur Schule, weil bei ihnen die Wahrscheinlichkeit größer schien, dass sie aufgrund eines Schulzeugnisses später eine besser bezahlte Arbeit bekommen würden.

Ann war gerührt, als sie erlebte, welchen Hunger auf Bildung viele simbabwische Mädchen hatten. Sie lernte zwei Schwestern im Teenageralter kennen, Cecilia und Makarita, die knapp 100 Kilometer nach Mola gelaufen waren, weil das Schulgeld hier niedriger war als an der ihrem Dorf nächstgelegenen Schule. Sie luden Ann in die provisorische Hütte ein, die sie sich gebaut hatten, und gestanden ihr, dass sie keine Ahnung hatten, woher sie das Geld für das nächste Schuljahr nehmen sollten. Das Ganze erinnerte Ann an die Geschichten, die ihre Großmutter erzählt hatte, von alten, schwereren Zeiten in Wales, und deshalb fühlte sie sich mit diesen zwei Mädchen vom Stamm der Tonga in einem entlegenen Winkel von Simbabwe eng verbunden. Sie stellte sich vor, wie es wäre, wenn ihre eigenen Kinder so viel Entbehrung leiden müssten. «Ich wurde mit einer Armut konfrontiert, wie ich sie nie zuvor gesehen hatte», sagt Ann. Sie versprach den Einheimischen, sie werde Mittel und Wege finden, die Bildungschancen für Mädchen zu verbessern. Dorfhäuptlinge und Schulleiter waren begeistert und beraumten eine Bürgerversammlung an, die den Beschluss fasste, eine Initiative zugunsten von mehr Schule für Mädchen zu unterstützen – wenn Ann es schaffte, die Kosten in Grenzen zu halten.

Nach ihrer Rückkehr ins heimatliche Cambridge in England ließ Ann die Erinnerung an die Mädchen, die sie kennengelernt hatte, nicht zur Ruhe kommen. Zusammen mit ihrem Mann legte sie einen Fonds an und bat Freunde und Verwandte um Spenden, damit der Fonds das Schulgeld für die Mädchen in Mola übernehmen konnte, aber das allein war nicht genug. Ann ist keineswegs kochbegeistert und war nie geschäftlich tätig gewesen, aber nun fing sie an, in ihrer Küche belegte Brote und Kuchen zu machen und sie an einem Stand auf dem Markt von Cambridge zu verkaufen, um mehr Geld für die Mädchen aufzutreiben. Die Sache war finanziell kein umwerfender Erfolg. Ann erinnert sich an einen frostkalten Februartag, an dem sie und zwei Freundinnen stundenlang in der Kälte standen, um dann mit mageren 30 Pfund nach Hause zu gehen.

Ann bekam in diesem ersten Jahr genug Geld in die Kasse, um 32 Mädchen den Oberschulbesuch zu ermöglichen; deren Eltern machten ihr Versprechen wahr, ihre Töchter zu unterstützen und dafür zu sorgen, dass sie regelmäßig zur Schule gingen. Zwei Jahre später goss Ann ihre Initiative in eine festere organisatorische Form, indem sie die Campaign for Female Education, kurz Camfed, ins Leben rief. Eines der ersten Mädchen, die in den Genuss von Anns Unterstützung kamen, war Angeline; sie wechselte auf die Oberschule und zeigte dort, was niemanden überraschte, glänzende Leistungen.

Die Camfed hat ihr Tätigkeitsfeld von Simbabwe nach Sambia, Tansania und Ghana ausgedehnt und hat Auszeichnungen für ihre Erfolge eingeheimst, mit der Folge, dass sie mehr Geld mobilisieren und weiter expandieren konnte. Das Budget der Camfed ist nach wie vor klein im Vergleich zu den Geldern, über die die großen Hilfsorganisationen verfügen können. Es liegt derzeit bei rund 7,5 Millionen Euro im Jahr, genug, um mehr als 400 000 Kindern den Schulbesuch zu ermöglichen. Von Anfang an beschäftigte die Camfed in allen Ländern, in denen sie aktiv war, ausschließlich einheimische Mitarbeiter. Sie legt großen Wert darauf sicherzustellen, dass die Gemeinschaft vor Ort sich in das Programm einbringt. Für das Aussuchen der Mädchen, die ein Schulgeldstipendium erhalten, sind Komitees aus der jeweiligen Gemeinde zuständig. Camfed-Mitarbeiter überprüfen die Auswahl, um etwaige korrupte Machenschaften auszuschließen. Bei der Camfed vermeidet man bewusst jeden Anflug von Personenkult, wie er bei manchen Hilfsorganisationen grassiert. Die Camfed-Website ist auf Schülerinnen abgestellt, nicht auf Ann Cotton; es findet sich dort kein Wort über die kleine Catherine, deren Tod alles ins Rollen gebracht hat. Diese Geschichte mussten wir Ann entlocken.

Bodennahe Initiativen wie die von Ann Cotton erreichen gewöhnlich mehr als die großen UN-Konferenzen, die so viel mehr Öffentlichkeit bekommen. Wir stellen die Camfed hier nicht zuletzt deshalb vor, weil wir überzeugt sind, dass eine internationale Frauenbewegung, die etwas erreichen will, sich weniger auf die Veranstaltung von Konferenzen oder auf Lobbyarbeit für neue Gesetze konzentrieren, sondern sich stattdessen mehr und öfter in Gebieten wie zum Beispiel dem ländlichen Simbabwe umsehen sollte, um sich die Probleme der Menschen dort anzuhören und ihnen zu helfen, mehr Mädchen in die Schulen zu bringen.

Die Camfed beginnt sich um unterstützungsbedürftige Mädchen im typischen Fall schon im Grundschulalter zu kümmern. Wenn dann ein möglicher Wechsel auf eine weiterführende Schule ansteht, bietet die Camfed den dafür qualifizierten Mädchen ein vollständiges Unterstützungspaket – wenn nötig, beinhaltet dieses auch Schuhe und eine Schuluniform. Wenn eine Schülerin zu weit von der nächsten Oberschule entfernt lebt, hilft die Camfed ihr, einen Platz in einem Wohnheim zu finden, und kommt für die Kosten auf. Ferner stellt die Camfed allen Mädchen Slipeinlagen und Unterwäsche zur Verfügung, damit sie in der Zeit ihrer Monatsblutungen keinen Schultag zu versäumen brauchen.

Ann und andere haben sich immer wieder mit dem Problem des sexuellen Missbrauchs durch Lehrer auseinandersetzen müssen. Besonders im südlichen Afrika kommt es regelmäßig vor, dass Lehrer gute Noten im Tausch gegen Sex vergeben. Die Hälfte aller tansanischen und fast die Hälfte aller ugandischen Frauen geben an, von Lehrern sexuell missbraucht worden zu sein, und in Südafrika geht ein Drittel aller angezeigten Vergewaltigungen an Mädchen unter 15 Jahren auf das Konto von Lehrern. «Wenn ein Mädchen glaubt, sich eine Vorzugsbehandlung erkaufen zu können, indem sie zum Lehrer geht und unter vier Augen mit ihm spricht, wird ihr das nicht gut bekommen», sagt Ann. Sie weist in diesem Zusammenhang auch auf die Probleme hin, die entstehen können, wenn westliche Spendengelder für Stipendien gewährt werden, die von Lehrern oder vom Rektor einer Schule zugeteilt werden. Dann gehen die Stipendien manchmal an die hübschesten Mädchen, von denen im Gegenzug erwartet wird, dass sie mit dem Rektor schlafen. Die Camfed beugt diesem Problem vor, indem sie die Stipendiatinnen von einem Komitee auswählen lässt, in dem Lehrer und Schulleiter keine herausgehobene Rolle spielen.

Die Camfed hilft ihren Mädchen nach dem Durchlaufen der Oberschule dabei, ein Geschäft zu gründen oder sich beruflich zu qualifizieren, etwa zur Krankenschwester oder für den Lehrerberuf. Den Mädchen mit den besten Zeugnissen gewährt die Camfed finanzielle Hilfen für ein Hochschulstudium. Die Organisation hat vor Kurzem auch ein Mikrokreditprogramm gestartet, mit dessen Hilfe einige der Mädchen eine Milchfarm oder einen anderen Betrieb gegründet haben. Ehemalige Camfed-Stipendiatinnen haben inzwischen ein Alumni-Netzwerk aufgebaut, das als Börse für den Austausch von Ideen fungiert und öffentlich die Stimme für mehr Frauenrechte erhebt.

In Simbabwe haben sich Camfed-Alumni zusammengetan, um für ein härteres Vorgehen gegen sexuellen Missbrauch von Mädchen einzutreten. Sie fordern auch die Abschaffung der routinemäßigen Jungfräulichkeitstests an Teenagerinnen (die in Simbabwe traditionell praktiziert werden, um das Keuschheitsgebot durchzusetzen) und beteiligen sich an Kampagnen gegen arrangierte Ehen. In Ghana kandidierte 2006 eine ehemalige Camfed-Stipendiatin namens Afishetu als einzige Frau bei den Wahlen zur Bezirksversammlung – und wurde gewählt. Jetzt denkt sie darüber nach, sich um einen Sitz im nationalen Parlament Ghanas zu bewerben.

Die vielleicht größte Überraschung ist die, dass sich Camfed-Alumni selbst als Philanthropen entpuppt haben. Auch wenn ihre Einkünfte nach westlichen Maßstäben äußerst gering sind, unterstützen sie andere Schülerinnen. Nach Angaben von Ann hat jede junge Frau, die mithilfe der Camfed eine Oberschule durchlaufen hat, im Durchschnitt fünf Schützlinge, denen sie hilft, nicht gerechnet ihre Familienangehörigen, denen sie ebenfalls Unterstützung gewährt.

«Sie werden zu echten Rollenvorbildern in ihrer jeweiligen Gemeinde», sagt Ann. «Wenn zum Beispiel ein Nachbarmädchen nicht zur

Schule gehen kann, weil es keinen Rock hat, dann verschaffen sie ihm einen. Oder sie zahlen für ein anderes Mädchen das Schulgeld. Das ist etwas, womit wir überhaupt nicht gerechnet haben. Es zeigt, welche Wunder Bildung wirken kann.»

Wenn schon von Rollenvorbildern und der Macht der Bildung die Rede ist: Camfed Simbabwe hat eine neue, dynamische Geschäftsführerin. Es ist eine junge Frau, die viel vom Überwinden hoher Hürden versteht und aus eigener Erfahrung weiß, wie grundlegend ein paar Euro Schulgeldbeihilfe das Leben eines Mädchens verändern können.

Es ist Angeline.

Mikrokredite: Die Finanzielle Revolution

«Es ist unmöglich, unsere Ziele zu verwirklichen,
wenn wir die Hälfte der Menschheit diskriminieren.
Wie eine Studie nach der anderen uns lehrt,
gibt es kein wirksameres Mittel gegen Unterentwicklung
als die Stärkung der Frauen.»
Kofi Annan, Generalsekretär der Vereinten Nationen, 2006

Saima Muhammad war jeden Abend in Tränen aufgelöst. Sie lebte in trostloser Armut, und ihr Mann war ein arbeitsloser Tunichtgut, für Erwerbsarbeit nicht besonders ansprechbar. Er war frustriert und wütend und kompensierte das, indem er Saima jeden Nachmittag verprügelte. Ihr Haus am Rand von Lahore in Pakistan ging aus den Fugen, aber Geld für Reparaturen hatten sie nicht. Ihre kleine Tochter hatte Saima schon zu einer Tante geschickt, weil es nicht für alle genug zu essen gab.

«Meine Schwägerin machte sich über mich lustig und sagte: ‹Du kannst nicht einmal dein Kind ernähren›», erinnerte sich Saima. «Mein Mann schlug mich. Mein Schwager schlug mich. Ich hatte ein furchtbares Leben.»

Manchmal fuhr Saima mit dem Bus auf den Markt in Lahore, eine einstündige Reise, und versuchte dort Habseligkeiten zu verscherbeln, um Geld für den Kauf von Lebensmitteln einzunehmen, aber damit erreichte sie nur, dass die Nachbarn sie als liederliches Frauenzimmer beschimpften, das sich allein herumtrieb. Saimas Mann häufte mit der Zeit einen Schuldenberg von umgerechnet 2300 Euro auf, und es sah so aus, als ob diese Schulden der Familie über Generationen hinweg am Hals hängen würden. Als dann Saimas zweites Kind auf die Welt kam

Saima vor ihrem
renovierten Haus bei
Lahore in Pakistan

und ebenfalls ein Mädchen war, fiel ihrer Schwiegermutter, einer biestigen alten Ziege namens Sharifa Bibi, nichts Besseres ein, als die ehelichen Spannungen noch anzuheizen.

«Sie wird dir keinen Sohn gebären», sagte Sharifa in Anwesenheit Saimas zu ihrem Mann. «Du solltest noch einmal heiraten. Nimm dir eine zweite Frau.» Saima war zutiefst verletzt und lief schluchzend davon. Eine Zweitfrau würde die Finanzen der Familie womöglich noch weiter ruinieren, sodass noch weniger Geld für die Ernährung und schulische Ausbildung der Kinder da wäre. Und Saima selbst würde vielleicht an den Rand gedrängt werden, ausrangiert wie ein abgetragenes Kleidungsstück. Tagelang lief Saima wie betäubt umher, mit rot geränderten Augen. Der kleinste Vorfall ließ sie in einen hysterischen Weinkrampf ausbrechen. Sie sah ihr Leben auf einen Abgrund zutreiben.

Zu diesem Zeitpunkt hörte Saima von einer Frauenselbsthilfegruppe, die mit einer pakistanischen Mikrokreditorganisation namens Kashf Foundation zusammenhing. Saima schloss sich der Organisation an und beantragte und erhielt ein Darlehen über umgerechnet 48 Euro; mit dem Geld kaufte sie Glasperlen und Stoff und machte daraus schöne Stickarbeiten, die sie auf den Marktplätzen von Lahore verkaufte. Den Ertrag verwendete sie zum Kauf von mehr Glasperlen und Stoffen, und schon bald hatte sie ein florierendes Stickereigeschäft und ein solides Einkommen das einzige Mitglied ihres Haushalts, das dies von sich sagen konnte. Sie holte ihre ältere Tochter aus dem Haus der Tante zurück und begann die Schulden ihres Mannes abzustottern.

Als Händler mehr Stickarbeiten von Saima haben wollten, als sie herstellen konnte, engagierte sie Nachbarinnen und ließ sie für sich arbeiten. Nach einiger Zeit arbeiteten 30 Familien für Saima, und sie brachte sogar ihren Mann dazu, etwas zu tun – «unter meiner Leitung», wie sie mit einem Augenzwinkern erklärte. Saima stieg zum Tycoon ihres Viertels auf und konnte schon bald die Schulden ihres Mannes zur Gänze zurückzahlen, darüber hinaus ihre beiden Töchter in die Schule schicken, das Haus renovieren und ein Fernsehgerät kaufen.

«Jetzt kommen alle zu mir und wollen sich Geld leihen, dieselben Leute, die früher schlecht über mich geredet haben», erzählte uns Saima voller Genugtuung. «Und die Kinder von denen, die mich immer schlechtgemacht haben, kommen jetzt in mein Haus, um TV zu gucken.»

Saima, mondgesichtig und mit kräftigen schwarzen Haaren, die hin und wieder unter ihrem rot-weiß karierten Kopftuch hervorlugen, ist mittlerweile ein bisschen rundlich geworden und trägt einen goldenen Nasenring zur Schau, dazu mehrere andere Ringe und an beiden Handgelenken ein Armband. Sie ist gut angezogen und strahlt Selbstbewusstsein aus, als sie uns durch ihr Haus und ihre Betriebsräume führt. Mit besonderem Stolz zeigt sie uns den Fernseher und die neue Sanitärtechnik. Sie versucht erst gar nicht, sich als Untertanin ihres Mannes darzustellen. Er verbringt den größten Teil des Tages damit, sich herumzudrücken, geht ihr gelegentlich zur Hand und hat sich offenbar daran gewöhnt, von ihr herumkommandiert zu werden. Er hat jetzt mehr Respekt vor Frauen als früher. Saima hat ein drittes Kind bekommen: wieder ein Mädchen, aber das ist kein Problem mehr. «Mädchen sind genauso gut wie Buben», sagt er.

«Wir haben jetzt ein gutes Verhältnis zueinander», erklärt Saima. «Wir streiten uns nicht, und er behandelt mich gut.» Und wie war das mit der Zweitfrau, die ihm einen Sohn gebären sollte? Saima schmunzelt über die Frage. «Davon redet jetzt niemand mehr.» Sharifa Bibi, die Schwiegermutter, setzt eine erschrocken Miene auf, als wir fragen, ob sie sich wünsche, dass ihr Sohn sich eine Zweitfrau nimmt, um endlich einen Sohn zu bekommen. «Nein, nein», sagt sie. «Saima bringt diesem Haus so viel Gutes. ... Sie ist eine vorbildliche Schwiegertochter. Sie sorgt für ein Dach über dem Kopf und bringt Essen auf den Tisch.»

Sharifa räumt sogar ein, dass Saima jetzt eine weitgehende Immunität gegen Prügelstrafe genießt. «Eine Frau sollte ihre Grenzen kennen, und wenn nicht, dann ist es das Recht ihres Mannes, sie zu schlagen», sagt Sharifa, um hinzuzufügen: «Aber wenn eine Frau mehr verdient als ihr Mann, ist es für ihn schwer, sie zu disziplinieren.»

Durch Saimas neu errungenen Wohlstand haben sich auch die Bildungsperspektiven der Familie verändert. Saima hat vor, alle ihre drei

Töchter die Oberschule durchlaufen und vielleicht sogar studieren zu lassen. Sie hat Nachhilfelehrer engagiert, die den Mädchen helfen sollen, bessere Schülerinnen zu werden. Die jüngste Tochter, Javaria, ist die Beste in ihrer Klasse. Wir fragten Javaria, was sie werden wolle, und erwarteten als Antwort so etwas wie Anwältin oder Ärztin. Javaria warf den Kopf in den Nacken. «Ich möchte Stickarbeiten machen», sagte sie.

Saima ist eine ungewöhnlich erfolgreiche Teilnehmerin an der Mikrokreditrevolution, die über die Länder der Dritten Welt hinwegrollt. In einem Land nach dem anderen erweisen sich Marktmechanismen und Mikrofinanzierungen als höchst wirksame Mittel, mit denen Hilfe zur Selbsthilfe geleistet werden kann. Mikrokredite haben mehr für den Status der Frau getan (und mehr für ihren Schutz vor männlichen Übergriffen), als jede Gesetzesänderung es könnte. Es scheint, als bringe der Kapitalismus Dinge zuwege, die durch Wohltätigkeit, Sozialpolitik und gute Absichten manchmal nicht zu bewerkstelligen sind.

Die Kashf-Stiftung ist insofern eine typische Vertreterin der Mikrofinanzierungsrevolution, als sie Darlehen fast nur an Frauen vergibt, und zwar an Gruppen von je 25 Frauen, die für ihre Schulden gegenseitig einstehen und sich alle zwei Wochen treffen, um ihre Raten zu zahlen und sich über ein gesellschaftliches Thema zu unterhalten. Zu den Diskussionsthemen gehören Familienplanung, Schulbesuch der Mädchen oder die ‹Hudud›-Strafvorschriften, nach denen in Pakistan Vergewaltigungsopfer bestraft werden. Die Treffen der Gruppe finden abwechselnd in den Häusern der Frauen statt, und sie schaffen einen «weiblichen Raum», in dem die Frauen rückhaltlos ihre Sorgen und Anliegen besprechen können. Viele pakistanische Frauen dürfen eigentlich ohne die Erlaubnis ihres Mannes das Haus nicht verlassen, aber die meisten Männer nehmen Verstöße gegen diese Regel hin, weil sie davon profitieren. Die Frauen kommen von den Treffen mit Bargeld in der Tasche und mit Geschäftsideen zurück, und im Lauf der Zeit erzielen sie Einkünfte, die den Lebensstandard ihrer Familie beträchtlich erhöhen können. Im typischen Fall fangen die Frauen klein an, doch wenn sie das erste Darlehen zur Gänze zurückgezahlt haben, können sie einen neuen Kredit aufnehmen, und dieses Mal einen höheren. Das motiviert sie, immer wieder zu den Treffen zu kommen und Ideen auszutauschen, und es hilft ihnen, den Umgang mit Geld und die pünktliche Tilgung eines Kredits zu erlernen.

«Jetzt verdienen Frauen Geld, und ihre Männer haben mehr Achtung vor ihnen», erklärte uns Zohra Bibi, eine Nachbarin Saimas, die mithilfe von Kashf-Krediten Jungkälber gekauft hat, die sie mästet und verkauft, wenn sie schlachtreif sind. «Wenn mein Mann Anstalten macht, mich zu schlagen, sage ich ihm, dass er aufhören soll, sonst werde ich nächstes Jahr kein neues Darlehen bekommen. Dann setzt er sich hin und gibt Ruhe.»

Kashf ist auf dem Mist von Roshaneh Zafar gewachsen, einer pakistanischen Frau, die sich mehr wie ein Bankier anhört als wie eine Entwicklungshelferin. Roshaneh wuchs in einer wohlhabenden, emanzipierten Intellektuellenfamilie auf, die ihr ein Studium an der Wharton School an der Universität von Pennsylvania und im Anschluss daran noch einen Studiengang in Entwicklungsökonomie in Yale ermöglichte, den sie mit dem Magister Artium abschloss. Viele von Roshanehs Freunden in Pakistan und an der Wharton School wollten reich werden; sie hingegen wollte die Welt retten und ging deshalb zur Weltbank.

«Ich wollte nicht Wohlstand für Leute schaffen, die bereits wohlhabend sind», sagt Roshaneh. «Ich dachte, ich gehe zur Weltbank und verändere etwas. Aber das war dann wie ein Pfeifen gegen den Wind. Überall, wo wir hinkamen, schärften wir den Leuten ein, sie sollten besser auf Hygiene achten. Und darauf antworteten sie: ‹Haltet ihr uns für dumm? Wir würden es gerne tun, wenn wir Geld hätten.› Ich fragte mich, was wir falsch machten. Wir hatten Multimillionen-Dollar-Projekte, aber das Geld kam nie in den Dörfern an.»

Bei einem Bankett saß Roshaneh zufällig neben Muhammad Yunus, dem glänzenden Wirtschaftswissenschaftler aus Bangladesch, der viel später, 2006, für seine Pionierarbeit auf dem Gebiet der Mikrofinanzierungen mit dem Friedensnobelpreis geehrt wurde. Yunus war damals noch nicht berühmt, aber er hatte in Entwicklungshilfekreisen wegen seiner Grameen-Bank von sich reden gemacht, die Kredite an arme Frauen vergab. Roshaneh hatte Berichte über Yunus' erfolgreiches Konzept gehört und nutzte das Abendessen, um ihn auszufragen. Er sprach euphorisch über die Arbeitsweise der Grameen-Bank, und was er beschrieb, war genau die Art von pragmatischer Basisarbeit, die ihr vorschwebte. Roshaneh tat einen Schritt ins Ungewisse: Sie quittierte ihren Job bei der Weltbank und schickte Yunus einen Brief, in dem sie ihm mitteilte, sie wolle eine Mikrobankerin werden. Er übersandte ihr prompt ein Flugticket nach Bangladesch. Roshaneh verbrachte zehn Wochen dort, in

denen sie die Arbeit der Grameen-Bank studierte. Dann kehrte sie nach Lahore zurück und gründete die Kashf-Stiftung. Kashf bedeutet wörtlich «Wunder», und tatsächlich hatte es anfänglich den Anschein, als müsse ein Wunder geschehen, damit das Vorhaben funktionierte. Von Pakistanis bekam Roshaneh zu hören, ein Mikrokreditprogramm könne in einem konservativen muslimischen Land wie Pakistan niemals funktionieren, schon weil es Frauen niemals gestattet würde, mit Geld umzugehen. Im Sommer 1996 begann Roshaneh, arme Wohnviertel zu durchkämmen, auf der Suche nach Kundinnen. Sie musste zu ihrer großen Ernüchterung feststellen, dass Frauen sich zierten, Geld anzunehmen. «Wir gingen von Tür zu Tür und versuchten Frauen zu überzeugen, einen Darlehensvertrag mit uns abzuschließen», erinnerte Roshaneh sich später. Sie trieb schließlich fünfzehn Frauen auf, die willens waren, sich Geld zu leihen, und zahlte jeder von ihnen 4000 Rupien (ca. 48 Euro) aus.

Roshaneh fand eine weitere dynamische pakistanische Frau und gewann sie für ihr Projekt: Sadaffe Abid hatte am Mount Holyoke College Ökonomie studiert, und sie und Roshaneh gaben ein beeindruckendes Paar ab. Gebildet, mit guten Beziehungen ausgestattet, gut angezogen und gut aussehend, durchstreiften sie die armen Dörfer und wirkten dabei auf einfache Pakistanis wie Filmstars – jedenfalls entsprachen sie in keiner Weise dem, was die Dorfbewohner sich unter einem Bankier vorstellten. Allein, trotz ihrer Brillanz stießen Roshaneh und Sadaffe auf Hindernisse, weil sie die Armut, die zu besiegen sie sich vorgenommen hatten, nicht aus nächster Nähe kannten.

«Wir hatten nur hundert Kundinnen, und dreißig von ihnen waren in Zahlungsverzug», erinnert sich Sadaffe. Roshaneh, ganz Empirikerin und darauf fokussiert, das Geschäftsmodell von Kashf zu verfeinern, schickte Sadaffe als Filialleiterin in eines der armen Dörfer. Aber auch das ging nicht ohne Widerstände ab. «Niemand wollte an uns vermieten, weil wir eine NGO [nichtstaatliche Organisation] waren und noch dazu eine NGO voller Frauen», erzählt Sadaffe. Viele Pakistanis waren der Meinung, keine ledige Frau von Ehre und Anstand würde ihr Elternhaus verlassen und alleine wohnen; die Mitarbeiterinnen von Kashf ernteten schon deshalb anzügliche und vorwurfsvolle Blicke. In den Folgejahren sah Roshaneh sich gezwungen, als Zugeständnis an die pakistanische Realität den einen oder anderen männlichen Filialleiter einzustellen, weil es einfach sehr schwer ist, Frauen zu finden, die willens sind, sich in einem armen Dorf niederzulassen.

Roshaneh und Sadaffe beschäftigten sich in den ersten paar Jahren damit, das Geschäftsmodell zurechtzukneten. Weil säumige Schuldner ein wiederkehrendes Problem waren, begannen sie die Ratenzahlungen ihrer Kreditnehmerinnen täglich anstatt nur wöchentlich zu kontrollieren. Sie stellten eine Mitarbeiterin dafür ab, die Kreditwürdigkeit jeder neuen Kundin gründlich zu prüfen. Kaufte sie im örtlichen Lebensmittelladen auf Pump ein? Bezahlte sie ihre Strom- und Wasserrechnungen? Doch zum wichtigsten Grundstein des Geschäftsmodells wurde die Einrichtung von Gruppen zu je 24 Frauen, die sich bereiterklären mussten, kollektiv einzustehen, wenn eine von ihnen in Verzug geriet. Das bedeutete, dass diese Frauen eine Art Selbstüberwachung praktizierten, um keine unsicheren Kantonistinnen in ihren Kreis aufzunehmen.

So konnte Kashf schließlich und endlich ein System entwickeln, in dem die vergebenen Kredite praktisch zu 100 Prozent zurückgezahlt werden – wenn nicht von jeder einzelnen Schuldnerin, dann doch von der Gruppe als Ganzer. Von da an expandierte Kashf rapide – seit dem Jahr 2000 hat sich das Volumen der gewährten Kredite von Jahr zu Jahr verdoppelt.

Kashf begann auch Lebens- und Krankenversicherungen anzubieten, später kamen noch Kredite für Hausrenovierungen hinzu. Roshaneh wollte durchsetzen, dass ein zu renovierendes Haus erst auf die Frau überschrieben werden musste, bevor ein Renovierungskredit gewährt wurde, doch wie sich herausstellte, erforderte eine solche Eigentumsübertragung auf eine Frau in Pakistan 855 Verwaltungsakte und dauerte fünf Jahre. Kashf verlangt jetzt stattdessen vom Ehemann die Unterschrift unter ein Dokument, in dem er sich verpflichtet, seine Frau nie des Hauses zu verweisen, auch nicht im Fall einer Scheidung.

Roshaneh widerfuhr die Ehre, zu einer der ersten Ashoka Fellows ernannt und in den Kreis um Bill Drayton aufgenommen zu werden. Dadurch kam sie in Kontakt mit anderen Sozialunternehmern in aller Welt, konnte Verbindungen aufbauen und Ideen austauschen. Im Jahr 2009 beschäftigte Kashf 1000 Mitarbeiter, hatte 300 000 Kreditnehmerinnen und setzte sich das Ziel, deren Zahl bis Ende 2010 auf eine Million zu steigern. Roshaneh zog sich über die Jahre einen Stamm fähiger leitender Mitarbeiterinnen heran, die in Managementlehrgängen geschult werden und in Intensivkursen die «sieben Routinen hochgradig effektiver Menschen» einüben.

Kashf hat inzwischen auch eine eigene Bank ins Leben gerufen, damit die Kundinnen nicht nur Kredite aufnehmen, sondern auch Guthaben bilden können. Bei dem Begriff Mikrofinanzierung denkt man zunächst nur an Kredite, aber Sparkonten sind vielleicht eine noch wichtigere Errungenschaft. Nicht alle Armen brauchen einen Kredit, aber jeder Arme sollte Zugang zu einem Sparkonto haben. Wenn es die Frau ist, die die Ersparnisse einer Familie verwaltet und über sie verfügen kann, verleiht ihr das mehr Gewicht in den familiären Entscheidungsprozessen.

Kashf kam bei einer Analyse der eigenen Kundendaten zu der Erkenntnis, dass 34 Prozent der Kundinnen zu dem Zeitpunkt, an dem sie ihr drittes Kashf-Darlehen aufnehmen, die Armutsgrenze hinter sich gelassen haben. Bei einer Umfrage gaben 54 Prozent an, ihr Mann habe mehr Achtung vor ihnen als früher; 40 Prozent sagten, es gebe jetzt weniger Streit mit dem Mann in Geldfragen. Was die Nachhaltigkeit des Geschäftsmodells betrifft, das die Basis für die Aktivitäten von Kashf bildet, so begnügt sich Roshaneh mit der Aussage: «Unsere Eigenkapitalrendite liegt bei siebeneinhalb Prozent.»

Mikrofinanzierungsmodelle haben in Teilen Asiens außerordentlich gute Ergebnisse gezeigt, aber sie sind und bleiben eine unvollkommene Lösung. Von Frauen geführte Kleinunternehmen wachsen nach Erkenntnissen etlicher Studien langsamer als die von Männern, vermutlich weil von Frauen erwartet wird, dass sie von zu Hause aus arbeiten und sich gleichzeitig um die Kinder kümmern. Diese Einschränkungen erschweren weiblichen Kleinunternehmern den Übergang in die nächsthöhere betriebliche Größenordnung.

Dazu kommt, dass Mikrofinanzierungen in Afrika längst nicht so gut funktionieren wie in Asien. Das kann daran liegen, dass der Ansatz in Afrika noch relativ neu ist und die Geschäftsmodelle noch nicht auf afrikanische Gegebenheiten zugeschnitten sind oder dass die Siedlungsstruktur in großen Teilen Afrikas ländlicher und dünner ist oder dass die Volkswirtschaften ein insgesamt geringeres Wachstum aufweisen und sich infolgedessen weniger Investitionschancen eröffnen. Größere Krankheitsanfälligkeit und unerwartete Todesfälle durch Aids, Malaria oder Geburtskomplikationen führen in Afrika zu mehr Kreditausfällen, die das Geschäftsmodell untergraben. Nicht zu vergessen, dass «Mikro» sich auf die Kreditbeträge bezieht, nicht aber auf die Zinssätze. Kleinkredite sind teuer; die Schuldner müssen oft Zinsen von 20 oder 30 Prozent per annum berappen – billig im Vergleich zu dem, was kommerzielle Geldverleiher verlangen, aber horrend in den Augen von Amerikanern oder Europäern. Solche Zinssätze sind normalerweise kein Problem, wenn das Geld in eine lukrative neue Geschäftsidee investiert wird, aber wenn sich das Geschäftsmodell einer Kreditnehmerin als nicht rentierlich erweist, gerät sie schnell in eine Zinsen- und Schuldenfalle und ist dann schlimmer dran als zuvor – wir haben von solchen Fällen auch unter den Kundinnen von Kashf gehört.

«Mikrofinanzierungen sind kein Allheilmittel», sagt Roshaneh. «Man braucht Gesundheit. Man braucht Ausbildung. Wenn ich einen Tag lang Premierminister wäre, würde ich alle Ressourcen unseres Landes in Bildung investieren.»

Es ist nicht jedem gegeben, eine Karriere im internationalen Finanzwesen sausen zu lassen wie Roshaneh und Sadaffe und eine Institution wie Kashf aufzubauen. Aber jedermann kann sich ihnen anschließen und Mikrokredite für fähige, aber notleidende Frauen wie Saima vermitteln. Man braucht nur die Website www.kiva.org anzuwählen. Kiva ist das Geschöpf eines mit allen Wassern des Internets gewaschenen jungen US-amerikanischen Ehepaars: Matt und Jessica Flannery bereisten Uganda und sahen mit eigenen Augen, was Mikrofinanzierungen dort bewegen können. Sie waren sich sicher, dass viele Amerikaner gerne Geld spenden würden, wenn sie die Empfänger kennen würden. Daraus ergab sich zwanglos der Gedanke: Warum nicht eine Website einrichten, auf der Interessierte direkt miteinander in Kontakt treten können? Aus dieser Idee wurde Kiva geboren. Wenn man die Website besucht, trifft man auf Leute in aller Welt, die Geldgeber für ihr Kleinunternehmen suchen. Eine lokale, jeweils vor Ort verankerte Mikrokreditorganisation hat die Kreditsuchenden nach bestimmten Richtlinien überprüft und für reell befunden.

Wer Geldgeber werden will, eröffnet bei Kiva ein Konto und bestückt es per Kreditkarte mit einem Guthaben. Dann sieht er sich unter den sich auf der Website präsentierenden Kreditsuchern um und wählt einen oder mehrere aus, denen er Geld leihen möchte. Der Mindestbetrag für ein Darlehen beträgt 25 Dollar. Unser Kiva-Portfolio besteht im Moment aus Darlehen an eine Pfannkuchenverkäuferin auf Samoa, eine alleinstehende Mutter in Ecuador, die einen Teil ihrer Wohnung zu einem Restaurant umfunktioniert hat, und an eine Möbelschreinerin in Paraguay.

Ein Grund dafür, dass Mikrokredite fast immer Frauen und kaum Männern gewährt werden, ist, dass Frauen die Folgen der Armut tendenziell am schmerzhaftesten zu spüren bekommen. Wie aus Sterblichkeitsdaten hervorgeht, fallen Hungersnöten und Dürrekatastrophen vorwiegend Mädchen und weniger Jungen zum Opfer. Der amerikanische Entwicklungsökonom Edward Miguel kam in einer bemerkenswerten Studie zu dem Ergebnis, dass in Tansania in Zeiten extremer Niederschlagsereignisse – Trockenperioden ohne Regen oder Überschwemmungen infolge übermäßigen Regens – doppelt so viele «unproduktive» alte Frauen unter dem Vorwurf der Hexerei getötet werden wie in normalen Jahren. (Bei anderen Kapitalverbrechen zeigt sich keine solche Zunahme, nur bei «Hexenmorden».) Die Wetterextreme rufen Missernten hervor und verschärfen die Armut – und in dieser Situation greifen Familien zu dem Mittel, ältere Frauen als «Hexen» umzubringen, die sie ansonsten durchfüttern müssten.

Ein weiterer Grund für die bevorzugte Förderung von Frauen und Mädchen im Zuge von Programmen zur Armutsbekämpfung hängt mit einem nicht ganz stubenreinen Geheimnis der globalen Armut zusammen: Nicht nur Armut und Hungerlöhne können großes menschliches Leid verursachen, sondern oft auch ein schlicht irrationales Konsumverhalten – von Männern. In Afrika stößt man nicht selten auf eine Frau, die um ein kleines Kind trauert, das gerade an Malaria gestorben ist, weil die Familie die 3,50 Euro für ein Moskitonetz nicht hatte. Gleichzeitig sitzt jedoch der Vater des verstorbenen Kindes in seiner Stammkneipe, in der er jede Woche 3,50 Euro liegen lässt. Mehrere Erhebungen kommen zu dem Schluss, dass, wenn die Mutter die Regie über die Familienfinanzen übernimmt, weniger Geld für spontane Lebensgenüsse und mehr für die Ausbildung der Kinder und für den Schritt in die Selbstständigkeit ausgegeben wird.

Im typischen Fall sind es jedoch nach wie vor die Männer, die den Familiengeldbeutel in der Tasche haben, und das ist offenbar mit ein

Grund dafür, dass ausgerechnet die ärmsten Familien auf der Welt durchschnittlich zehnmal so viel Geld (nämlich rund 20 Prozent ihres Einkommens) für Alkohol, Prostituierte, Süßigkeiten, zuckerhaltige Getränke und rauschende Feste ausgeben wie für die Ausbildung ihrer Kinder. Die Ökonomen Abhijit Bancrjee und Esther Duflo haben das Ausgabeverhalten der Ärmsten der Armen (die in manchen Ländern weniger als 1 Euro, in anderen weniger als 2 Euro pro Tag verdienen) in dreizehn Ländern untersucht. Sie stellten fest, dass solche bettelarmen Familien in Papua-Neuguinea 4,1 Prozent ihres Einkommens für Alkohol und Tabak ausgaben; im indischen Udaipur waren es 5 Prozent, in Indonesien 6 und in Mexiko 8,1 Prozent. In Udaipur verwendete der durchschnittliche Haushalt 10 Prozent seines verfügbaren Jahreseinkommens auf Hochzeitsfeiern, Bestattungen oder religiöse Feiern, für die häufig unverhältnismäßig hohe Ausgaben getätigt wurden. Neunzig Prozent aller Südafrikaner geben Geld für Festlichkeiten aus, ebenso eine Mehrheit der Pakistanis, der Ivorier und der Indonesier. Nicht weniger als 7 Prozent aller konsumtiven Ausgaben der ärmsten Bewohner des indischen Bundesstaats Maharashtra wird in Zucker umgesetzt. Wer sich in kleinen Dorfläden in Afrika oder Asien umschaut, wird jede Menge Süßwaren ausgestellt sehen, dagegen kaum Vitamine oder Moskitonetze. Gesicherte Daten liegen nicht vor, aber in großen Teilen der unterentwickelten Welt geben selbst junge Männer aus ärmsten Verhältnissen – ledige wie verheiratete – erhebliche Summen für Bordellbesuche aus.

Unter den Armen von Udaipur finden sich viele, die nach normalen Begriffen als unterernährt gelten müssten. 65 Prozent der Männer schlagen dort mit einem Body-Mass-Index zu Buche, der sie nach den Maßstäben der Weltgesundheitsorganisation zu Untergewichtigen stempelt. Nur 57 Prozent der Erwachsenen gaben an, das ganze Jahr über genug zu essen zu haben, 55 Prozent leiden an Blutarmut. Dabei könnte die Mangelernährung, zumindest in Udaipur, für die meisten Betroffenen sofort ein Ende haben, wenn die Familien ihren Zucker- und Tabakkonsum einschränken würden.

Im Kontrast zu ihren unverhältnismäßigen Ausgaben für Süßigkeiten und Alkohol wenden die ärmsten Familien dieser Welt nach allem, was wir wissen, nur rund 2 Prozent ihres Einkommens für die Ausbildung ihrer Kinder auf, obwohl dies der sicherste Weg aus der Armut ist. Würden arme Familien nur ebenso viel für die Schulbildung ihrer Kinder ausgeben wie für Bier und Prostituierte, wäre damit für die Entwicklungschancen der armen Länder schon eine ganze Menge erreicht. Am meisten davon profitieren würden Mädchen aus den armen Familien, sind sie doch diejenigen, an deren Schulbesuch heute gespart wird.

Manchem Leser mag es gefühllos erscheinen, den Armen einen Vorwurf daraus zu machen, dass sie ihr Geld für Feste, Zigaretten, Alkohol und Süßigkeiten ausgeben, um sich das Leben erträglicher zu machen. Doch gerade für Menschen, die nicht aus dem Vollen schöpfen können, ist es wichtig, Prioritäten zu setzen. Für viele afrikanische und indische Männer ist Bier etwas Unverzichtbares, der Schulbesuch ihrer Töchter dagegen ein Luxus. Den Besuch bei einer Prostituierten erachten sie als vorrangig, ein Kondom als nachrangig. Wenn wir Mittel und Wege finden wollen, mehr Mädchen den Schulbesuch zu ermöglichen oder weniger Frauen im Wochenbett sterben zu lassen, bestünde die einfachste Lösung darin, das Konsumverhalten der Armen zu ändern.

Ein Weg, auf dem dies erreicht werden könnte, bestünde darin, mehr Geld in die Hände von Frauen zu legen. Zwei der ersten zu diesem Thema durchgeführten Studien kamen zu dem Ergebnis, dass dort, wo Frauen die Budgetverantwortung haben oder Geld verdienen, tendenziell ein größerer Teil des Familieneinkommens für Lebensmittel, Medikamente und Wohnen ausgegeben wird, mit der Folge, dass die Kinder gesünder aufwachsen.

Eine an der Elfenbeinküste durchgeführte Erhebung befasste sich mit den gleichsam geschlechtsspezifischen Feldfrüchten, die die Leute dort für ihre Privateinkünfte anbauen. Männer pflanzen und ernten bevorzugt Kaffee, Kakao und Ananas, Frauen hingegen Kochbananen, Bananen, Kokosnüsse und Gemüse. In manchen Jahren erbringen die «Männerfrüchte» eine gute Ernte, dann haben die Männer Geld in der Tasche; in anderen Jahren schneiden die Frauen besser ab. Die Einkünfte teilt man sich innerhalb der Familie zwar ein Stück weit, aber wie Professor Duflo herausfand, fließt in den Jahren, in denen die «Männerfrüchte» üppig gedeihen, mehr Geld in den Konsum von Alkohol und Tabak. Wenn die Frauen eine gute Ernte einfahren, geben die Haushalte mehr Geld für Lebensmittel, insbesondere für Rindfleisch, aus. Auch mehrere andere Studien kommen zu dem Ergebnis, dass Frauen eher als Männer dazu neigen, knappe Geldmittel in Schulbildung und in eine selbstständige Tätigkeit zu investieren.

In Südafrika untersuchte eine Studie, wie sich die Ausweitung des staatlichen Rentenwesens auf die Schwarzen nach dem Ende des Apartheidregimes auf die Ernährung der Kinder auswirkte. Viele farbige

Großeltern kamen plötzlich in den Genuss regelmäßiger Zuwendungen (in der Spitze umgerechnet rund 2,30 Euro pro Tag, immerhin das Doppelte der um sie herum erzielten Durchschnittseinkünfte). Waren die Rentenempfänger Großväter, die für einen oder mehrere Enkel sorgten, hatte das zusätzliche Geld keinen messbaren Einfluss auf Körpergröße und Gewicht der Kinder. Ging die Rente jedoch an eine Großmutter, war die Wirkung unübersehbar. Besonders Enkelinnen zeigten eine signifikante Größen- und Gewichtszunahme und wurden größer und stärker als Mädchen, die bei einem Großvater aufwuchsen. Daraus können wir folgern, dass es, wenn Transferleistungen dazu dienen sollen, die Gesundheit von Kindern zu verbessern, ratsam ist, die betreffenden Gelder nicht an Männer, sondern an Frauen auszuzahlen. Einen halben Erdumfang weiter, in Indonesien, ist es üblich, dass eine Frau, die Vermögen mit in die Ehe bringt, die Verfügungsgewalt darüber behält. Eine Studie ergab, dass dort, wo die Ehefrau mehr Vermögen in die Ehe eingebracht hat als der Mann – und damit auch über mehr Geld für konsumtive Ausgaben verfügt –, gesündere Kinder heranwachsen als in Familien, in denen der Mann der Zahlmeister ist. Tatsächlich hängt das Wohlergehen der Kinder nicht so sehr vom Einkommens- und Vermögensniveau der Familie ab als davon, ob die Mutter oder der Vater finanziell die Hosen anhat. Wie Professor Duflo schreibt:

Wenn Frauen mehr Verfügungsmacht haben, kommt dies der Gesundheit und Ernährung der Kinder zugute. Daraus lässt sich schließen, dass politische Weichenstellungen, die darauf abzielen, die Lage der Frauen im Scheidungsfall zu verbessern oder Frauen den Zugang zum Arbeitsmarkt zu erleichtern, möglicherweise auch Folgewirkungen innerhalb des Haushalts zeitigen können, insbesondere im Hinblick auf die Kindergesundheit. … Räumt man den Frauen mehr Kontrolle über die Ressourcen ein, so wird das schon auf kurze Sicht ihr Mitspracherecht im Haushalt stärken, was sich positiv auf … Ernährung und Gesundheit der Kinder auswirken wird.

Eine Schlussfolgerung hieraus ist die, dass Geberländer arme Länder dazu anhalten sollten, ihre Gesetze so umzugestalten, dass Frauen mehr wirtschaftlichen Einfluss erhalten. So sollte es zum Beispiel der Normalfall sein, dass beim Tod des Ehemanns seine Witwe sein Vermögen erbt und nicht seine Brüder. Es sollte Frauen ohne Weiteres möglich sein, Eigentum und ein eigenes Bankkonto zu haben, und Institutionen, die Mikrofinanzierungen anbieten, sollte es wesentlich leichter gemacht werden, sich in armen Ländern niederzulassen und Bankgeschäfte zu tätigen. Heute befindet sich nach UN-Angaben nur 1 Prozent allen in Privateigentum befindlichen Bodens auf der Erde im Besitz von Frauen. Das muss sich ändern.

Eines der besten Auslandshilfeprogramme der USA ist das Projekt Millennium Challenge, das es den Empfängerländern nahelegt, durch Gesetzesreformen die rechtliche Stellung der Frauen zu verbessern. Lesotho zum Beispiel beantragte Gelder aus dem Millennium-Challenge-Topf, war aber ein Land, in dem Frauen nicht das Recht hatten, ohne die Erlaubnis ihres Mannes Land zu kaufen oder sich Geld zu leihen. Die Vereinigten Staaten schlugen Lesotho vor, diesen rechtlichen Zustand zu ändern, und da das Land auf die Challenge-Gelder erpicht war, kam es dem amerikanischen Wunsch nach.

Es mag politisch unkorrekt sein, auf den Verhaltensunterschieden zwischen Mann und Frau herumzureiten, aber sie sind nun einmal eine Realität und Entwicklungshelfern ebenso vertraut wie politischen Führern. Botswana war jahrzehntelang eines der am schnellsten wachsenden Länder der Erde, und sein langjähriger Präsident Festus Mogae genoss hohes Ansehen als einer der fähigsten politischen Führer in Afrika. Er lachte, als wir im Gespräch mit ihm behutsam andeuteten, in Afrika seien die Frauen womöglich diejenigen, die fleißiger arbeiteten und Geld klüger ausgäben als die Männer. Sein Kommentar dazu lautete:

Sie haben absolut recht! Frauen arbeiten besser. Die Banken waren die Ersten, die das gemerkt und mehr Frauen eingestellt haben, und jetzt machen es alle. Auch zu Hause sind die Frauen die besseren Manager als die Männer. Im öffentlichen Dienst von Botswana übernehmen die Frauen das Kommando. Die Hälfte der Verwaltung besteht mittlerweile aus Frauen. Der Gouverneur der Zentralbank, der Justizminister, der Protokollchef, der Chef der obersten Strafverfolgungsbehörde – alles Frauen. ... Frauen bringen in Afrika mehr Leistung, sehr viel mehr. Wir sehen das in Botswana. Und ihre Verhaltensmuster sind anders. Konsumverzicht steht bei Mädchen höher im Kurs, und sie kaufen langlebige Güter und haben eine höhere Sparquote. Die Männer sind stärker konsumorientiert.

Manche Entwicklungshilfeexperten hoffen darauf, dass mehr Frauen sich für eine Laufbahn in Politik und Verwaltung entscheiden, mit dem Vorsatz, dass sie für ihr Land Ähnliches tun können wie für ihre Familie.

81 Länder haben in bestimmten Bereichen Quotenregelungen für Frauen eingeführt, um deren Teilnahme am politischen Leben zu fördern, typischerweise indem eine bestimmte Anzahl von Parlamentssitzen für Frauen reserviert wird. In elf Ländern der Erde steht heute eine Frau an der Spitze der Regierung, und weltweit stellen Frauen 15 Prozent der Abgeordneten in den nationalen Parlamenten, während es 1987 erst 9 Prozent waren.

Eine ehemalige Abgeordnete des US-Kongresses, Marjorie Margolies-Mezvinsky, hat einen vielversprechenden Anlauf initiiert, um in aller Welt mehr Frauen für Ämter in Politik und Verwaltung zu begeistern. 1993 war Margolies-Mezvinsky eine frisch gewählte Abgeordnete für die Demokratische Partei, als der Haushaltsentwurf der Regierung Clinton – einschließlich einiger Steuererhöhungen, die einen ausgeglichenen Haushalt herbeiführen sollten – im Repräsentantenhaus eingebracht wurde. Rückblickend ist dieser Haushaltsentwurf von vielen als eine wichtige Wendemarke eingestuft worden, mit der die USA sich ein solides fiskalisches Fundament für die 1990er-Jahre verschafften, aber zu der Zeit war er höchst umstritten. Als Neuling auf der parlamentarischen Bühne fühlte Frau Margolies-Mezvinsky sich verwundbar, und die Republikaner versprachen ihr feierlich, sie würden ihr in ihrem Wahlkreis die Hölle heiß machen, wenn sie für die Steuererhöhungen stimme. Am Ende entschloss sie sich, dem Clinton-Budget mit ihrer Stimme zu einer hauchdünnen Mehrheit zu verhelfen. Ein Jahr später verpasste sie in der Tat ihre Wiederwahl durch eine knappe Niederlage. Ihre Karriere als Abgeordnete war vorüber.

Heute steht Margolies-Mezvinsky an der Spitze von Women's Campaign International, einer Organisation, die Trainingskurse in basisdemokratischer politischer Arbeit speziell für Frauen anbietet. Die Teilnehmerinnen lernen, wie man öffentliche Aufmerksamkeit für ein Anliegen generiert, wie man für ein politisches Amt kandidiert und Koalitionen für die Durchsetzung konkreter Forderungen zusammenschmiedet. In Äthiopien, wo Women's Campaign International Frauen in der Kunst schulte, wirksame Kampagnen zu organisieren, erhöhte sich der Frauenanteil im Parlament von 8 auf 21 Prozent.

Eine der Begründungen dafür, dass es sinnvoll ist, mehr Frauen in die Politik zu holen, lautet, Frauen verfügten in besonderem Maß über die Gabe der Empathie und seien hochgradig konsensfähig, und daher agierten sie in politischen Führungspositionen in der Regel versöhnlicher und friedfertiger als Männer. Wir sehen allerdings, wenn wir die Geschichte der letzten Jahrhunderte betrachten, keine deutlichen Anhaltspunkte dafür, dass weibliche Staats- oder Regierungschefs sich besser oder friedfertiger verhalten haben als ihre männlichen Pendants. Weibliche Spitzenpolitiker haben nicht einmal ein besonderes Interesse an Themen wie Müttersterblichkeit, Mädchenbildung oder Mädchenhandel an den Tag gelegt. Ein Grund dafür könnte sein, dass Frauen, die in einem armen Land ins höchste Staatsamt aufgestiegen sind – denken wir an Indira Gandhi, Benazir Bhutto, Corazón Aquino, Gloria Macapagal-Arroyo –, fast immer aus Oberschichtfamilien kamen und nie unmittelbar mit den Missständen konfrontiert waren, unter denen arme Frauen zu leiden haben.

Ungeachtet dessen lautet die herrschende Auffassung in entwicklungspolitischen Kreisen, dass auf lokaler und regionaler Ebene weibliche Amtsträger eben doch andere Schwerpunkte setzen, dass sie als Bürgermeister oder als Mitglieder in Schulbeiräten oft mehr Engagement für die Anliegen von Frauen und Kindern an den Tag legen. Ein faszinierendes Experiment findet seit 1993 in Indien statt; damals trat eine neue Bestimmung der indischen Verfassung in Kraft, die besagte, dass ein Drittel aller Dorfoberhäupter Frauen sein mussten. Die Zuteilung der weiblichen Amtsinhaber erfolgte nach dem Zufallsprinzip, womit die Möglichkeit gegeben war, wissenschaftlich zu untersuchen, ob in den von Frauen regierten Dörfern irgendetwas anders lief als in denen, deren Oberhäupter Männer waren. Tatsächlich zeigten sich Unterschiede im Ausgabenverhalten. In den Dörfern mit weiblichen Oberhäuptern wurden mehr Wasserpumpen und Wasserhähne installiert, und sie wurden auch besser instand gehalten. Das könnte etwas damit zu tun haben, dass das Wasserholen in Indien Frauensache ist. Aber auch andere öffentliche Dienstleistungen wurden als mindestens gleich gut wie in den männlich regierten Dörfern bewertet. Die Wissenschaftler fanden keine Anhaltspunkte dafür, dass die weiblichen Dorfältesten etwa andere Teile der dörflichen Infrastruktur vernachlässigt hätten. Einheimische gaben zu Protokoll, in den weiblich geführten Dörfern seien sie deutlich seltener in die Verlegenheit gekommen, ein Schmiergeld zahlen zu müssen.

Ungeachtet dessen bekundeten Dorfbewohner beiderlei Geschlechts Unzufriedenheit mit den weiblichen Dorfoberhäuptern. Den Forschern, die die Studie durchführten, gab das Rätsel auf: Die Verwaltung schien besser zu funktionieren, dennoch war die Zufriedenheit geringer. Es waren nicht nur unverbesserliche Chauvinisten, die sich abfällig äußerten; auch die Frauen im Dorf übten Kritik. Es hatte den Anschein, als gehe es den gewöhnlichen Dorfbewohnern gegen den Strich, dass ihnen eine weibliche Führung aufgezwungen worden war, oder als hätten sie ein Problem damit, dass die weiblichen Dorfältesten im Durchschnitt weniger formale Bildung und weniger Erfahrung hatten als männliche Oberhäupter. Man muss daraus den Schluss ziehen, dass Frauen, die eine öffentliche Laufbahn einschlagen, zumindest in Indien kein leichtes Spiel haben: Selbst wenn sie ihr Amt bürgerfreundlicher ausfüllen als ihre männlichen Kollegen, werden sie in der ersten Zeit eher abgelehnt.

Wie spätere Erhebungen zeigten, ließ in Dörfern, die schon einmal ein weibliches Oberhaupt gehabt hatten, die Voreingenommenheit gegen Frauen an der Spitze mit der Zeit nach und verschwand schließlich. Danach wurden weibliche Amtsträger nach geschlechtsneutralen Maßstäben beurteilt. Die Studien kamen zu dem Ergebnis, dass Quoten für weibliche Amtsträger auf lokaler Ebene sinnvoll sein können, weil durch sie die erste Schranke, die Frauen am Einstieg in solche Laufbahnen hindert, beseitigt wird. Eine Frauenquote für Amtsträger in Verwaltung und Politik scheint geeignet, Geschlechterhürden niederzureißen, sodass in der Folge das politische System demokratischer und offener wird.

Was die Frage betrifft, welche Auswirkungen es auf eine Gesellschaft hat, wenn Frauen am politischen Leben Anteil haben und Führungsfunktionen übernehmen, so liegen uns einschlägige Erfahrungswerte aus der US-amerikanischen Geschichte vor. Wie schon an anderer Stelle bemerkt, ging die Müttersterblichkeit in den Vereinigten Staaten erst dann merklich zurück, als die Frauen sich das Wahlrecht erkämpft hatten. In dem Moment, da Frauen eine politische Stimme besaßen, bekam ihr Leben einen höheren Stellenwert. Damit nicht genug, liegen triftige Belege dafür vor, dass nach der Einführung des Wahlrechts für Frauen das politische System mehr Geldmittel für das staatliche Gesundheitswesen bereitstellte, insbesondere für Kindergesundheit – das war ein Thema, das den Wählerinnen allem Anschein nach sehr am Herzen lag. Grant Miller, Soziologe an der Stanford University, hat in einer brillanten Analyse aufgezeigt, wie ein Ruck durch die amerikanische Gesundheitspolitik ging, als in einem Bundesstaat nach dem anderen das Frauenwahlrecht eingeführt wurde. Wie er herausfand, beeilten sich, nachdem die Frauen das Wahlrecht bekommen hatten, die Politiker in den betreffenden Staaten, die Gunst der Wählerinnen zu gewinnen, indem sie mehr Geld für die ärztliche Kinderbetreuung zur Verfügung stellten. In Staaten, in denen die Frauen weiterhin nicht wählen durften, blieb dieser Effekt aus. «Innerhalb eines Jahres nach der Verabschiedung des neuen Wahlrechts veränderten sich die Muster des parlamentarischen Abstimmungsverhaltens, und die staatlichen Gesundheitsausgaben stiegen um rund 35 Prozent», schrieb Professor Miller. «Die Säuglingssterblichkeit ging nach dem Inkrafttreten des Frauenwahlrechts um 8–15 Prozent zurück. ... Auf das ganze Land hochgerechnet, entspricht dieser Rückgang rund 20 000 Kindern pro Jahr, die am Leben blieben.» Dasselbe vollzog sich auf der nationalen Ebene. Ein Jahr nachdem im Jahr 1920 der 19. Zusatzartikel zur amerikanischen Verfassung allen amerikanischen Frauen das Wahlrecht zuerkannt hatte, verabschiedete der Kongress den Sheppard-Towner Act, ein Gesetzeswerk, das die staatliche Gesundheitspflege in den USA in ganz neue Bahnen lenkte. «Die Kraft, die den Kongress dabei vorwärtstrieb, war die Angst, [von den neuen weiblichen Wahlberechtigten] an der Wahlurne bestraft zu werden», hat ein Historiker geschrieben. Die Verbesserungen, die sich in dieser Phase im amerikanischen Gesundheitswesen vollzogen, waren kolossal. Die Kindersterblichkeit in der Altersgruppe bis vier Jahre fiel zwischen 1900 und 1930 um nicht weniger als 72 Prozent – wobei es für diesen Rückgang natürlich auch noch andere Ursachen gab.

Wie Professor Miller anmerkt, wird von Leuten, die gegen eine Mitwirkung der Frauen am politischen Leben sind, immer wieder das Argument ins Spiel gebracht, wenn Frauen sich in außerhäusliche Aktivitäten stürzten, hätten ihre Kinder darunter zu leiden. Tatsächlich hat die amerikanische Geschichte den Beweis dafür geliefert, dass die Einbeziehung der Frauen in den politischen Prozess ein großer, lebensrettender Segen für die amerikanischen Kinder gewesen ist.

Ein CARE-Paket für Goretti

Das nördliche Burundi gehört mit seiner üppigen Naturpracht zu den liebreizendsten Flecken Afrikas: Vorspringende Bergflanken kauern über sattgrünen Feldern und vom Wind geschaukelten Kaffeebäumen. Das Klima ist hier angenehmer als im Tiefland, die Wohnhütten mit ihren Lehmmauern sind dünn gesät. Und doch ist diese Bilderbuchlandschaft die Heimat einiger der ärmsten Menschen auf der Erde, und zu den bedauernswertesten Geschöpfen unter diesen Ärmsten der Armen gehörte Goretti Nyabenda.

Goretti war im Großen und Ganzen eine Gefangene in ihrer eigenen Hütte, die aus roten Lehmziegeln errichtet war. Als Frau hat man hier jedes Mal, wenn man das Haus und Grundstück verlassen will, den Ehemann um Erlaubnis zu bitten. Gorettis Mann, ein mürrischer Bursche namens Bernard, gab die seine sehr ungern. Goretti war 35 Jahre alt und Mutter von sechs Kindern, aber sie durfte nicht einmal allein auf den Markt gehen.

Bernard und Goretti bauten auf einer ausgelaugten Parzelle von 200 Ar Bananen, Cassava, Kartoffeln und Bohnen an und verdienten damit kaum genug zum Leben. Sie waren so arm, dass sie sich nicht einmal Moskitonetze für alle ihre Kinder leisten konnten, obwohl die Malaria in dieser Gegend viele Todesopfer fordert. Bernard verbringt typischerweise drei Abende die Woche in einer Bar und trinkt das dort gebraute Bananenbier, wofür er jedes Mal umgerechnet 1,50 Euro ausgibt. Seine Kneipenbesuche kosten die Familie 30 Prozent ihres verfügbaren Einkommens.

Goretti, die nie eine Schule von innen gesehen hatte, durfte selbst nichts einkaufen, durfte überhaupt kein Geld in die Hand nehmen. In ihrem ganzen Leben hatte sie noch nie einen Geldschein in den Fingern gehabt. Sie und Bernard pflegten zusammen zum Einkaufen auf den Markt zu gehen. Während Bernard den Verkäufern das Geld in die Hand drückte, durfte Goretti den Einkauf nach Hause tragen. Ihr Umgang mit Bernard beschränkte sich in der Hauptsache darauf, von ihm geschlagen zu werden. Dazwischen gab es gelegentlich Sex.

Als wir uns mit ihr unterhielten, saß sie auf einem Graspolster hinter ihrer Hütte. Die Sonne schien, aber die Luft war angenehm kühl und erfrischend, und ein Insektenchor untermalte ihre Erzählungen. Goretti trug ein braunes Strickhemd – irgendwelche Amerikaner hatten es für wohltätige Zwecke gespendet, und es hatte seinen Weg nach Zentralafrika gefunden – über einem farbenprächtigen gelben Wickelrock. Ihre Haare hielt sie sehr kurz, fast im Bürstenlook, weil es sich so leichter bändigen ließ. Sie runzelte die Stirn, als sie ihre damalige Stimmungslage beschrieb: «Ich war ein armer Teufel. Weil ich mich immer im Haus aufhielt, kannte ich keine anderen Leute und war ganz auf mich allein gestellt. Mein Mann sagte, die Frau hat die Pflicht, zu kochen, im Haus zu bleiben oder auf dem Feld zu arbeiten. So habe ich gelebt, und deshalb war ich verbittert und wütend.»

Eines Tages erzählte Gorettis Schwiegermutter ihr von einer Initiative, die CARE im Dorf gestartet hatte, die altehrwürdige US-amerika-

nische Hilfsorganisation, die ihre Aktivitäten zunehmend an den Bedürfnissen von Frauen und Mädchen ausrichtet. Elektrisiert fragte
Goretti ihren Mann, ob sie zu einem der CARE-Treffen im Dorf gehen
dürfe. «Nein», sagte Bernard. Mit ihrem Schicksal hadernd, blieb sie zu
Hause. Wenig später begann ihre Großmutter ihr vorzuschwärmen, was
für tolle Sachen CARE machte, und der Wunsch, dabei zu sein, erwachte
von Neuem. Goretti bearbeitete Bernard, aber er blieb bei seinem Nein.
Dann, eines Tages, ging Goretti ohne seine Erlaubnis. Bernard reagierte
erst wütend, doch Goretti hatte sich eigens die Mühe gemacht, das
Abendessen vorher zuzubereiten und ihm alles recht zu machen.

Das von CARE ins Leben gerufene Programm arbeitet mit «Ver-
einen», die jeweils rund 20 Frauen als Mitglieder haben. Da Gorettis
Großmutter und einige andere Frauen darauf brannten einzusteigen,
gründete Goretti einen neuen CARE-Ortsverein. Die Mitglieder wählten
sie prompt zur Vorsitzenden. In vielen dieser Vereine werfen die Mitglieder
ihre Kräfte zusammen, bearbeiten an einem Tag das Feld einer Familie
und am nächsten Tag das einer anderen. Nicht lange, und 20 Frauen
erschienen auf Gorettis Parzelle und erledigten die gesamte anstehende
Feldarbeit an einem einzigen Tag.

«Als mein Mann das sah, war er sehr glücklich», sagte Goretti spitz-
bübisch. «Er sagte: ‹Diese Gruppe ist wirklich gut.› Und so ließ er mich
weitermachen.»

Jede Frau bringt zu jeder Zusammenkunft den Gegenwert von 10 Cent
mit. Das Geld wird zusammengeworfen und einem der Mitglieder als
Darlehen gegeben; die Betreffende muss es in eine Geschäftsidee investieren und es in der Folge verzinst zurückzahlen. Im Grunde läuft die
Sache darauf hinaus, dass die Frauen eine eigene kleine Bank aufbauen.
Goretti lieh sich 1,50 Euro und kaufte von dem Geld Düngemittel für
ihren Garten. Es war das erste Mal, dass sie mit Geld hantierte. Der Dün-
ger verhalf ihr zu einer hervorragenden Kartoffelernte, und der Verkauf
der Kartoffeln auf dem Markt brachte ihr 5 Euro ein. So konnte Goretti
nach nur drei Monaten ihren Kredit zurückzahlen (einschließlich der
Zinsen waren es jetzt knapp 2 Euro); eine andere Frau erhielt dann dieses
Kapital als Darlehen.

Goretti, die von ihrem Kartoffelreibach noch Geld übrig hatte,
kaufte für 3,15 Euro Bananen und braute daraus Bananenbier, das sich
auf dem Markt sehr gut verkaufte. Sie beschloss daraufhin, einen Klein-
betrieb zu gründen, dessen Geschäftszweck die Herstellung und der Verkauf von Bananenbier war. Als Goretti wieder mit einem Kredit aus der

Vereinsbank an die Reihe kam, nahm sie erneut 1,50 Euro auf, um ihr Biergeschäft auszubauen; den Gewinn verwendete sie auf den Kauf einer trächtigen Ziege. Die Ziege brachte ihr Junges einen Monat später zur Welt, sodass Goretti von da an Besitzerin zweier Ziegen sowie einer Bierbrauerei war. (Abends holt sie ihre Ziegen in die Hütte, damit niemand sie stehlen kann.)

Bernard wirft sehnsüchtige Blicke auf Gorettis in Einweckgläsern aufgereihtes Bananenbier, aber sie wacht streng darüber, dass er es nicht anrührt – es ist zum Verkauf bestimmt, nicht zum Verbrauch. Seit Goretti Geld für den Hausstand verdient, beherrscht Bernard sich zähneknirschend. Gorettis Ansehen stieg, als Bernard an Malaria erkrankte und in der Klinik behandelt werden musste. Goretti zahlte die Krankenhausrechnung mit Geld aus ihrem Bierverkauf und einem zusätzlichen Darlehen ihres CARE-Ortsvereins.

«Bernard lässt mich jetzt machen», sagt Goretti. «Er sieht, dass ich etwas hinkriege, und so fragt er mich sogar um meine Meinung. Er sieht, dass ich etwas zustande bringe.» Die Vereinsmitglieder nutzen ihre Treffen nicht zuletzt, um Tipps auszutauschen, wie man den Ehemann um den Finger wickelt, wie man Nutztiere aufzieht und züchtet, wie familiäre Konflikte beigelegt werden können und wie man sich geschäftlich selbstständig macht. Krankenschwestern halten Gastvorträge über Gesundheitsvorsorge, bringen den Frauen bei, wann sie ihre Kinder zum Impfen bringen sollen, erklären ihnen, wie man sexuell übertragene Krankheiten erkennt und wie man eine HIV-Ansteckung vermeidet. Die Frauen erhielten auch Gelegenheit, sich auf HIV testen zu lassen. Bei Goretti fiel der Test negativ aus.

«Früher litten einige Frauen hier an sexuell übertragenen Krankheiten, wussten es aber nicht», sagt Goretti. «Jetzt sind sie geheilt. Ich bekam Spritzen für Verhütung, und wenn ich das früher gekannt hätte, hätte ich keine sechs Kinder. Vielleicht nur drei. Aber wenn ich gar nicht zu der Gruppe gegangen wäre, hätte ich zehn Kinder gewollt.»

Bei den CARE-Zusammenkünften wird den Frauen auch eingeschärft, dass sie zur Entbindung in eine Klinik gehen und die Neugeborenen anmelden sollen, damit sie gültige Papiere bekommen. Ein großes Problem für Mädchen in vielen Ländern besteht darin, dass sie nie einen Geburtsschein oder ein anderes Ausweisdokument ausgestellt bekommen haben, sodass sie aus der Sicht der Behörden gar nicht existieren und damit auch nicht berechtigt sind, staatliche Hilfen zu erhalten. In der Entwicklungshilfegemeinde gewinnt die Auffassung an Boden, ein System nationaler

Personalausweise, einigermaßen fälschungssicher, könne mithelfen, Mädchen vor Menschenhändlern zu schützen, und ihnen den Zugang zu ärztlicher Betreuung erleichtern.

Wichtiger als alles andere ist, dass die in dem CARE-Programm vertretenen Frauen lernen, dass anständiges Verhalten für eine Frau nicht heißen muss, brav und fügsam zu sein, sondern dass sie sich bei den Zusammenkünften aktiv einbringen und eine dezidierte Meinung vertreten kann. «Unsere Kultur war eine, in der Frauen nicht sprechen konnten», sagte Goretti. «Wir hatten eine Redensart: ‹Eine Henne kann nicht vor einem Hahn das Wort ergreifen.› Aber jetzt können wir unsere Meinung sagen. Wir sind ein Teil der Gemeinschaft.» Viele der Frauen, auch Goretti, besuchen dank CARE spezielle Lese- und Schreibkurse. Goretti schrieb uns mühsam ihren Namen vor, um uns zu zeigen, dass sie es konnte.

Die Männer hier im Norden Burundis neigen dazu, alle ihre Kräfte auf die große lokale Exportfrucht zu konzentrieren, die Kaffeebohne – entweder sie bauen sie selbst an, oder sie arbeiten als Lohnkräfte auf den Plantagen. Nach Abschluss der Ernte nehmen viele Männer traditionell das gute Geld, das sie verdient haben, her, um sich eine, wie sie es nennen, Zweitfrau zu nehmen – eine Mätresse, die oft noch im Teenageralter ist und bei ihnen bleibt, bis das Geld zur Neige geht. Die Zweitfrauen werden für ihre Liebesdienste mit Kleidern und Schmuck entlohnt; sie sind eine große Belastung für das Familienbudget und eine Einfallstraße für Aids. Die vom CARE-Programm aktivierten Frauen bemühen sich jetzt, diese Tradition auszumerzen. Wenn immer der Mann von einer von ihnen sich anschickt, eine Zweitfrau zu nehmen, rotten sich die anderen Frauen der Gruppe zu einer Art weiblicher Bürgerwehr zusammen und vertreiben die Mätresse. Manchmal suchen sie den betreffenden Mann sogar auf und erklären ihm, sie hätten ihn zu einer Geldstrafe von etwa 7 Euro verurteilt. Wenn sie bestimmt genug auftreten, zahlt er manchmal die Strafe, und das Geld wandert in die Vereinskasse.

Wie sehr die Zeiten sich geändert haben, zeigt sich daran, dass Bernard jetzt zu Goretti kommt, wenn er Geld braucht. «Ich gebe ihm nicht immer welches, weil wir sparen müssen», sagt sie. «Aber manchmal gebe ich ihm etwas. Er hat mir erlaubt, in die Gruppe einzutreten, und das hat mir Freude bereitet, und deshalb möchte ich, dass auch er die Chance hat, etwas zu tun, das ihm Freude macht.» Goretti fragt Bernard schon lange nicht mehr um Erlaubnis, wenn sie aus dem Haus geht. «Ich sage ihm Bescheid, wenn ich weggehe», erklärt sie. «Aber ich informiere ihn nur und frage ihn nicht.»

Goretti mit ihren
Ziegen vor ihrem Haus
in Burundi

Goretti schmiedet Pläne für eine weitere Vergrößerung ihres Familienbetriebs. Sie möchte Ziegen züchten und verkaufen, daneben aber weiterhin ihr Bier vermarkten. Noch immer kann jede Menge schiefgehen: Bernard könnte eifersüchtig werden und sein Mütchen an ihr kühlen. Raubtiere könnten ihre Ziegen reißen; eine Dürre könnte ihre Feldfrüchte verdorren und sie auf einem Schuldenberg sitzen lassen. Die anhaltende Instabilität in Burundi könnte dazu führen, dass bewaffnete Marodeure ihre Felder plündern. Und das Bier, das sie in immer größeren Mengen braut, hilft vielleicht mit, immer mehr einheimische Männer zu Trunkenbolden zu machen. Dieses ländliche Mikrofinanzierungsmodell kann Familien helfen, aber es stößt an Grenzen.

Aber so weit, so gut – zumal das Programm preiswert ist. Es kostet CARE über die dreijährige Projektdauer hinweg umgerechnet weniger als 75 Euro pro teilnehmender Frau. (Goretti wird nach den drei Jahren verabschiedet werden, und das Projekt wird in einer anderen Region von vorne beginnen.) Umgerechnet kostet es einen Spender also knapp 50 Eurocent die Woche, Goretti zu unterstützen. Das Projekt hat nicht nur ihr Leben zum Besseren gewendet, sondern auch ihrem Land Burundi eine zusätzliche Beiträgerin zu seinem Bruttoinlandsprodukt beschert. Damit nicht genug, haben jetzt Gorettis Kinder Geld für Stifte und Schreibhefte, was gut für ihre Schulbildung ist – und sie haben ein Vorbild dafür, was eine burundische Frau aus sich machen kann.

«Sie hat sich verändert», sagte Pascasie, Gorettis älteste Tochter, die in die sechste Klasse geht. «Sie kann jetzt, wenn Papa nicht zu Hause ist, auf den Markt gehen und uns Sachen kaufen, die wir brauchen.»

Was Bernard betrifft, so hatte er große Bedenken, sich interviewen zu lassen, vielleicht in dem Wissen, dass für ihn die am wenigsten schmeichelhafte Rolle in dem Familiendrama abfallen würde. Aber nach ein bisschen Small Talk über die Bananenpreise gestand er ein, dass er mit einer Partnerin glücklicher ist, als er es zuvor mit einer Dienerin war. «Ich sehe, wie meine Frau jetzt Geld verdient und Bargeld ins Haus bringt», sagte er. «Ich habe jetzt mehr Respekt vor ihr.»

Es ist möglich, dass Bernard uns nur das sagte, was wir hören wollten. Aber Goretti hat sich inzwischen den Ruf einer Ehemanndompteurin erworben, und als solche ist sie zunehmend gefragt. «Wenn jetzt in der Nachbarschaft ein Konflikt passiert, fragt man mich um Rat», erzählte sie uns stolz. Sie fügte hinzu, sie wolle sich künftig noch aktiver in Gemeinschaftsprojekte einschalten und an mehr Dorfversammlungen teilnehmen. Bernard hörte zu und schien konsterniert, aber Goretti ließ sich nicht beirren.

«Früher habe ich mich unterschätzt», sagte sie. «Ich traute mich nicht, irgendetwas zu irgendjemandem zu sagen. Jetzt weiß ich, dass ich gute Ideen habe, und sage den Leuten, was ich denke.»

Die Achse der Gleichberechtigung

«Eine Frau hat so viele Körperteile,
das macht das Leben wirklich schwer.»
Lu Xun, Anxious Thoughts on Natural Breasts (1927)

Wir haben die Welt verarmter Frauen abgeklappert – besuchen wir jetzt zur Abwechslung einmal eine Milliardärin.

Zhang Yin ist eine kleinwüchsige, ausstrahlungsstarke chinesische Frau, die ihre Karriere als Textilarbeiterin begann. Damals verdiente sie umgerechnet 4,50 Euro im Monat, genug, um auch noch etwas zum Lebensunterhalt ihrer sieben Geschwister beizutragen. Anfang der 1980er-Jahre machte sie sich in die Sonderwirtschaftszone von Shenzhen auf und fand dort einen Job bei einer Papierhandelsfirma, die teilweise in Auslandsbesitz war. Dort lernte Zhang Yin das Einmaleins des Papiergeschäfts, und sie hätte in der Firma bleiben und Karriere machen können. Aber sie ist eine rastlose und ehrgeizige Frau mit nie ermüdender unternehmerischer Tatkraft, und so wagte sie 1985 den Sprung nach Hongkong und trat dort in die Dienste einer Handelsfirma. Nach einem Jahr ging diese in Konkurs. Zhang Yin gründete daraufhin in Hongkong ein eigenes Unternehmen, das Altpapierbestände aufkaufte und sie an Abnehmer in ganz China lieferte. Sie brauchte nicht lange, um die große geschäftliche Chance zu erkennen, die in der erheblichen Diskrepanz zwischen den Altpapierpreisen in den Vereinigten Staaten und denen in China lag. China hat kaum Wälder, daher wird Papier dort überwiegend aus Stroh oder Bambus hergestellt und ist von armseliger Qualität. Das machte aufbereitbares amerikanisches Altpapier, ursprünglich hergestellt aus

Holzfaserstoff und in den USA eine Ramschware, in China zu einem wertvollen Rohstoff, noch dazu, da die Industrialisierung die Nachfrage nach Papier in die Höhe trieb.

Zusammen mit ihrem Mann, einem Taiwanesen, begann Zhang Yin über Mittelsmänner amerikanisches Altpapier einzukaufen, doch 1990 übersiedelte sie nach Los Angeles und richtete sich dort ein Heimbüro ein, von dem aus sie ihre Geschäfte tätigte. In einem gebraucht gekauften Minibus der Marke Dodge fuhr sie quer durch Kalifornien, klapperte Mülldeponien ab und schloss mit ihnen Abnahmeverträge für Altpapier. Die Deponien freuten sich, für ihren Papiermüll noch gutes Geld zu bekommen. «Ich musste das Metier von der Pike auf lernen», erzählt Zhang Yin. «Die Firma bestand nur aus meinem Mann und mir, und ich konnte kein Wort Englisch.» Sie fand Mittel und Wege, ihr Altpapier auf die billige Tour nach China zu transportieren, denn viele Schiffe kamen voll beladen mit Spielzeug und Textilien aus China in den kalifornischen Häfen an und fuhren fast leer zurück. Im weiteren Verlauf der 1990er-Jahre, in denen der Papierbedarf Chinas explodierte, konnte Zhang Yin ihr Geschäft ausbauen, und 1995 kehrte sie nach China zurück und eröffnete in der südchinesischen Wirtschaftswunderstadt Dongguan ihre erste Papierfabrik. Dort wird Wellpappe produziert, aus der Kartonagen für die chinesische Exportwirtschaft gefertigt werden.

Zhang Yins Papierhandelsfirma in Kalifornien, die unter dem Namen American Chung Nam firmiert, ist heute der größte amerikanische Exporteur nach China, nach Tonnage gerechnet. Ihr chinesisches Papierunternehmen, Nine Dragons Paper, beschäftigt in seinen Fabriken insgesamt über 5000 Mitarbeiter, und Zhang Yin hat noch große Pläne mit dieser Firma. «Mein Ziel ist es, in den nächsten drei bis fünf Jahren Nine Dragons zur Branchenführerin im Bereich Wellpappe zu machen», erklärte sie unserem Freund David Barboza von der *New York Times*. «Es ist immer mein sehnlicher Wunsch gewesen, einmal Weltmarktführerin in einer Wirtschaftsbranche zu werden.»

2006 wurde Zhang Yin mit einem Nettovermögen von 4,6 Milliarden Dollar taxiert und nahm in einigen Listen der reichsten Chinesen den ersten Platz ein. Die reichste Selfmadefrau der Welt dürfte sie auf jeden Fall eine Zeit lang gewesen sein, auch wenn später ihr geschätztes Nettovermögen infolge von Marktturbulenzen dahinschmolz und ihr Geschäftsmodell in die Knie zu gehen drohte. Wie auch immer, es vollzieht sich hier etwas, das über die Person Zhang Yin hinausweist: Nach

Einschätzung des Huron Report, der den Wohlstand Chinas analytisch aufzuarbeiten versucht, sind heute unter den zehn reichsten Selfmade-frauen der Welt sechs Chinesinnen.

Darin spiegelt sich die Tatsache wider, dass China gesellschaftliche Spielregeln eingeführt hat, die den Frauen Chancengleichheit bieten. In einem umfassenderen Sinn ist China in der Geschlechterpolitik zu einem Vorbild für die Entwicklungsländer geworden. Das Land hat einen langen Weg zurückgelegt, von der Unterdrückung seiner Frauen bis zu ihrer Befreiung und Gleichstellung, eine Entwicklung, die unterstreicht, dass kulturelle Entwicklungshindernisse in relativ kurzer Zeit überwunden werden können, wenn der politische Wille dazu vorhanden ist. Eine breite Palette von Ländern in aller Welt – Ruanda, Botswana, Tunesien, Marokko, Sri Lanka – haben vergleichbar rapide Fortschritte in Richtung einer Gleichstellung der Frauen gemacht. Sicher bleibt noch viel zu tun, aber diese Länder zeigen uns, dass geschlechtsspezifische Barrieren beseitigt werden können, zum Vorteil nicht nur der Frauen, sondern auch der Männer.

Wir erleben immer wieder, dass Leute dem Kampf gegen Mädchen-handel, genitale Beschneidung oder Ehrenmorde keine Chance ein-räumen, weil gegen diese Dinge angeblich kein Kraut gewachsen ist. Was können wir mit unseren guten Absichten gegen tausendjährige Traditio-nen ausrichten?

Eine Antwort auf diese Frage liefert China. Noch vor hundert Jahren war China vermutlich das schlimmste Land, in das man als Frau hinein-geboren werden konnte. Das Binden der Füße, die Kinderehe, das Kon-kubinat und die Tötung weiblicher Säuglinge, alles das war tief in der chinesischen Kultur und Tradition verwurzelt. Im ländlichen China er-hielten neugeborene Mädchen noch bis ins frühe 20. Jahrhundert hinein oft nicht einmal einen richtigen Namen, sondern wurden unter Bezeich-nungen wie «Schwester Nr. 2» oder «Schwester Nr. 4» geführt. Es ging sogar noch demütigender: Manchen Mädchen wurden Namen wie Laidi oder Yindi oder Zhaodi verpasst, die alle ungefähr dasselbe bedeuteten, nämlich «Bring einen jüngeren Bruder». Chinesische Mädchen wurden selten in die Schule geschickt, oft verkauft, und sehr viele von ihnen landeten in den Bordellen von Schanghai.

Haben diejenigen aus der westlichen Welt, die das Binden der Füße und die Tötung weiblicher Säuglinge anprangerten, kulturellen Imperia-lismus praktiziert? Vielleicht. Aber vor allem taten sie das moralisch Richtige. Wenn wir von bestimmten Werten wirklich überzeugt sind, etwa von der Gleichheit aller Menschen unabhängig von Hautfarbe und Geschlecht, dann sollten wir uns nicht scheuen, für sie einzutreten. Es wäre feige, Sklaverei, Folter, Ehrenmorde, die Klitorisbeschneidung oder das Füßebinden stillschweigend hinzunehmen, nur weil man sich verpflichtet fühlt, andere Religionen oder Kulturen zu respektieren. Eine Lektion, die China uns lehrt, ist, dass wir uns keineswegs damit abfinden müssen, dass die Diskriminierung der Frau ein unverrückbarer Bestandteil dieser oder jener Kultur oder Gesellschaft ist. Wenn Kulturen sich nicht verändern könnten, wäre China noch immer ein Armenhaus, und Sheryl würde vielleicht auf zehn Zentimeter kleinen Klumpfüßchen herumstaksen.

Der Kampf um die Gleichberechtigung der Frau wurde in China so erbittert geführt wie heute im Nahen Osten, und es gab immer wieder Rückschläge. Konservative Chinesen waren empört, als junge Frauen anfingen, sich die Haare zu schneiden, weil das angeblich dazu führte, dass Frauen wie Männer aussahen. In den späten 1920er-Jahren trieben Straßenbanden ihr Unwesen, die manchmal eine junge Frau mit Kurzhaarfrisur überfielen und ihr die Haare ausrissen oder ihr sogar die Brüste absäbelten. Wenn du wie ein Mann aussehen willst, sagten sie, dann helfen wir dir dabei.

Das kommunistische Regime, das nach der Revolution von 1949 China umkrempelte, war brutal: Dutzende Millionen Chinesen fielen dem Hunger oder der Unterdrückung zum Opfer. Aber das bedeutsamste und bleibende erfreuliche Vermächtnis dieser Revolution war und ist die Emanzipation der chinesischen Frauen. Mao holte nach seiner Machtübernahme Frauen in den Produktionsprozess und ins Zentralkomitee der Kommunistischen Partei, und er setzte sein politisches Kapital ein, um die Kinderehe, die Prostitution und das Konkubinat abzuschaffen. Es war Mao, der verkündete: «Die Frauen stützen die Hälfte des Himmels.»

Der Untergang der Ideologie in den 1980er-Jahren und der damit einhergehende Aufstieg der Marktwirtschaft brachten für die chinesischen Frauen einige Rückschläge, und sie werden bis heute mit Herausforderungen konfrontiert. Selbst Akademikerinnen müssen manchmal erleben, dass sie bei der Bewerbung um eine Stelle diskriminiert werden, und sexuelle Belästigung ist eine weitverbreitete Unsitte. Sheryl musste einmal erleben, dass sie von einem Minister der chinesischen Zentralregierung, der sie für eine Sekretärin aus dem Ministerium hielt, bedrängt wurde. Sie zahlte es ihm heim, indem sie in unserem Buch *China Wakes* den Zwischenfall schilderte. Das Konkubinat hat ein Comeback gemacht in Gestalt der *er nai*, der «Zweitfrau», und es gibt in China auch wieder Millionen Prostituierte (die sich allerdings, anders als in Indien, meist aus freien Stücken für dieses Metier entschieden haben). Die Kombination aus der Ein-Kind-Politik und dem problemlosen Zugang zu Ultraschalltests hat zur Folge, dass Eltern routinemäßig das Geschlecht eines Fetus frühzeitig erkunden und zur Abtreibung schreiten, wenn sie ein Mädchen gezeugt haben. Das Geschlechterverhältnis bei Neugeborenen in China liegt bei 116 Jungen auf jeweils 100 Mädchen, was bedeutet, dass viele arme chinesische Männer keine Heiratspartnerin finden werden, eine potenzielle Quelle künftiger Instabilität. Leider sieht es so aus, als könnten weder das chinesische Wirtschaftswunder noch das gestiegene Bildungsniveau noch die Entstehung einer bürgerlichen Mittelschicht die Chinesen davon abbringen, weibliche Feten abtreiben zu lassen.

Selbst unter Anrechnung all dessen hat kein Land der Erde so große Fortschritte in Richtung auf eine Verbesserung der Stellung der Frau gemacht wie China. China ist im Lauf der letzten 100 Jahre zu einem der besten Biotope für das Gedeihen von Frauen geworden – das gilt zumindest für seine Städte. Chinesische Großstadtmänner kümmern sich in der Regel mehr um häusliche Aufgaben wie Kochen oder Kinderaufzucht als beispielsweise die meisten amerikanischen Männer. Tatsächlich sind chinesische Frauen oft die Entscheider in allen häuslichen Dingen, was seinen Niederschlag in dem Ausspruch «qi guan yan» findet, «Die Ehefrau regiert streng». Dass Frauen bei der Stellenbesetzung diskriminiert werden, ist eine unbestreitbare Tatsache, hat aber wohl weniger mit Sexismus zu tun als damit, dass Arbeitgeber in China um die großzügigen gesetzlichen Mutterschaftsregelungen wissen und auf der Hut davor sind.

Wir konnten uns von den Fortschritten bei einem Besuch in Sheryls altem Heimatdorf in Südchina überzeugen. Als Sheryls Großmutter mütterlicherseits fünf Jahre alt war, versuchte ihre Mutter der Schönheit der Kleinen nachzuhelfen, indem sie ihre Füße in Stoffbandagen einwickelte, von den Zehen bis zur Ferse. Das war der Beginn eines Prozesses, in dessen Verlauf die kleinen Zehenknochen gebrochen wurden und verkümmerten, mit dem Ziel, dass das Mädchen später zierliche, zehn Zentimeter kurze Füßchen, genannt «goldene Lotusse», würde vorzeigen können. Diese galten als erotisierend. Die Chinesen des 19. Jahrhunderts hatten für die Füße einer Frau erheblich mehr Koseworte als für ihre Brüste. Sheryls Großmutter legte die Bandagen ab, als sie mit ihrem Mann nach Toronto auswanderte, aber da war es schon zu spät. Sie wurde zur Stammmutter von sieben willensstarken Kindern, trippelte aber bis an ihr Lebensende in winzigen Schuhen umher, wie eine schlanke Pinguindame auf kurzen Stelzen.

Als Sheryl und ich China zu bereisen begannen, war das Binden der Füße bereits Geschichte, aber in den Dörfern akzeptierten die Frauen noch immer ihren nachrangigen Status, beteten zur Göttin der Gnade um einen Sohn und ertränkten gelegentlich eine neugeborene Tochter gleich nach der Entbindung. Aber die Verbesserung der Bildungs- und Karrierechancen für junge Frauen führte sehr schnell zu einer Neubewertung der Geschlechterrollen. Mädchen eine Ausbildung zu ermöglichen und die Frau gleichzustellen ist sicherlich moralisch richtig, noch mehr zählt für viele chinesische Familien, dass es sich lohnt. China hat eine «Aufwärtsspirale» in Gang gesetzt: Von dem Augenblick an, als Mädchen ein wirtschaftlicher Wert beigemessen wurde, investierten Eltern mehr in sie und gewährten ihnen mehr Autonomie – und damit die Chance, ihre Produktivität und ihren wirtschaftlichen Wert weiter zu steigern.

In China dringen Frauen in Bereiche vor, die früher als absolute Männerdomänen galten. Noch sind die meisten Mathematik- und Chemiestudenten des Landes Männer, aber die Diskrepanz ist kleiner als in den Vereinigten Staaten. Das Schachspiel gehört zu den Disziplinen, in denen weltweit die stärkste Männerdominanz herrscht, und das ist auch in China so – aber die Frauen holen gerade hier mit größeren Schritten auf als anderswo. 1991 wurde mit Xie Jun erstmals eine Chinesin Schachweltmeisterin, und in der Folge sind zwei weitere chinesische Frauen, Zhu Chen und Xu Yuhua, in ihre Fußstapfen getreten. Eine chinesische Juniorin namens Hou Yifan ist womöglich das größte Talent aller Zeiten im Frauenschach. Als 14-jährige verlor sie 2008 denkbar knapp das Finale der Frauen-Schachweltmeisterschaft, und sie macht noch immer rapide Lernfortschritte. Wenn es unter den heute aktiven Schachspielerinnen eine gibt, die das Zeug hat, den Männern einmal den Weltmeistertitel zu entreißen, dann ist es am ehesten Hou Yifan.

China spielt eine wichtige Vorbildrolle, weil es nachweislich seine Politik der Gleichstellung der Frau war, die seinem wirtschaftlichen Höhenflug vorausging und ihn ermöglichte. Dasselbe gilt für andere asiatische Länder mit hohem Wirtschaftswachstum. Homi Kharas, ein Ökonom, der für die Weltbank und die Brookings Institution Studien zu diesem Thema erstellt hat, erläutert uns:

Einen wirtschaftlichen Höhenflug kann man dadurch bewerkstelligen, dass man die Ressourcen einer Nation möglichst effizient nutzt.

Viele ostasiatische Volkswirtschaften erlebten einen anhaltenden Aufschwung, indem sie junge Bauerntöchter aus der Landwirtschaft holten und in die Fabriken verfrachteten, nachdem sie ihnen eine kostenlose Elementarbildung gewährt hatten. In Malaysia, Thailand und China beschäftigten exportorientierte Industriebranchen wie Textil und Halbleiter überwiegend junge Frauen, die vorher weniger produktive Tätigkeiten in bäuerlichen Familienbetrieben oder im Haushalt ausgeübt hatten. Die Volkswirtschaften [dieser Länder] profitierten in mehrfacher Weise von dieser Umschichtung. Die Erhöhung der Arbeitsproduktivität dieser Frauen beschleunigte das Wirtschaftswachstum. Dadurch, dass sie in exportorientierten Branchen eingesetzt wurden, erwirtschafteten die Länder Devisen, die für den Kauf benötigter Investitionsgüter verwendet werden konnten. Die jungen Frauen sparten einen erheblichen Teil ihres Verdienstes oder schickten das Geld ihren Angehörigen im Dorf, was zu einer Erhöhung der allgemeinen Sparquote führte. Weil sie gute Jobs und Verdienstmöglichkeiten hatten, warteten sie länger mit dem Heiraten und Kinderkriegen, mit der Folge, dass das Bevölkerungswachstum sich verlangsamte. Somit lässt sich sagen, dass die junge weibliche Arbeiterschaft bäuerlicher Herkunft ein wesentlicher Faktor für den wirtschaftlichen Erfolg Ostasiens gewesen ist.

Es ist kein Zufall, dass gerade die Länder einen wirtschaftlichen Höhenflug hingelegt haben, die ihren Mädchen Schulbildung ermöglichten und ihnen dann die Freiheit gaben, in die Großstädte zu gehen und Jobs zu finden. Es fällt schwer, sich vorzustellen – jedenfalls aus heutiger Sicht –, dass Länder wie Pakistan oder Ägypten Millionen weiblicher Teenager eine vollwertige schulische Ausbildung angedeihen lassen und ihnen dann erlauben würden, auf eigene Faust in die Großstädte zu übersiedeln, einen Job anzunehmen und den Motor ihrer Volkswirtschaft auf Touren zu bringen.

Wie führende Persönlichkeiten der indischen Wirtschaft einräumen, ist es eine der Schwächen ihres Landes, dass Frauen nicht so wirkungsvoll ins Wirtschaftsgeschehen integriert werden wie in China; sie bemühen sich, das zu korrigieren. Azim Premji, Vorstandsvorsitzender von Wipro Technologies, einem führenden Hightechunternehmen, weist darauf hin, dass heute schon 26 Prozent seiner Ingenieure Frauen sind. Seine Stiftung, die Azim Premji Foundation, konzentriert ihre Bemühungen darauf, mehr Dorfmädchen den Schulbesuch zu ermöglichen – einerseits weil das gut für diese Mädchen ist, andererseits aber auch weil man damit die Geburtenrate senken und sich ein qualifizierteres Arbeitskräftereservoir heranziehen kann, was der Volkswirtschaft als Ganzer zugutekommt.

In dem, was wir hier über China sagen, schwingt etwas mit, das in vielen amerikanischen und europäischen Ohren vielleicht schockierend klingt: «Sweatshops» haben Frauen einen Schub nach vorne gegeben. In der westlichen Welt hören wir meist nur von den ausbeuterischen Praktiken in den Textilfabriken Asiens, und die sind durchaus real – die erzwungenen Überstunden, die sexuelle Belästigung, die mangelnde Arbeitssicherheit. Anderseits drängen Frauen und Mädchen nach wie vor stark in diese Fabriken, weil ihnen die Arbeit dort wesentlich attraktiver erscheint als die Aussicht, zu Hause im Dorf von morgens bis abends den Ackerboden zu beharken. In den meisten armen Ländern stehen Frauen nicht viele berufliche Optionen offen. In der Landwirtschaft zum Beispiel werden sie in der Regel schlechter bezahlt als Männer, weil sie körperlich schwächer sind. In der Industrie ist es andersherum. Die Fabriken beschäftigen am liebsten junge Frauen, vielleicht weil sie fügsamer sind, vor allem aber weil sie mit ihren zierlicheren Fingern beim Montieren winziger Bauteile oder beim Nähen geschickter und schneller sind. Der Aufschwung im Bereich der industriellen Produktion hat ganz allgemein die Berufschancen und den Status der Frauen verbessert.

Was daraus folgt, ist, dass wir im Westen, anstatt das «Sweatshop»-Phänomen pauschal zu verteufeln, die gewerbliche Produktion in armen Ländern unterstützen sollten, insbesondere in Afrika und in der islamischen Welt. Es existiert bis dato in Afrika (abgesehen von Mauritius und bescheidenen Ansätzen in Lesotho und Namibia) praktisch keine gewerbliche Produktion für den Export. Einer der Wege, wie wir Frauen in Ägypten oder Äthiopien wirklich helfen könnten, wäre die Errichtung von Fabriken, in denen billige Schuhe oder Hemden für den Export hergestellt würden. Arbeitsintensive Fabriken würden jede Menge Jobs für Frauen bringen und mehr Kapital ins Land locken – und für mehr Gleichberechtigung der Geschlechter sorgen.

Die Vereinigten Staaten haben den höchst lobenswerten Schritt getan, durch Senkung der Zölle auf afrikanische Waren Einfuhren aus afrikanischen Ländern zu erleichtern. Das Gesetz, mit dem dies bewirkt wurde, ist der African Growth and Opportunity Act, abgekürzt AGOA. Er ist ein wirksames Instrument der Entwicklungshilfe, das jedoch nie die ihm gebührende Aufmerksamkeit oder Unterstützung erhält. Wenn die westlichen Länder etwas Einfaches bewerkstelligen wollten, das den afrikanischen Frauen zugutekäme, würden sie den AGOA mit seinem europäischen Pendant namens Everything But Arms verschmelzen. Wie der Ökonom Paul Collier von der Universität Oxford erklärt hat, würde durch eine solche Verschmelzung und Vereinheitlichung von Tarifen und Verwaltungsstrukturen ein größerer gemeinsamer Markt für die zollfreie Einfuhr afrikanischer Manufaktur- und Industrieprodukte geschaffen. Das würde einen bedeutsamen Anreiz dafür schaffen, in Afrika Fabriken zu errichten, was wiederum für mehr Beschäftigung sorgen und den Afrikanern einen neuen Weg eröffnen würde, sich selbst zu helfen.

Ruanda ist ein verarmtes Land ohne Zugang zum Meer und mit einer patriarchalischen Gesellschaft; über dem Land schwebt noch der Schatten des Völkermordes von 1994, als innerhalb von 100 Tagen 800 000 Menschen hingeschlachtet wurden. Die Mehrzahl der Mörder gehörte dem Stamm der Hutu an, die Mehrzahl der Opfer der Tutsi-Minderheit, und Spannungen zwischen den Volksgruppen stellen nach wie vor eine Gefahr für die Stabilität des Landes dar. Irgendwie ist jedoch auf diesem unfruchtbaren, chauvinistischen Boden eine Gesellschaft gediehen, in der Frauen neuerdings eine wichtige wirtschaftliche, politische und soziale Rolle spielen – auf eine Weise, die dem Land als Ganzem außerordentlich gut bekommt. Ruanda betreibt heute bewusst eine Politik der Gleichstellung und Förderung seiner Frauen – und hat, vielleicht mindestens teilweise als Folge dieser Politik, eine der am schnellsten wachsenden Volkswirtschaften Afrikas. In vielfacher Hinsicht, nur nicht der Größe des Landes nach, ist Ruanda heute das China Afrikas.

Im Gefolge des Völkermords bestand die Bevölkerung Ruandas zu 70 Prozent aus Frauen, und so blieb dem Land kaum etwas anderes übrig, als die Frauen produktiv einzusetzen. Dabei spielte jedoch mehr mit als nur die Einsicht in die Notwendigkeit. Die Männer hatten sich in den hundert Tagen des Völkermordes diskreditiert. Frauen hatten bei dem Blutbad allenfalls eine Nebenrolle gespielt: Nur 2,3 Prozent derer, die wegen Beteiligung an den Massenmorden verurteilt wurden, waren Frauen. Deshalb herrschte in der Folgezeit ein breiter Konsens darüber, dass Frauen sich verantwortungsvoller verhalten und weniger anfällig für Mordgelüste sind. Das Land war also mental darauf vorbereitet, Frauen eine größere Rolle einzuräumen.

Paul Kagame, der Präsident von Ruanda wurde, wollte die Wirtschaft seines Landes wiederbeleben und erkannte, dass er dazu die Frauen brauchte. «Wenn man diese Bevölkerungsgruppe von der wirtschaftlichen Betätigung ausschließt, tut man das auf eigene Gefahr», sagte er uns unter dem zustimmenden Nicken seiner Pressereferentin. «Die Entscheidung, die Frauen zu beteiligen, haben wir nicht dem Zufall überlassen», fügte er hinzu. «In der Verfassung legten wir fest, dass Frauen mit einem Anteil von 30 Prozent im Parlament vertreten sein müssen.»

Kagame spricht fließend Englisch, trifft sich regelmäßig mit Amerikanern und kam dadurch vielleicht auf die Idee, dass es Ruanda helfen könnte, sich als Land der Chancengleichheit zu präsentieren. Im Kabinettssaal der ruandischen Regierung, dessen Hightechausstattung moderner ist als die seines Pendants im Weißen Haus, erklingen oft Frauenstimmen. Kagame hat immer wieder starke Frauen in Ministerämter und auf andere hochrangige Posten berufen. Mit Frauen besetzt sind heute die Ämter des Präsidenten des Obersten Gerichtshofs, des Bildungsministers, des Bürgermeisters der Hauptstadt Kigali und des Direktors der ruandischen Fernsehgesellschaft. An der Basis spielten und spielen viele Frauen wichtige Rollen beim Wiederaufbau der Dörfer und Städte. Im Jahr 2007 verdrängte Ruanda Schweden vom Rang des Landes mit dem weltweit höchsten Frauenanteil in seinem nationalen Parlament – 48,8 Prozent der Abgeordneten des Unterhauses waren Frauen. Dann, im September 2008, machte die Neuwahl des Parlaments Ruanda zum ersten Land auf der Welt mit einem überwiegend weiblich besetzten Parlament – 55 Prozent beträgt der Frauenanteil im Unterhaus seither. In den Vereinigten Staaten waren 2008 nur 17 Prozent der Abgeordneten des Repräsentantenhauses weiblich; damit nehmen die USA auf der Liste, die Ruanda anführt, den 68. Platz ein.

Ruanda ist eines von etlichen armen Ländern – andere in dieser Kategorie sind Costa Rica und Mosambik –, bei denen der Frauenanteil im Parlament mehr als ein Drittel beträgt. Ruanda ist außerdem eines der am wenigsten korrupten, wirtschaftlich am schnellsten wachsenden und am besten regierten Länder Afrikas.

Länder wie Ruanda und China haben bewiesen, dass ein Staat seiner wirtschaftlichen Entwicklung Flügel verleihen kann, indem er Frauen und Madchen Türen öffnet. In Entwicklungsländern mit guter Regierungskultur und Geschlechtergerechtigkeit ist westliche Hilfe oft besonders effektiv.

Murvelene Clarke war 41 Jahre alt, lebte in Brooklyn und hatte das unbestimmte Bedürfnis, mehr für die Gemeinschaft zu tun und einen größeren Teil ihres Einkommens wohltätigen Zwecken zuzuführen. Sie verdiente als Bankangestellte 52 000 Dollar im Jahr, ihrer Ansicht nach mehr als genug für ihren persönlichen Bedarf. «Ich hörte davon, dass Leute ‹den Zehnten geben›, zehn Prozent ihres Einkommens an die Kirche», erklärte sie. «Ich gehöre keiner Kirche an, aber ich dachte, dass es gut wäre, wenn ich zehn Prozent meines Einkommens für eine gute Sache spenden würde.»

Ein wichtiges Kriterium war für Murvelene, dass die von ihr unterstützte Organisation möglichst wenig Geld für Verwaltungskosten verbrauchte. Sie ging ins Internet und nahm mehrere Stunden lang die Hilfsorganisationen unter die Lupe, die vom Charity Navigator, einer Website, die wohltätige Organisationen nach Effizienzgesichtspunkten bewertet, die besten Noten erhalten hatten. Der Charity Navigator ist keine unfehlbare Instanz; er bewertet vor allem die Overhead-Kosten einer Organisation, weniger die Effektivität ihrer Arbeit. Aber er bietet eine brauchbare erste Orientierung. Murvelene stieß auf eine Organisation namens Women for Women International, und was sie sah, gefiel ihr. Es ist eine Patenschaftsorganisation, die amerikanischen Spendern die Möglichkeit gibt, eine konkrete Frau in einem armen Land zu unterstützen. Murvelene, eine farbige Amerikanerin mit jamaikanischen Vorfahren, fand Gefallen an der Vorstellung, eine Frau in Afrika zu unterstützen. So trug sie sich ein und erklärte sich bereit, ein Jahr lang monatlich 27 Dollar zu überweisen; sie bat darum, eine Empfängerin in Ruanda vermittelt zu bekommen.

Murvelene wurde mit Claudine Mukakarisa verbandelt, einer 27-jährigen Überlebenden des Völkermords aus der ruandischen Stadt Butare. 1994 hatten sich Hutu-Extremisten Claudines Familie, die zum Tutsi-Volk gehörte, gegriffen, und Claudine hatte als Einzige überlebt. Die Bande hatte die damals 13-jährige Claudine und ihre ältere Schwester entführt und in ein Haus gesperrt, das den Hutu als Vergewaltigungshöhle diente. «Sie fingen an, uns beide sexuell zu verletzen», erklärte Claudine uns mit verschämter, schmerzvoller und monotoner Stimme, als wir sie zu einem Gespräch besuchten. «Und dann fingen sie an, uns zu schlagen.»

Sehr viele Milizionäre kamen in das Haus und stellten sich geduldig in die Warteschlange der Vergewaltiger. Das ging tagelang, und natürlich gab es für die Frauen keine medizinische Versorgung. «Es bildete sich

Fäulnis in unseren Fortpflanzungsorganen, aus unserem Körper kamen Maden gekrochen», sagte Claudine. «Gehen konnten wir fast nicht mehr, so krochen wir auf unseren Knien.» Die Hutu-Milizen flohen vor Kagame in den Kongo – Claudine und ihre Schwester nahmen sie mit. Während sie die Schwester umbrachten, ließen sie Claudine schließlich laufen.

«Ich weiß nicht, warum ich freigelassen wurde und meine Schwester ermordet», sagte sie achselzuckend. Vermutlich weil Claudine schwanger war. Sie wunderte sich über ihren anschwellenden Bauch, wusste sie doch noch nichts von den Dingen des Lebens. «Ich hatte nicht gedacht, dass ich schwanger werden könnte, weil man mir beigebracht hatte, dass ein Mädchen nur schwanger wird, wenn es einen Kuss auf die Wange bekommt. Und ich hatte noch nie einen Kuss bekommen.»

Noch immer 13 Jahre alt und hochschwanger, irrte Claudine im Land umher auf der Suche nach Hilfe. Ihr Kind brachte sie allein auf einem Parkplatz zur Welt. Da sie keine Möglichkeit sah, das Baby je ernähren zu können, und den unbekannten Kindsvater hasste, weil er sie vergewaltigt hatte, ließ sie das Kind liegen, entschlossen, es sterben zu lassen.

«Aber mein Herz erlaubte mir nicht, das zu tun», erzählte sie. «Ich ging zurück und nahm mein Baby wieder an mich.» Claudine bettelte auf der Straße um etwas zu essen, sie und ihr Kind waren nahe am Verhungern. «Viele Menschen jagten mich fort», sagte sie, «weil ich stank.» Claudine ist eine ruhige, zurückhaltende, leise sprechende Frau; ihre Lippen zitterten hin und wieder, als sie in gleichförmigem Ton ihre Geschichte erzählte; sie zeigte keine erkennbaren Gefühle. Was sie vor allem anderen auszeichnet, ist der unbedingte Wille, mit ihrem Kind zu überleben.

Nach mehreren Jahren des Umherziehens kam Claudine schließlich im Haus eines Onkels unter, aber der forderte von ihr Sex als Preis für die gewährte Unterkunft. Als sie erneut schwanger wurde, warf er sie hinaus. Im Lauf der Zeit hatte Claudine gelernt, dass sie mit Gelegenheitsjobs – Gartenarbeit, Waschen – Geld verdienen konnte, in der Regel einen knappen Euro für einen Tag Arbeit. Sie brachte es fertig, ihre beiden Kinder zur Schule zu schicken, aber nur mit knapper Not: Das Schulgeld betrug umgerechnet 5 Euro pro Schuljahr. Claudine und ihre Kinder lebten ständig von der Hand in den Mund.

Die von Murvelene eingegangene Patenschaft gab Claudine und ihren Kindern neue Hoffnung. Von den 27 Dollar, die Murvelene monatlich überweist, fließen 12 in Schulungsprogramme und andere allgemeine Unterstützungsmaßnahmen, die restlichen 15 Dollar werden an Claudine persönlich ausgezahlt. Die Programmleiter lehren die Frauen, Geld anzusparen – zum einen um zu erreichen, dass sie sich das Mikrosparen angewöhnen, zum anderen damit sie nach Auslaufen des Programms nach einem Jahr ein kleines Finanzpolster haben. Claudine legt jeden Monat 5 Dollar zurück und gibt 10 aus. Ein Teil der 10 Dollar dient zur Bezahlung des Schulgelds für die Kinder und zum Kauf von Lebensmitteln; ferner leistet sich Claudine hin und wieder einen Sack Holzkohle, die in Ruanda als Brennstoff fürs Kochen dient. Sie verkauft kleine Mengen der Holzkohle mit einem kleinen Preisaufschlag an andere arme Familien.

Jeden Morgen besucht Claudine die von Women for Women angebotenen Kurse. Montags, mittwochs und freitags finden berufsbildende Kurse statt; hier erwerben die Frauen Fertigkeiten, die sie in die Lage versetzen sollen, sich in ihrem weiteren Leben ihren Unterhalt selbst zu verdienen. Claudine hat sich dafür entschieden, die Verarbeitung von Glasperlen zu erlernen, damit sie Stick- und Schmuckdekoarbeiten machen und diese dann entweder selbst oder über Women for Women verkaufen kann. (Der Plan ist, diese Handarbeitserzeugnisse in eleganten New Yorker Kaufhäusern anzubieten.) Andere Frauen lernen, Körbe zu flechten oder Tischsets zu weben, oder sie lernen, wenn sie wirklich Talent dazu haben, Nähen und qualifizieren sich für das Schneiderhandwerk. Eine Schneiderin kann umgerechnet 3 Euro am Tag verdienen, ein beachtliches Einkommen in Ruanda; diejenigen mit anderen Fertigkeiten verdienen etwas weniger. Dienstags und donnerstags bekommen die Frauen Unterricht, lernen Lesen und Schreiben, erfahren etwas über Gesundheitspflege und Menschenrechte. Ein Ziel dabei ist es, den Frauen mehr Selbstwertgefühl und Ichstärke zu vermitteln und sie zu ermutigen, nicht jede Ungerechtigkeit hinzunehmen.

Claudine und Murvelene schreiben einander Briefe; Murvelene schickte Claudine Fotos von New York City, um ihr einen Eindruck davon zu vermitteln, in welcher Welt sie lebt. Claudine und ihre Kinder studierten diese Fotos fasziniert, als seien es Bilder von einem anderen Planeten.

Neun Monate nachdem Murvelene begonnen hatte, Claudine zu unterstützen, verlor sie ihren Job bei der Bank. Sie lachte, als wir sie fragten, ob sie jetzt kalte Füße im Hinblick auf ihre eingegangene Förderverpflichtung bekommen habe. «Ich habe es nie auch nur eine Sekunde lang bedauert», sagte sie. «Wenn ich das Glück habe, ihr helfen zu können, und wenn sie sich aus der Lage, in der sie sich befindet, herausziehen

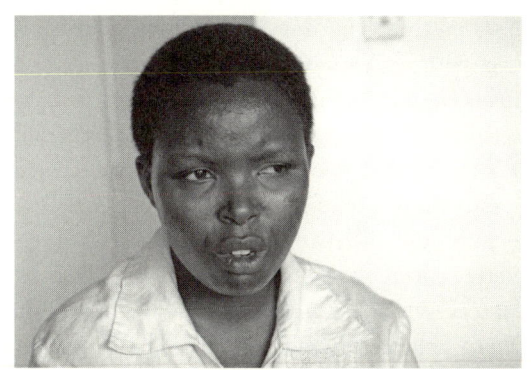

Claudine bei einer
Zusammenkunft von
Women for Women
in Ruanda

kann und auch ihre Familienmitglieder oder andere Leute in ihrem Umkreis herausziehen kann, dann bedeutet mir das wirklich eine Menge. Und für mich war das etwas, das mir geholfen hat, mich neu zu finden. Sehr oft vergisst man, wie gut man es hier hat, wo es einem eigentlich nie an etwas fehlt.»

Seit ihrer Entlassung hält Murvelene sich mit freiberuflichen Tätigkeiten über Wasser, und sie zweigt weiterhin 10 Prozent ihres Einkommens für wohltätige Zwecke ab. «Alle Freelance-Honorare, die ich einnehme, oder wenn ich von jemandem ein Geschenk bekomme, rechne ich im Kopf zusammen zu einer laufenden Summe und denke: ‹Okay, jetzt muss ich so und so viel spenden.› Das ist nicht so schwer.»

Claudine ist auch auf einem guten Weg und ist Murvelene unendlich dankbar dafür, dass sie ihr und ihren Kindern diese Chance ermöglicht hat. Dass die Wirtschaft in Ruanda boomt, hilft sicherlich, denn dadurch bieten sich den Frauen, die das Programm von Women for Women durchlaufen haben, mehr Arbeitsmöglichkeiten. Aber die ruandische Wirtschaft floriert eben auch nicht zuletzt deshalb, weil das Land es verstanden hat, Menschen wie Claudine in wirtschaftliche Aktivposten zu verwandeln.

Von *Time* zum Weinen gebracht

Zainab Salbi ist ein dünnes Wesen mit olivbrauner Haut und kurz geschorenem schwarzen Haar, das ein Paar großer, leuchtender Augen einrahmt. Sie sieht so aus, wie sich eine Castingagentur eine eigenwillige orientalische Prinzessin vorstellen würde; ihr Englisch weist eine leicht arabische Einfärbung auf, die von ihrer im Irak verbrachten Kindheit herrührt. Zainab ist in Bagdad aufgewachsen, und zwar in dem von dem langen irakisch-iranischen Krieg geprägten Jahrzehnt, in ständiger Furcht vor Militärschlägen, als Tochter eines Vaters, der Pilot war, und einer Mutter, die eine für arabische Verhältnisse ungewöhnlich emanzipierte Frau mit einem Studienabschluss in Biologie war. Doch der Faktor, der Zainabs Familie entscheidend prägte, war die Tatsache, dass beide Eltern Saddam Hussein nahestanden. Ihr Vater war Saddams persönlicher Pilot, und Zainab war es von Kind auf gewöhnt, Saddam ihren Onkel zu nennen und ganze Wochenenden in seinem Haus zu verbringen und mit seinen Kindern zu spielen.

Das war gleichbedeutend mit Privilegien und Geschenken, darunter jedes Jahr ein neues Auto von Saddam, aber auch mit einer ständig nagenden Angst. Nähe bedeutete nicht automatisch Sicherheit, der kleinste Fehltritt konnte die ganze Familie ins Verderben reißen. Eine von Zainabs Schulfreundinnen war die Tochter eines hohen Regierungsbeamten, der eines Tages vor laufenden Fernsehkameras aus einer Sitzung heraus verhaftet und später hingerichtet wurde; die Tochter wurde zum Paria. Zainab schnappte im Flüsterton weitererzählte Geschichten auf, die davon handelten, dass Saddam und seine Söhne Mädchen vergewaltigten oder dass irakische Geheimdienstler Vergewaltigungen filmten, um die Opfer danach zu erpressen.

«Er war Giftgas», sagte Zainab über Saddam Hussein, als Sheryl sie in ihrem Büro in Washington, D.C., besuchte und eine lange Unterredung mit ihr führte. «Wir atmeten ihn langsam ein und starben manchmal daran.» Andererseits war Saddam Zainab gegenüber immer zuvorkommend und hilfsbereit, spielte den Galan und führte sie durch seine Paläste. Einmal bot er ihr, als alle anderen ins Schwimmbecken sprangen, sie aber keinen Badeanzug dabeihatte, seine «Dishdasha», sein «Langhemd», an, damit sie sich am Badespaß beteiligen konnte. Sie schlug das Angebot aus, weil sie fürchtete, der Stoff könne in nassem Zustand zu viel von ihr preisgeben. Saddam drängte sie. Sie blieb bei ihrem Nein.

Dann, als Zainab an der Universität studierte, trieb ihre Mutter sie völlig ohne Vorwarnung und ohne ersichtlichen Grund in eine Ehe mit einem irakischen Mann, der in den Vereinigten Staaten lebte. «Aus heiterem Himmel, ich bin gerade mal zwanzig, drängt mich meine Mutter dazu, einen Heiratsantrag aus den Vereinigten Staaten zu akzeptieren», erinnerte sich Zainab. «Sie flehte und weinte und sagte: ‹Bitte hör auf mich!› Ich wollte eine gute Tochter sein, und so kam ich in die USA.» Zainab kannte ihren Mann kaum, der wesentlich älter war und sich bald als lieblos und bösartig entpuppte. Nach drei Monaten Ehe wurde er gewalttätig, warf sie bäuchlings aufs Bett und vergewaltigte sie. Daraufhin verließ Zainab ihn. Inzwischen war jedoch der erste Golfkrieg ausgebrochen, sodass sie nicht in ihr Land zurückkonnte. Sie blieb in den USA und pflegte einen heftigen Groll gegen ihre Mutter, weil diese sie in eine verfehlte Ehe hineinbugsiert hatte. Dazu kam die Angst davor, dass die amerikanischen Behörden erfahren könnten, wie nahe ihre Familie Saddam Hussein stand. «Ich beschloss, keinem Menschen je zu erzählen, dass ich Saddam Hussein kannte», sagte sie, und sie behielt das Geheimnis tatsächlich für sich.

Allmählich wurde das Leben für Zainab besser. Sie lernte einen sanftmütigen palästinensischen Doktoranden namens Amjad kennen und heiratete ihn. Sie planten nachgeholte Flitterwochen in Spanien und sparten Geld dafür. Der Irak begann aus ihrem Leben wegzutauchen. Dann, im Jahr 1993, als Zainab 24 und seit einem halben Jahr mit Amjad verheiratet war, besuchten sie einen Freund. Während Amjad und der Freund in der Küche das Essen zubereiteten, blätterte Zainab aus Langeweile in der *Time* und las einen Artikel über Internierungslager in Bosnien, in denen serbische Soldaten reihenweise bosnische Frauen vergewaltigten, als Teil einer militärischen Strategie, die darauf abzielte, die Bevölkerung in Angst und Schrecken zu versetzen. Zu dem Artikel gehörten Fotos, die einige der vergewaltigten Frauen zeigten, und er löste in Zainab irgendetwas aus, das bewirkte, dass sie in Tränen ausbrach. Amjad kam erschrocken angelaufen; Zainab hielt ihm den Artikel vor die Nase. «Wir müssen etwas tun», sagte sie. «Ich muss etwas tun, um diesen Frauen zu helfen.»

Zainab telefonierte eine Reihe humanitärer Hilfsorganisationen ab, auf der Suche nach einer Möglichkeit, den Frauen in Bosnien Hilfe anzubieten, konnte aber keine einzige Gruppe finden, die ein Hilfsprogramm für Vergewaltigungsopfer plante. Sie hängte sich noch einmal ans Telefon und bot diversen Organisationen an, selbst ein solches Programm auf die Beine zu stellen. Eine Kirchengemeinde der Unitarier erklärte sich bereit, sich ihre Vorschläge anzuhören. Sie bewaffnete sich für ihren Auftritt vor den Gemeindevorständen mit der Aktentasche ihres Schwiegervaters, in der Hoffnung, damit älter und seriöser zu wirken. Mit Unterstützung der Kirche verwandelten Zainab und Amjad ihr Kellergeschoss in das Opera-

Zainab Salbi begrüßt
bei einem Besuch
Mitarbeiterinnen von
Women für Women
in Ruanda.

tionszentrum einer neuen Gruppe, die sie Women for Women in Bosnia nannten. Fieberhaft begannen sie Kontakte zu knüpfen und Spendengelder zu akquirieren; sie selbst spendeten das Geld, das sie für ihre aufgeschobenen Flitterwochen in Spanien gespart hatten. Die Frauen in Bosnien brauchten es dringender.

Bald darauf flog Zainab nach Europa und lernte Frauen kennen, die von serbischen Soldaten vergewaltigt worden waren. Ihre erste Begegnung führte sie mit einer Frau namens Ajsa zusammen, die die Serben aus einem ihrer Lager entlassen hatten, als sie im achten Monat schwanger war – zu spät für eine Abtreibung.

Drei Jahre lang strampelten sich Zainab und Amjad neben ihrem Hochschulstudium ab, um eine schlagkräftige Organisation aufzubauen. Jeder Pfennig, den sie auftreiben konnten, ging an die 400 von ihrer Organisation betreuten Frauen, kaum etwas blieb übrig, um Rechnungen zu bezahlen oder etwas Essbares zu kaufen. Zainab war kurz davor, aufzugeben und sich nach einer bezahlten Arbeit umzutun, als ein Umschlag mit einem Scheck über 67 000 Dollar eintraf. Working Assets, eine Telefongesellschaft, die 1 Prozent ihres Umsatzes für wohltätige Zwecke spendet, hatte Zainab als Empfängerin der Prämie auserkoren. Die Spende rettete das Projekt. In der Folgezeit ging aus dem Projekt die Organisation Women for Women International hervor, die überlebende Vergewaltigungsopfer nicht nur in Bosnien, sondern in Kriegsgebieten in aller Welt betreut.

Zainabs nächster Quantensprung kam, als Oprah Winfrey sie in ihre Show holte und mit ihr ein erstes Interview machte, dem sechs weitere folgen sollten. Women for Women International begann zu wachsen und entwickelte sich zu einem großen internationalen Netzwerk mit zahlreichen Unterstützern und einem Jahresetat von 20 Millionen Dollar. Doch noch immer hütete Zainab das Geheimnis ihrer früheren engen Bekanntschaft mit Saddam Hussein.

Im Frühjahr 2004 war Zainab in Bukavu im östlichen Kongo und unterhielt sich mit einer Frau namens Nabito, die ihr schilderte, wie Rebellen sie und ihre drei Töchter vergewaltigt hatten, die jüngste erst neun Jahre alt. Die Männer hatten sogar einem von Nabitos halbwüchsigen Söhnen befohlen, seine Mutter zu vergewaltigen. Als er sich weigerte, schossen sie ihm in die Füße. Am Ende sagte Nabito Zainab: «Sie sind der erste Mensch, dem ich diese Geschichte anvertraut habe.» Zainab war bestürzt. «Was soll ich tun?», fragte sie. «Soll ich es für mich behalten oder es der Welt mitteilen?»

«Wenn Sie es der ganzen Welt sagen und damit verhindern können, dass so etwas wieder passiert, dann tun Sie es», antwortete Nabito. Später am selben Tag, auf der Rückfahrt nach Ruanda, fing Zainab zu weinen an. Sie weinte während der gesamten fünfstündigen Fahrt, während ihr Chauffeur sein Bestes tat, die bucklige und löcherige Lehmpiste zu meistern. In ihrem Zimmer im Gasthaus angekommen, wurde sie wieder von Tränen übermannt. In dieser Nacht kam sie zu einem Entschluss: Wenn Nabito schmerzliche Geheimnisse offenbaren konnte, dann konnte sie das auch. Zainab beschloss, der Öffentlichkeit die Wahrheit zu erzählen über ihre Vergewaltigung durch ihren ersten Ehemann, über die Beziehung ihrer Familie zu Saddam Hussein und über ein weiteres Geheimnis, hinter das sie erst vor Kurzem gekommen war.

Zainabs Mutter war, gesundheitlich angeschlagen, zu einem ärztlichen Check in die Vereinigten Staaten gekommen, und Zainab hatte sich endlich ein Herz gefasst und ihr offenbart, welche Wut sich nach jener ersten Heirat in ihr aufgestaut hatte. Zainab bekannte, was für ein Tiefschlag es für sie gewesen war, dass die vermeintlich so freiheitlich denkende Mutter sie zu einer letztlich katastrophalen Ehe mit einem älteren Mann, den sie kaum kannte, gedrängt hatte. Warum, wollte sie von ihrer Mutter wissen, hatte sie das getan?

Zainabs Mutter hatte zu diesem Zeitpunkt ihre Stimme verloren und konnte sich nur noch schriftlich mitteilen. Unter Tränen kritzelte sie ihre Antwort aufs Papier: «Er wollte dich, Zainab. Ich sah keinen anderen Ausweg.» Mit «er» war Saddam Hussein gemeint. Er hatte Gefallen an Zainab gefunden und begehrte sie, und ihre Eltern hatten furchtbare Angst davor, dass Saddam sich Zainab einfach nehmen und sie zu seiner Mätresse machen würde, bis er ein neues Spielzeug fand.

Danach begann Zainab, inspiriert von Nabito, ihre ganze Geschichte zu erzählen, bis in die unappetitlichsten Details. «Das Paradoxe war, dass ich ein Programm betreibe, das Frauen ermutigt zu kommunizieren, dass ich mich selbst aber lange Zeit nicht zu kommunizieren traute», sagt Zainab. «Jetzt traue ich mich.»

Zainabs Organisation Women for Women International leistet effektive Arbeit, weil sie die Menschen vor Ort, am Boden sozusagen, anspricht. Dieser bodennahe Ansatz in der entwicklungspolitischen Arbeit hat immer wieder bewiesen, dass er besser als andere in der Lage ist, wirtschaftliche und gesellschaftliche Fortschritte zu bewirken.

Unterdessen praktizierte an einer ganz anderen Stelle des Erdballs, in Westafrika, jemand anderes einen ähnlich bodennahen Ansatz, um einer der widerlichsten, aber tief verwurzelten Traditionen, deren wehrlose Opfer Mädchen sind, den Garaus zu machen.

KAPITEL DREIZEHN

Von unten oder vom hohen Ross

«Sind Frauen endlich Menschen? Wenn Frauen Menschen wären,
würde man uns dann wie einen Exportartikel in Containern von
Thailand in die Bordelle von New York verfrachten ...? Würde man
uns die Genitalien filetieren, um uns ‹rein› zu machen?
Wann werden Frauen Menschen sein? Wann?»
Catherine A. MacKinnon, Are Women Human?

Ungefähr alle zehn Sekunden wird irgendwo auf der Erde ein Mädchen hingelegt und festgehalten. Ihre Beine werden gespreizt, und eine Frau, die keinerlei medizinische Ausbildung hat, zückt ein Messer oder eine Rasierklinge und schneidet dem Mädchen die äußeren Geschlechtsteile ganz oder teilweise weg. In den meisten Fällen passiert das ohne Betäubung. Wohlmeinende Menschen aus der westlichen Welt, aber auch Afrikaner kämpfen seit Jahrzehnten darum, diesem Brauch ein Ende zu bereiten. Doch die Zahl der Mütter, die ihre Töchter so beschneiden lassen, nahm lange Zeit eher noch zu. Jetzt endlich, in den vergangenen paar Jahren, ist es Gruppen basisnah arbeitender Aktivisten gelungen, den Code zu knacken. Unter der Führung einer Frau aus Illinois, die mehr als die Hälfte ihres Lebens im Senegal verbracht hat, haben diese Aktivisten offenbar einen Weg gefunden, wie man der Beschneidung den Garaus machen kann; ihre Bewegung ist zur Lawine geworden. Man wagt es kaum zu glauben, aber einiges spricht dafür, dass die genitale Beschneidung im Westen Afrikas den Weg des Füßebindens in China gehen könnte. Die Kampagne gegen die genitale Beschneidung kann insofern als Vorbild für ein generelles Ringen um die Besserstellung der Frau in den Entwicklungsländern dienen. Wenn wir über bloße Parolen hinauskommen wollen, wären wir gut beraten, Lehren aus dem langen Kampf gegen die genitale Beschneidung zu ziehen.

Die genitale Beschneidung von Mädchen wird heute vor allem von Muslimen in Afrika praktiziert, aber man findet sie dort auch bei vielen christlichen Familien. In den meisten arabischen oder islamischen Kulturen außerhalb Afrikas kommt sie nicht vor. Der Brauch hat eine lange Geschichte, die bis ins Altertum zurückreicht – bei manchen weiblichen Mumien aus dem antiken Ägypten findet man beschnittene Genitalien. Soranos von Ephesos, ein griechischer Mediziner, der im 2. Jahrhundert ein epochemachendes Buch über Gynäkologie schrieb, äußerte die Auffassung:

Eine große Klitoris ist ein Symptom der Verworfenheit; tatsächlich streben [solche Frauen] danach, ihr eigenes Fleisch zu reizen wie Männer und sich gleichsam geschlechtlichen Verkehr zu verschaffen. Um die chirurgische Operation bei ihnen durchzuführen, geht ihr wie folgt vor: Hat man [die Frau] mit geschlossenen Füßen rücklings postiert, hält man das, was herausschaut und größer erscheint, mit einer kleinen Zange fest und schneidet es mit einem Skalpell zurück.

In einem deutschen Lehrbuch für Chirurgen aus dem Jahr 1666 findet sich eine illustrierte Anleitung für das Amputieren der Klitoris; der Eingriff kam in England bis in die 1860er-Jahre hinein regelmäßig vor – und sporadisch in Europa und Amerika auch danach noch. In einem breiten Gürtel quer durch das nördliche Afrika ist die genitale Beschneidung der Mädchen bis heute fast flächendeckend anzutreffen. Weltweit sind rund 130 Millionen Mädchen beschnitten worden, und die Vereinten Nationen gehen aufgrund neuer Erhebungen davon aus, dass gegenwärtig noch 3 Millionen Mädchen pro Jahr allein in Afrika dieser Praxis unterworfen werden. (Davor war man von jährlich 2 Millionen weltweit ausgegangen.) In geringerem Umfang wird die genitale Beschneidung im Jemen, in Oman, in Indonesien und in Malaysia praktiziert, ferner bei einigen arabischen Beduinen in Saudi-Arabien und Israel sowie bei den Bohra-Muslimen in Indien und Pakistan. Die praktische Ausgestaltung variiert dabei erheblich. Im Jemen werden die Mädchen normalerweise in den ersten zwei Wochen nach der Geburt beschnitten, während die Ägypter der Eingriff unter Umständen erst im Teenageralter vornehmen.

Zweck der Beschneidung ist es, der Frau die Fähigkeit zur sexuellen Lustempfindung zu nehmen und damit die Wahrscheinlichkeit, dass sie Geschmack an sexueller Abwechslung findet, herabzusetzen. Die häufigste Vorgehensweise ist die, dass die Klitoris oder auch nur die Klitorisvorhaut weggeschnitten wird (wobei in letzterem Fall manchmal die Klitoris intakt bleibt und gleichsam freigeschnitten wird, eine inkompetente Variante des Eingriffs, die die Wahrscheinlichkeit eines Orgasmus eher erhöht). In Malaysia beinhaltet die rituelle Beschneidung manchmal nicht mehr als einen Nadelstich oder gar nur das Wedeln mit einer Rasierklinge eine Handbreit vor dem Schambereich. Aber im Sudan, in Äthiopien und in Somalia sind extreme Varianten verbreitet, bei denen der gesamte Genitalbereich «sauber gemacht» wird, indem Klitoris, Schamlippen und alle äußeren Geschlechtsteile herausgetrennt werden. Dadurch entsteht eine große blutige Wunde; der Vaginaleingang wird dann in der Regel mit einer wilden Distel zugenäht (wobei eine kleine Öffnung gelassen wird, durch die das Menstruationsblut austreten kann). Dem so verstümmelten Mädchen werden die Beine zusammengebunden, damit die Wunde heilen kann. Man nennt das Infibulation. Wenn die Frau heiratet, schneidet ihr der Mann oder eine Hebamme mit einem Messer die zugenähte Scheidenöffnung auf, damit sie Geschlechtsverkehr haben kann. Edna Adan, die Hebamme aus Somaliland, die eine Entbindungsklinik betreibt, hat über alle Frauen Buch geführt, die im Lauf der Jahre bei ihr entbunden haben: 97 Prozent von ihnen waren beschnitten, praktisch alle mit Infibulation. Edna zeigte uns ein Video, in dem eine an einem achtjährigen Mädchen vorgenommene Infibulation gezeigt wird. Dabei zuzuschauen ist eine Qual.

In manchen Ländern nehmen traditionelle Geburtshelfer die genitale Beschneidung vor; im Senegal und in Mali machen es oft Frauen, die zur Kaste der Schmiede gehören. Meistens haben die Beschneiderinnen das Handwerk von ihrer Mutter oder Großmutter gelernt, und sie arbeiten oft mit unsterilen Klingen oder sind nicht in der Lage, die Blutung zu stoppen. Manche Mädchen sterben oder tragen Schäden fürs Leben davon, doch liegen darüber keine Daten vor; wenn ein Mädchen nach der Beschneidung stirbt, wird gewöhnlich angegeben, sie sei an Malaria gestorben. Eine im Auftrag der WHO durchgeführte Studie kam zu dem Ergebnis, dass die genitale Beschneidung Narbengewebe entstehen lässt, das bei Entbindungen zu höheren Risiken führt. Das gilt in besonderem Maß für die extremeren Formen der Beschneidung.

Gegen Ende der 1970er-Jahre setzte in der westlichen Welt eine Kampagne gegen die genitale Beschneidung von Frauen ein. Den bis dahin gebrauchten Ausdruck «Beschneidung» erachteten die Kritiker des Brauchs als zu harmlos und prägten daher den Begriff «weibliche genitale Verstümmelung», abgekürzt (nach der englischen Entsprechung «female genital mutilation») FGM. Die Vereinten Nationen machten sich diese Begrifflichkeit zu eigen, und es fanden internationale Kongresse statt, bei denen die FGM verurteilt wurde. In 15 afrikanischen Ländern wurden Gesetze gegen die FGM verabschiedet, Zeitungsartikel erschienen, Gespräche wurden geführt, aber in der Praxis änderte sich nicht viel. In Guinea trat schon in den 1960er-Jahren ein Gesetz in Kraft, das für FGM schwere Strafen vorsieht: lebenslanges Arbeitslager oder gar die Todesstrafe, wenn ein genital verstümmeltes Mädchen innerhalb von 40 Tagen nach dem Eingriff stirbt. Allein, kein Fall ist jemals vor Gericht gelandet, obwohl nach wie vor 99 Prozent aller Frauen in Guinea beschnitten werden. Im Sudan verabschiedeten die Briten erstmals 1925 ein Gesetz gegen die Infibulation und weiteten den Straftatbestand 1946 auf alle Formen der genitalen Beschneidung aus. Bis heute werden 90 Prozent aller sudanesischen Mädchen beschnitten.

«Das ist unsere Kultur!», erklärte uns eine sudanesische Hebamme voller Zorn, als wir sie nach der genitalen Beschneidung fragten. «Wir alle wollen es. Was geht es euch Amerikaner an?» Sie gab an, dass sie selbst regelmäßig Mädchen auf Wunsch ihrer Mütter beschnitt und dass die Mädchen ihr später dafür dankten. Das stimmt wahrscheinlich sogar. Mahabouba, die äthiopische Fistelpatientin, die sich gegen Hyänen verteidigte und sich kriechend zu einer Missionsstation schleppte, erinnert sich daran, wie sehr sie sich als Kind auf ihre eigene Beschneidung freute, die für sie ein Initiationsritus war.

Edna Adan, die den Brauch des genitalen Beschneidens beklagt, hält internationale Kampagnen dagegen für wirkungslos. Als wir einmal durch Hargeisa, die Hauptstadt von Somaliland, fuhren, deutete sie unvermittelt auf ein über die Straße gespanntes Banner, das die genitale Beschneidung brandmarkte. «Da kommt die UN daher und spannt in der Hauptstadt Transparente auf», sagte sie. «Was bringt das? Es bewirkt gar nichts. Die Frauen können die Parolen nicht einmal lesen.» Tatsächlich haben die internationalen Verurteilungen der FGM in manchen Ländern eine Trotzreaktion hervorgerufen und beispielsweise Vertreter von Stämmen und Volksgruppen dazu provoziert, die Beschneidung als eine nationale Tradition, die von Auswärtigen an den Pranger gestellt wird, zu verteidigen. Die Gegner der FGM lernten mit der Zeit dazu und nahmen ein wenig Schärfe aus der Debatte, indem sie den wertfreien Ausdruck «female genital cutting» oder FGC benützten. Das implizierte wenigstens nicht, dass die Frauen, für die sie sich einsetzen wollten, verstümmelt waren, was keine besonders fruchtbare Prämisse für einen Dialog war. Wichtiger noch war aber, dass die Stimmführerschaft im Kampf gegen die Beschneidung auf afrikanische Frauen wie Edna überging, denn sie können sich mit sehr viel mehr Autorität und Überzeugungskraft dazu äußern als Kritiker aus der westlichen Welt.

Den vielleicht erfolgreichsten Ansatz für die Abschaffung der genitalen Beschneidung von Mädchen hat Tostan gefunden, eine westafrikanische Gruppe, die mit sehr großem Respekt an die Sache herangeht und die Beschneidung (sowie ihre Überwindung) als Teilprozess im Rahmen einer ganzheitlichen Weiterentwicklung des Gemeinwesens begreift. Anstatt den Frauen dogmatisch zu kommen, ermutigen die Tostan-Vertreter die Dorfbewohner, Gespräche über Menschenrechte und Gesundheitsfragen im Zusammenhang mit der genitalen Beschneidung zu führen und sich dann selbst zu entscheiden. Dieser weiche Ansatz hat sich sehr viel besser bewährt als jeder Versuch, die Menschen von oben herab zu belehren.

Die Gründerin von Tostan ist Molly Melching, eine resolute Frau aus Danville in Illinois, die bis heute wie die bodenständige Amerikanerin aus dem Mittleren Westen aussieht und spricht, die sie ist. Seit sie auf der Oberschule Französisch lernte, war sie von allem, was mit Frankreich zu tun hatte, fasziniert. Sie studierte in Frankreich und arbeitete in einem Elendsviertel nahe Paris, in dem überwiegend Nordafrikaner lebten. 1974 bereiste sie im Rahmen eines akademischen Austauschprogramms den Senegal. Der Aufenthalt war ursprünglich für sechs Monate geplant. Molly ist immer noch dort.

Molly ist ein Sprachentalent, sie lernte eine der lokalen senegalesischen Sprachen, genannt Wolof, und meldete sich dann freiwillig zum Dienst im Peace Corps, für das sie unter anderem ein Radioprogramm in Wolof leitete. Die Jahre 1982 bis 1985 verbrachte sie in einem senegalesischen Dorf, in dem sie mithilfe eines bescheidenen USAID-Stipendiums schulpädagogische und emanzipatorische Arbeit machte.

«Nicht ein einziger Bewohner des Dorfes hatte je eine Schule besucht», erzählt Molly. «Es gab keine Schule. Es war ein Dorf voller wunderbarer Menschen, die ausgesprochen gescheit waren, aber halt nie eine Schule von innen gesehen hatten und einen riesengroßen Informationsbedarf hatten.» Aufgrund dieser Erfahrung – und einer Zwischenetappe als unabhängige Evaluatorin von Entwicklungshilfeprogrammen – entwickelte Molly eine grundsätzliche Skepsis gegenüber groß dimensionierten Hilfsprogrammen. Als eine, die im Senegal heimisch geworden war, zuckte sie zusammen, wenn sie Mitarbeiter von Hilfsorganisationen in SUVs umherkutschieren sah. Sie verfolgte den Fortgang von Hilfsprogrammen, die sich hauptsächlich auf Auslands-Senegalesen stützten und im Grunde nur im Nebel stocherten. Da errichtete eine wohlmeinende Gruppe eine Klinik, ohne die Einheimischen in das Projekt einzubinden – und musste erleben, dass die Leute die Klinikbetten unter sich aufteilten und der Arzt die großzügig bereitgestellten Medikamente auf dem Markt verscherbelte. «Der Senegal erschien mir wie ein Friedhof für nicht funktionierende Entwicklungshilfeprojekte», sagte Molly rundheraus.

Molly evaluierte Alphabetisierungsprogramme, indem sie 240 Lese- und Schreibwerkstätten im Senegal abklapperte – die meisten, so stellte sie fest, waren ein Fehlschlag. «Was ich vorfand, waren Kurse mit nominell fünfzig Teilnehmern, aber kein Mensch kam», erzählt sie. «Oder alle waren am Schlafen.» Auch erlebte sie, wie Leute aus der westlichen Welt gegen die genitale Beschneidung wetterten und Gesetze dagegen forderten, ohne dass sie vorher einmal die Dörfer besucht und sich bemüht hätten zu verstehen, warum Mütter ihre Töchter beschneiden lassen.

«Gesetzesänderungen sind eine schnelle Patentlösung, und die Leute denken dann, man bräuchte weiter nichts zu tun», sagt Molly. «Was wirklich eine Veränderung herbeiführen kann, sind Erziehung und Bildung.» Als im Senegal über ein gesetzliches Verbot der genitalen Beschneidung beraten wurde, war Molly zunächst dagegen, denn sie fürchtete, es werde zu einer ethnischen Polarisierung führen – im Senegal ist die genitale Beschneidung bei den Volksgruppen, die die Bevölkerungsmehrheit bilden, nicht üblich, daher würde ein einschlägiges Gesetz den Minoritäten das Gefühl geben, bevormundet und diskriminiert zu werden. Inzwischen ist Molly bei einer ambivalenten Haltung zu dem Gesetz angelangt: Zwar ist die befürchtete polarisierende Wirkung tatsächlich eingetreten, aber andererseits öffnet das Gesetz den Dorfbewohnern doch auch die Augen für die ernst zu nehmenden gesundheitlichen Risiken der Beschneidungspraxis.

In ihrer eigenen Familie konnte Molly erleben, wie stark der gesellschaftliche Anpassungsdruck ist, der auf Mädchen wirkt – stärker als jedes Gesetz. Molly hatte einen Senegalesen geheiratet, und die beiden hatten eine Tochter namens Zoé, die eines Tages mit einer schockierenden Bitte zu ihrer Mutter kam.

«Ich möchte beschnitten werden», sagte Zoé. «Ich verspreche, ich werde nicht weinen.» Alle ihre Freundinnen unterzogen sich der Beschneidung, da wollte sie nicht als Einzige abseits stehen. Molly war

Molly Melching mit
Teilnehmerinnen eines
Tostan-Projekts im
Senegal, die dem
Brauch der genitalen
Beschneidung von
Mädchen abgeschworen
haben

keine besonders nachgiebige Mutter, und schließlich änderte Zoé ihre Meinung, als sie darüber aufgeklärt wurde, was die Prozedur mit sich bringen würde. Die Episode brachte Molly zu der Überzeugung, der Königsweg zu einer Abschaffung der genitalen Beschneidung könne nur darin bestehen, dass man die Denkweise der Dorfgemeinschaft als Ganzer grundlegend veränderte.

1991 gründete Molly die Organisation Tostan; deren Mission war es, armen Dörfern den Zugang zu schulischer Bildung zu eröffnen. Im typischen Fall schickt Tostan eine Lehrkraft in ein Dorf, die dort ein Lernprogramm auf die Beine stellt, das Kurse zu Themen wie Demokratie, Menschenrechte, Problemlösung, Hygiene, Gesundheit und Organisationswesen umfasst. Die Dorfgemeinschaft muss sich daran aktiv beteiligen, indem sie etwa Unterrichtsräume, Tische und Stühle sowie Unterkunft und Verpflegung für die Lehrkraft zur Verfügung stellt und sich verpflichtet, sich und ihre Kinder anzumelden. Sowohl Männer als auch Frauen nehmen an dem Unterrichtsprogramm teil, das über drei Jahre läuft und den Leuten einen erheblichen Zeitaufwand abverlangt: drei Unterrichtsblöcke à zwei oder drei Stunden pro Woche. Zu dem Programm gehören auch Kurse für Dorfälteste, die Bildung von Ausschüssen für die Organisation des Gemeinwesens und ein System von Mikrokrediten, das die Gründung von Kleinbetrieben fördern soll. Tostan gibt sich große Mühe, im Interesse der weiblichen Dorfbewohner nichts zu tun, das die Männer im Dorf in Rage bringen könnte.

«Wir machten einmal eine Unterrichtseinheit über die Recht von Frauen, und dagegen formierte sich Widerstand», erzählt Molly. «In einigen Orten sperrten die Männer unsere Schulen zu, so wütend waren sie. So setzten wir uns hin und formulierten die ganze Lerneinheit neu und wählten als Thema stattdessen ‹Die Rechte der Menschen› – Demokratie und Freiheitsrechte der Menschen. Damit hatten wir dann auch die Männer hinter uns. Die Männer wollen einfach mit einbezogen werden, sie wollen nicht, dass sie als der Feind gesehen werden.»

Tostan ist Feministinnen manchmal ein Dorn im Auge wegen ihrer behutsamen Herangehensweise und weil sie das Wort «Verstümmelung» vermeidet, ja nicht einmal offen den Kampf gegen die genitale Beschneidung proklamiert. Tostan versucht stattdessen unbedingt und immer positiv zu bleiben und einfach nur die Menschen so weit aufzuklären, dass sie sich selbst vernünftig entscheiden können. Zu den Unterrichtsprogrammen von Tostan gehört eine wertfreie Darstellung der Menschenrechts- und der gesundheitlichen Aspekte der genitalen Beschneidung, nicht aber eine regelrechte Empfehlung an die Eltern, ihre Töchter nicht mehr beschneiden zu lassen. Das Programm brachte ein bis dahin geltendes Tabu ins Wanken, indem es die Beschneidung wenigstens zum Diskussionsthema machte; als die Frauen erst einmal anfingen, darüber nachzudenken, und als sie erkannten, dass anderswo auf der Welt Mädchen keineswegs beschnitten werden, begannen sie sich Sorgen über die gesundheitlichen Folgen für ihre Töchter zu machen. 1997 taten 35 Frauen, die in einem Dorf namens Mallicounda Bambara an einem Unterrichtsprogramm von Tostan teilnahmen, einen historischen Schritt: Sie erklärten öffentlich, sie würden künftig ihre Töchter nicht mehr beschneiden lassen.

Von außen betrachtet, sah das wie ein Durchbruch aus, und als solcher wurde es auch gefeiert. Aus der Nähe gesehen, war es eine Katastrophe. Die anderen Bewohner von Mallicounda Bambara grenzten die 35 Frauen aus, schmähten sie als unweiblich und unafrikanisch und beschuldigten sie, sie hätten Geld von Weißen genommen und dafür ihre Volksgruppe, die Bambara, verraten. Die Frauen waren monatelang am Boden zerstört und fürchteten, ihre Töchter zu einem Dasein als alte Jungfrauen verurteilt zu haben. Molly kam zu der Einsicht, dass es ein Fehler von Tostan gewesen war, eine Gruppe in einem einzelnen Dorf zu einer solchen Erklärung animiert zu haben. Im Zuge von Unterredungen mit einem lokalen religiösen Führer wurde ihr klar, dass das Beschneiden im Senegal ein eng mit der Eheschließung verbundenes gesellschaftliches Ritual ist und dass keine Familie vorpreschen und der Beschneidung abschwören kann, ohne die Heiratsaussichten der eigenen Töchter zu schmälern.

«Alle müssen sich zusammen verändern, oder du wirst deine Tochter nie unter die Haube bringen», sagt Molly. «Meine Mutter verpasste mir Zahnspangen, und ich blutete und weinte zwei Jahre lang; da hätte eine afrikanische Frau auch herkommen und sagen können: ‹Wie kannst du deiner Tochter das antun?› Und meine Mutter hätte geantwortet: ‹Ich habe mir von meinem kargen Lohn etwas abgespart, um meiner Tochter die Zähne gerade richten zu lassen, damit sie heiraten kann. Wie kannst du es wagen, mir zu sagen, ich tue ihr etwas an?›»

Die ganze Kohorte muss die Entscheidung, das Beschneiden aufzugeben, gemeinsam treffen. Dieser Einsicht gemäß begann Tostan, zusammen mit den Bewohnern eines betreuten Dorfes die Nachbardörfer zu identifizieren, aus denen die Heiratspartner ihrer Töchter typischerweise kommen, und dann eine die Dörfer übergreifende Diskussion über die genitale Beschneidung der Mädchen in Gang zu setzen. Tostan hilft interessierten Frauen darüber hinaus, gemeinsam mit Frauen aus den anderen Dörfern Erklärungen abzufassen, aus denen hervorgeht, dass sie mit der Praxis des Beschneidens Schluss gemacht haben. Diese Herangehensweise erwies sich als verblüffend wirksam. Zwischen 2002 und 2007 gaben mehr als 2600 Dörfer bekannt, dass sie dem genitalen Beschneiden abgeschworen hatten. «Es beschleunigt sich», stellte Molly fest und erklärte, Tostan habe sich vorgenommen, bis 2012 die genitale Beschneidung im ganzen Senegal auszumerzen.

2008 unterzog die Regierung des Senegal alle im Land laufenden Kampagnen für die Abschaffung des genitalen Beschneidens einer Überprüfung und kam zu dem Ergebnis, Tostan sei das einzige dieser Programme, das nennenswerte Ergebnisse erzielte. Sie erklärte den von Tostan verfolgten Ansatz zum nationalen Modell. Ein paar Tage später sprachen sich Vertreter der Gesundheitsbehörden mehrerer Länder aus Senegals westafrikanischer Nachbarschaft, die über eine regionale Strategie für die Abschaffung der genitalen Beschneidung berieten, ebenfalls für Tostan als nachahmenswertes Modell aus.

Inzwischen hat Tostan bereits Ableger in Gambia, Guinea und Mauretanien gegründet und auch in den ostafrikanischen Ländern Somalia und Dschibuti Programme gestartet. Nach Angaben Mollys stößt die Organisation mit ihrem basisbezogenen Ansatz auch in diesen Ländern auf wohlwollende Resonanz. Die Arbeit von Tostan ist mittlerweile von zahlreichen international tätigen Organisationen und Institutionen mit Lob überschüttet worden und hat im Jahr 2007 den Conrad-N.-Hilton-Preis für humanitäre Verdienste sowie einen Preis der UNESCO erhalten. Dank dieser Anerkennung konnte Tostan sich finanzielle Unterstützung seitens privater Mäzene wie auch von UNICEF und dem American Jewish World Service sichern, Gelder, die der Organisation eine stetige Ausweitung ihres Wirkungsgebietes ermöglichen. Um mehr private Spender zu gewinnen, hat Tostan ein eigenes Sponsorenmodell entwickelt: Ein Spender kann ein konkretes Dorf mit rund 800 Einwohnern «adoptieren» und zahlt 12 000 US-Dollar dafür, dass das auf drei Jahre angelegte Tostan-Programm dort durchgeführt wird.

Im gesamten afrikanischen Mitarbeiterstab von Tostan ist Molly die einzige Nichtafrikanerin; lediglich im Verbindungsbüro der Organisation in Washington, D.C., das für die Öffentlichkeitsarbeit und für das Mobilisieren von Geldmitteln zuständig ist, arbeiten zwei Amerikanerinnen mit. Die Entscheidung, in Afrika ausschließlich einheimisches Personal einzusetzen, ermöglicht Tostan nicht zuletzt ein ungewöhnlich kostengünstiges Arbeiten, auch weil Molly selbst sich mit 48 000 Dollar Jahresgehalt begnügt. Es bleibt jetzt abzuwarten, ob ihr Modell in Somalia, im Sudan, im Tschad, in Äthiopien und in der Zentralafrikanischen Republik genauso gut funktioniert wie im Senegal – in einigen dieser Länder toben Konflikte, die die Arbeit dort gefährlich machen. Die Liste der Projekte, die in kleinem Maßstab gut gelaufen, aber dann doch abgesoffen sind, als man versuchte, sie afrikaweit einzusetzen, ist lang. Erste Erfahrungen in Somalia sind jedoch ermutigend, und Molly macht sich bereits Gedanken darüber, ob nicht das Tostan-Modell auch einen Beitrag zur Abschaffung anderer pathologischer gesellschaftlicher Konventionen wie zum Beispiel der «Ehrenmorde» leisten könnte.

Anderswo in Afrika erzielen auch andere Gruppen Fortschritte im Kampf gegen die genitale Beschneidung der Mädchen. In Ägypten sprechen sich immer mehr prominente Stimmen gegen den Brauch aus, und Hilfsorganisationen wie CARE leisten bahnbrechende Arbeit. Besonders eindrucksvoll sind die Erfolge einiger lokal tätiger Basisgruppen in Äthiopien und Ghana. Nach Überzeugung Bill Foeges, des legendären gesundheitspolitischen Kämpen, der mitgeholfen hat, den Pockenerreger auszurotten, ist die genitale Beschneidung endlich dabei, in der Versenkung zu verschwinden, hauptsächlich dank der Arbeit von Molly und ihren Mitarbeiterinnen bei Tostan.

«Sie haben geschafft, was UN-Konferenzen, zahllose Resolutionen und staatliche Verlautbarungen nicht bewerkstelligen konnten», sagte uns Foege. «Wenn einmal die Geschichte der Entwicklung Afrikas geschrieben wird, wird kein Weg an der Einsicht vorbeiführen, dass die

Aufwertung der Frauen eine der Wendemarken war. Tostan hat demonstriert, dass Emanzipation ansteckend ist, dass sie von Person zu Person weitergetragen wird und sich von Dorf zu Dorf ausbreitet.» Mühsam zieht die Welt einige wichtige Lehren aus der Basisarbeit von Gruppen wie Tostan. Eine dieser Lehren besagt, dass Fortschritte wirklich möglich sind; Hindernisse sind unüberwindlich nur bis zu dem Augenblick, da es gelingt, sie niederzureißen. Und wir sind dabei, ein sehr viel besseres taktisches Gespür dafür zu entwickeln, wie wir sie niederreißen können. Große Vorhaben, die gescheitert sind – die Kampagnen der 1970er- und 1980er-Jahre gegen die FGM und die missionarischen Anläufe des Westens, in Afghanistan die Frauen aus der Knechtschaft zu befreien –, litten an dem Handicap, dass Ausländer sie vom hohen Ross herab dirigierten. Einheimische wurden nur pro forma nach ihrer Meinung gefragt. Das Bedürfnis der westlichen Welt, Kongresse abzuhalten und Gesetze umzuschreiben, hat sich in einem Problembereich nach dem anderen als bemerkenswert wirkungsarm erwiesen. Mary Robinson, die ehemalige Präsidentin der Republik Irland, die später eine herausragende Amtszeit als Hohe Kommissarin der Vereinten Nationen für Menschenrechte hingelegt hat, meinte dazu: «Bilanzieren Sie mal die Ergebnisse von fünfzig Jahren Menschenrechtsgeschiebe, von dreißig Jahren Entwicklungshilfe im Multimilliarden-Dollar-Bereich und endloser Rhetorik auf höchster Ebene, dann ist das, was im Weltmaßstab dabei herausgekommen ist, ziemlich schwach. Wir haben es hier mit Umsetzungsdefiziten in einer Größenordnung zu tun, die für uns alle blamabel sind.»

Schauen wir uns im Vergleich dazu einige der Projekte an, die frappierend viel bewirkt haben: Tostan, Kashf, Grameen, das CARE-Projekt in Burundi, BRAC, die ‹Vereinigung selbstständig arbeitender Frauen› in Indien oder Apne Aap. Ihr gemeinsamer Nenner ist, dass es bodennahe Projekte oder Programme sind, an denen Einheimische als Mitinitiatoren und Miteigentümer beteiligt sind und die manchmal mehr Ähnlichkeit mit sozialen oder religiösen Bewegungen haben als mit Entwicklungshilfeprojekten traditionellen Zuschnitts. Oft stehen als treibende Kräfte hinter diesen Projekten gescheite und passionierte Sozialunternehmer(innen), die zuvor Erfahrungen mit «Entwicklungshilfe vom hohen Ross» gesammelt und bestehende Ansätze so modifiziert haben, dass daraus weitaus effektivere Modelle mit Dynamik «von unten» entstanden sind. Das ist eine entscheidende Weichenstellung für eine neue internationale Bewegung, die vor allem auf die Förderung von Frauen in den Entwicklungsländern setzt.

Die Front im Bodenkampf gegen die Misshandlung von Frauen mag quer durch Afrika und Asien verlaufen, doch Jordana Confino hat einen Weg ausfindig gemacht, einen Beitrag zu diesem Kampf zu leisten, während sie noch die Oberschule in Westfield (New Jersey) besuchte, einem Vorort von New York City. Mit ihrem langen aschblonden Haar könnte Jordana direkt vom Thron einer Abschlussballkönigin heruntergestiegen sein. Sie hatte das Glück, in einer Familie der oberen Mittelschicht aufzuwachsen, quillt über vor Selbstbewusstsein, pocht auf Gleichberechtigung als ihr angeborenes Recht – und fiel aus allen Wolken, als sie merkte, was für eine Ausnahme ihr privilegierter Status darstellt.

Jordana und die anderen Oberschülerinnen, die sie als Kampfgefährtinnen gewinnen konnte, erinnern uns daran, dass der Aufstieg des Sozialunternehmertums auch den Aufstieg des Teilzeitentwicklungshelfers möglich gemacht hat – in diesem Fall sogar eines im Hauptberuf noch die Schulbank drückenden Entwicklungshelfers. Jordana begann mit ihren Aktivitäten, als sie um die zehn Jahre alt war. Damals versuchte ihre Mutter Lisa Alter ihre Töchter auf Probleme in anderen Teilen der Welt aufmerksam zu machen. Sie tat das, indem sie ihnen Zeitungsartikel vorlegte oder ihnen Beispiele dafür schilderte, wie schwer es Mädchen anderswo hatten. «Schaut nur, wie gut ihr es hier in New Jersey getroffen habt.» Schnell stellte Lisa fest, dass die Horrorgeschichten Jordana sehr viel stärker mitnahmen, als sie es erwartet hatte.

«Wir sprachen über die Artikel und besonders über die, die von Mädchen handelten», erinnert sich Jordana. «Einige der Themen waren sehr schockierend, zum Beispiel die genitale Verstümmelung von Mädchen, die Tötung neugeborener Mädchen in China, die Kinderarbeit. Um diese Zeit herum erschienen auch Berichte darüber, dass die Taliban in Afghanistan die Schulbildung von Mädchen abschaffen wollten. Wir sprachen in der Familie darüber, wie schwer es für die Mädchen sein muss, dem Missbrauch zu entkommen, wenn sie nicht einmal lesen oder schreiben können. Ich muss zugeben, dass wir das Gefühl hatten, die Probleme seien zu groß, als dass wir etwas dagegen tun könnten, aber dann fingen wir doch an, Ideen zu wälzen, was wir tun könnten, wenn wir eine Gruppe Mädchen zusammenbringen würden.»

Die Ideen kristallisierten sich in Jordanas Hinterkopf. In der achten Klasse tat sie sich mit einer Freundin zusammen, und die beiden fingen

Jordana Confino auf
einer Konferenz über
Mädchenbildung

an, ernsthafte Pläne für die Gründung eines Vereins zu schmieden, der sich dieser Probleme annehmen würde. Lisa und die Mutter der Freundin halfen den Mädchen bei der Konkretisierung ihres Vorhabens; zusammen besuchten sie eine UN-Konferenz über Frauen und Mädchen. Jordana war tief bewegt von den Berichten, die sie dort hörte, und schaltete einen Gang höher. Bald darauf gründeten sie und ihre Freundin die Organisation Girls Learn International (*www.girlslearninternational.org*) mit dem Ziel, Geld für die schulische Ausbildung von Mädchen in der Dritten Welt aufzutreiben. Sie tätigten Anrufe, klebten Plakate, verschickten Briefe. Jordana begann andere Schulen abzuklappern, um freiwillige Mitkämpfer zu mobilisieren. Als sie an die Oberschule wechselte, war sie bereits eine echte Leitfigur für Girls Learn International, und die Gruppe war dabei, auch anderswo Ableger zu gründen.

Jordana wurde eingeladen, auf einer Jahresabschlussfeier an der Young Women's Leadership School im New Yorker Stadtteil Bronx die Eröffnungsrede zu halten. Sie erinnerte ihre Zuhörerinnen daran, bei allen Problemen, die ihnen in ihrem eigenen Leben zu schaffen machen mochten, immer daran zu denken, dass in vielen anderen Ländern Mädchen um ihr tägliches Brot und ein Dach über dem Kopf bangen und kämpfen mussten, ganz zu schweigen von dem Luxus, eine Schule besuchen zu dürfen. Jordana war praktisch das einzige weiße Mädchen im Saal. Aber mit der Art und Weise, wie sie über Probleme und Herausforderungen anderswo auf der Welt sprach, war sie bereits zu einem Rollenvorbild für viele Mädchen ihrer Altersgruppe geworden.

«Im Jahr 2007 haben fast 66 Millionen Mädchen in Städten und Dörfern in aller Welt keinen Bildungszugang», sagte sie. Als Heranwach-

287

KAPITEL DREIZEHN

sende und junge Erwachsene füllten diese Mädchen «das Reservoir der Analphabetinnen auf» und trügen damit «zur weiteren Verbreitung der Geschlechterkluft zwischen Männern und Frauen» bei. Mädchen, denen der Zugang zu Bildung verwehrt bleibe, würden «mit größerer Wahrscheinlichkeit in eine Spirale aus Armut und Krankheit» hineingeraten, «zur Kinderehe oder zur Prostitution gezwungen» oder fielen «Mädchenhändlern, häuslicher Gewalt und sogenannten Ehrenmorden» zum Opfer.

Girls Learn International hat mittlerweile über zwanzig Ortsvereine an Ober- und Mittelschulen in den ganzen USA und arbeitet darüber hinaus an einem Schwesterprogramm für den Hochschulbereich. Manche Mädchen mögen sich der Organisation anfänglich nur anschließen, um mit Blick auf die Bewerbung um einen Studienplatz die Liste ihrer Aktivitäten aufzupolieren, aber in vielen Fällen löst das Vertrautwerden mit den Schicksalen von Altersgenossinnen in anderen Ländern echte Betroffenheit aus und führt zu einem leidenschaftlichen Engagement für die Sache.

Jeder Ortsverein von Girls Learn International wird mit einer Partnerschulklasse in einem armen Land verkuppelt, in dem es um die Mädchenbildung traditionell schlecht bestellt ist: Afghanistan, Kolumbien, Costa Rica, El Salvador, Indien, Kenia, Pakistan, Uganda, Vietnam. Die amerikanischen Mädchen treiben Geld auf, mit dem sie ihrer Partnerklasse helfen und zur Verbesserung der Verhältnisse an der betreffenden Schule beitragen. Jordana selbst half zum Beispiel mit, das Büro von Mukhtar Mai, die im ländlichen Pakistan gegen die Vergewaltigung von Mädchen kämpft, besser auszustatten. Wenn Mukhtar uns per E-Mail über die jeweils neuesten Drohungen gegen sie informiert, tut sie das mithilfe eines Computers und einer Internetverbindung, die Girls Learn International finanziert hat.

Die Auswahl der Partnerklassen für die Ortsvereine von GLI erfolgt in den meisten Fällen auf der Grundlage von Verbindungen, die Jordana, ihre Mutter und zwei Vollzeitmitarbeiter in einem Büro in Manhattan zuvor geknüpft haben. Jeder Ortsverein soll mindestens 500 Dollar im Jahr aufbringen. Insgesamt haben die Schülerinnen bereits über 50 000 Dollar mobilisiert, die voll und ganz an die Partnerklassen geflossen sind. Erwachsene Unterstützer tragen zusätzlich mehr als 100 000 Dollar pro Jahr bei, die zur Deckung der Verwaltungskosten dienen. Daraus kann man ablesen, dass GLI nicht gerade die effizienteste aller für die Mädchenbildung in Entwicklungsländern tätigen Hilfsorganisationen ist, weil sie sehr viel mehr Geld für ihre Zentrale in Manhattan verbraucht, als sie z. B. an Mädchenschulen in Pakistan schickt. Andererseits geht es GLI nicht nur darum, die Mädchenbildung in Entwicklungsländern zu fördern, sondern vor allem auch darum, Dialoge in Gang zu setzen und so die Voraussetzungen für eine Bewegung in den USA bzw. in der westlichen Welt als Ganzer zu schaffen. Als Erziehungsvehikel für amerikanische Mädchen weist GLI ein äußerst positives Kosten-Nutzen-Verhältnis auf: Amerikanische Oberschülerinnen, deren ganzes Trachten sonst vielleicht irgendwelchen Designerhandtaschen gälte, schicken ihr gespartes Geld stattdessen nach Indien, damit dort Schülerinnen ein Schreibheft bekommen können.

«Die Frage lautet, wie man Mädchen für so etwas gewinnen kann», sagt Cassidy DuRant-Green, Mitarbeiterin von GLI. «Welchen besseren Weg gibt es, als in der Mittelschule anzufangen? Wir ziehen Führungspersönlichkeiten heran, Frauen, für die wir vielleicht in zwanzig Jahren arbeiten werden.» Während also das augenfällige Ziel der Arbeit darin besteht, Mädchen in Ländern wie Pakistan voranzubringen, gehören zu den Hauptnutznießern der Arbeit von GLI gerade auch die darin involvierten amerikanischen Mädchen. Man kann das am Beispiel Jordanas studieren, an der Brillanz und Leidenschaft, die sie im Kampf für ihr Anliegen an den Tag legt. Bei ihrem Auftritt als Gastrednerin an der Schule in der Bronx strahlte sie Reife und Empathie aus, als sie die Schülerinnen darauf hinwies, dass anderswo Mädchen ihres Alters von Menschenhändlern versklavt oder der «Ehre» wegen ermordet werden, und an sie appellierte, den lokalen Ortsverein von GLI zu unterstützen. Sie beendete ihre Rede mit einem wahren Crescendo: «Mädchenrechte sind Menschenrechte!»

Was Sie tun können

«Du musst die Veränderung sein, die du in der Welt sehen willst.»
Mahatma Gandhi

Jahrzehntelang wussten die Amerikaner über die Rassentrennung und ihre schreiende Ungerechtigkeit Bescheid. In ihrer Wahrnehmung war jedoch die Diskriminierung aus Gründen der Hautfarbe ein so komplexes und in der Geschichte und Kultur des amerikanischen Südens so tief verwurzeltes Phänomen, dass selbst viele gutwillige Leute keine Möglichkeit sahen, etwas gegen diese Ungerechtigkeit zu tun. Doch dann traten Rosa Parks und Martin Luther King jr. und in ihrem Gefolge die «Freedom Riders» auf den Plan, die im Sommer 1961 unter Lebensgefahr in öffentlichen Bussen durch den amerikanischen Süden fuhren und vorsätzlich die Vorschriften für die Rassentrennung in Bussen, auf Bahnhöfen und in Restaurants missachteten. Dazu kamen Bücher wie John Howard Griffins *Black Like Me*, die den Menschen die Augen öffneten. Plötzlich war es nicht mehr möglich, die Ungerechtigkeiten auszublenden, und parallel dazu vollzogen sich wirtschaftliche Veränderungen, die dem tief verwurzelten Allerweltsrassismus in den Südstaaten den Boden entzogen. Eine der Folgewirkungen war die Entstehung einer breiten Bürgerrechtsbewegung, die politische Bündnisse schmiedete, Missstände in ein grelles Licht rückte und damit die Scheuklappen wegbog, die es auch den Anständigen bis dahin möglich gemacht hatten, den Rassismus stillschweigend hinzunehmen.

Über weite Strecken des 20. Jahrhunderts hinweg waren unsere Him-

mel vom Smog verdüstert, unsere Flüsse verschmutzt und unsere Wild-
fauna gefährdet, ohne dass die drohende Zerstörung unserer Umwelt groß
kommentiert worden wäre oder Proteste ausgelöst hätte. Sie schien der
traurige, aber unvermeidliche Preis des Fortschritts zu sein. Doch dann
erschien 1962 Rachel Carsons Buch *Silent Spring* (*Der stumme Frühling*),
und die Umweltschutzbewegung war geboren.

In ähnlicher Weise besteht die Herausforderung heute darin, den
Blick der Weltöffentlichkeit auf Frauen zu lenken, die in Bordellen
gehalten werden, und auf minderjährige Mädchen mit Unterleibsfisteln,
die sich auf dem Boden abseits gelegener Bretterverschläge krümmen.
Wir hoffen, noch erleben zu dürfen, dass sich eine breite Bewegung for-
miert, die den Kampf gegen die Geschlechterdiskriminierung aufnimmt
und sich für gleiche Bildungs- und Berufschancen für Mädchen in aller
Welt einsetzt. Die amerikanische Bürgerrechtsbewegung ist ein Modell,
die Umweltschutzbewegung ein anderes, aber beide taugen nur mit Einschränkungen als Vorbild, richteten sie sich doch gegen Missstände im
eigenen Land, gleichsam vor der eigenen Haustür. Und wir zögern, die
amerikanische Frauenbewegung als ein weiteres mögliches Vorbild zu
nennen, denn würde das Anliegen, um das es hier geht, erst einmal das
Etikett «Frauenthema» angeheftet bekommen, dann wäre der Kampf
verloren, bevor er richtig begonnen hat. Die beklagenswerte Realität ist
die, dass Frauenfragen tendenziell für weniger wichtig gehalten werden.
Mädchenhandel und Massenvergewaltigungen sollte man ebenso wenig
als «Frauenfragen» abtun wie etwa die Sklaverei als eine «Negerfrage»
oder den Holocaust als ein «jüdisches Thema». Alle diese Missstände
waren und sind humanitäre Anliegen, die sich nicht auf eine Hautfarbe,
ein Geschlecht oder eine ethnische oder religiöse Identität reduzieren
lassen.

Das beste Vorbild für eine neue Bewegung ist eines, auf das wir schon
an anderer Stelle Bezug genommen haben: die Kampagne für ein Verbot des Sklavenhandels im Großbritannien des späten 18. und frühen
19. Jahrhunderts. Hier statuierte ein Volk ein einzigartiges, leuchtendes
Exempel, indem es sich für die Besserstellung von Menschen einsetzte,
die weit weg lebten, und dafür erhebliche Opfer an Blut und Vermögen in
Kauf nahm. Für Winston Churchill schlug die «vornehmste Stunde» des
britischen Volkes in den 1940er-Jahren, als es der Militärmacht des na-
tionalsozialistischen Deutschland trotzte; doch der moralische Aufbruch,
der zur Abschaffung der Sklaverei im britischen Machtbereich führte,
stellte eine mindestens ebenso noble Sternstunde der Briten dar.

Über weite Strecken der Geschichte hinweg hatten die Menschen die Sklaverei als bedauerlich, aber unvermeidlich hingenommen. Das antike Athen brachte brillante Philosophen hervor, die vor Empathie strotzten und dank dieser Fähigkeit wunderbare Texte zu Papier brachten, aber über die Tatsache, dass ihre Gesellschaft auf der Arbeit von Sklaven beruhte, verloren sie kein Wort. Keines der vier Evangelien überliefert eine Äußerung von Jesus Christus zur Sklaverei. Paulus und Aristoteles nahmen die Sklaverei als gegeben hin, und jüdische wie islamische Theologen sprachen sich zwar für einen nachsichtigen Umgang mit Sklaven aus, stellten die Institution der Sklaverei als solche aber nicht infrage. Im Verlauf des 18. Jahrhunderts erhoben sich in den Reihen der Quäker einige die Sklaverei vehement verurteilende Stimmen, die jedoch als Hirngespinste abgetan wurden und wirkungslos blieben. Noch zu Beginn der 1780er-Jahre war die Sklaverei ein selbstverständlicher Bestandteil der globalen Wirklichkeit – aber dann katapultierte sie sich überraschend innerhalb eines Jahrzehnts an die Spitze der nationalen politischen Streitthemen. Es vollzog sich ein Paradigmenwechsel, und 1807 untersagte Großbritannien den Sklavenhandel und gehörte 1833 zu den ersten Nationen, die ihren eigenen Sklaven die Freiheit gaben.

Für die Dauer von mindestens fünf Jahrzehnten trug die britische Gesellschaft schwer an den Kosten ihres moralisch vorbildlichen Handelns. Bis zum Verbot des Sklavenhandels hatten britische Schiffe 52 Prozent aller über den Atlantik abgewickelten Sklaventransporte besorgt, und britische Kolonien hatten 55 Prozent des auf der Welt (überwiegend durch Sklavenarbeit) erzeugten Zuckers geliefert. Ihres Nachschubs an Sklaven beraubt, erlebten die britischen Kolonien in der Neuen Welt einen Niedergang, wovon Frankreich, der große Konkurrent Britanniens, und die Vereinigten Staaten erheblich profitierten. Während in Britisch-Westindien die Zuckerproduktion in den ersten 35 Jahren nach dem britischen Verbot des Sklavenhandels um 25 Prozent zurückging, stieg sie in den Wirtschaftsräumen der Länder, die nach wie vor auf die Sklaverei setzten, um 310 Prozent.

Die britische Marine wurde zur Speerspitze des britischen Bemühens, den Sklavenhandel sowohl über den Atlantik als auch in Afrika selbst zu unterbinden. Das führte zum Tod von rund 5000 Briten sowie zu höheren Steuern für die britische Bevölkerung. Das einseitige Vorgehen Großbritanniens kostete auch einen hohen diplomatischen Preis, insofern es andere Länder verärgerte und Britannien offene Konflikte mit rivalisierenden Militärmächten bescherte. So lösten britische Maßnahmen gegen den Sklavenhandel 1850 einen kurzen Krieg gegen Brasilien aus, provozierten Kriegsdrohungen seitens der USA (1841) und Spaniens (1853) und führten zu anhaltenden Spannungen im Verhältnis zu Frankreich. Trotz alledem blieb Großbritannien standhaft. Sein Beispiel veranlasste schließlich Frankreich, 1848 ebenfalls die Sklaverei abzuschaffen; es gab den amerikanischen Abolitionisten Auftrieb, stand Pate für Präsident Lincolns Proklamation über die Sklavenbefreiung und brachte Kuba dazu, 1867 die Einfuhr von Sklaven zu verbieten, was das Schicksal des transatlantischen Sklavenhandels endgültig besiegelte.

Zwei Wissenschaftler, Chaim Kaufmann und Robert Pape, haben ausgerechnet, dass Großbritannien 60 Jahre lang im Jahresdurchschnitt 1,8 Prozent seines Bruttoinlandsprodukts als Preis für sein moralisch motiviertes Abrücken von der Sklaverei einbüßte. Das ist ein staunenswerter Saldo, summierten sich die Verluste doch insgesamt zu mehr als einem Jahres-BIP. Die Briten zahlten diesen Preis in Form einer spürbaren und anhaltenden Minderung ihres Lebensstandards. Sie lieferten damit ein bewundernswertes Beispiel dafür, dass ein Volk seine Werte über seine materiellen Interessen stellen kann.

Das Hauptverdienst dafür, dass die Bewegung der «Abolitionisten», also derer, die die Sklaverei abschaffen wollten, so stark wurde, wird normalerweise William Wilberforce zugeschrieben; er war in der Tat einer der führenden Köpfe der Bewegung und derjenige, der den Umschwung bewirkte. Doch Wilberforce schloss sich der Bewegung erst an, als sie schon ziemlich weit gediehen war, und es war nicht allein seine Eloquenz, die die Öffentlichkeit aufrüttelte. Ein maßgebliches Element der Kampagne – aus dem es sich heute noch lohnt, Lehren zu ziehen – war die große Geduld und Sorgfalt, mit der die Abolitionisten ihren englischen Landsleuten immer wieder schilderten, welche Verhältnisse auf den Sklavenschiffen und den Plantagen herrschten.

In Großbritannien selbst gab es keine Sklaven, nur in den britischen Überseebesitzungen; für die englische Durchschnittsfamilie war die Sklaverei also nicht direkt erlebbar. Es war somit einfach – genau wie in im Fall der heutigen Sexsklaverei in Indien –, sich immer wieder einmal über die Unmenschlichkeit der Sklaverei zu entrüsten und dann wieder zur Tagesordnung überzugehen. Der Abolitionist, der es schaffte, diesen Kreislauf zu durchbrechen, war Thomas Clarkson, der sich erstmals während seines Studiums in Cambridge für das Thema interessiert hatte, als er im Rahmen eines Lateinwettbewerbs einen Aufsatz über Sklaven geschrieben hatte. Die Recherchen dazu versetzten ihn in so große Empörung, dass er für den Rest seines Lebens zum leidenschaftlichen Kämpfer gegen die Sklaverei wurde. Clarkson entwickelte sich zur treibenden Kraft in der Society for Effecting the Abolition of the Slave Trade (Gesellschaft zur Abschaffung des Sklavenhandels). «Wenn es jemanden gibt, den man als den Begründer der modernen Menschenrechtsbewegung bezeichnen kann», schrieb der *Economist*, «dann ist es Clarkson.»

Nach seinem Abgang von der Universität inspirierte Clarkson auf heimlichen, enorm gefährlichen Recherchereisen die Häfen von Liverpool und Bristol, wo Sklavenschiffe Zwischenstation machten. Er unterhielt sich mit Seeleuten und sammelte Informationen und Belegmaterial. Zu den Objekten, die Clarkson zusammentrug, gehörten Handschellen, Brenneisen, Daumenschrauben, Fußfesseln und haarsträubende Werkzeuge, mit denen man Sklaven den Mund aufhebelte. Er trieb auch einen ehemaligen Kapitän eines Sklavenschiffs auf, der sich bereitfand, die Sklavenquartiere in den Unterdecks zu beschreiben. Clarkson gelangte auch in den Besitz eines Längsschnitts durch ein Sklavenschiff, die *Brookes* aus Liverpool, und fertigte auf dessen Grundlage Plakate an, die zeigten, wie darin 482 Sklaven transportiert wurden. Dieses Bild wurde zur Ikone der Abolitionistenbewegung und kann zur Illustration eines wichtigen Gesichtspunkts dienen: Clarkson und die Abolitionisten erlegten sich selbst das strenge Gebot auf, nie zu übertreiben. Die *Brookes* hatte auf einigen ihrer Fahrten tatsächlich bis zu 600 Sklaven transportiert, doch Clarkson hielt es für ein Gebot der Klugheit, im Interesse der Glaubwürdigkeit nur die am besten dokumentierten und bei Schätzungen die niedrigsten Zahlen zu verwenden.

Befürworter der Sklaverei schilderten zu jener Zeit Zustände auf menschenfreundlichen Plantagen in Westindien, deren Betreiber alles für das Wohlergehen ihrer Sklaven taten. Clarkson konnte demgegenüber belegen, dass die Situation für Sklaven häufig grauenvoll war. Die Sklavenhalter wurden wütend auf Clarkson und heuerten eine Gruppe Matrosen an, die ihn aus dem Wege räumen sollten – sie prügelten Clarkson halb tot.

Clarkson und Wilberforce führten, so schien es, einen aussichtslosen Kampf: Großbritannien hatte ein großes wirtschaftliches Interesse an der Fortführung des Sklavenhandels, und diejenigen, die unter der Sklaverei zu leiden hatten, waren Angehörige exotischer Völkerschaften, in denen viele Briten minderwertige Barbaren sahen. Als jedoch die britische Öffentlichkeit damit konfrontiert wurde, was es bedeutete, Menschen zu

Hunderten in den Bauch eines Schiffes zu sperren – der Gestank, die Krankheiten, die Leichen, die blutigen Handschellen –, bekamen die Bürger das Grausen und wandten sich gegen die Sklaverei. Es ist eine nützliche Erkenntnis, dass letzten Endes nicht die Leidenschaft und die moralische Überzeugungskraft der Abolitionisten den Ausschlag gaben, sondern mindestens ebenso sehr auch die sorgfältig zusammengetragene Dokumentation des barbarischen Geschehens. Doch es war nicht damit getan, die Politiker mit der «Wahrheit» zu konfrontieren. Die Gegner der Sklaverei erzeugten durch ihre öffentliche Aufklärungsarbeit einen stetigen und wachsenden politischen Druck. Clarkson legte 35 000 Meilen im Sattel zurück, und ein ehemaliger Sklave namens Olaudah Equiano erzählte seine Geschichte im Verlauf einer fünfjährigen Lesereise den Menschen in ganz Großbritannien. 1792 beteiligten sich 300 000 Menschen an einem Boykott gegen Zucker aus Westindien – der bis dahin größte Verbraucherboykott in der Menschheitsgeschichte. Im selben Jahr unterschrieben mehr Personen eine Petition gegen die Sklaverei, als es im damaligen Großbritannien Wahlberechtigte gab. Und im Parlament zog Wilberforce alle Register, um einen Stimmenblock zusammenzuzimmern, der stark genug sein würde, die Lobby der Schiffsreeder und Sklavenhändler auszustechen. Damals wie heute fanden politische Führer moralische Argumente dann am überzeugendsten, wenn dahinter ein klar artikulierter Wählerwille stand.

In den 1790er-Jahren war es gang und gäbe, die Abolitionisten als idealistische Moralapostel abzutun, die wirtschaftliche Sachzwänge nicht anerkannten und übergeordnete geopolitische Gegebenheiten wie etwa die von Frankreich ausgehende Bedrohung nicht begriffen. Analog dazu gelten heute der Terrorismus und wiederum wirtschaftliche Sachzwänge vielen als die eigentlich «schwerwiegenden» Themen. Doch sich über den moralischen Skandal, den die Entwürdigung von Frauen darstellt, zu entrüsten ist heute ebenso legitim, wie es die Empörung über die Sklaverei in den 1790er-Jahren war. In einigen Dutzend Jahren werden Leute auf unsere Zeit zurückblicken und sich fragen, wie eine Gesellschaft sich im 21. Jahrhundert mit einer Sexsklaverei abfinden konnte, die, wie gesehen, vom Umfang her den transatlantischen Sklavenhandel des 19. Jahrhunderts sogar noch übertrifft. Sie werden auch den Kopf darüber schütteln, dass wir achselzuckend in Kauf nehmen, dass durch unterlassene Investitionen in Müttergesundheit Jahr für Jahr eine halbe Million Frauen im Wochenbett einen qualvollen Tod stirbt.

Initiativen müssen auch von den Entwicklungsländern selbst ausgehen, und hier tut sich bereits einiges. In Indien, Afrika und Nahost drängen Männer und Frauen Seite an Seite auf mehr Gleichberechtigung. Diese Menschen brauchen unsere Unterstützung. In den 1960er-Jahren führten Dr. King und andere farbige Amerikaner die Bürgerrechtsbewegung an, aber sie erhielten entscheidende Hilfe von den Freedom Riders und anderen weißen Unterstützern. Auch die internationale Bewegung für Frauenrechte braucht heute wieder «Freedom Riders», Leute, die Briefe schreiben, Geld spenden oder ihre Zeit zur Verfügung stellen.

Zu alledem kommt, dass die Gleichstellung der Frau eine neue Dimension im Umgang mit geopolitischen Herausforderungen wie dem Terrorismus eröffnet. Unter dem Eindruck des 11. September 2001 versuchten die Vereinigten Staaten terroristischen Gefahren in Pakistan dadurch zu begegnen, dass sie 10 Milliarden Dollar in Gestalt von Hubschraubern, Feuerwaffen und Militär- sowie Wirtschaftshilfe in das Land pumpten. In den Jahren, in denen diese Militärhilfe floss, sank die Popularität der USA in Pakistan stetig, die Regierung Musharraf verlor an Stabilität, und die Extremisten gewannen immer mehr Sympathien. Man stelle sich vor, wir hätten das gleiche Geld stattdessen dafür eingesetzt, im ländlichen Pakistan Schulbildung und Mikrofinanzierungen, vermittelt durch einheimische Organisationen, zu fördern. Das hätte höchstwahrscheinlich zu einer wachsenden Beliebtheit der USA bei den Pakistanis und zu einer stärkeren Einbindung der Frauen in das gesellschaftliche Leben geführt. Wie wir an anderer Stelle gezeigt haben, gibt es Belege dafür, dass dort, wo Frauen mehr Mitsprache in der Gesellschaft bekommen, weniger Gewalt passiert. Swanee Hunt, ehedem US-Botschafterin in Österreich und danach Lehrkraft an der Harvard University, erinnerte sich an das typische Reaktionsmuster eines Pentagonbeamten, den sie kurz nach der US-Invasion in Irak im Frühjahr 2003 ansprach: «Als ich ihn drängte, seine Suche nach künftigen einheimischen Führungskräften, die bis dahin Hunderte von Männern und nur sieben Frauen erbracht hatte, auszuweiten, antwortete er: ‹Botschafterin Hunt, wir werden uns den Frauenfragen zuwenden, sobald wir hier für Sicherheit gesorgt haben.› Ich fragte mich, welche ‹Frauenfragen› er meinte – ich redete doch genau wie er von Sicherheit.»

Denken wir an die großen Fragen, die in diesem Jahrhundert auf uns zukommen werden. Dazu gehören Krieg, Unsicherheit und Terrorismus, Bevölkerungsdruck, Umweltbelastungen und der Klimawandel, Armut und riesige Einkommensunterschiede. Ein Bestandteil der Lösung für alle diese unterschiedlichen Probleme ist die Besserstellung der Frau. Auf der Hand liegt, dass schulische Bildung für Mädchen und deren Eingliederung ins reguläre Wirtschaftsleben ökonomische Dividenden abwerfen und mithelfen würden, die Armut auf der Welt zu verringern. Umweltbelastungen resultieren fast zwangsläufig aus starkem Bevölkerungswachstum; das beste Mittel, um die Geburtenrate in einer Gesellschaft zu reduzieren, besteht darin, Mädchen auf die Schule zu schicken und ihnen berufliche Perspektiven zu eröffnen. In eine ähnliche Richtung zielt unsere These, dass sich manche konfliktgeladenen Gesellschaften dadurch ein Stück weit befrieden ließen, dass man Frauen und Mädchen den Schulbesuch und den Einstieg ins Berufs- und Geschäftsleben erleichtern würde, einmal um die Wirtschaft auf Touren zu bringen, zum anderen um das hormonell gesteuerte Übermaß an männlichem Aktionsdrang in diesen Ländern zu drosseln. Wir würden nie die Behauptung wagen, die Besserstellung der Frau sei der Königsweg, aber wir sind überzeugt, dass sie eine ganze Reihe segensreicher Wirkungen entfalten würde, die weit über das Schließen einer Gerechtigkeitslücke hinausgehen.

Wenden wir uns für einen Augenblick Bangladesch zu. Es ist ein armes Land, politisch desorganisiert und mit einer enorm ungewissen Zukunft. Zugleich ist Bangladesch aber um vieles stabiler als Pakistan, von dem es bis 1971 ein Teil war. (Es hieß bis dahin Ostpakistan.) Nach der Abspaltung von Pakistan galt Bangladesch vielen erst einmal als hoffnungsloser Fall – als ein «basket case», wie Henry Kissinger es ausdrückte. Das Land zeichnete sich damals durch denselben Grad an politischer Gewalt und dürftiger politischer Führung aus wie Pakistan, aber heute sieht es so aus, als habe es die besseren Perspektiven. Es gibt viele Gründe für die divergente Entwicklung, darunter nicht zuletzt das Krebsgeschwür der Gewalt, das sich von Afghanistan nach Pakistan ausgebreitet hat, und die geistige Tradition des Bengalentums, die in Bangladesch einen mäßigenden Einfluss auf den Extremismus ausübt. Ganz sicher ist aber ein Grund für die größere Stabilität des heutigen Bangladesch der, dass das Land erheblich in seine Frauen und Mädchen investiert hat, mit dem Ergebnis, dass in Bangladesch ein Mädchen sehr viel größere Chancen hat, eine Schullaufbahn zu absolvieren und anschließend Arbeit zu finden, als in Pakistan. Das Endergebnis ist, dass Bangladesch heute eine beachtliche Zivilgesellschaft und eine gigantische Textilindustrie hat, voll ausstaffiert mit weiblichen Arbeitskräften, die den Motor eines dynamischen Exportsektors bilden.

Fast jeder, der in armen Ländern arbeitet, erkennt, dass Frauen die größte brachliegende Ressource der Dritten Welt sind. «Das Erste, was wir lernten, ist, dass die Männer oft lernresistent sind», sagte uns Bunker Roy, Leiter des Barefoot College, einer in Indien beheimateten Organisation, die Projekte in Asien, Afrika und Lateinamerika betreibt. «Deshalb arbeiten wir heute nur noch mit Frauen. Wir suchen uns eine Frau aus Afghanistan, aus Mauretanien, aus Bolivien, aus Timbuktu, und nach sechs Monaten haben wir sie zur Barfuß-Ingenieurin ausgebildet», mit Einsatzschwerpunkten bei der Wasserversorgung und in ähnlichen Bereichen.

Praktisch überall auf der Erde, wo Länder und Unternehmen Frauen gemäß ihren Fähigkeiten und Begabungen einsetzen, stellen sich Erfolge ein. «Anreize, um mehr Frauen den Weg in die Erwerbstätigkeit zu öffnen, haben sich als die stärkste einzelne Triebkraft für das Gedeihen des Arbeitsmarkts in der Eurozone erwiesen, sehr viel mehr als ‹konventionelle› Arbeitsmarktreformen», stellte Goldman Sachs in einem 2007 erschienenen Papier fest. Unstrittig ist auch, dass börsennotierte Unternehmen offensichtlich umso besser wirtschaften, je mehr Frauen sie in ihren Vorstandsetagen haben. Eine Analyse der unter den Fortune 500 gelisteten amerikanischen Firmen kam zu dem Ergebnis, dass die 25 Prozent unter ihnen mit den meisten weiblichen Vorstandsmitgliedern eine um 35 Prozent höhere Eigenkapitalrendite erwirtschafteten als die 25 Prozent mit den wenigsten Frauen im Management. Unter den japanischen Börsenschwergewichten schnitten die Unternehmen mit dem höchsten Frauenanteil in ihrer Belegschaft um fast 50 Prozent besser ab als die mit dem niedrigsten Frauenanteil. Die wahrscheinliche Ursache ist in allen diesen Beispielfällen nicht darin zu suchen, dass Frauen geniale Manager wären. Plausibler ist die Annahme, dass Unternehmen, die innovativ genug sind, Frauen gleiche Aufstiegschancen zu gewähren, auch die pfiffigeren sind, wenn es darum geht, geschäftliche Möglichkeiten frühzeitig zu erkennen und zu nutzen. Das ist das Wesensmerkmal eines nachhaltigen Geschäftsmodells. Die Betrauung von Frauen mit produktiveren Rollen in der Wirtschaft trägt außerdem dazu bei, das Bevölkerungswachstum einzudämmen und eine zukunftsfähige Gesellschaft auszubilden.

Vergegenwärtigen wir uns, wie teuer es eine Gesellschaft zu stehen kommt, die Hälfte der im Land vorhandenen menschlichen Ressourcen ungenutzt zu lassen: Frauen und Mädchen, die ihre Tage abgeschottet in finsteren Hütten zubringen müssen, die nichts lernen, keinen Beruf ausüben und nicht in der Lage sind, irgendetwas Nennenswertes zur Welt beizusteuern. Eine menschliche Goldader, die bekannt ist, aber nicht ausgebeutet wird. Die Konsequenz aus diesem Versäumnis, Mädchen etwas lernen zu lassen, ist ein Entwicklungsdefizit, das sich nicht nur in einem Milliardenminus beim BIP messen lässt, sondern auch in einem unausgeschöpften Potenzial von Milliarden IQ-Punkten.

Psychologen stellen schon seit längerer Zeit fest, dass die Intelligenz, wie sie bei IQ-Tests gemessen wird, im Lauf der letzten Jahrzehnte deutlich zugenommen hat, ein Phänomen, für das sich der Ausdruck Flynn-Effekt eingebürgert hat, nach dem neuseeländischen Intelligenzforscher James Flynn. Der durchschnittliche Intelligenzquotient der Amerikaner zum Beispiel stieg zwischen 1947 und 2002 um 18 Punkte. Im Verlauf von 30 Jahren nahm der IQ holländischer Rekruten um 21 Punkte und der spanischer Schulkinder um 10 Punkte zu. Ein Wissenschaftler hat die These aufgestellt, wenn amerikanische Schüler des Jahres 1932 im Jahre 1997 einen Intelligenztest absolviert hätten, wäre die Hälfte von ihnen als geistig zurückgeblieben (oder nahe daran) qualifiziert worden.

Die Ursachen für den Flynn-Effekt sind nicht vollständig geklärt, aber wir wissen, dass das Steigerungspotenzial vor allem bei Probanden mit niedrigeren IQ-Werten vorhanden ist, die möglicherweise Defizite im Bereich der Ernährung, der schulischen Bildung oder der Anregungen zum Lernen aufweisen. In manchen Ländern ist Jodmangel ein Faktor. In dem Maß, wie sich die Ernährungslage und die Bildungsmöglichkeiten einer Bevölkerung verbessern, erhöhen sich auch die durchschnittlichen Leistungswerte bei Intelligenztests. Insofern überrascht es nicht, dass sich ein besonders ausgeprägter Flynn-Effekt in Entwicklungs- bzw. Schwellenländern wie Kenia oder Brasilien gezeigt hat. In Kenia stieg der IQ von Kindern auf dem Land innerhalb von nur 14 Jahren um elf Punkte, ein steilerer Anstieg, als er je in einem westlichen Land beobachtet worden ist.

In armen Ländern sind es vor allem die Mädchen, die an Unterernährung – sowohl im physischen als auch im geistigen Sinn – leiden. Wenn wir diesen Mädchen Bildungsmöglichkeiten eröffnen, sie besser ernähren und ihnen Arbeitsmöglichkeiten bieten, werden sie es der Welt als Ganzer mit einem Zustrom an menschlicher Intelligenz danken – und werden den armen Ländern Staatsbürger und Führungspersönlichkeiten bescheren, die besser dafür gerüstet sind, die Probleme dieser Länder anzupacken. Das stärkste Argument, das wir gegenüber den politischen Führungen in den armen Ländern ins Feld führen können, ist nicht moralischer, sondern pragmatischer Natur: Wenn sie ein Interesse daran

Tererai Trent vor der
Wohnhütte in
Simbabwe, in der sie
geboren wurde

haben, ihren Volkswirtschaften neue Kraft einzuhauchen, tun sie gut daran, nicht zuzulassen, dass diese menschlichen Goldadern ungenutzt bleiben.

Zu den Gruppen, die sich aus diesen pragmatischen Gründen zunehmend auf die Förderung von Frauen konzentrieren, gehört Heifer International, eine Hilfsorganisation mit Sitz im US-Staat Arkansas, die Bauern in armen Ländern mit Kühen, Ziegen, Hühnern oder anderen Tieren versorgt. Ihr Vorsitzender ist Jo Luck, die einst unter dem früheren Gouverneur von Arkansas, Bill Clinton, im Kabinett saß. Nachdem Jo 1992 ihr Amt als Präsidentin von Heifer angetreten hatte, unternahm sie eine Reise nach Afrika, wo sie sich eines Tages in einem Dorf in Simbabwe wiederfand, inmitten einer Gruppe junger Frauen auf dem Boden sitzend. Eine von ihnen war Tererai Trent.

Tererai hat ein längliches Gesicht, hochsitzende Wangenknochen und eine mittelbraune Hautfarbe; sie hat eine hohe Stirn und eine Frisur aus eng über die Kopfhaut gezogenen Zöpfchen. Wie so viele andere Frauen in aller Welt weiß sie nicht, wann sie geboren worden ist – es gibt über sie keine standesamtlichen Dokumente. Sie meint, ihr Geburtsjahr könnte 1965 gewesen sein, schließt aber nicht aus, dass sie zwei Jahre jünger sein könnte. Als Kind erhielt Tererai nur wenig Schulunterricht, vor allem weil sie ein Mädchen war, von dem ihre Familie Mitarbeit im Haushalt erwartete. Sie hütete das Vieh und kümmerte sich um ihre jüngeren Geschwister. Ihr Vater pflegte zu sagen: Lasst uns unsere Söhne in die Schule schicken, denn sie werden die Brotverdiener sein. «Mein Vater und alle anderen Männer wussten, dass sie keine Alterssicherung hatten, also investierten sie in ihre männlichen Kinder.» Tererai erzählt von ihrem Bruder Tinashe, den die Familie zwang, die

Schule zu besuchen, obwohl er kein Interesse am Lernen zeigte. Tererai bettelte darum, in die Schule gehen zu dürfen, doch sie erlaubten es ihr nicht. Tinashe brachte jeden Nachmittag seine Schulbücher nach Hause, und Tererai vertiefte sich in sie und brachte sich selbst das Lesen und Schreiben bei. Nicht lange, und sie erledigte jeden Abend die Hausaufgaben ihres Bruders.

Der Lehrer wunderte sich bald: Tinashe war im Unterricht ein schlechter Schüler, brachte aber immer fehlerlose Hausaufgaben. Nach einiger Zeit bemerkte der Lehrer, dass die Hausaufgaben in einer anderen Handschrift geschrieben waren als die Klassenarbeiten, und er bestrafte Tinashe mit Peitschenhieben, bis der die Wahrheit gestand. Daraufhin suchte der Lehrer den Vater der Familie auf, erklärte ihm, Tererai sei eine große Begabung, und drängte ihn, dem Mädchen den Schulbesuch zu erlauben. Nach heftigem Hin und Her willigte der Vater ein, Tererai zwei Schuljahre absolvieren zu lassen, doch als sie etwa 11 Jahre alt war, verheiratete er sie ohne Vorwarnung.

Tererais Mann untersagte ihr, weiter die Schule zu besuchen, nahm es ihr übel, dass sie lesen und schreiben konnte, und schlug sie, wann immer er sie mit einem Fetzen von einer alten Zeitung erwischte, den sie nutzte, um sich im Lesen zu üben. Er schlug sie auch für viele andere Dinge. Tererai verabscheute ihre Ehe, sah aber keinen Ausweg. «Wenn du eine Frau bist und ungebildet, was bleibt dir übrig?», fragte sie uns.

Als jedoch Jo Luck in das Dorf kam und sich mit Tererai und den anderen jungen Frauen unterhielt, schärfte sie ihnen immer wieder ein, dass die Dinge nicht zwangsläufig so bleiben mussten, wie sie waren. Sie redete ihnen gut zu, ihre Ziele weiter zu verfolgen, und gebrauchte dabei wiederholt das Wort «erreichbar». Die Frauen merkten sich das Wort, nachdem es einige Male gefallen war, und baten die Dolmetscherin, ihnen genau zu erklären, was «erreichbar» bedeutet. Jo erblickte darin eine Chance, ihre Botschaft zu vertiefen. «Was sind eure Hoffnungen?», fragte sie die Frauen mithilfe der Dolmetscherin. Tererai und die anderen fanden die Frage verwirrend, weil sie eigentlich keine konkreten Hoffnungen hatten. Im Grunde hegten sie Misstrauen gegen diese weiße Frau, die ihre Sprache nicht konnte und ihnen merkwürdige persönliche Fragen stellte. Doch Jo ließ nicht locker und forderte sie auf, sich ihre Träume einzugestehen; widerstrebend begannen sie darüber nachzudenken, was sie vom Leben erwarteten. Tererai bekannte sich schüchtern zu ihrer Hoffnung, eine Schulbildung zu bekommen. Jo stieg darauf energisch ein und erklärte Tererai, dieses Ziel sei doch «erreichbar»; sie solle alle ihre

Ziele niederschreiben und systematisch an deren Verwirklichung arbeiten. Tererai konnte darin zunächst überhaupt keinen Sinn erkennen, war sie doch eine verheiratete Frau Mitte zwanzig. Es sind viele Metaphern benutzt worden für die Rolle, die Entwicklungshilfe spielen kann. Wir sehen sie gerne als so etwas wie ein Schmiermittel, ein paar Tropfen Öl, die, ins Kurbelgehäuse der Entwicklungsländer geflößt, im besten Fall bewirken, dass die Zahnräder wieder reibungslos ineinandergreifen und laufen. Dieser Modellvorstellung entsprach die Hilfe, die Heifer International in Tererais Dorf leistete. Tatsächlich bewog das gute Zureden Jo Lucks Tererai dazu, ihr persönliches Räderwerk in Gang zu setzen. Nachdem Jo und ihre Begleiter das Dorf verlassen hatten, wandte Tererai sich mit neuem Feuereifer dem Lernen zu, während sie zugleich ihre fünf Kinder versorgte und erzog. Sie ging weg, ins Dorf ihrer Mutter, um sich den Schlägen ihres Mannes zu entziehen. Mühsam und mithilfe von Freunden schrieb sie ihre Ziele auf ein Blatt Papier: «Eines Tages werde ich in die Vereinigten Staaten von Amerika gehen», lautete ihr erstes Ziel. Sie fügte hinzu, sie werde einen Hochschulabschluss machen, den Magistertitel und den Doktortitel erwerben – alles hochgradig absurde Träume für eine verheiratete Viehhirtin in Simbabwe, die nicht einmal ein Jahr regulären Schulunterricht genossen hatte. Tererai schlug das Papier in drei Lagen Plastikfolie ein, damit es heil blieb, und deponierte es in einer alten Blechbüchse. Die Blechbüchse begrub sie unter einem Felsstück an der Weide, wo sie ihr Vieh hütete.

In der Folge nahm Tererai Fernunterricht und begann zugleich Geld zu sparen. Ihr Selbstvertrauen nahm zu, weil sie sich als Schülerin glänzend schlug, und sie trat als Organisatorin von Dorfgruppen in die Dienste von Heifer International. Sie lieferte weiterhin glänzende Schulleistungen ab, mit denen sie alle in Erstaunen versetzte. Die Mitarbeiter von Heifer bestärkten sie in der Überzeugung, dass sie das Zeug hatte, in Amerika zu studieren. Eines Tages, es war im Jahr 1998, erhielt sie die Mitteilung, dass sie zum Studium an der Staatsuniversität von Oklahoma zugelassen war.

Einige ihrer Nachbarn waren der Meinung, eine Frau über 30 solle sich um die Ausbildung ihrer Kinder kümmern anstatt um ihre eigene. «Ich kann mir keine Gedanken über die Ausbildung meiner Kinder machen, wenn ich selbst keine habe», lautete die Antwort Tererais. «Wenn ich mir selber Bildung verschaffe, kann ich auch meinen Kindern welche geben.» Also bestieg sie das Flugzeug und düste nach Amerika.

Als Studentin in Oklahoma machte Tererai so viele Scheine, wie sie nur konnte, und jobbte abends und nachts, um Geld zu verdienen. Sie schaffte ihre Abschlussprüfung und kehrte danach in ihr Dorf zurück. Sie grub die Blechbüchse unter der Felsnase aus und nahm das Blatt Papier heraus, auf das sie ihre Ziele gekritzelt hatte. Sie setzte Häkchen neben die Ziele, die sie erreicht hatte, und vergrub die Büchse dann wieder.

Heifer International bot Tererai eine Stelle in Arkansas an, und sie begann zu arbeiten und studierte gleichzeitig nebenbei weiter, um ihren Magister zu machen. Nachdem sie das geschafft hatte, kehrte sie erneut in ihr Dorf zurück. Sie herzte ihre Kinder und Verwandten, buddelte dann die Büchse aus und hakte ihr zuletzt erreichtes Ziel ab. Danach ging sie daran, an der Western Michigan University ihren Doktor zu machen; ihre fünf Kinder hatte sie inzwischen nach Amerika geholt. Tererais Dissertation beschäftigt sich mit Aids-Programmen für die arme Bevölkerung Afrikas.

Tererai wird ein produktiver Aktivposten für Afrika werden, sowohl in gesellschaftlicher als auch in wirtschaftlicher Hinsicht, und all das dank eines kleinen Schubses und einer helfenden Hand von Heifer International. Und wir können sicher sein, dass Tererai, sobald sie ihren Doktor unter Dach und Fach hat, in ihr Dorf zurückfahren, ihre Lieben umarmen und dann sogleich auf die Weide hinauswandern und – vielleicht zum letzten Mal – ihre Blechdose ausbuddeln wird.

Es liegt eine breite Palette wissenschaftlicher Literatur über soziale Bewegungen vor, und viele ihrer Autoren haben darauf hingewiesen, dass eine der auffälligsten Veränderungen, die sich in jüngerer Zeit vollzogen haben, die Übernahme von Führungsposten durch Frauen ist. Vielleicht waren die Bürgerrechtsbewegung und die Protestbewegung gegen den Vietnamkrieg die letzten größeren Kampagnen dieser Art in den USA, bei denen die Führungspositionen überwiegend mit Männern besetzt waren. In der Folgezeit spielten Frauen maßgebliche Führungsrollen in so unterschiedlichen Bewegungen wie den Mothers Against Drunk Driving und dem Feminismus bzw. Antifeminismus. Während die Frauen in Politik, Wirtschaft und Verwaltung noch viel aufzuholen haben, sind sie in zivilen gesellschaftlichen Institutionen und Bewegungen in vielen Teilen der Welt zur dominierenden Kraft geworden. In den Vereinigten Staaten stehen heute die Universitäten Harvard, Princeton und MIT unter weiblicher Leitung, desgleichen die Ford- und die Rockefeller-Stiftung. Die im National Council of Women's Organizations zusammengeschlossenen Gruppierungen vertreten zehn Millionen Frauen. Analoge Entwicklungen zeigen sich auch in anderen Ländern. In Südkorea besetzen Frauen zwar nur 14 Prozent der Sitze in der Nationalversammlung, aber 80 Prozent der leitenden Positionen in den nichtstaatlichen Organisationen des Landes. In Kirgistan hat keine einzige Frau einen Parlamentssitz inne, aber dafür werden dort 90 Prozent aller nichtstaatlichen Organisationen von Frauen geführt.

Im 19. Jahrhundert schauten wohlhabende Amerikanerinnen verächtlich auf die Bewegung für das Frauenwahlrecht herab, während sie gleichzeitig großzügige Spenden für ausschließlich Knaben und Männern vorbehaltene Schulen und Hochschulen wie auch an Kirchen und wohltätige Organisationen verteilten. Oft legten reiche Frauen eine erstaunliche Freigebigkeit für Einrichtungen an den Tag, die Frauen offen benachteiligten. Die Bewegung für das Frauenwahlrecht sah sich daher gezwungen, sich Geldspenden vorwiegend von sympathisierenden Männern zu holen. Analog dazu lässt sich feststellen, dass in den zurückliegenden Jahrzehnten wohlhabende Amerikanerinnen sich nicht besonders spendabel gezeigt haben, wenn es um internationale Frauenanliegen ging; es gibt aber Anzeichen dafür, dass sich das ändern könnte. In der Welt der Philanthropie spielen amerikanische Frauen inzwischen eine zunehmend wichtigere Rolle, und «Frauenfonds», aufgelegt für die Unterstützung von Frauen und Mädchen, erleben einen Boom. Allein in den Vereinigten Staaten gibt es heute mehr als neunzig davon.

Die Zeit scheint also reif zu sein für eine neue Emanzipationsbewegung mit dem Ziel, Frauen und Mädchen in aller Welt zu stärken. Die Politiker sollten aufmerken: Bei einer 2006 in den USA durchgeführten Umfrage bezeichneten 60 Prozent der Befragten eine «verbesserte Behandlung von Frauen in anderen Ländern» als ein «sehr wichtiges» Ziel der amerikanischen Außenpolitik. (Weitere 30 Prozent erklärten dieses Ziel für «einigermaßen wichtig».)

Die Bewegung sollte sich diesen Grundsätzen verschreiben:

- Nach Möglichkeit breite Bündnisse über liberale und konservative Grenzlinien hinweg anstreben. Das macht es sehr viel leichter, praktische Ergebnisse zu erzielen.
- Der Versuchung widerstehen, zu dick aufzutragen. Die humanitäre Gemeinde hat schon zu oft ihre Glaubwürdigkeit durch überzogene Prophezeiungen untergraben. (Unter Journalisten kursiert

der Witz, die Hilfsorganisationen hätten zehn der letzten drei Hungersnöte vorausgesagt.

) Wissenschaftliche Arbeiten über Frauenprobleme kommen in aller Regel von Personen, die leidenschaftliche Überzeugungen in Fragen der Geschlechtergerechtigkeit mit- und in ihre Arbeit einbringen. Es empfiehlt sich, ihre Befunde mit Vorsicht zu genießen. Übertreibungen stiften keinen Nutzen.

• Frauen zu helfen bedeutet nicht, die Männer außen vor zu lassen. Es ist zum Beispiel überaus wichtig, die Entwicklung vaginaler Mikrobizide finanziell zu fördern, das sind Cremes, die Frauen auch ohne Wissen ihres Partners anwenden können, um sich vor einer HIV-Ansteckung zu schützen. Aber es kann für Frauen ebenso hilfreich sein, wenn Knaben und Männer sich beschneiden lassen, denn das bremst die Ausbreitung von Aids und verringert die Gefahr, dass Männer ihre Partnerinnen infizieren.

• Der amerikanische Feminismus muss seine Provinzialität überwinden, muss sich für Sexsklaverei in Asien ganz genauso interessieren wie für die Frage, ob staatlich geförderte Sportprogramme in Illinois dem Gleichstellungsgebot des Title IX entsprechen. Er ist bereits auf einem guten Weg in diese Richtung. Analog gilt für religiöse Amerikaner, dass sie sich für das Leben afrikanischer Frauen ebenso vehement einsetzen sollten wie für den Schutz des ungeborenen Lebens. Kurz und bündig: Wir alle sollten weltoffener werden und ein geschärftes Bewusstsein für die Unterdrückung von Frauen in aller Welt entwickeln.

Wenn es einen fünften Grundsatz gäbe, dann müsste er lauten: Die ersten vier nicht so überaus wichtig nehmen. Flexibilität muss für jede Bewegung das oberste Gebot sein; sie sollte bedingungslos empirisch agieren und sich alle Optionen für die Anpassung ihrer Strategien an Land und Leute offenhalten. Ein Beispiel: Wir haben mehr als einmal die Erkenntnis referiert, dass Schulbildung für Mädchen das beste Mittel ist, um die Geburtenrate zu senken, die Kindergesundheit zu verbessern und eine gerechtere und dynamischere Gesellschaft zu erreichen. Doch kurz vor der Drucklegung dieses Buches sind uns zwei neue Studien untergekommen, die einen ganz anderen Ansatz für eine grundstürzende Veränderung von Fortpflanzungsmustern und Geschlechterrollen in den Dörfern von Entwicklungsländern aufzeigen, und zwar durch das Fernsehen. Eine dieser Studien, durchgeführt von Eliana La Ferrara, eine italienische Entwicklungsökonomin, untersuchte den Einfluss des brasilianischen Fernsehsenders Rede Globo, der mit seinen Telenovelas bekannt und berühmt wurde, Serienformaten vom Typus Seifenoper, die sich einer riesigen Fangemeinde erfreuen und deren Hauptfiguren junge Frauen mit wenigen Kindern sind. Wie sich empirisch nachweisen lässt, ging immer dann, wenn Globo ein neues Sendegebiet in Brasilien hinzugewann, in den darauffolgenden Jahren die Geburtenrate in diesem Gebiet zurück – besonders bei Frauen aus der Unterschicht und bei Frauen, die sich dem Ende ihrer gebärfähigen Lebensphase näherten. Das lässt den Schluss zu, dass diese Frauen sich bewusst entschlossen, keine Kinder mehr zu bekommen, dem Vorbild der von ihnen so bewunderten Serienheldinnen nacheifernd.

Eine zweite Studie konzentrierte sich auf die Auswirkungen des Fernsehens auf die Menschen im ländlichen Indien. Zwei Gelehrte, Robert Jensen von der Brown University und Emily Oster von der University of Chicago, fanden heraus, dass in Dörfern, die neu an das Kabelfernsehnetz angeschlossen wurden, in der Folgezeit die Frauen an Autonomie hinzugewannen – indem sie sich zum Beispiel zutrauten, das Haus ohne Erlaubnis ihres Mannes zu verlassen oder auf Mitsprache bei den den Hausstand betreffenden Entscheidungen zu pochen. Des Weiteren sank in den betreffenden Dörfern die Zahl der Geburten, und weniger Frauen erklärten, dass sie sich über einen Sohn mehr freuen würden als über eine Tochter. Die Prügelstrafe für Ehefrauen verlor an Akzeptanz, und die Familien wurden offener dafür, auch ihre Töchter in die Schule zu schicken.

Diese Veränderungen brachen sich Bahn, weil das Fernsehen neue Ideen und Anregungen in diese bislang isolierten Dörfer brachte, in denen bis dahin eine sehr konservative und traditionsverhaftete Mentalität geherrscht hatte. Vor dem Anschluss an das Kabelfernsehen hatten 62 Prozent der Frauen in den untersuchten Dörfern es für akzeptabel erklärt, dass ein Ehemann seine Frau schlug, und 55 Prozent der Frauen hatten sich als ihr nächstes Kind einen Sohn gewünscht. (Von den anderen 45 Prozent wünschte sich fast keine ausdrücklich eine Tochter, sie waren in dieser Frage indifferent.) Nicht weniger als zwei Drittel der Frauen erklärten, sie müssten die Erlaubnis ihres Mannes einholen, wenn sie Freundinnen besuchen wollten.

Dann kamen mit dem Fernsehen neue Ideen ins Dorf. Die meisten der in Indien besonders populären Kabelfernsehsendungen sind Seifenopern, die in Mittelschichtfamilien in den Großstädten spielen; Frauen gehen in diesen Serien einer Erwerbsarbeit nach und kommen und gehen, wie es ihnen beliebt. Die Fernsehzuschauer in den Dörfern kamen zu der Erkenntnis, dass der zeitgemäße Umgang mit Frauen offenbar darin besteht, sie wie Menschen zu behandeln. Die Auswirkungen waren enorm: «Die Einführung des Kabelfernsehens hat ungefähr denselben Effekt wie fünf Jahre Schulbesuch für Mädchen», konstatierten die Professoren. Daraus ist nicht der Schluss zu ziehen, dass wir uns von Programmen zur Förderung des Schulbesuchs von Mädchen verabschieden und uns darauf konzentrieren sollten, in den dörflichen Hochburgen der Frauenverprügler möglichst schnell das Kabelfernsehen einzuführen – noch sind diese Befunde tentativ und müssen durch Kontrollstudien in anderen Regionen verifiziert werden. Doch sollte, wie bereits gesagt, jede Initiative und Bewegung, die das Los von Frauen verbessern möchte, bereit sein, kreativ dazuzulernen und neue Ansätze und technische Möglichkeiten in ihre Arbeit einzubeziehen.

Die Agenda der Bewegung sollte breit angelegt sein und niemanden ausgrenzen, die Konzentration sollte dabei vier schlimmen Realitäten des Alltags in den meisten armen Ländern gelten: der Müttersterblichkeit, dem Handel mit Mädchen und ihrer Versklavung, der sexuellen Gewalt und den routinemäßigen täglichen Benachteiligungen, die dazu führen, dass sehr viel mehr Mädchen als Jungen sterben. Zu den Mitteln, mit denen diese Herausforderungen bewältigt werden können, gehören Schulbildung für Mädchen, Familienplanung, Mikrofinanzierungen und die «Besserstellung» der Frauen in jeder erdenklichen Hinsicht. Ein brauchbares Instrument für die Arbeit im Sinne dieser Ziele ist die Konvention zur Beseitigung aller Formen von Diskriminierung, abgekürzt CEDAW nach der englischen Bezeichnung «Convention on the Elimination of All Forms of Discrimination». Dieses Vertragswerk verabschiedete die Generalversammlung der Vereinten Nationen schon 1979, und bis heute sind ihm 185 Staaten beigetreten. Die USA weigern sich allerdings bis heute, die Konvention zu ratifizieren, aus Rücksicht auf Bedenken der Republikaner, die CEDAW könne einen Zacken aus der Krone der amerikanischen Souveränität brechen, weil damit die Abtretung gewisser Hoheitsrechte an eine internationale Institution verbunden sei. Diese Bedenken sind absurd. Die Vereinten Nationen sollten zusätzlich eine mit Autorität ausgestattete Behörde ins Leben rufen, die für mehr Geschlechtergerechtigkeit sorgt. (Theoretisch gibt es eine solche, sie heißt UNIFEM, ist aber ein Zwerg.) Die Vereinigten Staaten sollten nach dem Vorbild Großbritanniens ein spezielles Kabinettsressort einrichten, ausgestattet mit dem Mandat, alles, was auf der außen- und entwicklungspolitischen Tagesordnung steht, auf Kompatibilität mit dem Diskriminierungsverbot zu überprüfen. Dieses Ressort sollte sein besonderes Augenmerk auf die Rolle der Frauen richten.

Wie wir aufgezeigt haben, dürfte sich die Lebenswirklichkeit in einem afrikanischen Dorf letztlich wohl kaum aufgrund der CEDAW oder eines neuen amerikanischen Kabinettsressorts verändern, sondern viel eher durch eine neue Schule oder Klinik, die in diesem Dorf entsteht. Nichts gegen UN-Konferenzen über die Verbesserung des Schulwesens, aber manchmal ist es fruchtbarer, wenn Geld in konkrete Projekte vor Ort fließt. Wir würden nur zu gerne den Tag erleben, der eine basisdemokratische Bewegung, feministische Organisationen und evangelikale Kirchen – und alles, was zwischen diesen beiden liegt – dazu bringen würde, an einem Strang zu ziehen, und den Präsidenten und den Kongress der Vereinigten Staaten auffordern würde, drei konkrete Initiativen auf den Weg zu bringen. Im Idealfall würden diese Initiativen mit ähnlich orientierten Kampagnen in Europa, Japan und anderen Geberländern koordiniert werden, doch könnten sie im Notfall auch als amerikanische Alleingänge an den Start gehen.

Die erste dieser drei Initiativen wäre eine auf fünf Jahre angelegte, mit 10 Milliarden Dollar dotierte Kampagne für eine bessere Mädchenbildung in aller Welt, die das Defizit der Frauen in Sachen Schulbildung verringern würde. Diese Initiative würde sich in erster Linie auf Afrika konzentrieren, würde aber auch asiatische Länder wie Afghanistan und Pakistan in ihrem Bemühen um eine bessere Mädchenbildung bestärken und unterstützen. Das Ziel würde darin bestehen, nicht nur neue Schulen zu finanzieren, die auf der Fassade die Widmung «Gespendet vom amerikanischen Volk» tragen, sondern würde durch Versuch und Irrtum die kostengünstigsten Mittel und Wege für die Förderung von mehr Bildung finden. In manchen Ländern bringt es vielleicht schon viel, Mädchen aus armen Familien Schuluniformen zur Verfügung zu stellen oder flächendeckende Entwurmungsaktionen durchzuführen oder für die besten Schülerinnen Stipendien auszusetzen oder jungen Mädchen bei der Bewältigung des Problems Menstruation zu helfen oder die Verpflegung in der Schule zu verbessern oder das mexikanische «Oportunidades»-Programm nach Afrika zu exportieren. Diese und andere Ideen sollten mit rigorosen wissenschaftlichen Methoden getestet und die Ergebnisse von unabhängigen Evaluatoren bewertet werden, sodass man mit Gewissheit feststellen kann, welche Variante die kosteneffektivste ist.

Die zweite Initiative wäre die Finanzierung einer globalen Kampagne zur Jodierung des Speisesalzes in armen Ländern; damit könnte verhindert werden, dass Millionen Kinder infolge eines chronischen Jodmangels in der vorgeburtlichen Phase ihres Gehirnwachstums einen Verlust von rund 10 IQ-Punkten erleiden. Wie bereits in dem Kapitel über Mädchenbildung ausgeführt, sind weibliche Feten besonders anfällig für Störungen des Gehirnwachstums, wenn die werdende Mutter unter Jodmangel leidet; daher wären Mädchen die Hauptnutznießerinnen einer solchen Kampagne. Kanada fördert bereits heute die Micronutrient-Initiative, die unter anderem die Jodierung von Speisesalz vorantreibt, aber es bleibt noch so viel mehr zu tun – und der Gedanke ist quälend, dass so viele Mädchen in ihrer Gehirnentwicklung irreversibel zurückgeworfen werden, wo doch die Jodierung des Speisesalzes in den Ländern, in denen sie nach wie vor dringend nottut, für nur 15 Millionen Euro pro Jahr machbar wäre. Eine solche Jodierungskampagne würde also vergleichsweise wenig kosten und würde unterstreichen, dass bei aller Kritik an Entwicklungshilfe doch noch einiges gemacht werden kann, was billig, sinnvoll, einfach und höchst kosteneffektiv ist. Salz mit Jod zu versetzen mag kein glanzvolles Projekt sein, aber es bringt mehr Butter bei die Fische als fast alle anderen Formen von Entwicklungshilfe.

Die dritte Initiative wäre ein auf zwölf Jahre angelegtes, 1,2 Milliarden Euro teures Projekt mit dem Ziel, die Unterleibsfistel ganz auszumerzen und, Hand in Hand damit, die Voraussetzungen für eine groß angelegte internationale Kampagne gegen die Müttersterblichkeit zu schaffen. Dr. L. Lewis Wall, Präsident und Direktor des Worldwide Fistula Fund, hat zusammen mit Michael Horowitz, einem konservativen Propagandisten humanitärer Hilfe, einen detaillierten Vorschlag für eine solche Kampagne ausgearbeitet. Der Plan sieht die Einrichtung von 40 Fistelzentren vor, verteilt über ganz Afrika, dazu die Gründung eines neuen Instituts, zuständig für die Koordinierung der Kampagne. Die Unterleibsfistel ist eines der wenigen Themen, bei denen sich Demokraten und Republikaner einig sind, und eine Kampagne für ihre Ausmerzung würde das Bewusstsein für die Notwendigkeit einer besseren Schwangerenbetreuung schärfen. Eine solche Kampagne würde demonstrieren, dass Hilfe selbst für einige der verlassensten und verzweifeltsten Frauen auf der Erde möglich ist, könnte zu einem höheren Niveau der medizinischen Geburtshilfe in Afrika führen und den nötigen Elan produzieren, um weitergehende Schritte zur Bekämpfung der Müttersterblichkeit zu tun.

Diese drei Initiativen – Kampagnen für die Finanzierung von mehr Schulunterricht für Mädchen, flächendeckende Jodierung von Speisesalz, um einer retardierten geistigen Entwicklung vorzubeugen, und Ausmerzung der Unterleibsfistel – würden nicht alle Probleme lösen, unter denen die Frauen dieser Welt leiden. Doch würde ein Handeln im Sinne dieser Vorgaben die zugrunde liegenden Missstände auf der Tagesordnung der internationalen Politik ein Stück weit nach oben befördern und mögliche Lösungen für die Probleme sichtbar machen. Wenn die Menschen erst einmal sehen, dass es Lösungen gibt, werden sie eher bereit sein, selbst zu helfen, und viele weitere Ideen für wirksame Hilfe beisteuern.

Je mehr Menschen in der westlichen Welt die Bewegung erreicht, desto besser. Am meisten Wirkung erzielen die Unterstützer, die nicht nur Geld, sondern auch ihre Zeit zur Verfügung stellen, indem sie sich zum Dienst an vorderster Front melden. Es ist gut, wenn Armut Sie nicht kaltlässt, aber es ist besser, Armut zu verstehen, als nur dagegen zu sein. Und ein Verständnis der Armut und ihrer Ursachen gewinnt man dadurch, dass man sie eine Zeit lang direkt beobachtet und erlebt.

In unseren Abschnitten über die Sexsklaverei erwähnten wir Urmi Basu, die in Kalkutta das New Light betreibt, ein Refugium für ehemalige Sexsklavinnen. Im Verlauf der Jahre haben wir mehrere Amerikanerinnen dazu bewogen, eine Zeit lang ehrenamtlichen Dienst bei New Light zu machen, zum Beispiel den Kindern von Prostituierten Englischunterricht zu erteilen; sie alle fanden die Erfahrung anfänglich fast unerträglich. Eine der Frauen, die wir zu Urmi brachten, war Sydnee Woods, die als Juristin für die Stadt Minneapolis arbeitete, aber in diesem Job nicht alles fand, was sie vom Leben erwartete. Sie bat ihren Chef um 90 Tage unbezahlten Urlaub, um in Indien bei New Light zu arbeiten, was er rundweg ablehnte. Daraufhin kündigte Sydnee, verkaufte ihr Haus und zog nach Kalkutta. Sie tat sich ziemlich schwer mit der Eingewöhnung. Wie sie in einer E-Mail an uns berichtete:

Ich brauchte ungefähr sechs Monate, bis ich es schaffte, mir einzugestehen, dass ich Indien hasse (na ja, zumindest Kalkutta). Was ich wirklich absolut toll fand, war New Light – die Kinder, die Mütter, die Mitarbeiter, die anderen Ehrenamtlichen, Urmi. Aber alles andere, was mit meinem Aufenthalt in Kalkutta zu tun hatte, hasste ich. Ich stellte fest, dass es extrem schwierig war, in dieser Stadt eine alleinstehende schwarze Amerikanerin zu sein. Ich wurde ständig beargwöhnt – nicht so sehr wegen meiner Hautfarbe, sondern weil ich nicht verheiratet war und oft ohne Begleitung unterwegs (im Restaurant, im Einkaufszentrum usw.). Das Angestarrtwerden war emotional anstrengend, und ich glaube nicht, dass ich mich jemals wirklich daran gewöhne.

Mit Schuldgefühlen, dass unsere Überredungskunst ihr eine so schmerzvolle Erfahrung beschert hatte, fragten wir Sydnee, ob wir daraus schließen müssten, dass sie es bereute, nach Indien gegangen zu sein. Würde sie anderen empfehlen, sich auf so etwas einzulassen? Wenig später traf eine E-Mail-Antwort ein, die ganz anders klang:

Ich bin so froh, dass ich hingegangen bin. Ich überlege gerade, nächstes Jahr wieder zu New Light zu gehen. Ich habe mich in alle die Kinder verliebt, aber zwei von ihnen, die Geschwister Joya und Raoul (sie sind, glaube ich, vier und sechs), sind mir wirklich ans Herz gewachsen, und ich bin fest entschlossen, alles zu tun, damit sie eine Schulbildung bekommen und aus Kalighat [dem Rotlichtbezirk] herauskommen. Ich weiß, dass ich dort etwas Gutes bewirkt habe, und das macht mich zufrieden. Die Erfahrung (im Guten wie im Schlechten) hat mich für immer verändert. Ich bin unglaublich gelassen geworden und jetzt sehr viel besser in der Lage, mit Rückschlägen und Notlagen fertig zu werden. Ich war vorher nie ins Ausland gereist (abgesehen von Urlaubsreisen nach Bermuda, Mexiko und den Bahamas), und jetzt kann ich mir ein Leben ohne möglichst viele Auslandserfahrungen nicht mehr vorstellen. Ich habe in Indien Freunde fürs Leben gefunden. Es lässt sich nur schwer in Worte fassen – aber ich bin ein anderer, besserer Mensch geworden. Ich würde es auf jeden Fall empfehlen – besonders anderen alleinstehenden schwarzen Frauen. Es war schwierig – aber notwendig. Indien verändert dich es konfrontiert dich mit Erkenntnissen über dich selbst, denen du bis dahin vielleicht lieber aus dem Weg gegangen bist. Aus meiner Sicht kann das nur etwas Gutes sein. Für mich war es gut.

In der Tat: Der Wunsch, anderen zu helfen, mag der primäre Beweggrund sein, dessentwegen sich jemand dieser globalen Bewegung anschließt, aber das Ergebnis ist oft, dass man auch sich selbst etwas Gutes tut. Wie Sir John Templeton es formuliert hat: «Das beste Mittel der Selbstvervollkommnung ist das Bemühen, anderen zu helfen.» Die Sozialpsychologie hat in den zurückliegenden Jahren eine Menge über das Glücksempfinden herausgefunden, und eine ihrer überraschenden Erkenntnisse ist die, dass die Dinge, von denen wir glauben, sie würden uns glücklich machen, dieses Kunststück nicht fertigbringen. Menschen zum Beispiel, denen ein hoher Lottogewinn zufällt, erleben ein kurzes Hochgefühl, gewöhnen sich dann aber an ihre neue Situation, und nach einem Jahr sind sie nicht messbar glücklicher als Leute, die nicht im Lotto gewonnen haben. Es scheint, als sei unser «Glückspegel» im Wesentlichen Ausdruck unserer inneren Befindlichkeit und kaum durch äußere Umstände, gute oder schlechte, beeinflussbar. Dialysepatienten im Endstadium fühlen sich nicht unglücklicher als Angehörige einer Kontrollgruppe aus gesunden Menschen. Personen, die durch einen Unfall eine bleibende Behinderung erleiden, gehen durch eine Phase, in der sie zutiefst unglücklich sind, finden dann aber rasch ein neues Gleichgewicht. Eine Studie ergab, dass Unfallopfer, die eine Querschnittslähmung erlitten haben, schon einen Monat nach dem Ereignis die meiste Zeit über relativ gut gelaunt waren. Andere Untersuchungen ergaben, dass Menschen mit einer mittleren Behinderung innerhalb von zwei Jahren nach Eintritt der Behinderung wieder das Zufriedenheitsniveau erreichen, das sie in ihrer vorausgegangenen Lebensphase hatten. Jonathan Haidt, Psychologe an der Universität von Virginia und spezialisiert auf Glücksforschung, hat die Ergebnisse seiner Untersuchungen zu der folgenden Lebensweisheit destilliert: Ob du von einem Lastwagen angefahren wirst und mit einer Querschnittslähmung aufwachst oder ob du im Lotto gewinnst, wird sich schon ein Jahr später kaum noch auf deinen Glückspegel auswirken.

Professor Haidt und andere haben jedoch auch betont, dass es ein paar Faktoren gibt, die unsere Wahrnehmung von Glück dauerhaft beeinflussen *können*. Einer davon ist «eine Verbindung zu etwas Größerem» – zu einem das eigene Leben transzendierenden Anliegen wie etwa einer humanitären Sache. Traditionell waren es solche «Glücksanreize», die die Menschen veranlassten, sich Kirchen und anderen religiösen Einrichtungen anzuschließen, doch ist prinzipiell jede Bewegung oder humanitäre Initiative in der Lage, jenes Gefühl der Sinnhaftigkeit zu erzeugen, das unser Glücksempfinden erhöht. Wir sind neurologisch so angelegt, dass wir einen großen persönlichen Gewinn aus unserem Altruismus ziehen können.

In diesem Sinne hoffen wir, dass viele von Ihnen sich dieser wachsenden Gemeinde anschließen und die humanitären Bewegungen im Rahmen Ihrer Möglichkeiten unterstützen – sei es durch einen ehrenamtlichen Einsatz an der Schule von Mukhtar Mai in Pakistan, sei es, indem

Sie sich an den Briefkampagnen von Equality Now beteiligen oder Geld an Tostan spenden und so mithelfen, dass in einem weiteren afrikanischen Dorf Aufklärungsarbeit über die genitale Beschneidung geleistet werden kann. Stöbern Sie in der Liste der Hilfsorganisationen im Anhang dieses Buches, oder besuchen Sie www.charitynavigator.org. Finden Sie eine Organisation oder zwei, für die Sie etwas tun möchten. Traditionell haben sich Philanthropen und Mäzene zu wenig für die Rechte von Frauen in anderen Ländern interessiert und haben ihr Geld stattdessen lieber für Dinge mit elitärem Anspruch gespendet, für Balletttheater oder Kunstmuseen zum Beispiel. Wir könnten die Entstehung einer mächtigen internationalen Frauenrechtsbewegung erleben, wenn unsere Philanthropen ähnlich viel Geld für reale Frauen spenden würden wie für Gemälde oder Skulpturen von Frauen.

Es liegt nicht in unserer Absicht, Ihnen einzureden, dass alle Spendengelder, die Sie lockermachen, ausschließlich unterdrückten Frauen in den Entwicklungsländern zugute kommen sollten; das entspräche auch nicht unserer eigenen Spendenpraxis. Wir hoffen lediglich, dass Sie einen Teil Ihrer Spenden in diese Richtung lenken – und dass Sie nicht nur Geld, sondern auch etwas von Ihrer Zeit hierfür bereitstellen. Ein Teil der Einkünfte aus dem Verkauf dieses Buches wird an einige der hier vorgestellten Organisationen gehen.

Wenn Sie Schüler oder Student sind, finden Sie heraus, ob Ihre Schule oder Hochschule Kurse oder Studiengänge oder Auslandsprogramme im Angebot hat, die sich diesen Themen widmen. Denken Sie darüber nach, sich für ein ehrenamtliches Praktikum bei einer dieser Organisationen anzumelden. Oder legen Sie vor oder nach Ihrem Studium ein Pausenjahr ein, um zu reisen oder ein Praktikum zu machen. Wenn Sie Kinder haben, fahren Sie mit ihnen nicht nur nach London, sondern auch einmal nach Indien oder Afrika. Wenn in Ihrer Stadt Wahlkampf ist, stellen Sie den Kandidaten Fragen nach Müttersterblichkeit und Schwangerengesundheit. Schreiben Sie einen Leserbrief an Ihre Lokalzeitung, und fordern Sie einen kräftigen Schub für die Mädchenbildung in den Entwicklungsländern.

Wir befinden uns mitten in einer Zeitenwende: einem Wandel in der Rolle der Frau vom Arbeitstier und Sexspielzeug zum vollwertigen menschlichen Wesen. Die wirtschaftlichen Vorteile einer Gleichstellung der Frauen sind immens, und sie haben schon einige Staaten dazu bewogen, Schritte in diese Richtung zu unternehmen. Nicht mehr lange, und wir werden Sexsklaverei, Ehrenmorde und Säureattacken als ebenso unfassbare Perversionen betrachten wie das Füßebinden im alten China. Die Frage ist, wie lange diese Wende im Denken dauern wird und wie viele Mädchen noch in Bordelle verschleppt werden, bevor sie vollzogen ist – und ob Sie Mitwirkende an dieser historischen Bewegung sein werden oder lediglich Zuschauer.

Vier Dinge, die Sie in den nächsten zehn Minuten tun können

Der erste Schritt ist der schwerste, deshalb stellen wir Ihnen ein paar Dinge vor, die Sie jetzt gleich tun können:

1. Besuchen Sie die Website *www.globalgiving.org* oder *www.kiva.org*, und registrieren Sie sich als Benutzer. Beide Sites sind vom Typus «People to People» (P2P), was bedeutet, dass sie Sie direkt mit einer Hilfe brauchenden Person in einem Entwicklungsland kurzschließen können, was sie zu idealen Akklimatisierungsschleusen macht. Global Giving bietet Ihnen eine Auswahl bodennaher Projekte in den Bereichen Bildung, Gesundheit und Katastrophenhilfe, an die Sie Geld spenden können. Kiva eröffnet Ihnen dieselbe Möglichkeit für Mikrokredite an Jungunternehmer. Durchstöbern Sie die Sites, um ein Gefühl für die Bedürfnisse der Hilfesuchenden zu bekommen, und spenden oder leihen Sie Ihr Geld denen, die Ihnen am meisten zusagen. Wenn Sie wollen, können Sie Ihre Spende oder Ihren Kredit auch als Geschenk für ein Familienmitglied oder einen Freund deklarieren. Oder probieren Sie es mit einer dritten Site, *www.givology.com*. Studenten von der Universität von Pennsylvania habe diese Website gestartet, um Kindern in Entwicklungsländern den Besuch der Grundschule zu ermöglichen. Die Site konzentrierte sich ursprünglich auf China, hat aber inzwischen ihren Wirkungsbereich auf Indien und Afrika ausgedehnt. Über Global Giving haben wir, um nur

ein Beispiel zu nennen, ein Programm unterstützt, das versucht, von zu Hause ausgerissene Mädchen in Mumbai vom Abgleiten in die Prostitution abzuhalten, während wir bei Kiva einer Frau in Paraguay, die Möbel herstellt, mit einem Kredit geholfen haben.

2. Fördern Sie ein Mädchen oder eine Frau durch Plan International, Women for Women International, World Vision oder den American Jewish World Service. Wir selbst haben uns für Plan International entschieden und stehen in ständigem Briefwechsel mit «unseren Kindern» und haben sie auch schon besucht. Eine solche Förderpatenschaft ist auch ein guter Weg, um Ihren eigenen Kindern klarzumachen, dass nicht alle Kinder auf der Welt einen iPod haben.

3. Lassen Sie sich bei *www.womensenews.org* und *www.worldpulse.com*, einem ähnlichen Dienstleister, als Empfänger von E-Mail-Updates registrieren. Beide Organisationen verbreiten Informationen über an Frauen begangene Verbrechen und geben manchmal Empfehlungen für Dinge, die Sie als Empfänger der Meldungen tun können.

4. Werden Sie Mitglied des Aktionsnetzwerkes CARE auf *www.can.care.org*. Dieses Netzwerk kann Ihnen helfen, Ihre Stimme zu erheben, auf Politiker einzuwirken und deutlich zu machen, dass die Öffentlichkeit ein entschiedenes Vorgehen gegen Armut und Ungerechtigkeit wünscht. Dieses bürgerschaftliche Engagement für Menschen, die unsere Hilfe brauchen, ist eine wesentliche Voraussetzung dafür, dass sich etwas ändert. Wie bereits gesagt, werden es nicht Präsidenten, Minister oder Kongressabgeordnete sein, die die Speerspitze dieser Bewegung bilden werden, ebenso wenig wie ihre Vorgänger im 19. und 20. Jahrhundert die Speerspitzen der Abolitionisten- oder der Bürgerrechtsbewegung waren –, doch wenn die Politiker Wählerstimmen wittern, werden sie spuren. Die Regierung wird dort tätig, wo unser nationales Interesse auf dem Spiel steht; dagegen muss, wie die Geschichte immer wieder gezeigt hat, immer dann, wenn unsere Werte auf dem Spiel stehen, die Initiative von gewöhnlichen Bürgern wie Ihnen ausgehen.

Diese vier Schritte erfüllen schlicht den Zweck, das Eis zu brechen. Wenn Sie das geschafft haben, durchforsten Sie die Liste der im Anhang aufgeführten Organisationen. Finden Sie eine, deren Arbeit Ihnen besonders sinnvoll erscheint – und dann springen Sie. Tun Sie sich mit Freunden zusammen, oder gründen Sie einen Geberverein, um Ihre Wirkung zu vervielfachen. Also – frisch ans Werk, auf dass der Tag, an dem die Frauen wirklich die Hälfte des Himmels stützen, ein wenig früher kommen möge.

ORGANISATIONEN, DIE FRAUEN UNTERSTÜTZEN

Hier ein Überblick über einige der Gruppen, die schwerpunktmäßig Frauen in Entwicklungsländern unterstützen. Es gibt selbstverständlich viele andere hervorragende Hilfsorganisationen, zum Beispiel das International Rescue Committee, Save the Children oder das Mercy Corps, die hier nicht aufgeführt sind, weil sie sich nicht speziell um Frauen kümmern. Diese Aufzählung ist nicht erschöpfend, eher ein ziemlich kapriziöses Kompendium von Gruppen, die wir in Aktion gesehen haben. Mehr als ein Einstieg in vertiefende Recherchen soll es nicht sein. Zwei nützliche Websites, auf denen sich weiterführende Informationen über Hilfsorganisationen finden, sind *www.charitynavigator.org* und *www.givewell.net*.

34 Million Friends of UNFPA, *www.34millionfriends.org*, unterstützt die Arbeit des Population Fund der Vereinten Nationen, ähnlich wie Americans for UNFPA, *www.americansforunfpa.org*.

Afghan Institute of Learning, *www.creatinghope.org*, betreibt in Afghanistan und in den an Afghanistan grenzenden pakistanischen Provinzen Schulen und andere Projekte für Frauen und Mädchen.

American Assistance for Cambodia, *www.cambodiaschools.com*, bekämpft seit Langem den Handel mit Sexsklavinnen und betreibt jetzt ein Programm, in dessen Rahmen armen Mädchen ein längerer Schulbesuch finanziert wird.

amnesty international, *www.amnesty.de*, ist eine unabhängige Mitgliederorganisation. Die Sektion *Menschenrechtsverletzungen an Frauen* behandelt u. a. die Themen genitale Verstümmelung, Frauenhandel und Gewalt gegen Frauen.

Apne Aap, *www.apneaap.org*, bekämpft die Sexsklaverei in Indien, vor allem auch in abgelegenen Teilen der Provinz Bihar, die kaum öffentliche Beachtung finden. Apne Aap freut sich über ehrenamtliche Helfer.

Association for Women's Rights in Development, *www.awid.org*, ist eine weltweit operierende Organisation, die sich gezielt um Frauenrechte kümmert.

Averting Maternal Death and Disability, *www.amddprogram.org*, gehört zu den führenden Organisationen im Bereich Müttergesundheit.

BRAC, *www.brac.net*, ist eine fantastische, in Bangladesch beheimatete Hilfsorganisation, die ihr Tätigkeitsfeld gerade auf Afrika and Asien ausdehnt. Sie hat ein Büro in New York und akzeptiert Praktikanten.

Campaign for Female Education (CA FED), *www.camfed.org*, unterstützt Schulprojekte für Mädchen in Afrika.

CARE, *www.care.org*, hat sich zunehmend auf Projekte für Frauen und Mädchen verlegt.

Center for Development and Population Activities (CEDPA), *www.cedpa.org*, arbeitet an Themen, die mit Frauen und Entwicklung zu tun haben.

Center for Reproductive Rights, *www.reproductiverights.org*, Sitz New York, arbeitet weltweit vorwiegend im Bereich der reproduktiven Gesundheit.

Central Asia Institute, *www.ikat.org*, geleitet von Greg Mortenson (dem Autor von *Three Cups of Tea*), organisiert Schulunterricht in Pakistan and Afghanistan, besonders für Mädchen.

Deutsche Stiftung Weltbevölkerung, *www.dsw-online.de*, ist eine international tätige Entwicklungsorganisation, die Familienplanungs- und Aufklärungsprojekte in Afrika und Asien unterstützt.

Dr. Eder und Mollè Stiftung, *www.afrika-stiftung.de*, unterstützt Frauen und Mädchen in Afrika, die verstoßen, vergewaltigt oder zur Prostitution gezwungen sind. Die Stiftung betreibt ein Sozialzentrum in Douala, Kamerun.

ECPAT, *www.ecpat.net*, ist ein Netzwerk aus Gruppen, die gegen Kinderprostitution kämpfen, schwerpunktmäßig in Südostasien.

Edna Adan Maternity Hospital, *www.ednahospital.org*, ist eine Geburtsklinik mit Schwangerenbetreuung in Somaliland. Ehrenamtliche Helfer sind willkommen.

Engender Health, *www.engenderhealth.org*, beschäftigt sich vorwiegend mit den Belangen der reproduktiven Gesundheit in den Entwicklungsländern.

Equality Now, *www.equalitynow.org*, leistet politische Überzeugungsarbeit gegen den Handel mit Sexsklavinnen und gegen die Unterdrückung von Frauen weltweit.

Ethiopian Women Lawyers Association, *www.etwla.org*, mobilisiert äthiopische Frauen zum Kampf für Gleichberechtigung.

Fistula Foundation, *www.fistulafoundation.org*, unterstützt die von Reg and Catherine Hamlin gegründete Fistelklinik Addis Abeba in Äthiopien.

Girls Helping Girls, *www.empoweragirl.org*, wurde 2007 von der damals 15-jährigen kalifornischen Schülerin Sejal Hathi gegründet. Die Organisation vermittelt und knüpft Beziehungen zwischen Mädchen über Kontinente hinweg und unterstützt Bildungs- und Gesundheitsinitiativen in 15 Ländern.

Global Fund for Women, *www.globalfundforwomen.org*, arbeitet nach dem Muster eines Wagniskapitalfonds für Frauengruppen in armen Ländern.

Global Grassroots, *www.globalgrassroots.org*, ist eine junge Organisation, die sich auf die Förderung junger Frauen in armen Ländern, vorzugsweise im Sudan, konzentriert.

Grameen Bank, *www.grameen-info.org*, war der Pionier der Mikrofinanzierungen in Bangladesch und hat sich mittlerweile in eine ganze Palette von Entwicklungsprogrammen verzweigt.

Heal Africa, *www.healafrica.org*, betreibt eine Klinik in Goma im Kongo, in der Unterleibsfisteln repariert und Vergewaltigungsopfer betreut werden. Freut sich über ehrenamtliche Helfer.

Hunger Project, *www.thp.org*, konzentriert sich in seinem Bemühen, den Hunger zu bekämpfen, auf die Besserstellung von Frauen und Mädchen.

International Center for Research on Women, *www.icrw.org*, stellt in seiner Arbeit das weibliche Geschlecht als Schlüssel zur wirtschaftlichen Entwicklung in den Mittelpunkt.

International Justice Mission, *www.ijm.org*, ist eine christlich fundierte Organisation, die den Mädchenhandel bekämpft.

International Women s Health Coalition, *www.iwhc.org*, mit Sitz in New York, gehört seit Jahren zu den Vorreitern des weltweiten Ringens um das Recht auf reproduktive Gesundheit.

medica mondiale, *www.medicamondiale.org*, unterstützt traumatisierte Frauen und Mädchen in Kriegs- und Krisensituationen.

Menschen für Menschen, *www.menschenfuermenschen.de*, Karlheinz Böhms Äthiopienhilfe, betreibt integrierte ländliche Entwicklungsprojekte in neun Regionen Äthiopiens.

New Light, *www.newlightindia.org*, ist Urmi Basus Organisation, die im indischen Kalkutta Prostituierten und ihren Kindern hilft. Sie freut sich über ehrenamtliche Helfer.

Population Services International, *www.psi.org*, sitzt in Washington, D.C., und versteht es bestens, die Privatwirtschaft in Maßnahmen für reproduktive Gesundheit einzubinden.

Pro Mujer, *www.promujer.org*, unterstützt Frauen in Lateinamerika durch Mikrofinanzierungen und betriebswirtschaftliche Schulungen.

Safer Birth in Chad, *www.saferbirthinchad.org*, unterstützt Programme für Müttergesundheit im Tschad.

Self Employed Women's Association (SEWA), *www.sewa.org*, ist ein großer gewerkschaftlicher Verband für arme, selbstständig wirtschaftende Frauen in Indien. Ehrenamtliche Helfer sind bei SEWA willkommen.

Shared Hope International, *www.sharedhope.org*, bekämpft den Handel mit Sexsklavinnen in aller Welt.

Somaly Mam Foundation, *www.somaly.org*, an der Spitze dieser Stiftung steht eine Frau, die in ihrer Kindheit selbst als Sexsklavin verkauft wurde; sie bekämpft die Sexsklaverei in Kambodscha.

Terre des femmes – Menschenrechte für die Frau e.V., *www.frauenrechte.de*. Seit 1981 macht sich die gemeinnützige Menschenrechtsorganisation TERRE DES FEMMES dafür stark, dass Frauen und Mädchen selbstbestimmt, in Freiheit und Würde auf dieser Erde leben können. Ziel ist es, dass Frauen und Mädchen als fähige, gleichberechtigte Mitglieder einer Gesellschaft geachtet werden und ihnen die gleichen Chancen wie Jungen und Männern geboten werden. TERRE DES FEMMES konzentriert sich auf Öffentlichkeits- und Lobbyarbeit, Vernetzung, Einzelfallhilfe und die Förderung von einzelnen Frauenprojekten. Die geschlechtsspezifischen Menschenrechtsverletzungen, die TERRE DES FEMMES schwerpunktmäßig bearbeitet, sind weibliche Genitalverstümmelung, Gewalt im Namen der Ehre, Zwangsheirat, häusliche Gewalt, Frauenhandel, Zwangsprostitution und die Ausbeutung von Arbeiterinnen.

Tostan, *www.tostan.org*, führt eine der erfolgreichsten Kampagnen für die Überwindung der weiblichen genitalen Beschneidung in Afrika. Sie akzeptiert Praktikantinnen.

Organisationen

Unifem Deutschland, *www.unifem.de*, ist der Entwicklungsfonds der Vereinten Nationen für die Frau. Er unterstützt innovative Frauenprojekte finanziell und mit technischem Know-how.

Vital Voices, *www.vitalvoices.org*, tritt in vielen Ländern für die Rechte der Frau ein und beteiligt sich besonders aktiv am Kampf gegen den Mädchenhandel.

White Ribbon Alliance for Safe Motherhood, *www.whiteribbonalliance.org*, widmet sich dem weltweiten Kampf gegen die Müttersterblichkeit.

Women for Women International, *www.womenforwomen.org*, stellt Verbindungen her zwischen weiblichen Geldgebern und Not leidenden Frauen in Ländern, in denen Krieg herrscht oder bis vor Kurzem geherrscht hat.

Women's Dignity Project, *www.womensdignity.org*, wurde von einer amerikanischen Frau mitinitiiert. Die Organisation engagiert sich für Einrichtungen in Tansania, die Frauen mit Unterleibsfisteln betreuen.

Women's Learning Partnership, *www.learningpartnership.org*, unterstützt schwerpunktmäßig alles, was Frauen aus Entwicklungsländern für Führungsrollen qualifiziert und ihre Emanzipation fördert.

Women's Refugee Commission, *www.womensrefugeecommission.org*, ist partnerschaftlich mit dem International Rescue Committee verbunden und kümmert sich vorwiegend um Flüchtlingsfrauen und Flüchtlingskinder.

Women's World Banking, *www.womensworldbanking.org*, unterstützt Organisationen in aller Welt, die Mikrofinanzierungen für Frauen anbieten.

Women Thrive Worldwide, *www.womenthrive.org*, ist eine internationale Fürsprechergruppe, die sich den Bedürfnissen von Frauen in armen Ländern widmet.

Worldwide Fistula Fund, *www.worldwidefistulafund.org*, setzt sich für die Verbesserung der Müttergesundheit ein und errichtet in Niger eine Fistelklinik.

Worth, *www.worthwomen.org*, führt in Nepal und Afrika Alphabetisierungs- und Mikrosparkampagnen durch, beides mit dem Ziel, Frauen zu einer Erwerbstätigkeit und damit zum Verdienen ihres Lebensunterhalts zu befähigen.

DANKSAGUNG

Dieses Buch ist in großen Teilen eine Frucht unserer langjährigen Reportagetätigkeit für die *New York Times*; daher gebührt ein riesiger Dank denen, die diese Reportagetätigkeit möglich gemacht haben: Zu ihnen gehört Arthur Sulzberger jr., der Nick eine regelmäßige Kolumne gab und mit seiner Familie die Vision der *Times* von einer weltumspannenden Berichterstattung über wichtige Themen ohne Rücksicht auf die hohen Kosten unterstützt. Wir mussten in den letzten Jahren mitansehen, wie andere Medienunternehmen sich aus der internationalen Berichterstattung immer mehr zurückzogen; mit umso mehr Erleichterung und Stolz erfüllt es uns, für eine in Familienbesitz befindliche Zeitung arbeiten zu können, die auf den Rückhalt von Menschen wie den Sulzbergers zählen kann. Sie zeichnen sich durch ein standhaftes Eintreten für eine Mission aus, die größer ist als das Schielen nach dem nächsten Quartalsgewinn, und alle, die Nachrichten lesen, sind dieser Familie wirklich Dank schuldig.

Es gibt noch andere bei der *New York Times*, denen wir unseren besonderen Dank abstatten möchten: Bill Keller, Gail Collins und Andrew Rosenthal, derzeit der für Nicks Kolumne zuständige Redakteur. Andy ist derjenige, der grünes Licht für die Buchferien gab, die Nick die Arbeit an diesem Band ermöglichten, und der es hinnimmt, dass Nick regelmäßig in Dschungel und Konfliktzonen abtaucht. Naka Nathaniel, ein ehemaliger *Times*-Kameramann, ist seit über fünf Jahren, nämlich seit Beginn des Irakkrieges, Nicks regelmäßiger Begleiter auf Reportagereisen und erwies sich als der ideale Kampfgefährte, wenn sie wieder einmal verhaftet wurden und zusammen hinter Gittern landeten. David Sanger, Chefkorrespondent der *Times* in Washington, ist ein Kumpel seit gemeinsamen Collegezeiten und war in all den Jahren ein wunderbarer Resonanzboden. Nicht zu vergessen ein besonderes Dankeschön an die vielen Auslandskorrespondenten der *Times* von Kabul bis Johannesburg, die uns ihr Haus, ihr Büro und ihren Rolodex öffneten, wenn wir bei ihnen hereinschneiten.

Vor vielen Jahren machte uns William Safire mit den besten Literaturagenten bekannt: Anne Sibbald und Mort Janklow. Die beiden haben seither enorm viel für uns getan und für jedes unserer Bücher Hebammendienste geleistet. Jonathan Segal, unser Lektor beim Verlag Knopf, ist ein editorischer Alchimist, war vom ersten Moment an von diesem Projekt überzeugt und hat es in jedem Stadium seiner Entstehung intensiv geprägt. Sorgfältige Lektoratsarbeit ist in großen Teilen der Verlagslandschaft eine aussterbende Kunst, aber nicht bei Jon und nicht bei Knopf.

Eine Handvoll Menschen las das komplette Manuskript durch und wartete mit ausführlichen Anregungen auf. Dazu gehörten Esther Duflo vom MIT, Josh Ruxin von der Columbia University, Helene Gayle von CARE, Sara Seims von der Hewlett Foundation sowie Jason DeParle, Courtney Sullivan und Natasha Yefimov von der *Times*.

Eine bemerkenswerte Gruppe von Leuten hat unermüdlich dafür gearbeitet, die Botschaft dieses Buches in der Multimediawelt zu verbreiten, vor allem auch in der Welt des Films, des Fernsehens und des Cyberspace. Mikaela Beardsley, ihres Zeichens Filmproduzentin, hat eine herausragende Gruppe zusammengebracht, bestehend aus Jamie Gordon (ebenfalls Filmproduzentin), Lisa Witter von Fenton Communications sowie Ashley Maddox und Dee Poku von The Bridge. Sie alle haben sich mit Leidenschaft der Aufgabe verschrieben, eine neue Bewegung zugunsten der Frauen dieser Welt in Gang zu bringen. Suzanne Seggerman von Games for Change und Alan Gershwin von E-line Ventures haben ihre Tatkraft und ihr fachliches Können eingebracht, um ein Videospiel zu diesem Buch zu kreieren.

Vor Jahren widmeten wir unser erstes Buch unseren Eltern: Ladis und Jane Kristof und David und Alice WuDunn, und wir könnten jedes Buch und jeden Artikel, den wir je zu Papier gebracht haben, unseren Eltern widmen, ohne jemals unsere Dankesschuld ihnen gegenüber auch nur annähernd abtragen zu können. Und dann sind da noch unsere Kinder Gregory, Geoffrey und Caroline, denen wir wegen unserer Reportagereisen und unserer Schreibarbeit ein gewisses Maß an Vernachlässigung zumuten. Unser Esstisch hat oft als Resonanzkörper für Ideen fungiert, die später Eingang in dieses Buch gefunden haben, und die Kinder halfen uns mit nützlicher Kritik an denjenigen unserer Ideen, die sie für albern hielten.

Den Kern dieses Buches bilden die Reportagereisen, die wir viele Jahre lang in Asien, Afrika und Lateinamerika absolviert haben. Wir muteten es Frauen, die uns nicht kannten, aufdringlicherweise zu, intimste, haarsträubende oder stigmatisierende Erlebnisse zu schildern, und verblüffend viele von ihnen waren dazu bereit. Manche erzählten ihre Geschichte, obwohl sie fürchten mussten, dafür von den Behörden ihres Landes bestraft oder aus der lokalen Gemeinschaft ausgegrenzt zu wer-

Suad Ahmed erzählt
in einem Flüchtlings-
lager im Tschad ihre
Geschichte

den; sie taten es, weil sie mithelfen wollten, herrschendes Unrecht zu bekämpfen. Wir werden nie Suad Ahmed vergessen, eine 25-jährige Frau
aus Darfur, die wir in einem von Janjaweed-Milizen umzingelten Flüchtlingslager im Tschad kennenlernten. Suad hatte mit ihrer geliebten
jüngeren Schwester Halima einen Ausflug aus dem Lager gewagt, um
dringend benötigtes Brennholz für ihre Kochstelle zu sammeln. Als Jan-
jaweed-Söldner die beiden jungen Frauen entdeckten und zur Jagd auf sie
bliesen, befahl Suad ihrer Schwester, ins Lager zurückzurennen, während
sie selbst sich zum Lockvogel machte, indem sie im Blickfeld der Verfol-
ger einen vom Lager wegführenden Fluchtweg einschlug, sodass wenigstens Halima die Chance hatte, den Janjaweed zu entkommen. Die Milizionäre fielen auf die List herein und verfolgten Suad; sie holten sie ein
und schlugen sie, dann wurde sie von acht von ihnen der Reihe nach vergewaltigt. Suad erlaubte uns, ihre Geschichte unter Nennung ihres vollen Namens zu berichten. Als wir sie nach dem Warum fragten, sagte sie:
«Das ist das einzige Mittel, das ich habe, um mich gegen die Janjaweed zu
wehren, indem ich erzähle, was mir zugestoßen ist, und meinen Namen
nenne.»

Wir verdanken Frauen wie Suad unendlich viel – sie haben uns nicht
nur den Stoff für dieses Buch geliefert, sondern uns auch mit ihrem Mut
und ihrer Hingabe an ein Anliegen, das wichtiger ist als ihr und unser Leben, inspiriert. Das ist einer der Gründe dafür, dass wir dieses Buch nicht
zuletzt auch diesen Frauen widmen. Viele von ihnen sind Analphabeten,
sind bettelarm und leben in entlegenen Dörfern – und doch lehrten sie
uns so viel. Es war uns eine Ehre, zu ihren Füßen zu sitzen.

ANMERKUNGEN

Die meisten Zitate und Schilderungen in diesem Buch entstammen den von uns geführten Interviews. An Stellen, wo wir wörtliche Reden zitieren, die wir aus zweiter Hand haben, so dass wir den genauen Wortlaut nicht nachweisen können, haben wir keine Anführungszeichen verwendet, sondern Kursivschrift. Wo wir Angaben zum Alter einer Person machen, beziehen sie sich in der Regel auf den Zeitpunkt des jeweiligen Interviews. Und noch eine Konvention: Wir bedienen uns häufig des Majestätsplurals «wir», auch wenn nur einer von uns präsent war.

Das Folgende ist keine vollständige Bibliografie der von uns verwendeten Bücher, Zeitschriften und Zeitungen, doch versuchen wir in diesem Anmerkungsteil die Quellen für diejenigen Zitate oder Angaben zu nennen, die nicht aus unseren Interviews stammen. Die meisten wissenschaftlichen Aufsätze, die wir anführen, sind kostenlos online zugänglich und im Web leicht zu finden.

EINLEITUNG

Die Lösung? Mädchen!

14 **Diese Studie kam zu dem Ergebnis, dass in China jährlich:** Sten Johansson und Ola Nygren, «The Missing Girls of China: A New Demographic Account», *Population and Development Review 17*, Nr. 1 (März 1991), S. 35–51.

15 **um die Braut für eine unzulängliche Mitgift zu bestrafen:** Wir vermuten, dass das Mitgiftwesen als solches etwas über den Stellenwert der Frau in einer Gesellschaft aussagt. Manche Anthropologen sind der Meinung, dass Frauen dort, wo sie außer Haus arbeiten können, einen größeren wirtschaftlichen Wert repräsentieren und dass unter diesen Vorzeichen die Mitgift eine geringere Rolle spielt oder sogar an ihre Stelle ein Brautpreis tritt, der an die Familie der Braut gezahlt wird. Einen Abriss der Geschichte von Mitgift und Brautpreis, einschließlich einer Erklärung dafür, dass beide oft Seite an Seite existieren, liefert Nathan Nunn, «A Model Explaining Simultaneous Payments of a Dowry and Bride-Price», Manuskript, 4. März 2005. Nunn studierte 186 Gesellschaften in aller Welt und fand, dass in elf von ihnen ein Nur-Mitgift-System praktiziert wurde, in 98 eine Nur-Brautpreis-Tradition, in 33 eine Kombination aus beiden und dass in 44 von ihnen weder Mitgift noch Brautpreis gezahlt wurden.

16 **Amartya Sen:** Die Epoche machende Arbeit, die diese Forschungsrichtung initiierte, war Amartya Sens «More Than 100 Million Women Are Missing», *The New*

York Review of Books, 20. Dezember 1990. Danach folgte Ansley J. Coale, «Excess Female Mortality and the Balance of the Sexes in the Population: An Estimate of the Number of ‹Missing Females›», *Population and Development Review*, 17. September 1991. Die dritte Schätzung stammt aus Stephan Klasen und Claudia Wink, «‹Missing Women›: Revisiting the Debate», *Feminist Economics* 9 (Januar 2003), S. 263–299.

17 **50 Prozent höher als bei gleichaltrigen Jungen:** Diesen Schätzwert für die höhere Sterblichkeit weiblicher Neugeborenen in Indien hat das United Nations Development Programme veröffentlicht; er könnte sogar noch zu niedrig angesetzt sein. Professor Oster referiert Daten, die darauf hindeuten, dass bei indischen Mädchen zwischen einem und vier Jahren die Sterberate um 71 Prozent höher liegt als bei Jungen derselben Altersgruppe. Siehe Emily Oster, «Proximate Sources of Population Sex Imbalance in India», Manuskript, 1. Oktober 2007. Die 71 Prozent ergeben sich aus der Diskrepanz zwischen der von Oster errechneten erwartbaren Sterberate indischer Mädchen zwischen einem und vier Jahren in Höhe von 1,4 Prozent und ihrer tatsächlichen Sterberate von 2,4 Prozent.

17 **hat das herzzerreißende Geschacher quantifiziert:** Nancy Qian, «More Women Missing, Fewer Girls Dying: The Impact of Abortion on Sex Ratios at Birth and Excess Female Mortality in Taiwan», CEPR Discussion Paper Nr. 6667, Januar 2008.

21 **In einer einflussreichen Studie:** «Engendering Development Through Gender Equality in Rights, Resources, and Voice», World Bank Policy Research Report (Washington, D. C.: World Bank, 2001); siehe auch «The State of the World's Children 2007: Women and Children, the Double Dividend of Gender Equality» (New York: UNICEF, 2006).

22 **Das Entwicklungsprogramm der Vereinten Nationen:** «United Nations Development Programme: Global Partnership for Development, United Nations Development Programme, Annual Report 2006» (New York: UNDP, 2006), S. 20.

22 **«Frauen sind der Schlüssel»:** Hunger Project, «Call for Nominations for the 2008 Africa Prize», Erklärung vom 3. Juni 2008, New York.

22 **Der französische Außenminister Bernard Kouchner:** Bernard Kouchner, Rede vor der International Women's Health Coalition, New York City, Januar 2008.

22 **Das Center for Global Development:** «Girls Count: A Global Investment Action Agenda» (Washington, D. C.: Center for Global Development, 2008).

22 **«Ungleichheit der Geschlechter schadet dem ökonomischen Wachstum»:** Sandra Lawson, «Women Hold Up Half the Sky», *Global Economics Paper* Nr. 164, Goldman Sachs, 4. März 2008, S. 9.

KAPITEL EINS

Wege zur Emanzipation:
Die Sklavinnen des 21. Jahrhunderts

27 **Insgesamt gibt es in Indien zwei bis drei Millionen Prostituierte:** Diese Schätzung stammt aus Moni Nag, «Sex Workers of India: Diversity in Practice of Pros-

titution and Ways of Life» (Mumbai: Allied Publishers, 2006), S. 6. Sie stimmt ungefähr mit anderen Schätzungen überein. Eine Schätzung in der selben Größenordung stammt von einer NGO in Delhi, Bharatiya Patita Uddhar Sabha; nach ihren Berechnungen arbeiten in ganz Indien rund 2,4 Millionen Personen im Sexgewerbe. In einem 2004 erschienenen Zeitschriftenartikel war von 3,5 Millionen «Beschäftigten» in der Sexbranche die Rede, ein Viertel von ihnen jünger als 18 Jahre: Amit Chattopadhyay und Rosemary G. McKaig, «Social Development of Commercial Sex Workers in India: An Essential Step in HIV/AIDS Prevention», AIDS Patient Care and STDs 18, Nr. 3 (2004), S. 162.

27 **Eine Untersuchung von 2008 hat ergeben:** Kamalesh Sarkar, Baishali Bal, Rita Mukherjee, Sekhar Chakraborty, Suman Saha,Arundhuti Ghosh und Scott Parsons, «Sex-trafficking, Violence, Negotiating Skill and HIV Infection in Brothel-based Sex Workers of Eastern India, Adjoining Nepal, Bhutan and Bangladesh», *Journal of Health, Population and Nutrition* 26, Nr. 2 (Juni 2008), S. 223–231. Diese auf Eigenauskünften beruhenden Schätzungen des Anteils der indischen Prostituierten, die sich aus freien Stücken in einem Bordell verdingt haben, sind womöglich überhöht, weil die Prostituierten Angst haben, von ihren Zuhältern bestraft zu werden, wenn sie die Wahrheit sagen.

28 **In China gibt es mehr Prostituierte:** In den frühen 1990er-Jahren lag die am häufigsten kolportierte Schätzung für die Zahl der Prostituierten in China bei 1 Million; bis 2000 stieg die angenommene Zahl auf 3 Millionen. In den letzten Jahren kursierten noch höhere Zahlen. Qiu Haitao, Autor eines auf chinesisch erschienenen Buches über die sexuelle Revolution in China, schätzt die Zahl der im chinesischen Sexgewerbe beschäftigten Frauen auf 7 Millionen. Von Zhou Jinghao, einem Gelehrten, der die Geschichte der Prostitution erforscht hat, stammt die Vermutung, dass es in China 20 Millionen Prostituierte gibt. Ein anderer, Zhong Wei, schätzt ihre Zahl auf 10 Millionen. Die höheren Schätzungen schließen die er-nai mit ein, Frauen, die man in anderen Ländern als Konkubinen oder Mätressen bezeichnen würde. Ein Grund, den höheren Schätzungen Glauben zu schenken, ist der Umstand, dass die chinesischen Behörden seit Jahren regelmäßig Statistiken veröffentlichen, aus denen hervorgeht, dass jedes Jahr bei den traditionellen Frühjahrsrazzien gegen das Laster mehr als 200 000 Frauen verhaftet werden. Im Südwesten Chinas gibt es einen Gewaltmittel nicht scheuenden Handel mit Mädchen, die ethnischen Minderheiten angehören und das Mandarin-Chinesisch nicht richtig beherrschen; manche dieser Mädchen landen in den Bordellen von Thailand oder Südostasien.

In einem größeren Rahmen betrachtet, betrifft der Mädchenhandel in China nicht nur die Prostitution, sondern auch die Rekrutierung von Ehefrauen für Bauern in den entlegenen Regionen des Landes. Dieses Phänomen, genannt *guimai funu*, hat einen riesigen Umfang angenommen: Nach Schätzungen von Wissenschaftlern muss man von vielen zehntausenden Fällen pro Jahr ausgehen. Im typischen Fall wird der jungen Frau eine Stelle in einer Fabrik oder einem Restaurant in der Küstenregion versprochen, doch dann wird sie in ein abgelegenes Dorf verschleppt und für den Gegenwert von ein paar Hundert Euro an einen

Mann verkauft. Oft bleibt sie erst einmal ein paar Monate lang gefesselt oder wird zumindest streng überwacht, damit sie nicht wegläuft. Wenn sie erst einmal ein Kind zur Welt gebracht hat, findet sie sich in der Regel mit ihrem Schicksal ab und bleibt in dem Dorf.

32 **Und der *Lancet*:** Brian M. Willis und Barry S. Levy, «Child Prostitution: Global Health Burden, Research Needs, and Interventions», *The Lancet* 359 (20. April 2002).

32 **etwa mit 27 Millionen beziffert:** Die Aussage, es gebe 27 Million moderne Sklavinnen, findet sich zum Beispiel im ersten Satz der Einleitung des Buches «Sklavenhandel heute: die dunkelste Seite der Globalisierung», eines lobenswerten Aufrufs zum Kampf gegen den Mädchenhandel von David Batstone (München: Redline Wirtschaft, 2008). In der wachsenden Literatur über den Handel mit Menschen wird diese Zahl immer wieder genannt. Zu den Veröffentlichungen aus diesem Bereich, die wissenschaftlichen Maßstäben genügen, gehören die Bücher von Louise Brown, einer britischen Soziologin, die in den Bordellen der pakistanischen Stadt Lahore eigene Recherchen durchgeführt hat. Zwei ihrer wichtigsten Bücher sind «Maha, die Tänzerin: meine Reise in die Welt eines orientalischen Rotlichtviertels» (Hamburg: Hoffmann und Campe, 2005) und «Sex Slaves: The Trafficking of Women in Asia» (New York: Vintage, 2000). Eher populärwissenschaftlich schreibt Kevin Bales, «Ending Slavery: How We Free Today's Slaves» (Berkeley: University of California Press, 2007). Eine impressionistische Anthologie haben Jesse Sage und Liora Kasten (Hrsg.) vorgelegt: «Enslaved: True Stories of Modern Day Slavery» (New York: Palgrave Macmillan, 2006); darin finden sich Kapitel über individuelle Schicksale von Menschen aus aller Welt. Igor David Gaon und Nancy Forbord werfen in «For Sale: Women and Children» (Victoria, B. C.: Trafford Publishing, 2005) ein Schlaglicht auf die Probleme in Südosteuropa. Human Rights Watch hat hervorragende Untersuchungen zum Mädchenhandel in Japan, Thailand, Togo, Bosnien und Indien veröffentlicht. Gary Haugen, evangelikaler Christ und Gründer der International Justice Mission, einer Kampforganisation gegen den Mädchenhandel, die über eine große Unterstützergemeinde im christlichen Lager und über ein weltumspannendes Beziehungsnetzwerk verfügt, ist Autor von «Freiheit für Linh: die riskante Undercover-Operation zur Rettung aus Kinderprostitution und moderner Sklaverei» (Gießen und Basel: Brunnen-Verlag, 2009).

33 **eine sehr geringe Zahl an Jungen:** Wir befassen uns hier ganz überwiegend mit weiblichen Sexsklaven, weil Jungen in weit geringerem Ausmaß betroffen sind. Es gibt in den Entwicklungsländern zwar männliche Prostituierte, aber bei ihnen handelt es sich ganz überwiegend um Freischaffende, die nicht mit Gewalt für das Gewerbe rekrutiert worden sind und nicht in einem Bordell gefangen gehalten werden. Eine akkurat recherchierte soziologische Studie zu männlichen Beschäftigten im Sexgewerbe ist Mark Padillas, «Caribbean Pleasure Industry: Tourism, Sexuality, and AIDS in the Dominican Republic» (Chicago: University of Chicago Press, 2007).

33 **wie die Zeitschrift *Foreign Affairs* schreibt:** Das Zitat ist aus Ethan B. Kapstein, «The New Global Slave Trade», Foreign Affairs 85, Nr. 6 (November/Dezember 2006), S. 105.

34 In North Carolina hatte ein Erlass von 1791: Rodney Stark, «For the Glory of God: How Monotheism Led to Reformations, Science, Witch-Hunts, and the End of Slavery» (Princeton, N. J.: Princeton University Press, 2003), S. 320–322.

KAPITEL ZWEI

Prohibition und Prostitution

52 **wiesen eine unerklärlich hohe HIV-Rate auf:** Kamalesh Sarkar u.a., «Epidemiology of HIV Infection Among Brothel-Based Sex Workers in Kolkata, India», Journal of Health, Population and Nutrition 23, Nr. 3 (September 2005), S. 231–235.

52 **nach einer Studie der Harvard School of Public Health:** Das MAP Network, das die Ausbreitung von AIDS überwacht, fand heraus, dass die HIV-Prävalenz bei Prostituierten in ‹Kalkutta› bis 1994 bei 1 Prozent lag, während sie in Mumbai 1993 51 Prozent erreichte. MAP Network Regional Report, Oktober 1997.

52 **Eine andere ist Urmi Basu:** Eines der originellsten Projekte, mit denen indischen Kindern in den Bordellen geholfen werden soll, ist Kalam, eine Werkstatt für kreatives Schreiben, die Urmi Basu im Rahmen ihres Hilfsprogramms in Kalkutta fördert. Die Kinder lernen dort unter anderem, Lyrik zu schreiben, und eine Auswahl der dabei entstehenden Gedichte wird anschließend in einer zweisprachigen Broschüre – Englisch und Bengali – gedruckt und veröffentlicht. Dahinter steht der Gedanke, dass Kultur und Dichtung bei den Bengalis hohes Ansehen genießen, sodass die Menschen, wenn sie erfahren, dass Prostituierte und ihre Kinder Gedichte schreiben, mehr Mitgefühl für die Opfer der Sexsklaverei empfinden. Wir können nicht beurteilen, ob das Projekt das Ziel erreicht hat, Empathie zu erzeugen; Tatsache ist aber, dass es bewegende Gedichte hervorgebracht hat. Das Projekt Kalam wird von der Daywalka Foundation gefördert, einer kleinen US-amerikanischen Stiftung, die vorwiegend gegen den Mädchenhandel in Indien und Nepal kämpft.

54 **Aber Anup Patel:** Die Aussage Anup Patels stammt aus seinem Manuskript «Funding a Red-Light Fire», vorgesehen zur Veröffentlichung im *Yale Journal of Public Health.* Anup, der in Yale Medizin studiert, verwendete überschüssige Stipendiengelder für die Gründung eines Vereins, der Opfern krimineller Mädchenhändler hilft: Cents of Relief (*www.centsofrelief.org*).

55 **Die Bordelle in Mumbai:** Das Mittel der Großrazzien kam auch im indischen Goa zur Anwendung, aber es fehlt an seriöser wissenschaftlicher Aufarbeitung, um feststellen zu können, ob dieser Ansatz etwas gebracht hat. Heftige Kritik an dieser Holzhammermethode üben Maryam Shahmanesh und Sonali Wayal, «Targeting Commercial Sex-Workers in Goa, India: Time for a Strategic Rethink?» The Lancet 364 (9. Oktober 2004), S. 1297–1299; sie sprechen sich stattdessen für das Sonagachi-Modell aus. Anerkennende Darstellungen von Lösungsmodellen wie dem des DMSC finden sich auch bei Geetanjali Misra und Radhika Chandiramani, «Sexuality, Gender and Rights: Exploring Theory and

Practice in South and Southeast Asia» (New Delhi: Sage Publications, 2005), inbesondere in Kap. 12. Befürworter des Sonagachi-Modells argumentieren manchmal, Sexarbeit sei ebenso unangenehm und gefährlich wie Müllsuche oder andere niedrige Jobs, mit denen die Armen sich durchschlagen. Andere, wie etwa Melissa Farley, halten dem entgegen, es gebe zwar viele unangenehme Jobs, aber keiner sei so entwürdigend wie Prostitution. Farley ist Herausgeberin von *Prostitution, Trafficking, and Traumatic Stress*, Binghamton, N. Y., 2003.

56 **Zehn Jahre später scheinen sich die schwedischen Razzien:** Norwegen schaute sich sowohl die schwedischen Methoden als auch die der Holländer an und erstellte einen ausgezeichneten Bericht über die beiden Herangehensweisen. Die meisten hier referierten Angaben entstammen diesem Bericht: «Purchasing Sexual Services in Sweden and the Netherlands, a Report by a Working Group on the Legal Regulation of the Purchase of Sexual Services», Oslo 2004. Auch Schottland ließ den holländischen und den schwedischen Ansatz begutachten, dazu den der australischen Provinz New South Wales, and gab der schwedischen Strategie den Vorzug: Scottish Parliament, Local Government and Transport Committee, «Evidence Received for Prostitution Tolerance Zones (Scotland) Bill Stage One», 4. Februar 2004.

KAPITEL DREI

Aufstehen und den Mund aufmachen

77 **Ein im Ruhestand lebender Richter:** Bhau Vahane: Raekha Prasad, «Arrest Us All», *The Guardian*, 16. September 2005.

Die neuen Abolitionisten

80 **«Die landwirtschaftliche Revolution»:** Bill Drayton, «Everyone a Changemaker: Social Entrepreneurship's Ultimate Goal», *Innovations I*, Nr. 1 (Winter 2006), S. 80–96.

KAPITEL VIER

Herrschaft durch Vergewaltigung

88 **Bei Frauen zwischen 15 und 44 Jahren:** Die Berechnungen, aus denen hervorgeht, dass mehr Frauen durch männliche Gewalt sterben oder verstümmelt werden als durch alles andere, stammen von Marie Vlachova und Lea Biason (Hrsg.), «Women in an Insecure World: Violence Against Women, Facts, Figures and Analysis» (Genf: Centre for the Democratic Control of Armed Forces, 2005). Was wir über Säureattacken schreiben, stammt aus derselben Quelle, ebd., S. 31–33.

88 **21 Prozent aller bei einer in Ghana durchgeführten Studie:** Ruth Levine, Cynthia Lloyd, Margaret Greene und Caren Grown, «Girls Count: A Global Investment & Action Agenda» (Washington, D.C.: Center for Global Development, 2008), S. 53.

88 **In Kenia ist ein Faktor, der es Frauen erschwert:** Swanee Hunt, «Let Women Rule», Foreign Affairs (Mai/Juni 2007), S. 116.

86 ‹**Woineshet**›: Emily Wax, eine großartige Reporterin, hat einen ausgezeichneten Artikel über Woineshets Fall publiziert, dem wir zusätzliche Details entnommen haben: «Ethiopian Rape Victim Pits Law Against Culture», *The Washington Post,* 7. Juni 2004, S. A1.

94 **nämlich Sexismus und Frauenfeindlichkeit:** Der verstorbene Jack Holland schrieb vor einigen Jahren ein gutes Buch mit dem Titel «Misogynie. Die Geschichte des Frauenhasses» (Frankfurt a.M.: Zweitausendeins, 2007). Wie er schrieb, äußerten immer wieder Leute ihre Überraschung darüber, dass ein Mann ein Buch über Misogynie geschrieben hatte, worauf seine Antwort unweigerlich lautete: «Warum nicht? Sie wurde von Männern erfunden.» (S. 9).

95 **neben Männern auch Frauen beteiligt:** Dara Kay Cohen, «The Role of Female Combatants in Armed Groups: Women and Wartime Rape in Sierra Leone (1991–2002)», unveröffentlichter Aufsatz (Stanford University, Palo Alto, Calif., 2008).

96 **Was eheliche Gewalt gegen Frauen betrifft:** Robert Jensen und Emily Oster, «The Power of TV: Cable Television and Women's Status in India», Manuskript, 30. Juli 2007, S. 38.

Mukhtars Schule

98 **Mukhtar Mai:** Wenn Sie mehr über Mukhtar Mai erfahren möchten, können Sie ihre Autobiografie lesen. (Schamlose Enthüllung: Nick hat das Vorwort dazu geschrieben.) «It's Mukhtar Mai, In the Name of Honor» (New York: Atria, 2006). (Auf deutsch ist Mukhtar Mais Autobiografie erschienen als Mukhtar Mai mit Marie-Thérèse Cuny, «Die Schuld, eine Frau zu sein». Aus dem Franz. von Eléonore Delair (München: Droemer, 2006). Siehe auch Asma Jahangir und Hilna Jilani, «The Hudood Ordinances: A Divine Sanction?» (Lahore: Sange-Meel Publications, 2003).

KAPITEL FÜNF

«Ehre» als Verbrechen

113 **In Sierra Leone wurde im Verlauf der Kämpfe der letzten Jahre:** Unsere Zahlen über den Umfang von Vergewaltigungen in Liberia, Sierra Leone und Teilen des Kongo haben wir aus Anne-Marie Goetz, «Women Targeted or Affected by Armed Conflict: What Role for Military Peacekeepers», UNIFEM-Vortrag, 27. Mai 2008, Sussex, U.K.

116 **John Holmes:** Die Aussage von Holmes über den Kongo stammt aus einem ausgezeichneten Artikel: Jeffrey Gettleman, «Rape Epidemic Raises Trauma of Congo War», *The New York Times*, 7. Oktober 2007, S. A1.

118 **Die Klinik heißt HEAL Africa:** In diesem Kapitel stellen wir schwerpunktmäßig die Klinik HEAL Africa in der kongolesischen Provinz Nord-Kivu vor. In Süd-Kivu gibt es ein Krankenhaus mit einer ähnlich bewundernswerten Geschichte, das Panzi-Hospital, das Vergewaltigungsopfer behandelt und Unterleibsfisteln operiert.

KAPITEL SECHS

Müttersterblichkeit – eine Frau pro Minute

125 **Unterleibsfisteln wie bei ihr:** Einen Überblick über die Problematik der Unterleibsfisteln in der Dritten Welt aus medizinischer Sicht gibt «The Obstetric Vesicovaginal Fistula in the Developing World», Beiheft zum *Obstetric & Gynecological Survey*, Juli 2005. Catherine Hamlin hat eine Autobiografie verfasst, die in ihrer australischen Heimat publiziert worden ist: Dr. Catherine Hamlin mit John Little, «The Hospital by the River: A Story of Hope» (Sydney: Macmillan, 2001).

130 **L. Lewis Wall:** L. Lewis Wall, «Obstetric Vesicovaginal Fistula as an International Public-Health Problem», *The Lancet 368* (30. September 2006), S. 1201.

130 **jedes Jahr 30 000 bis 130 000 neue Unterleibsfisteln:** Es war die von Professor Wall losgetretene Kampagne, durch die wir in den 1990er-Jahren erstmals auf das Problem der durch Geburtsstillstand verursachten Unterleibsfisteln aufmerksam wurden. Dr. Wall ist Vorsitzender des Worldwide Fistula Fund (*www. worldwidefistulafund.org*) und darf jetzt endlich erleben, wie sein lang gehegter Plan einer Fistel-Klinik in Westafrika in Erfüllung geht. Mit Unterstützung von Merrill Lynch und privater amerikanischer Spender wird die Klinik in Niger gebaut; die Finanzierung steht allerdings noch auf der Kippe. Professor Wall verdient wirklich Bewunderung für seinen Kampf um medizinische Hilfe für diese vernachlässigten Frauen.

131 **Elf Prozent der Weltbevölkerung:** «Of Markets and Medicines», *The Economist*, 19. Dezember 2007.

131 **Müttersterblichkeitsrate (MMR):** Die Zahlen sind nicht besonders zuverlässig, vor allem weil der Tod einer schwangeren Frau von den Dorfbewohnern nicht wichtig genommen wird – daher macht sich auch niemand die Mühe, die Todesfälle zu zählen. Unsere Zahlenangaben stammen hauptsächlich aus einer groß angelegten Studie der Vereinten Nationen, «Maternal Mortality in 2005: Estimates Developed by WHO, UNICEF, UNFPA, and the World Bank» (Genf: World Health Organization, 2007). Die Studie liefert eine ausgezeichnete Synopse der vorliegenden Statistiken. Im Vergleich zu der voraufgegangenen Studie «Maternal Mortality in 2000: Estimates Developed by WHO, UNICEF, UNFPA» (Genf: World Health Organization, 2004) holt die neuere aus dem statistischen Ansatz etwas mehr heraus.

133 Wie eine wachsende Zahl psychologischer Studien zeigt: Die Erkenntnisse aus der psychologischen Forschung, die zeigen, dass individuelle Schicksale uns stärker bewegen als große Opferzahlen, wirft wichtige Fragen für jeden auf, der sich bemüht, die Öffentlichkeit zum Handeln gegen Missstände und Leiden anzustacheln. Sicherlich prägt dies die Art und Weise, wie wir unser journalistisches Handwerk praktizieren. Siehe dazu Paul Slovic, «‹If I Look at the Mass, I Will Never Act›: Psychic Numbing and Genocide», *Judgment and Decision Making 2*, Nr. 2 (April 2007), S. 79–95. Bemerkenswerterweise lässt das Interesse eines Menschen, Opfern zu helfen, nach, sobald die Zahl der Hilfe benötigenden Opfer über 1 steigt.

Ein Arzt, der nicht Patientinnen behandelt

136 Allan Rosenfield: Einige der hier angeführten Zitate stammen aus der Broschüre «Taking a Stand: A Tribute to Allan Rosenfeld, a Legacy of Leadership in Public Health» (Columbia University's Mailman School of Public Health, 2006).

141 Population Fund der Vereinten Nationen: In Sachen PR agiert die UNO amateurhaft – sie ist nicht einmal in der Lage, ihre Abkürzungen mit den Namen ihrer Unterorganisationen in Einklang zu bringen. Die hier genannte Behörde hieß ursprünglich UN Fund for Population Activities, und sie läuft nach wie vor unter dem Kürzel UNFPA, obwohl sie inzwischen in UN Population Fund umbenannt worden ist.

KAPITEL SIEBEN

Warum sterben Frauen bei der Entbindung?

148 zwei grundlegende evolutionäre Kompromisslösungen: Unsere Überlegungen zur Evolution sind einem wunderbaren Buch über die Geschichte der Geburt entlehnt: Tina Cassidy, «Birth: The Surprising History of How We Are Born» (New York: Atlantic Monthly Press, 2006).

150 Eine sorgfältige Erhebung: Nazmul Chaudhury, Jeffrey Hammer, Michael Kremer, Karthik Muralidharan und R. Halsey Rogers, «Missing in Action: Teacher and Health Worker Absence in Developing Countries», *Journal of Economic Perspectives 20*, Nr. 11 (Winter 2006), S. 91–116.

151 «Die Müttersterblichkeit in den Entwicklungsländern»: Mahmoud E. Fathalla, «Human Rights Aspects of Safe Motherhood», *Best Practice & Research: Clinical Obstetrics & Gynaecology 20*, Nr. 3 (Juni 2006), S. 409–419. Dr. Fathalla ist ein ägyptischer Arzt und Geburtshelfer, der sich für Fortschritte im Bereich der Müttergesundheit stark macht.

151 Wie die Zeitschrift *The Lancet* kommentierte: Die zitierte Aussage, wonach das mangelnde Interesse an den Anliegen der Frauen Ausdruck einer unbewussten Voreingenommenheit sei, stammt von Jeremy Shiffman und Stephanie Smith, «Generation of Political Priority for Global Health Initiatives: A Framework and Case Study of Maternal Mortality», *The Lancet 370* (13. Oktober 2007), S. 1375.

152 Beweisstück Nummer eins ist hier Sri Lanka: Eine exzellente Arbeit darüber, wie Sri Lanka die Müttersterblichkeit reduziert hat, ist Ruth Levine, «Millions Saved: Proven Successes in Global Health» (Washington, D. C.: Center for Global Development, 2004), siehe insbesondere Kap. 5. Honduras wird oft als ein weiteres Beispiel dafür angeführt, wie ein armes Land erstaunliche Fortschritte im Bereich der Müttergesundheit erzielen kann. Zu Beginn der 1990er Jahre knöpfte sich die Regierung von Honduras das Problem der Müttersterblichkeit vor und schaffte es, die MMR binnen sieben Jahren um 40 Prozent zu senken. Doch auch in Honduras ist manches nicht so einfach, wie es scheint. Im Jahr 2007 wandten die Vereinten Nationen ein neues Verfahren für die Berechnung der Müttersterblichkeitsrate an und kamen für Honduras zu einer MMR, die sogar höher ausfiel als 1990. Waren die in Honduras erzielten Fortschritte real oder nur fiktiv? Die einzige Lehre, die wir hieraus ziehen können, ist wohl die, dass zuverlässige Zahlen zur Müttersterblichkeit in armen Ländern absolute Glücksache sind. Zu den in Honduras erzielten (oder ausgebliebenen) Erfolgen äußern sich Levine, «Millions Saved» sowie Jeremy Shiffman, Cynthia Stanton und Ana Patricia Salazar, «The Emergence of Political Priority for Safe Motherhood in Honduras», *Health Policy and Planning 119*, Nr. 6 (2004), S. 380–390. Auch der indische Bundesstaat Kerala wird oft als beispielhaft für eine politisch gewollte und durchgesetzte Reduzierung der Müttersterblichkeit angeführt, wahrscheinlich zurecht: Keralas MMR wird von verschiedenen Autoren irgendwo zwischen 87 und 262 verortet. (Der Vergleichswert für ganz Indien liegt bei 450.)

155 Studie, die sich mit einer fundamentalchristlichen Gemeinde: Zur MMR der fundamentalchristlichen Sekte, die es ablehnt, ärztliche Hilfe in Anspruch zu nehmen, siehe «Perinatal and Maternal Mortality in a Religious Group – Indiana», *MMWR Weekly*, 1. Juni 1984, S. 297–298.

155 «Schlussstein im Bogen»: «Emergency Obstetric Care: The Keystone of Safe Motherhood», *Editorial, International Journal of Gynecology & Obstetrics* 74 (2001), S. 95–97.

158 «Investitionen in eine bessere Gesundheit»: Diejenigen Aktivisten, die Investitionen in die Reduzierung der Müttersterblichkeit für hochgradig kosteneffektiv halten, berufen sich auf diverse Schätzungen der Produktivitätseinbußen durch Müttersterblichkeit und Erkrankungen von Schwangeren und Wöchnerinnen. USAID stellte einmal die These auf, weltweit summierten sich Müttersterblichkeit und neonatale Todesfälle auf einen Produktivitätsverlust von 15 Milliarden Dollar, der je zur Hälfte dem Konto der Mütter und dem der Neugeborenen zuzurechnen sei. Die Beweisführung krankte jedoch an methodischen Mängeln; nach unserer Überzeugung ist es ein Fehler, Ausgaben für die Müttergesundheit auf der Basis von Produktivitätsberechnungen zu rechtfertigen. Männer arbeiten in der Regel in der regulären Wirtschaft und leisten ihren Beitrag zum BIP; ihre Produktivität ist daher im typischen Fall höher als die von Frauen und Kindern. Daher räumt man, wenn man versucht, medizinische Interventionen mit Hinweis auf die Reduzierung krankheitsbedingter Produktivitätsverluste zu begründen, Männern mittleren Alters einen Bonus gegenüber Frauen und Kindern ein.

Ednas Krankenhaus

159 **Edna Adan:** Ednas Namensgebung entspricht der Namenskonvention in vielen islamischen Ländern: Jedes Neugeborene bekommt einen Namen, an den der Name des Vaters angehängt wird. Wenn das nicht eindeutig genug ist, kann auch noch der Name des Großvaters hinzugefügt werden. Demgemäß bekam Edna zuerst nur den einen Namen, und weil ihr Vater Adan hieß, nennt sie sich Edna Adan. Wenn es aus Gründen der Eindeutigkeit angezeigt ist, verwandelt sie sich in Edna Adan Ismail.

162 **Zu diesem Zeitpunkt veröffentlichte Ian Fisher:** Der Artikel über Edna, der in Anne Gilhuly den Wunsch weckte zu helfen, war Ian Fisher, «Hargeisa Journal; A Woman of Firsts and Her Latest Feat: A Hospital», *The New York Times*, 29. November 1999, S. A4.

KAPITEL ACHT

Familienplanung und die «Gotteskluft»

169 **«Im Gegensatz zu ihrer erklärten Absicht»:** Das Zitat von Dr. Eunice Brookman-Amissah haben wir aus «Breaking the Silence: The Global Gag Rule's Impact on Unsafe Abortion», Bericht des Center for Reproductive Rights, New York 2007, S. 4.

171 **Tatsächlich hat die UNFPA:** Li Yong Ping, Katherine L. Bourne, Patrick J. Rowe, Zhang De Wei, Wang Shao Xian, Zhen Hao Yin und Wu Zhen, «The Demographic Impact of Conversion from Steel to Copper IUDs in China», *International Family Planning Perspective* 20, Nr. 4 (Dezember 1994), S. 124. Siehe auch Edwin A. Winckler, «Maximizing the Impact of Cairo on China», in Wendy Chavkin und Ellen Chesler (Hrsg.), «Where Human Rights Begin: Health, Sexuality and Women in the New Millennium» (New Brunswick, N. J.: Rutgers University Press, 2005).

172 **auf je 150 unprofessionelle Abtreibungen eine tote Frau:** Hailemichael Gebreselassie, Maria F. Gallo, Anthony Monyo und Brooke R. Johnson, «The Magnitude of Abortion Complications in Kenya», *BJOG: An International Journal of Obstetrics and Gynaecology* 112, Nr. 9 (2005), S. 1129–1135. Siehe auch David A. Grimes, Janie Benson, Susheela Singh, Mariana Romero, Bela Ganatra, Friday E. Okonofua und Iqbal H. Shah, «Unsafe Abortion: The Preventable Pandemic», *The Lancet 368* (25. November 2006), S. 1908–1919; sowie Gilda Sedgh, Stanley Henshaw, Susheela Singh, Elisabeth Ahman und Iqbal H. Shah, «Induced Abortion: Estimated Rates and Trends Worldwide», *The Lancet 370* (13. Oktober 2007), S. 1338–1345.

172 **«Wir haben ein Jahrzehnt verloren»:** «Return of the Population Growth Factor: Its Impact Upon the Millennium Development Goals, Report of Hearings by the All Party Parliamentary Group on Population, Development and Reproductive Health», House of Commons, U. K., Januar 2007.

Die Hälfte des Himmels

172 **bahnbrechendes Familienplanungs-Projekt:** Matthew Connelly, Fatal Misconception: «The Struggle to Control World Population» (Cambridge, Mass.: Harvard University Press, 2007), S. 171–172.

172 **Ein mit großer Sorgfalt durchgeführtes Experiment:** Wayne S. Stinson, James E. Phillips, Makhlisur Rahman und J. Chakraborty, «The Demographic Impact of the Contraceptive Distribution Project in Matlab, Bangladesh», *Studies in Family Planning 13*, Nr. 5 (Mai 1982), S. 141–148.

173 **Education Act von 1870:** Mukesh Eswaran, «Fertility in Developing Countries», in Abhijit Vinayak Banerjee, Roland Bénabou und Dilip Mookherjee, «Understanding Poverty» (New York: Oxford University Press, 2006), S. 145. Siehe auch T. Paul Schultz, «Fertility and Income», ebd., S. 125.

173 **entscheidend wichtige Rolle im Kampf gegen Aids:** Eine erschöpfende Abhandlung über die genetischen Wurzeln von Aids mit einer Zeittafel zur Ausbreitung der Infektion ist M. Thomas, P Gilbert, Andrew Rambaut, Gabriela Wlasiuk, Thomas J. Spira, Arthur E. Pitchenik und Michael Worobey, «The Emergence of HIV/Aids in the Americas and Beyond», *Proceedings of the National Academy of Sciences 104* (November 2007), S. 18566–70.

174 **Bei Frauen ist die Wahrscheinlichkeit:** Ann E. Biddlecom, Beth Fredrick und Susheela Singh, «Women, Gender and HIV/Aids», *Countdown 2015 Magazine*, S. 66; einsehbar online auf *www.populationaction.org/2015/magazine/sect6_HIVAIDS. php.*

174 **dass Aids sich über den Globus:** Eine hervorragende Quelle zu allen Aspekten der internationalen Aidshilfe ist Helen Epstein, «The Invisible Cure: Africa, the West, and the Fight Against Aids» (New York: Farrar, Straus and Giroux, 2007).

174 **Eine Studie der University of California:** Nada Chaya und Mali-Ahset Amen mit Michael Fox, Condoms Count: «Meeting the Need in the Era of HIV/Aids» (Washington, D. C.: Population Action International, 2002), S. 5. Das Gros dessen, was wir hier über Kondome sagen, fußt auf diesem Büchlein. Eine eingehendere Darstellung der langen Geschichte der Kondome und des religiösen Widerstandes gegen sie bietet Aine Collier, «The Humble Little Condom: A History» (New York: Prometheus Books, 2007).

175 **die pseudowissenschaftliche These zu verbreiten:** Eine Abwägung der Beweise für die Wirksamkeit von Kondomen gegen HIV und diverse STDs findet sich in «Workshop Summary: Scientific Evidence on Condom Effectiveness for Sexually Transmitted Disease (STD) Prevention», National Institutes of Health, 12–13. Juni 2000; online verfügbar auf *www.ccv.org/downloads/pdf/CDC-Condom-Study.pdf*

175 **Euer Körper ist ein verpackter Lolli:** Camille Hahn, «Virgin Territory», Manuskript (Herbst 2004). Die Lolli-Allegorie wird von begeisterten Vertretern des Abstinenzgebots gern und oft verwendet, auf *www.abstinence.net* kann man sogar Abstinenzlollis bestellen.

180 **Wissenschafter vom Poverty Action Lab:** Esther Duflo, Pascaline Dupas, Michael Kremer und Samuel Sinei, «Education and HIV/Aids Prevention: Evidence from a Randomized Evaluation in Western Kenya», Manuskript, Juni

2006; sowie Pascaline Dupas, «Relative Risks and the Market for Sex: Teenage Pregnancy, HIV, and Partner Selection in Kenya», Manuskript, Oktober 2007, *www.dartmouth.edu/~pascaline/*.

184 ‹Arthur Brooks›: Überlegungen zur religiös motivierten Hilfe für die Entwicklungsländer finden sich auch im «Index of Global Philanthropy 2007», insbes. S. 22–23 und S. 62–65.

Jane Roberts und ihre 34 Millionen Freunde

185 **Aber Jane Roberts:** Die Geschichte von der Gründung der 34 Million Friends erzählt Jane Roberts in «34 Million Friends of the Women of the World» (Sonora, Calif.: Lady Press, 2005).

KAPITEL NEUN

Ist der Islam frauenfeindlich?

190 **sind die allermeisten überwiegend islamisch geprägt:** Zwei Bücher, die einen hervorragenden ersten Überblick über die Rolle der Frau in der islamischen Welt geben, sind Jan Goodwin, «Der Himmel der Frau ist unter den Füßen ihres Mannes» – Muslimische Frauen erzählen (Bergisch Gladbach: Lübbe, 1995) und Geraldine Brooks, «Die Töchter Allahs» (Rheda-Wiedenbrück: Bertelsmann-Club, 1995).

191 **Dagegen halten, wie Meinungsumfragen zeigen:** Arab Human Development Report 2005: Towards the Rise of Women in the Arab World (New York: UNDP, 2006), Annex 11, S. 249 ff.

191 **Großmufti Scheich Abdulaziz:** «Saudi Arabia's Top Cleric Condemns Calls for Women's Rights», The New York Times, 22. Januar 2004, S. A13.

192 **Nachdem die Taliban in Afghanistan entmachtet waren:** Afghanistan in 2007, A Survey of the Afghan People (Kabul: The Asia Foundation, 2007).

193 **Amina Wadud,:** Amina Wadud, Qur'an and Woman: Rereading the Sacred Text from a Woman's Perspective (New York: Oxford University Press, 1999).

194 **Eine brauchbare Analogie ist die Sklaverei:** Rodney Stark, «For the Glory of God: How Monotheism Led to Reformations, Science, Witch-Hunts and the End of Slavery» (Princeton, N. J.: Princeton University Press, 2003), S. 301–304. Siehe auch Bernard Lewis, «Race and Slavery in the Middle East: An Historical Enquiry» (New York: Oxford University Press, 1992) sowie Murray Gordon, «Slavery in the Arab World» (New York: New Amsterdam Books, 1990). Beispiele dafür, wie Sklaven in verschiedenen islamischen Gesellschaften behandelt wurden, bringt Shaun E. Marmon (Hrsg.) «Slavery in the Islamic Middle East» (Princeton, N. J.: Markus Wiener Publishers, 1999).

195 **gegen Mohammeds langjährigen Widersacher Ali:** Die Jünger Alis sind die Schiiten, und bis heute hegen die Schiiten eine entschiedene Abneigung gegen Aischa. Aischa ist ein bei sunnitischen Moslems häufig vergebener Mädchenname; bei den Schiiten hingegen kommt er ganz selten vor.

195 haben jedoch einige islamische Feministinnen: Fatima Mernissi, Die Angst vor der Moderne. Frauen und Männer zwischen Islam und Demokratie (Hamburg und Zürich: Luchterhand, 1992). Siehe auch Fatima Mernissis weitere Bücher, darunter vor allem «Geschlecht, Ideologie, Islam» (München: Frauenbuchverlag, 1987). Eine Schrittmacherin im Kampf für die Rechte der Frau in der arabischen Welt war Nawal el Saadawi, Autorin von «Tschador. Frauen im Islam» (Bremen: con, 1980).

195 eine weitere umstrittene Facette des Korans: Christoph Luxenberg, Die syroaramäische Lesart des Koran. Ein Beitrag zur Entschlüsselung der Koransprache (Berlin: Das Arabische Buch, 2000). Wir korrespondierten via E-mail mit Luxenberg, kennen aber seine wahre Identität nicht; er benutzt das Pseudonym Luxenberg, weil Fundamentalisten auf die Idee kommen könnten, ihn zu ermorden.

197 wie komplex die Verteilung der Geschlechterrollen: Eine Möglichkeit, wie wir im Westen die Schattierungen des Islam verstehen lernen können, bestünde darin, uns die Zeitschrift Muslim Girl anzuschauen. Gegründet 2006 von der aus Pakistan stammenden Amerikanerin Ausma Khan, distanziert sich das Magazin in keiner Weise vom Islam, tritt aber zugleich für die Menschenrechte ein und projiziert das Ideal der intelligenten, gebildeten und selbstbewussten jungen Frau.

197 «Ich bin Nobelpreisträgerin»: Shirin Ebadi sondiert diese Fragen auch in ihrem Buch «Mein Iran. Ein Leben zwischen Revolution und Hoffnung» (München und Zürich: Pendo, 2006).

198 zu ein paar Jahren Haft verurteilt: Die Untersuchung des Jungfernhäutchens liefert bekanntlich keinen zuverlässigen Aufschluss über die Jungfräulichkeit eines Mädchens. In armen Ländern mit niedrigem Bildungsstandard gilt sie jedoch als zuverlässig genug, und wehe dem Mädchen, dem dieses Häutchen abhanden gekommen ist.

201 «Jedem Prozent, um das der Anteil der Jugendlichen»: Henrik Urdal, «The Demographics of Political Violence: Youth Bulges, Insecurity and Conflict», hektograph. Manuskript, 2007. Es liegt eine reichhaltige und kontroverse Literatur vor über die Neigung rein männlicher Kohorten, potentiell besonders gewalttätig zu sein. Siehe David T. Courtwright, Violent Land: «Single Men and Social Disorder from the Frontier to the Inner City» (Cambridge, Mass.: Harvard University Press, 1998). Eine biologistische Facette bringen Dale Peterson und Richard Wrangham ins Spiel: «Bruder Affe. Menschenaffen und die Ursprünge menschlicher Gewalt» (Kreuzlingen und München: Hugendubel, 2001).

202 Im Jemen stellen Frauen einen Anteil: Ricardo Hausmann, Laura D. Tyson und Saadia Zahidi, «The Global Gender Gap Report 2006» (Genf: World Economic Forum, 2006) sowie Arab Human Development Report 2005, S. 88.

202 Arab Human Development Report: Arab Human Development Report 2005, S. 24.

203 «ist es die Stellung der Frau»: M. Steven Fish, «Islam and Authoritarianism», World Politics 55 (Oktober 2002), S. 4–37, die Zitate finden sich auf S. 37 und S. 30–31.

203 Die wirtschaftlichen Implikationen praktizierter Geschlechterungerechtigkeit: David S. Landes, «Wohlstand und Armut der Nationen. Warum die einen reich und die anderen arm sind» (Darmstadt: Wissensch. Buchgesellschaft, 2000).

204 einen «goldenen Penis»: Landes stellt zu Recht fest, dass Iraner ihre männlichen Neugeborenen oft *doudoul tala*, «goldener Penis», nennen. Das muss allerdings nicht unbedingt Ausdruck von Sexismus sein, denn für ihre neugeborenen Mädchen haben sie einen analogen Kosenamen: *nanaz tala*, «goldener Schamhügel».

KAPITEL ZEHN

In Bildung investieren

214 «Das Beweismaterial krankt in den meisten Fällen»: Esther Duflo, «Gender Equality in Development», *BREAD Policy Paper Nr. 011*, Dezember 2006.

214 Korrelation ist: Larry Summers führt ein Beispiel an, das die Unterscheidung zwischen Korrelation und Ursachenfeststellung illustriert. Er weist darauf hin, dass eine fast perfekte Korrelation zwischen Lesen- und Schreibenkönnen auf der einen und dem Besitz von Wörterbüchern auf der anderen Seite besteht. Doch die Ausgabe von noch so vielen Wörterbüchern wird die Zahl der Analphabeten nicht verringern.

214 der indische Bundesstaat Kerala: Amartya Sen und andere haben immer wieder Kerala als Vorbild dafür angeführt, was für Frauen in Entwicklungsländern möglich ist. Wir sind ebenfalls sehr angetan von dem, was Kerala in den Bereichen Bildung, Gesundheit und Geschlechtergerechtigkeit zuwege gebracht hat, sind aber zutiefst enttäuscht von der Misswirtschaft und dem wenig marktfreundlichen Investitionsklima des Bundesstaats. Die Wirtschaft von Kerala stagniert seit Jahren und ist auf Überweisungen aus den Golfstaaten angewiesen, wo sich viele gebürtige Keralesen als Gastarbeiter verdingt haben. Mehr über Kerala findet sich bei K. E Kannan, K. R. Thanappan, V. Raman Kutty und K. P Aravindan, «Health and Development in Rural Kerala» (Trivandrum, India: Integrated Rural Technology Center, 1991).

214 in Mädchenbildung zu investieren: Barbara Herz und Gene B. Sperling, «What Works in Girls' Education: Evidence and Policies from the Developing World» (New York: Council on Foreign Relations, 2004). Es gibt sehr viele weitere Studien und Berichte zu den positiven Auswirkungen einer besseren Mädchenbildung, aber das ist eine brauchbare Übersicht über die gesammelten Erkenntnisse. Siehe zu dem Thema auch «Girls Education: Designing for Success» (Washington, D. C.: World Bank, 2007) sowie Dina Abu-Ghaida und Stephan Klasen, «The Economic and Human Development. Costs of Missing the Millennium Development Goal on Gender Equity» (Washington, D. C.: World Bank, 2004).

215 erhöhte zum Beispiel Indonesien die Schulbesuchsquote: Lucia Breierova und Esther Duflo, «The Impact of Education on Fertility and Child Mortality: Do Fathers Really Matter Less Than Mothers?», unveröffentl. Manuskript, März 2002.

215 In ähnlicher Weise untersuchten Una Osili: Una Okonkwo Osili und Bridget Terry Long, «Does Female Schooling Reduce Fertility? Evidence from Nigeria», Manuskript, Juni 2007.

216 **FemCare:** Claudia H. Deutsch, «A Not-So-Simple Plan to Keep African Girls in School», *The New York Times*, 12. November 2007, Sonderteil zum Thema Philanthropie, S. 6.

217 **Der Fetus braucht in den ersten drei Monaten Jod:** Erica Field, Omar Robles und Maximo Torero, «The Cognitive Link Between Geography and Development: Iodine Deficiency and Schooling Attainment in Tanzania», Manuskript, Oktober 2007, *www.economics.harvard.edu/faculty/field/files/Field_IDD_Tanzania.pdf*.

218 **Schrittmacher war hier Mexiko:** Wie Santiago Levy sein Konzept «Progresa» (das er später in «Oportunidades» umbenannte) auf den Weg brachte, schildert Tina Rosenberg, in «How to Fight Poverty: Eight Programs That Work», Talking Points Memo für *www.nytimes.com*, 16. November 2006. Siehe auch World Bank, «Shanghai Poverty Conference Case Summary: Mexico's Oportunidades Program», 2004; siehe auch Emmanuel Skoufias, «PROGRESA and Its Impacts upon the Welfare of Rural Households in Mexico», International Food Policy Research Institute, Research Report 139, 2005; Alan B. Krueger, «Putting Development Dollars to Use, South of the Border», *The New York Times*, 2. Mai 2002.

219 **Schulspeisungsprogramm der Vereinten Nationen:** «Food for Education Works: A Review of WFP FFE Programme Monitoring and Evaluation, 2002–2006» (Washington, D. C.: World Food Programme, 2007).

220 **Michael Kremer:** Michael Kremer, Edward Miguel und Rebecca Thornton, «Incentives to Learn», Manuskript, überarbeitet im Januar 2007.

221 **«Wir können kaum beweiskräftige Belege finden»:** Raghuram G. Rajan und Arvind Subramanian, «Aid and Growth: What Does the Cross-Country Evidence Really Show?» *The Review of Economics and Statistics 90*, Nr. 4 (November 2008), S. 643.

222 **Doch als Bono 2007:** TED International Conference, Juni 2007. Zwischen Mwenda und Bono kam es bei dieser Gelegenheit zu einer Auseinandersetzung über die Zweckmäßigkeit von Entwicklungshilfe, die ein breites Presseecho fand. Siehe dazu auch Nicholas D. Kristof, «Bono, Foreign Aid and Skeptics», *The New York Times*, 9. August 2007, S. A 19.

Ann und Angeline

225 **Angeline Mugwenderes Eltern:** Ein Teil der hier berichteten Geschichte beruht auf der Broschüre «I Have a Story to Tell» (Cambridge, U. K.: Camfed, 2004), S. 11.

229 **Die Hälfte aller tansanischen:** Die Zahlenangaben zum sexuellen Missbrauch durch Lehrer in Südafrika, Tansania und Uganda stammen aus Ruth Levine, Cynthia Lloyd, Margaret Greene und Caren Grown, «Girls Count: A Global Investment & Action Agenda» (Washington, D. C.: Center for Global Development, 2008), S. 54.

KAPITEL ELF

Mikrokredite: Die Finanzielle Revolution

236 Muhammad Yunus: Siehe Muhammad Yunus, «Banker to the Poor: MicroLending and the Battle Against World Poverty» (New York: Public Affairs, 2003); David Bornstein, «The Price of a Dream: The Story of the Grameen Bank» (New York: Oxford University Press, 1996); Phil Smith und Eric Thurman, «A Billion Bootstraps: Microcredit, Barefoot Banking, and the Business Solution for Ending Poverty» (New York: McGraw Hill, 2007).

241 in einer bemerkenswerten Studie: Edward Miguel, «Poverty and Witch Killing», *Review of Economic Studies 72* (2005), S. 1153.

242 Die Ökonomen Abhijit Bancrjee und Esther Duflo: Abhijit V. Banerjee und Esther Duflo, «The Economic Lives of the Poor», *Journal of Economic Perspectives 21*, Nr. 1 (Winter 2007), S. 141.

243 n der Elfenbeinküste: Esther Duflo und Christopher Udry, «Intrahousehold Resource Allocation in Côte d'Ivoire: Social Norms, Separate Accounts and Consumption Choices», Yale University Economic Growth Center Discussion Paper Nr. 857.

243 In Südafrika: Esther Duflo, «Grandmothers and Granddaughters: Old Age Pension and Intra-Household Allocation in South Africa», *World Bank Economic Review 17*, Nr. 1 (2003), S. 1–25. Geldzuwendungen an Großmütter führten nicht zu mehr Größenwachstum und Gewichtszunahme bei ihren Enkelsöhnen, wohl aber bei den Enkeltöchtern. Eine andere Studie erbrachte ein abweichendes Ergebnis: Wenn die neu bewilligten südafrikanischen Renten an männliche Rentner ausgezahlt wurden, führte das bei den von diesen Männern aufgezogenen Kindern zu häufigerem und längerem Schulbesuch als bei von Rentnerinnen betreuten Kindern. Der Autor der Studie war selbst verblüfft über dieses Ergebnis, und es ist in der Tat ein Ausreißer. Eric V. Edmonds, «Does Illiquidity Alter Child Labor and Schooling Decisions? Evidence from Household Responses to Anticipated Cash Transfers in South Africa», National Bureau of Economic Research, Arbeitspapier Nr. 10 265.

244 «Wenn Frauen mehr Verfügungsmacht haben»: Esther Duflo, «Gender Equality in Development», *BREAD Policy Paper Nr. 011*, Dezember 2006, S. 14

245 Die US-Regierung drängt: Ein ähnliches Projekt ist die Women's Legal Rights Initiative, gefördert von der U.S. Agency for International Development (USAID). Siehe: «The Women's Legal Rights Initiative: Final Report», Januar 2007 (Washington, D.C.: USAID, 2007).

247 die herrschende Auffassung in entwicklungspolitischen Kreisen: Wie eine Studie ergab, gilt die Regel: Je mehr Frauen im Parlament eines Landes sitzen, desto geringer die Korruption. Das sagt jedoch vielleicht mehr über die Länder aus, in denen Frauen als Abgeordnete gewählt werden, als über die Parlamentarierinnen selbst. Europa ist nicht übermäßig korrupt und wählt viele Frauen, was aber nicht heißt, dass zwischen beidem ein kausaler Zusammenhang besteht –

beide Tatbestände könnten Attribute einer postindustriellen Gesellschaft mit hohem Bildungsniveau sein.

247 Ein faszinierendes Experiment: Esther Duflo und Petia Topalova, «Unappreciated Service: Performance, Perceptions, and Women Leaders in India», sowie «Why Political Reservation?» *Journal of the European Economic Association 3*, Nr. 2–3 (Mai 2005), S. 668–678, *http://econ-www.mit.edu/files/794*. Eine andere Studie analysierte die Ausgabenpolitik weiblicher Dorfvorsteher in Indien und stellte fest, dass sie in höherem Maß als Männer die Frauen des Dorfes in Entscheidungsprozesse einbezogen und eher geneigt waren, Geld für Dinge auszugeben, die den Frauen wichtig waren, etwa für Trinkwasser. Raghabendhra Chattopadhyay und Esther Duflo, «Women as Policy Makers: Evidence from a Randomized Policy Experiment in India», Econometrica, 72, Nr. 5 (September 2004), S. 1409–1443.

248 wenn Frauen am politischen Leben Anteil haben: Grant Miller, «Women's Suffrage, Political Responsiveness, and Child Survival in American History», *The Quarterly Journal of Economics 123*, Nr. 3 (August 2008), S. 1287.

KAPITEL ZWÖLF

Die Achse der Gleichberechtigung

256 «Eine Frau hat so viele Körperteile»: Lu Xun, «Anxious Thoughts on ‹Natural Breasts›», 4. September 1927, in Lu Xun: «Selected Works», übers. von Yang Xianyi und Gladys Yang, Bd. II (Beijing: Foreign Languages Press, 1980), S. 355. Lu Xun gehört zu den größten modernen Schriftstellern Chinas und hat mit seinen brillanten Polemiken für die Menschenrechte und die Gleichberechtigung der Frau Zeichen gesetzt.

256 Zhang Yin: David Barboza, «Blazing a Paper Trail in China», *The New York Times*, 16. Januar 2007, S. C1. Ein weiteres Zitat aus einem Bloomberg-Beitrag, der in der China Daily abgedruckt wurde: «US-Altpapier hilft Zhang, reichste Chinesin zu werden», 16. Januar 2007. Als Informationsquelle diente uns auch der Artikel «Paper Queen», *The Economist*, 9. Juni 2007. Zhang Yins Name taucht manchmal auch in seiner kantonesischen Schreibweise Cheong Yan auf. Im Jahr 2007 verlor Zhang Yin den Rang des reichsten Menschen in China an eine andere Frau, die allerdings keine Selfmade-Milliardärin ist: Yang Huiyan erbte von ihrer Familie deren Immobilien-Imperium Country Garden; nach dessen Börsengang wurde der Anteil Yang Huiyans mit rund 12 Milliarden Euro bewertet, womit sie sogar an Rupert Murdoch, George Soros und Steve Jobs vorbeizog. David Barboza, «Shy of Publicity, but Not of Money», *The New York Times*, 7. November 2007, S. C1. Die Finanzkrise von 2008 und die durch sie verursachte Rezession hat die Rangliste der Reichen der Welt zweifellos durcheinander gewürfelt.

260 Das Geschlechterverhältnis bei Neugeborenen: Manche Forschungsergebnisse deuten darauf hin, dass mit steigendem Einkommen der Frauen die selektiven Abtreibungsmuster, die zu einem Mädchendefizit bei den Kindsgeburten geführt haben, von selbst verschwinden werden. Ein Beispiel: Eines der kommerziell interessanten landwirtschaftlichen Produkte, die in den chinesischen Küstenregionen einen Boom erleben, ist Tee. Frauen gelten im Allgemeinen als die besseren Teepflücker, weil sie kleiner sind und zierlichere Hände haben. Das «Mädchendefizit» bei den Neugeborenen hat sich in den Teeanbaugebieten im Vergleich zu Regionen, in denen andere Früchte angebaut werden, merklich verringert. Eine Forscherin hat festgestellt, dass ein genereller Anstieg der Einkommen sich nicht auf das Geschlechterverhältnis bei den Geburten auswirkt, eine Steigerung der Einkommen der Frauen jedoch sehr wohl. Jeder Anstieg der Fraueneinkünfte in der Größenordnung von 10 Prozent des Familieneinkommens erhöht die Überlebensrate weiblicher Feten um 1 Prozent. Nancy Qian, «Missing Women and the Price of Tea in China: The Effect of Sex-Specific Income on Sex Imbalance», Manuskript, Dezember 2006. Siehe auch Valerie M. Hudson und Andrea M. den Boer, Bare Branches: «The Security Implications of Asia's Surplus Male Population» (Cambridge, Mass.: MIT Press, 2004).

262 **Wie führende Persönlichkeiten der indischen Wirtschaft:** In einer Hinsicht können Mädchen in Indien von ihrer schulischen Vernachlässigung profitieren: In Mumbai schlagen Knaben aus niederen Kasten bis heute am liebsten den traditionellen Weg ein, indem sie auf Schulen gehen, an denen in Marathi unterrichtet wird, um danach über das Beziehungsgeflecht ihrer Kaste Beschäftigung zu finden. Für Jungen waren und sind diese sozialen Netzwerke hilfreich, aber sie landen dadurch unweigerlich in Jobs der untersten Kategorie, die kaum Aufstiegschancen bieten. Weil für Mädchen im Berufsleben keine Rolle vorgesehen war und sie traditionell von den Netzwerken ausgeschlossen blieben, ließ man sie, wenn sie wollten, Schulen mit Unterrichtssprache Englisch besuchen. Nach Erlernen des Englischen konnten diese Mädchen sich für besser bezahlte Jobs bewerben. Siehe Kaivan Munshi und Mark Rosenzweig, «Traditional Institutions Meet the Modern World: Caste, Gender, and Schooling Choice in a Globalizing Economy», *The American Economic Review* 96, Nr. 4 (September 2006), S. 1225–1252.

263 ‹Sweatshops› **haben Frauen einen Schub nach vorne gegeben:** Eine feministische Schule der Kritik ist auf den Plan getreten, die unsere Argumente bestreitet; nach ihrer Überzeugung werden junge Frauen in ‹Sweatshops› oft ausgebeutet und sexuell aufs Korn genommen. Das trifft ein Stück weit zu. In Fabriken, die Massengüter für den Welthandel produzieren, geht es in der Tat stumpfsinnig und ausbeuterisch zu, aber immer noch besser als in den Dörfern – und deshalb bemühen sich Frauen um einen Fabrikjob. Die feministische Kritik behauptet, die Globalisierung habe zu einer Erosion des traditionellen sozialistischen Gleichheitsideals geführt. Das mag so sein, aber die sozialistische Ideologie war stets so weit weg von der wirtschaftlichen Realität, dass sie nie mehr als ein äußerst wackliges Traggerüst für die Gleichberechtigung der Geschlechter sein konnte. Wir können auf die feministische Kritik hier nicht in gebührender Ausführlichkeit eingehen, verweisen jedoch auf «The Feminist Economics of Trade», hrsgg. v. Irene Van Staveren, Diane Elson, Caren Grown und Nilüfer Ça atay (New York: Routledge, 2007); Feminist Economics (Juli/Oktober 2007), Sonderausgabe über China; Stephanie Seguino

und Caren Grown, «Gender Equity and Globalization: Macroeconomic Policy for Developing Countries», *Journal of International Development* 18, 2006, S. 1081–1104; Yana van der Meulen Rodgers und Nidhiya Menon, «Trade Policy Liberalization and Gender Equality in the Labor Market: New Evidence for India», Manuskript, Mai 2007. Weitere Arbeiten zu diesem Thema, die im Grundsatz denselben Ansatz vertreten wie wir, aber die Segnungen der Globalisierung für die Frauen in China oder Indien sehr viel skeptischer sehen, finden sich auf den Websites des International Gender and Trade Network, *www.igtn.org*. Die Kritik, die diese Autoren an den Schattenseiten des Welthandels üben, halten wir für völlig berechtigt, doch unterschätzen sie nach unserer Auffassung die Segnungen der Globalisierung erheblich.

264 Wie der Ökonom Paul Collier: Paul Collier, «Die unterste Milliarde. Warum die ärmsten Länder scheitern und was man dagegen tun kann» (München: Beck, 2008).

264 Ruanda ist ein verarmtes Land: Wer sich für die Geschlechterfrage in Ruanda interessiert, konsultiere «Rwanda's Progress Towards a Gender Equitable Society» (Kigali: Rwanda Women Parliamentary Forum, 2007). Die ruandische Gesellschaft tut etwas für die sexuelle Emanzipation ihrer Frauen, indem sie zwei wenig bekannte Bräuche pflegt, die auf die sexuelle Lust der Frau abheben und insoweit fast beispiellos sind. Da ist zum einen die Gepflogenheit ruandischer Frauen (wie auch mancher Baganda-Frauen in Uganda), in der Kindheit ihre Genitalien zu dehnen in einer Weise, die ihnen später, als Erwachsene, zu einem intensiveren sexuellen Genuss verhelfen soll. Der zweite Brauch heißt kunyaza und beinhaltet sexuelle Praktiken ohne Penetration, bei denen die Stimulierung der Klitoris im Mittelpunkt steht, auch hier hauptsächlich zu dem Zweck der weiblichen Luststeigerung. Leana S. Wen, «Thoughts on Rwandan Culture, Sex and HIV/Aids», Manuskript, Februar 2007; siehe auch Sylvia Tamale, «Eroticism, Sensuality, and ‹Women's Secrets› Among the Baganda: A Critical Analysis», 2005, *www.feministafrica.org*.

Von *Time* zum Weinen gebracht

269 Zainab Salbi: Siehe Zainab Salbi und Laurie Becklund, «Zwischen zwei Welten. Die Jahre bei Saddam und meine Flucht aus der Tyrannei» (Hamburg: Hoffmann und Campe, 2006).

KAPITEL DREIZEHN

Von unten oder vom hohen Ross

276 Soranos von Ephesos: Soranos' Lehrbuch über die Frauenheilkunde ist im Original verschollen, aber zwei Übersetzungen ins Lateinische sind erhalten geblieben. Die zitierte Passage über die Entfernung der Klitoris (Klitoridektomie) geht auf die Übersetzung ins Lateinische zurück, die Paulus von Aegina im 7. Jahrhundert anfertigte; wir zitieren sie hier nach Bernadette J. Brooten, «Love Between

343

Women: Early Christian Responses to Female Homoeroticism» (Chicago: University of Chicago Press, 1996), S. 164, Anm. 58; die Illustration stammt aus einem deutschen Lehrbuch von 1666 und figuriert in Brootens Buch als Abb. 12.

276 **3 Millionen Mädchen pro Jahr:** «Changing a Harmful Social Convention: Female Genital Mutilation/Cutting», Innocenti Digest, Nr. 12 (New York: UNICEF, 2005, 2007). Dies ist auch eine nützliche Quelle für Daten über die geografische Ausdehnung und die Häufigkeit der FGC. Die Person, die am längsten, nämlich seit 1978, und am umfassendsten über die genitale Beschneidung der Frauen berichtet hat, ist Fran P. Hosken, Autorin des Buches «The Hosken Report. Genital and Sexual Mutilation of Females», 4., erw. Aufl. (Lexington, Mass.: Women's International Network News, 1993). Hosken schätzt in ihrem Report die Zahl der beschnittenen Frauen auf insgesamt 149 Millionen. Siehe auch Agency for International Development: «Abandoning Female Genital Mutilation/Cutting: An In-Depth Look at Promising Practices» (Washington, D.C.: U.S. Agency for International Development, 2006), insbes. S. 29–38.

Eine erheblich weniger verbreitete Praxis der körperlichen Verunstaltung, die ebenfalls dem Zweck dient, Mädchen die Keuschheit zu bewahren, ist das sogenannte Brustbügeln. In Kamerun werden Gewichte, Gurte oder Bänder benutzt, um Mädchenbrüste flach zu halten, sodass die Mädchen weniger Gefahr laufen, vergewaltigt oder verführt zu werden. Offenbar meinen Eltern in Kamerun, in einer Welt, in der man prinzipiell damit rechnen muss, dass Mädchen missbraucht werden, bestehe der beste Schutz für ihre Töchter darin, sie zu verunstalten.

285 **Das Bedürfnis der westlichen Welt:** Mit einer Ausnahme: Den Leuten auf dem hohen Ross ist es in einigen Fällen gelungen, Initiativen im Bereich des staatlichen Gesundheitswesens zum Erfolg zu führen. Beispiele hierfür sind die Ausrottung der Pocken, diverse Impfkampagnen oder der erfolgreiche Kampf gegen Flussblindheit und den Medinawurm. Diese Erfolge stellen insofern Ausnahmefälle dar, als sie auf Forschungsergebnissen, Materialien und Kenntnissen beruhen, die «unten» am Boden nicht verfügbar sind.

KAPITEL VIERZEHN

Was Sie tun können

293 **Zwei Wissenschaftler:** Chaim D. Kaufmann und Robert A. Pape, «Explaining Costly International Moral Action: Britain's Sixty-Year Campaign Against the Atlantic Slave Trade», *International Organization* 53 (Herbst 1999), S. 637. Das ist ein herausragender Beitrag; die von uns angeführten Zahlen zu dem Preis, den Großbritannien für seine Abkehr vom Sklavenhandel zahlte, sind ihm entnommen.

293 **William Wilberforce:** William Hague, William Wilberforce: «The Life of the Great Anti-Slave Trade Campaigner» (London: Harcourt, 2007). Hague und Senator Brownback gehören zu den Politikern unserer Zeit, für die nach eigener Aussage Wilberforce ein Vorbild ist.

294 «Wenn es jemanden gibt»: «Slavery: Breaking the Chains», *The Economist*, 24. Februar 2007, S. 72.

296 Swanee Hunt: Swanee Hunt, «Let Women Rule», *Foreign Affairs* (Mai/Juni 2007), S. 120.

298 «mehr Frauen den Weg in die Erwerbstätigkeit»: Kevin Daly, Gender Inequality, «Growth and Global Ageing», *Global Economics Paper Nr. 154*, Goldman Sachs, 3. April 2007, S. 3.

298 Eine Analyse der unter den Fortune 500: «The Bottom Line on Women at the Top», *Business Week*, 26. Januar 2004. Diese Studie wurde von Catalyst durchgeführt, aber im Verlauf der Jahre sind viele ähnliche Studien gemacht worden, alle mit demselben Ergebnis. Parallele Erhebungen zur japanischen Wirtschaft hat Kathy Matsui von Goldman Sachs angestellt; siehe ihren bahnbrechenden Report «Womenomics: Buy the Female Economy», Goldman Sachs Investment Research, Japan, 13. August 1999. Danach hat Matsui eine Serie von Nachfolgeberichten erstellt und war an der Schöpfung des Begriffs «womenomics» beteiligt.

299 Schwellenländern wie Kenia oder Brasilien: R. Colom, C. E. Flores-Mendoza und F. J. Abad, «Generational Changes on the Draw-a-Man Test: A Comparison of Brazilian Urban and Rural Children Tested in 1930, 2002 and 2004», *Journal of Biosocial Science 39*, Nr. 1 (Januar 2007), S. 79–89.

299 In Kenia stieg der IQ von Kindern auf dem Land: B. Bower, «I. Q. Gains May Reach Rural Kenya's Kids», *Science News*, 10. Mai 2003; Tamara C. Daley, Shannon E. Whaley, Marian D. Sigman, Michael P. Espinosa und Charlotte Neumann, «I. Q. on the Rise: The Flynn Effect in Rural Kenyan Children», *Psychological Science 14*, Nr. 3 (Mai 2003), S. 215–219.

303 Bürgerrechtsbewegung und die Protestbewegung gegen den Vietnamkrieg: Sidney Tarrow, «Power in Movement: Social Movements and Contentious Politics», 2. Aufl. (Cambridge, U. K.: Cambridge University Press, 1998), insbes. S. 204. Siehe auch David A. Snow, Sarah A. Soule und Hanspeter Kriesi, «The Blackwell Companion to Social Movements» (New York: Wiley, 2007).

304 In Südkorea besetzen Frauen: Hunt, «Let Women Rule», diente uns als Informationsquelle über Südkorea und Kirgistan.

304 Im 19. Jahrhundert: Stephanie Clohesy und Stacy Van Gorp, «The Powerful Intersection of Margins & Mainstream: Mapping the Social Change Work of Women's Funds» (San Francisco: Women's Funding Network, 2007).

304 bei einer 2006 in den USA durchgeführten Umfrage: Scott Bittle, Ana Maria Arumi und Jean Johnson, «Anxious Public Sees Growing Dangers, Few Solutions: A Report from Public Agenda», Public Agenda Confidence in U. S. Foreign Policy Index, Herbst 2006.

305 zwei neue Studien: Die Studie über Brasilien ist Eliana La Ferrara, Alberto Chong und Suzanne Duryea, «Soap Operas and Fertility: Evidence from Brazil», Manuskript, März 2008, die über Indien Robert Jensen und Emily Oster, «The Power of TV: Cable Television and Women's Status in India», Manuskript, 30. Juli 2007, S. 38.

307 **Die Vereinten Nationen sollten zusätzlich:** Niemand hat mit klareren Worten und Argumenten als Stephen Lewis eine UN-Behörde gefordert, die sich nur um die Belange der Frauen kümmert. Siehe Stephen Lewis, «Race Against Time: Searching for Hope in Aids-Ravaged Africa» (Berkeley, Calif.: Publishers Group West, 2005).

311 **Die Sozialpsychologie hat in den zurückliegenden Jahren:** Jonathan Haidt, «The Happiness Hypothesis: Finding Modern Truth in Ancient Wisdom» (New York: Basic Books, 2006). Siehe auch Alan B. Krueger, Daniel Kahneman, David Schkade, Norbert Schwarz und Arthur Stone, «National Time Accounting: The Currency of Life», Entwurf, 31. März 2008

Kursive Seitenzahlen verweisen auf Bildunterschriften.

Die Hälfte des Himmels

REGISTER

Die Hälfte des Himmels

REGISTER

Aus dem Verlagsprogramm

Menschenrechte bei C. H. Beck

Paul Collier
Die unterste Milliarde
Warum die ärmsten Länder scheitern und was man dagegen tun kann
Aus dem Englischen von Rita Seuß und Martin Richter
2008. 255 Seiten. Gebunden

Paul Kennedy
Parlament der Menschheit
Die Vereinten Nationen und der Weg zur Weltregierung
Aus dem Amerikanischen von Klaus Kochmann
2007. 400 Seiten. Gebunden

Die Menschenrechte in Deutschland
Geschichte und Gegenwart
Herausgegeben von Franz-Josef Hutter und Carsten Tessmer
1997. 322 Seiten. Paperback
Beck'sche Reihe Band 1208

Wilfried Hinsch, Dieter Janssen
Menschenrechte militärisch schützen
Ein Plädoyer für humanitäre Interventionen
Unter Mitarbeit von Lex Folscheid
2006. 304 Seiten mit 4 Karten. Paperback
Beck'sche Reihe Band 1681

Verlag C. H. Beck

Frauen und Geschichte bei C. H. Beck

Patrick J. Geary
Am Anfang waren die Frauen

Ursprungsmythen von den Amazonen bis zur Jungfrau Maria
Aus dem Englischen von Andreas Wirthensohn
2006. 135 Seiten mit 4 Abbildungen. Gebunden

Elke Hartmann
Frauen in der Antike

Weibliche Lebenswelten von Sappho bis Theodora
2007. 278 Seiten mit 14 Abbildungen. Paperback
Beck'sche Reihe Band 1735

Gisela Bock
Europa bauen
Frauen in der europäischen Geschichte

Vom Mittelalter bis zur Gegenwart
2000. 393 Seiten. Leinen

Ingeborg Weber-Kellermann
Frauenleben im 19. Jahrhundert

Empire und Romantik, Biedermeier, Gründerzeit
4. Auflage. 1988. 245 Seiten. Kartoniert

Jahrhundertfrauen

Ikonen, Idole, Mythen
Herausgegeben von Cathrin Kahlweit
2. Auflage. 2001. 331 Seiten. Paperback
Beck'sche Reihe Band 1301

Verlag C. H. Beck

Frauen und Geschichte bei C. H. Beck

Wolfgang Behringer
Hexen
Glaube, Verfolgung, Vermarktung

5. Auflage. 2009. 119 Seiten mit 4 Abbildungen und 3 Tabellen. Paperback
C.H.Beck Wissen in der Beck'schen Reihe Band 2082

Lyndal Roper
Hexenwahn
Geschichte einer Verfolgung

Aus dem Englischen von Holger Fock und Sabine Müller
2007. 470 Seiten mit 66 Abbildungen. Gebunden

Ute Gerhard
Frauen in der Geschichte des Rechts
Von der Frühen Neuzeit bis zur Gegenwart

Herausgegeben von Ute Gerhard
1999. 960 Seiten. Broschiert

Ute Gerhard
Frauenbewegung und Feminismus
Eine Geschichte seit 1789

2009. 128 Seiten. Paperback
C.H.Beck Wissen in der Beck'schen Reihe Band 2463

Verlag C. H. Beck